Otto Hauser

Grundriss der Kinderheilkunde

Otto Hauser
Grundriss der Kinderheilkunde
ISBN/EAN: 9783743358874

Hergestellt in Europa, USA, Kanada, Australien, Japan

Cover: Foto ©ninafisch / pixelio.de

Manufactured and distributed by brebook publishing software (www.brebook.com)

Otto Hauser

Grundriss der Kinderheilkunde

Grundriss

der

Kinderheilkunde

mit

besonderer Berücksichtigung der Diätetik

von

Dr. Otto Hauser,

I. Assistent der Universitäts-Kinder-Poliklinik in der Kgl. Charité zu Berlin.

BERLIN NW 6.
FISCHER'S MEDICIN. BUCHHANDLUNG
H. KORNFELD.
1894.

Seinem hochverehrten Chef und Lehrer

Herrn

Geheimrat Professor Dr. Henoch

in treuer Anhänglichkeit und Dankbarkeit

gewidmet

vom Verfasser.

Vorrede.

Ein Grundriss der Kinderheilkunde kann selbstverständlich Neues und die Wissenschaft Förderndes nicht bringen; seine Existenzberechtigung ist gegeben durch die Art und Form, wie er das vorhandene Material ordnet und dem Leser darbietet. Ob meine Hoffnung, in dieser Hinsicht das Richtige getroffen zu haben, berechtigt ist, muss der Erfolg lehren.

Ich bin von der Auffassung ausgegangen, dass der Leser, wie Jeder, der sich mit Pädiatrie beschäftigen will, die Pathologie und Therapie des Erwachsenen bereits mehr oder weniger beherrscht, dass er erfahren will, worin sich die Affectionen des Kindes von denen des Erwachsenen unterscheiden, was dem Kindesalter spezifisch eigen ist. Darum habe ich es mir angelegen sein lassen, nur das in das engere Gebiet der Kinderheilkunde Gehörige zu bringen, alles zur Kenntniss Erforderliche möglichst knapp, das praktisch Wichtige aber auch thunlichst vollständig zusammenzustellen. Alle chirurgischen, Augen- und Ohrenkrankheiten sind ganz fortgelassen, seltene Affectionen nur eben erwähnt; pathologisch-anatomische Befunde sind ebenso wie die Physiologie nur insoweit verwerthet, als sie zum Verständniss der Pathologie und Therapie unumgänglich erscheinen; die Schilderung von Krankheitsbildern konnte nicht gut vermieden werden. Mit einer eingehenden Würdigung der Diätetik des Kindes, insbesondere des Säuglings, glaube ich, einem Bedürfnisse zu entsprechen; aus eben diesem Grunde hat die Therapie eine ausführlichere Behandlung erfahren.

Was ich in über neunjähriger Assistententhätigkeit, als Schüler von Prof. Kohts, Prof. Senator, besonders aber von Prof. Henoch an eigenen Beobachtungen erfahren, glaubte ich, in bescheidenstem Maasse mitverwerten zu dürfen.

Berlin, im Januar 1894.

Der Verfasser.

Inhaltsverzeichniss.

	Seite
Physiologische Besonderheiten des Kindesalters	1—8
Die Diätetik des Kindesalters	8—36
Die natürliche Ernährung	9
Die Ammen-Ernährung	12
Die künstliche Ernährung	18
Beschaffenheit und Zubereitung der Kuhmilch	26
Die Krankheiten des Neugeborenen	36—52
Asphyxia neonatorum	36
Kephalhämatom	38
Paralysis facialis	39
Caput obstipum	39
Mastitis	40
Icterus neonatorum	41
Pathologische Vorgänge am Nabel	42
Erysipelas	44
Ophthalmia neonatorum	45
Trismus und Tetanus neonatorum	46
Morbus Winckelii	47
Acute Fettdegeneration	48
Omphalorrhagie	48
Melaena	49
Pemphigus neonatorum	50
Sklerem	51
Die Krankheiten der Verdauungsorgane	53—112
Die Krankheiten des Mundes	53—69
Anchyloglosson	53
Milium	53
Bednar'sche Aphthen	54
Landkartenzunge	54
Dentitionsgeschwür	55
Ranula	56
Entzündung der Glandulae sublinguales	56

	Seite
Salivation	56
Stomatitis catarrhalis	57
Stomatitis aphthosa	58
Stomatitis ulcerosa	59
Noma	60
Soor	62
Dentition	64

Die Krankheiten des Rachens — 69.—78

Angina, Pharyngitis und Tonsillitis acuta catarrhalis	70
Pharyngitis phlegmonosa	71
Tonsillitis follicularis	72
Abscessus retropharyngealis	73
Pharyngitis chronica	75
Hypertrophia tonsillaris	76
Adenoïde Vegetationen	76

Die Krankheiten des Oesophagus — 78—79

Die Krankheiten des Magens und Darms — 79—130

Dyspepsie	79
Gastritis catarrhalis acuta	91
Gastritis acuta toxica und corrosiva	93
Gastritis catarrhalis chronica	94
Gastrectasie	97
Gastromalacie	99
Ulcus pepticum	99
(Gastro-)Enteritis catarrhalis acuta	100
(Gastro-)Enteritis catarrhalis chronica	103
Enteritis follicularis	106
Cholera nostras	108
Die Magen-Darmatrophie	113
Vomitus	114
Obstipatio	116
Tympanitis	121
Kolik	121
Invaginatio (Intussusceptio)	123
Prolapsus ani	125
Mastdarmpolypen	126
Fremdkörper	126
Entozoën	127
Angeborene Verengerung und Verschluss des Darms	129

Die Krankheiten des Bauchfells — 131—137

Peritonitis acuta	131
Peritonitis chronica	132
Perityphlitis und Appendicitis	134
Tuberculosis abdominalis	135

Die Krankheiten der Leber — 137—141

Icterus catarrhalis	137
Die acute Leberatrophie	138

Tumor hepatis — 138
Fettleber — 138
Hepatitis interstitialis — 139
Hepatitis interstitialis syphilitica — 139
Congestive Leberanschoppung und Stauungsleber — 140
Amyloïdleber — 140
Leberabscess, Ecchinococcus — 140

Die Krankheiten der Milz — 141—142

Die Krankheiten der Athmungsorgane — 143—171

Die Krankheiten der Nase — 143—148
Rhinitis acuta — 143
Rhinitis chronica — 145
Nasenpolypen — 147
Epistaxis — 147

Die Krankheiten des Kehlkopfes und der Luftröhre — 148—157
Laryngo-Tracheïtis acuta catarrhalis — 149
Pseudocroup — 150
Laryngo-Tracheïtis catarrhalis chronica — 152
Syphilitische Larynxaffectionen — 153
Laryngitis und Tracheïtis fibrinosa, fibrinöser Croup — 153
Laryngitis phlegmonosa — 157
Glottisödem — 157

Die Krankheiten der Bronchien und der Lunge — 157—174
Bronchitis und Bronchopneumonia acuta — 157
Bronchitis chronica — 165
Bronchiectasen — 165
Bronchitis fibrinosa s. crouposa — 165
Bronchitis putrida — 165
Asthma bronchiale — 166
Pneumonia fibrinosa — 166
Pneumonia chronica — 167
Emphysema pulmonum — 168
Gangraena pulmonum — 168
Phthisis pulmonum — 169
Pleuritis — 171

Die Krankheiten des Circulationsapparates — 174—185
Angeborene Herzanomalieen — 174
Defecte der Scheidewände — 174
Persistenz des Ductus Botalli — 175
Stenose und Atresie der Arteria pulmonalis — 175
Angeborene Stenose und Atresie des Ostium atrioventriculare dextrum und angeborene Insufficienz der Tricuspidalklappe — 177
Angeborene Stenose und Atresie des Ostium atrioventriculare sinistrum — 178

	Seite
Angeborene Stenose und Atresie des Aortenostiums	178
Stenose und Atresie der Aorta an oder nahe der Einmündungsstelle des Ductus artesiosus	179
Fötale Endocarditis	180
Transposition der grossen Gefässstämme	180
Angeborene Hypoplasie des Herzens und der Aorta	180
Myocarditis	181
Endocarditis	182
Herzklappenfehler	183
Herzneurosen	183
Morbus Basedowii	183
Pericarditis	184
Verwachsungen des Herzbeutels mit dem Herzen	184

Die Krankheiten des Urogenitalapparates . . . 185–200

Die Krankheiten der Nebennieren und der Nieren . . . 185—195

Morbus Addisonii	185
Angeborene Abnormitäten der Nieren	186
Geschwülste	186
Echinococcus	186
Nephritis acute diffuse	186
„ subacute und chronische diffuse	192
Chronische Nephritis interstitialis	193
Nierenamyloïd	194
Nephritis suppurativa	194
Hydronephrose	194
Nephrolithiasis	195
Hämaturie	195
Hämoglobinurie	195

Blasenkrankheiten 195—199

Cystitis	195
Blasensteine	195
Spasmus vesicae	196
Enuresis nocturna (et diurna)	197
Vulvovaginitis	199

Die Krankheiten des Nervensystems 201—237

Pachymeningitis	201
Meningitis simplex	201
Hydrocephalus acutus	202
Hydrocephalus chronicus	203
Meningitis basilaris (tuberculosa)	205
Meningitis basilaris simplex	208
Embolie und Thrombose	208
Phlebitis der Sinus	208
Hämorrhagia cerebri	209
Encephalitis purulenta	209
Spastische Cerebrallähmung	209

Seite

Hirntumoren 213
Meningitis spinalis . 217
Myelitis 217
Poliomyelitis (essentielle Kinderlähmung) 217
Eclampsie . 220
Epilepsie 223
Tetanie (idiopathische Contracturen) . 224
Chorea minor 226
Spasmus glottidis 230
Spasmus nutans 232
Pavor nocturnus 233
Hysterie 234

Die Krankheiten der Haut . . . . . 238—244

Erythem 238
Seborrhoea 239
Eczem 239
Miliaria 241
Impetigo 241
Ecthyma 241
Dermatitis bullosa, Pemphigus 241
Herpes 242
Urticaria 242
Lichen urticatus s. strophulus . . 242
Prurigo 243
Psoriasis 243
Furunculosis . . 244

Acute allgemeine Infectionskrankheiten . . 244—287

Morbilli 244
Rubeola 249
Scarlatina 250
Varicella 258
Typhus abdominalis . . . 259
Diphtherie 262
Parotitis 280
Pertussis 281

Chronische infectiöse Allgemeinkrankheiten . . 288—294

Tuberculose 288
Lues congenita 290

Constitutionskrankheiten . 295—318

Rachitis 295
Scrophulose 303
Anämie 307
Chlorose 310
Perniciöse Anämie . . . 311
Leukämie . . 312
Pseudoleukämie 313
Anaemia infantum pseudoleukaemica 313
Hämorrhagische Diathese . . . 314
Purpura simplex 314

Morbus maculosus Werlhoffii	314
Purpura fulminans	315
Peliosis rheumatica	315
Scorbut	315
Barlow'sche Krankheit	316
Rheumatismus	318
Diabetes mellitus	318
Diabetes insipidus	318

Physiologische Besonderheiten des Kindesalters.

Circulationsorgane.

Das Herz des Kindes ist relativ grofs (sein Gewicht beträgt beim Neugeborenen 0,654 %, nach anderen Angaben sogar 0,89 % des Gesammtkörpergewichts gegen 0,52 % beim Erwachsenen); es wächst ziemlich proportional der Körperlänge, bleibt dagegen im Verhältniss zum allgemeinen Körperwachsthum zurück (es beträgt letzteres das 19 fache, das Herzwachsthum nur das 12,5 fache). Die Herzspitze und der Spitzenstoss finden sich in den ersten Lebensjahren meist etwas höher wie beim Erwachsenen, stets weiter nach aussen, in und ausserhalb der Mamillarlinie; bei engen Intercostalräumen (im ersten Lebensjahr) und sehr wohlgenährten Kindern kann der Spitzenstoss sich der Inspection wie Palpation entziehen. Es kann von klinischem Werthe sein, nicht blos die absolute, kleine, sondern durch tastende sehr vorsichtige Percussion auch die grosse Herzdämpfung (die Herzresistenz) festzustellen.

Das Blut hat ein etwas niedrigeres spezifisches Gewicht; die Zahl der rothen Blutzellen ist in den ersten Lebenstagen grösser als beim Erwachsenen, ebenso die relative Menge der farblosen Zellen, später kleiner.

Der Puls wird, je ängstlicher und sensitiver das Kind, um so mehr, von körperlichen und seelischen Erregungen beeinflusst, so dass seine Frequenz inconstant ist und für die Beurtheilung der Körpertemperatur und des Herzens selber wie seiner Beeinflussung seitens des Vagus nur bei ruhigem Zustande spez. im Schlafe des Kindes verwerthet werden kann. Die Pulsfrequenz beträgt in den ersten Wochen 150—120, gegen Ende des ersten Jahres 120—100; sie nimmt dann langsam mit zunehmender Grösse ab und ist im 6. Lebensjahre etwa 90.

Von grösster diagnostischer und ominöser prognostischer Bedeutung ist fast ausnahmslos eine Pulsverlangsamung; sie kommt besonders bei Cerebralerkrankungen zur Beobachtung.

Was den Füllungszustand (voller oder kleiner Puls) der Arterien, die Spannung (harter, schwer zu unterdrückender oder weicher Puls), die Celerität (pulsus celer und p. tardus) anlangt, so gelten dieselben Gesetze wie beim Erwachsenen.

Dies trifft nicht durchweg für den Rhythmus des Pulses zu. Zusammen mit Verlangsamung (bei Tumor cerebri, Meningitis und

Encephalitis) oder mit sehr verminderter Spannung, Beschleunigung, Galopprhythmus (bei Herzparalyse) muss die Unregelmässigkeit als eine sehr bedeutsame Erscheinung grösste Aufmerksamkeit und Besorgniss erregen. Dagegen kann der normal frequente Puls bei ganz gesunden Kindern im Schlafe leicht unregelmässig gefunden werden; ebenso ist er in der Reconvalescenz von schweren Krankheiten häufig unregelmässig, ungleich und aussetzend und dabei etwas langsamer als dem Alter entsprechend, letzteres jedoch nie in auffallendem Maasse.

Respirationsorgane.

An den Respirationsorganen fällt die relative Enge des Kehlkopfes auf, welche es erklärt, dass es bei jugendlichen Kindern selbst in Folge einfacher entzündlicher Schwellung der Schleimhaut so leicht zur Stenosirung kommt. Die Lungen sind Anfangs im Verhältniss zum Herzen, zum Körpergewicht und zur Körperlänge klein.

Dem Kindesalter eigen ist die Thymus, welche sich durch Dämpfung über dem manubrium sterni nachweisen lässt und bis zur Pubertät allmählich sich zurückbildet.

Die Athmung ist eine gemischte Abdominal- und Thoraxathmung; ihr Rhythmus ist beim Neugeborenen und in den ersten Wochen, manchmal noch länger hin etwas unregelmässig, besonders im Schlaf.

Die Athmung erfolgt normal nur durch die Nase; Neugeborene und junge Säuglinge gerathen bei Behinderung des Lufteintritts durch die Nase direct in Athemnoth.

Die Zahl der Athemzüge ist wie die der Pulse, soll sie einen Beurtheilungswerth haben, nur im Schlafe festzustellen; sie beträgt etwa 30—36 beim Neugeborenen, in den ersten Jahren 30—25. Den Kindern besonders jüngeren eigenthümlich ist, dass sie bei der Lungenuntersuchung den Athem oft lange anzuhalten pflegen; es kann dies als ein günstiges Zeichen in sofern angesehen werden, als dann eine ernstere Respirationsaffection ziemlich sicher auszuschliessen ist.

Von diagnostischer Wichtigkeit ist, dass das Verhältniss der Puls- zur Respirationsfrequenz das normale sei, und zwar etwa $3^{1}/_{2}$—4 : 1 betrage; eine Verschiebung desselben zu Gunsten der Zahl der Athemzüge deutet auf eine Erkrankung innerhalb der Lungen, wie eine Verlangsamung der nota bene dyspnoischen Athmung für eine Stenose in den oberen Luftwegen spricht.

Von grösster Wichtigkeit erscheint eine hörbare oder gar ächzende, stöhnende, gewissermassen stossweise erfolgende Athmung speziell Exspiration.

Die objectiven Zeichen der Dyspnoë sind dieselben beim Kinde wie beim Erwachsenen (beschleunigte oder verlangsamte Athmung mit Zuhülfenahme von Hülfsathemmuskeln, dilatatorische Bewegungen der Nasenflügel); sehr augenfällig sind bei jugendlichen Kindern die respiratorischen Bewegungen des Thorax, die Einziehungen im Jugulum, Epigastrium sowie das sogenannte respiratorische Flankenschlagen, welche ihre Entstehungsursache darin haben, dass der weiche und elastische Thorax dem inspiratorischen Zuge der Athemmuskeln insbesondere des Zwerchfells nachgiebt.

Ein schmerzhaftes Verziehen des Mundes sowie Stöhnen bei der Athmung lassen auf pleuritische Schmerzen (Pleuritis, Pneumonie) schliessen.

Der Husten klingt trocken oder gelöst, je nach dem kein oder flüssiges Sekret in Trachea, Larynx oder Bronchien vorhanden. Der Husten nimmt bei allen, auch den einfachen katarrhalischen Entzündungen im Kehlkopf, leicht einen bellenden sog. croupösen Klang an.

Die Stimme ist hell, klar oder dumpf, belegt, heiser, tonlos durch Ueberanstrengung nach lautem anhaltendem Geschrei, bei Katarrh und dergl.

Die laryngoscopische Untersuchung ist selbst bei etwas älteren Kindern sehr schwer.

Das Athemgeräusch ist in den ersten Lebenswochen schwach, wird allmählich mit der Mitte des ersten Jahres sehr scharf und laut, sog. pueril; das Exspirium ist fast unhörbar. Rasselgeräusche etc. sind analog denen beim Erwachsenen. Der Percussionsschall über dem ganzen Thorax ist Anfangs etwas matt, später sehr laut, sonor. Ganz leise Fingerpercussion ist unbedingt bei dem elastischen, gut leitenden Thorax geboten. Die Ergebnisse der Percussion sind sehr vorsichtig zu bemessen, da es schwer hält, die Kinder ganz gerade zu setzen und zu legen; die kleinste Asymetrie kann täuschende Differenzen ergeben; bei heftigem Schreien bekommt man leicht über den abhängigen Theilen spez. durch Hinaufdrängen der Leber rechts Dämpfungen sowie überall etwas matteren Schall wegen der Compression des lufthaltigen Gewebes; ebenso beeinträchtigt durchweg das Geschrei feinere auskultatorische Ergebnisse.

Digestionsorgane.

Die Mundschleimhaut des Neugeborenen ist dunkelroth und etwas trocken; sie wird erst binnen einigen Wochen heller roth und noch später erst feucht.

Der Säugling saugt nicht wie der Erwachsene, indem er durch

Zurückziehen der Zunge einmal zwischen dem hinteren Theile des Zungenrückens und dem weichen Gaumen, den sog. hinteren oder oberen Raum, sodann zwischen der Unterfläche der Zunge und dem Boden der Mundhöhle und den Lippen einen zweiten luftleeren Raum (den sog. vorderen oder unteren Saugraum) bildet, sondern er stellt den nothwendigen luftverdünnten Raum allein oder vorwiegend durch eine Abwärtsbewegung des Unterkiefers dar; er saugt also nicht oder kaum mit der Zunge (Genioglossus), sondern mit den Kaumuskeln, deren Kraft weniger leicht erlahmt, deren Uebung für später von Wichtigkeit ist, und deren Thätigkeit gleichzeitig die Sekretion der Speicheldrüsen befördert.

Schwache Kinder, Neugeborene unter 4 Pfund sind nicht im Stande zu saugen, müssen daher gegebenen Falls mit dem Löffel ernährt werden.

Ebenso verhindert die Verlegung des Lufteintritts durch die Nase ein geregeltes Saugen, indem Dyspnoë eintritt (z. B. bei Coryza), sowie jede Gaumen- und Kieferspalte, indem dabei die Erzeugung eines luftleeren Raumes unmöglich gemacht ist.

Die Speichelsecretion ist Anfangs äusserst gering, nimmt zu Ende des zweiten Monats zu, ist erst mit dem fünften Monat bedeutend; dementsprechend findet man nur schwach alkalische oder saure (Milchsäuregährung) Reaction des Mundes; entsprechend gilt dasselbe für die Fermentwirkung des Speichels. Aehnlich verhält sich das Pancreas, so dass mit einer Fähigkeit des Kindes, Stärke in Zucker umzuwandeln, frühestens um die 10. bis 12. Woche gerechnet werden kann; eine einigermassen ausreichende diastatische Kraft kommt dem Speichel resp. dem Pancreas erst in den späteren Monaten des Säuglingsalters zu.

Der Magen steht etwas mehr vertical, zeigt eine schwache Fundusentwickelung und relativ geringe Capacität; es erklärt dies die Leichtigkeit und Häufigkeit, mit der Kinder erbrechen, z. B. beim Husten, Pressen. Salzsäure findet sich bereits bald nach der Geburt; sie ist im nüchternen Magen stets nachweisbar; ihre Sekretion steigt nach der Nahrungsaufnahme; sie wird in der Hauptsache von der Milch gebunden. Labferment sowie ein Eiweiss verdauendes Ferment werden nie vermisst.

Der saure Magensaft entfaltet gegenüber den mit der Nahrung verschluckten Mikroorganismen eine entwickelungshemmende, antiseptische Kraft.

Der Darmkanal ist relativ lang, seine Musculatur schwach, wogegen die Follikel sehr zahlreich und stark entwickelt erscheinen; Brunner'sche und Lieberkühn'sche Drüsen bilden sich erst heraus.

Die Leber ist relativ gross, spez. beim Neugeborenen; die Galle wenig gehaltreich, spez. arm an Gallensäuren.

Das Abdomen erscheint gross, vorgewölbt und zwar in Folge einer gewissen Enge des Thorax einerseits, der Anfüllung der Därme mit Nahrung, ihrer Auftreibung durch Gase andererseits.

Bei Milchernährung findet man in dem Magen gesunder Säuglinge der ersten Monate nach einer halben Stunde die Nahrung zum grössten Theil, nach $1-1^{1}/_{2}$ Stunden ganz geschwunden; bei älteren Kindern ist der Magen nach etwa 2 Stunden leer.

Im Magen findet zweifellos eine wenn auch unbedeutende Peptonisirung der Milch statt; sie coagulirt in den Magen gelangt sofort durch Labwirkung, indem das nur durch die Alkalisalze der Milch in Lösung gehaltene Eiweiss gerinnt; die Resorption von gelösten Nährstoffen und Fett seitens der Magenschleimhaut ist sehr gering. Das Eiweiss wird nach der Fällung und zwar zum kleinsten Theil durch Milchsäure (aus dem Zucker der Milch), in der Hauptsache durch Salzsäure zusammen mit dem Pepsin entweder sofort peptonisirt oder es wird gar nicht gefällt oder drittens, wenn gefällt, wieder durch den Magensaft gelöst; in weit vollkommenerem Masse trifft dies für das Eiweiss der Frauenmilch, als für das der Kuhmilch zu. Soweit noch nicht oder noch nicht genügend verarbeitet, wird das Eiweiss durch Pancreatin im Darme peptonisirt; gleichzeitig beginnt die Aufsaugung. Die feinemulgirten Fette werden theilweise durch Pancreassaft und Galle gespalten, die Fettsäuren verseift und wie das emulgirte Fett selbst aufgesaugt. Der Zucker wird in Galactose resp. in Dextrose und Laevulose umgewandelt resorbirt.

Alles in allem werden von der in den Dünndarm übergegangenen Milch Zucker und Eiweiss ziemlich vollständig, Fett und Asche bis auf kleine Reste resorbirt.

Im Dickdarm wird der Inhalt theils weiter resorbirt, theils eingedickt.

Eine Eiweisszersetzung findet in dem Darm mit Muttermilch genährter Säuglinge in so geringem Maasse statt, dass eine irgend stärkere Bildung von Eiweissfäulnissproducten als pathologisch anzusehen ist; dagegen verfällt das Caseïn der Kuhmilch, da schlechter verdaut und zum Theil unverändert in den Darm übergehend, leicht einer alkalischen Zersetzung.

Die Reaction des normalen Brustkindstuhles ist sauer, die des Kuhmilchkindes meist alkalisch, auch neutral.

Der Koth des Säuglings besteht aus Nahrungsresten (Fett, Seifen, fettsauren und milchsauren Kalksalzen, wenig Eiweiss und Caseïn), aus Gallenbestandtheilen und Darmsecreten; es sind in ihm von Escherich ganz constante Bacterien nachgewiesen spez. das bacterium lactis aërogenes und das b. coli commune; diese geben einen normalen Befund ab, während Hefezellen, mycelbildende Pilze bei Milchkost pathologisch, nur bei Fleisch- und gemischter Kost normal erscheinen. Das b. lactis aërogenes findet sich besonders in den oberen Darmparthien; es spaltet den Milchzucker in Milchsäure, Kohlensäure und Wasserstoff und giebt dadurch dem Speisebrei eine saure Reaction. Im Dickdarm tritt dann immer mehr das b. coli auf; sein Einfluss äussert sich dahin, dass es zwar ebenfalls etwas Milchzucker spaltet, besonders aber aus den Fetten Fettsäure abspaltet; im Allgemeinen unschuldiger Lebensweise kann das b. coli in das Blut, die Lymphgefässe, das Peritoneum gelangt, Entzündung und Erkrankung erregen.

Urogenitalorgane.

Die Nieren sind relativ gross und zeigen beim Neugeborenen Harnsäureinfarct.

Die Harnmenge beträgt etwa 500 ccm im 1.—2. Jahre, im 6.—7. 500—700, im 10.—12. über 800 ccm, um mit der Pubertät auf 12—1400 ccm zu steigen. Das spezifische Gewicht ist niedrig, 1005—1010, die Farbe hochgestellt, die Reaction schwach sauer bis neutral; die Stickstoffausscheidung ist relativ schwach, da viel Stickstoff zum Ansatz verbraucht wird. Albumen findet sich normaler Weise nur in den ersten Lebenstagen in Spuren.

Auffallend erscheint die Fähigkeit und Neigung selbst sehr jugendlicher Altersstufen zur Onanie.

Nervensystem.

Am Kopf des Kindes hört man bis Ende des 2. Jahres neben dem fortgeleiteten Athemgeräusch ein herzsystolisches Blasen; dasselbe ist eine physiologische Erscheinung, findet sich aber besonders laut bei Anämie und Rachitis.

Die grosse Fontanelle schliesst sich normaler Weise zwischen dem 16.—20. Monat, ohne dass ein längeres Offenbleiben, allein für sich bestehend, als pathologisch angesehen werden kann. Die Spannung der häutigen Decke der Fontanellen ist ein Gradmesser für die Höhe des intracraniellen Druckes (vermehrt bei Hydrocephalus, Meningitis, Tumor) wie für einen Wasserverlust des Gehirns, der gesammten Gewebe, eine Abnahme der Füllung und des Drucks innerhalb des Gefässsystems (Einsinken der Fontanelle bei Cholera nostras, Diarrhoeen, Collaps); ähnliches gilt für die Knochennähte, welche dicht an einander liegen sollen, aber durch intracraniellen Druck auseinder weichen können, so, wie andererseits die angrenzenden Knochenränder sich bei Collapszuständen einer unter den andern schieben können.

Asymmetrieen des Schädels finden sich angeboren sehr häufig und geben den Eltern Anlass zu besorgter Nachfrage.

Der Schädelumfang überwiegt in den ersten beiden Lebensjahren den Gesichtsumfang beträchtlich.

Das frühe Kindesalter zeigt eine auffallende Disposition zu motorischen Reizerscheinungen, allgemeinen und localisirten sog. Convulsionen, Krämpfen, die man zum Theil darauf zurückgeführt hat, dass den Kindern ähnlich wie jungen Thieren die Reflexhemmungscentren im Gehirn und Rückenmark fehlen. Die Neigung zu Reflexkrämpfen (Zusammenzucken bei Geräusch, Schreck, Glottiskrampf) erscheint in der ersten Lebensperiode am grössten. Die directen und die gekreuzten Pyramidenbahnen sind Anfangs noch wenig entwickelt; dies erklärt, warum die Bewegungen erst reine Reflexacte sind, dass dieselben erst mit zunehmender Ausbildung der Pyramidenbahnen von dem motorischen Centrum beherrscht, dass sie gewollte Bewegungen, dagegen die Reflexbewegungen unterdrückt werden.

Die Erregbarkeit der motorischen und sensiblen Nerven ist beim Neugeborenen wohl eher etwas geringer, nimmt dann rasch zu und übertrifft später vielleicht die des Erwachsenen, während, wie gesagt, die Hemmungscentren in der Entwicklung zurückbleiben; relativ schwache Reize erregen leicht tetanische Muskelkrämpfe.

Die Reflexe sind schon frühzeitig mit wenigen Ausnahmen normal entwickelt spez. die Haut- und Schleimhaut-, weniger constant die Sehnenreflexe.

Die Haut des Neugeborenen schuppt etwas und stösst die Lanugohärchen ab; die Talgdrüsen spez. der Kopfhaut neigen zur Hypersecretion. Miliaria-, Erythem- und Eczembildung ist ungemein häufig.

Das Schlafbedürfniss ist im Säuglingsalter sehr gross, der Schlaf jedoch kein durchweg sehr fester, gleichmässiger; für ältere Kinder ist der ausserordentlich feste, tiefe Schlaf characteristisch und Zeichen von Gesundheit. Schlafneigung zu ungewohnter Zeit ist ein zuverlässiges Zeichen gestörter Gesundheit.

Das Kind verträgt auf der einen Seite manche Arzneimittel ausnehmend gut, die man wie z. B. des Calomel bei Erwachsenen nur mit Vorsicht anwenden darf, andererseits zeigt es sich gegenüber gewissen narkotischen Mitteln (Ausnahme: das Chloralhydrat und die Brompräparate, die Chloroformnarkose) und zwar im Besonderen dem Opium und seinen Derivaten sehr empfindlich. Ein Schema der Arzneimitteldosen für die verschiedenen Altersstufen lässt sich nicht aufstellen; hier kann nur längere Erfahrung und Berücksichtigung des Körpergewichts, des Alters neben der Constitution und individuellen Eigenheiten das richtige Maass anweisen bez. herausfinden.

Die Diätetik des Kindesalters.

Die Quintessenz der Diätetik des Kindesalters ist die Lehre von der richtigen Ernährung; von dieser hängen Leben und Gedeihen der Kinder in erster Linie ab.

Da dem Haus- und Kinderarzt, wenn er die Geburt nicht selber leitete, doch bald nach Eintritt des Neugeborenen in diese Welt die Verantwortung für seine Entwicklung anvertraut zu werden pflegt, so ist es nöthig, wenn auch in Kürze, die Pflege der ersten Zeit nach der Geburt zu erwähnen.

Nachdem das Neugeborene abgenabelt und gebadet ist, empfiehlt es sich, dasselbe genau auf das Vorhandensein angeborener Missbildungen oder Krankheiten hin zu untersuchen, schon um die besorgte junge Mutter mit der Versicherung beruhigen zu können, dass alles an ihrem Kinde normal befunden wurde, sodann um event. frühzeitig operative Eingriffe und dergl., die nöthig sind, vornehmen zu können. Neben Polydactylie, Teleangiectasieen und Angiomen achte man spez. auf Hasenscharten und Wolfsrachen, Atresia ani, Hypospadie, Blasenectopie, sodann auf Hydrocephalus, wenn auch geringen Grades, Spina bifida, Vitium cordis congenitum, Lues congenita.

Bei dem geringsten Verdachte, dass bei der Mutter eine gonorrhoische Affection bestehe, suche man einer blennorrhoea neonatorum durch Instillation einiger Tropfen Solutio Argenti nitrici 2% vorzubeugen.

Ein wichtiger Punkt, auf den sich besonders die sorgfältige Beobachtung richten muss, ist eine ausgiebige, ruhige Respiration des Neugeborenen. Ihre Störungen und deren Behandlung finden in einem besonderen Kapitel eingehende Besprechung.

In der Versorgung des Nabels bez. der Nabelwunde überwache man die Pflegerin genau; nicht allzuselten geben Vernachlässigung dieser Wunde und Infection derselben die Quelle zu schweren Störungen ab. Man controllire den festen Verschluss des Unterbindungsbandes; den Nabelschnurrest behandelt man am zweckmässigsten trocken und aseptisch vermittelst Watteeinwickelung oder milde antiseptisch durch Puderungen mit Acidum boricum, Pulvis salicylicus cum talco, Dermatol, nur im gebotenen Falle mit Jodoform.

Für schonende Reinigung des Mundes und der Nase ist gleichfalls Sorge zu tragen.

Bekleidet wird das Kind mit Hemd und Jäckchen, weichen Windeln (nicht aus neuem Leinen), im Nothfall auch wollenen Strümpfchen.

Das Bett bestehe in dem üblichen Steckkissen und Federbetten; der Körper einschliesslich des Kopfes liege ganz horizontal.

Wenn, um den Contrast zwischen der Temperatur im Mutterleibe und der Aussenluft zu mildern, Fernhalten von Zug und Wind, warme Zimmertemperatur, Schutz vor grellem Licht gewiss am Platze sind, so hat man doch meist die Sucht der Angehörigen zu bekämpfen, das Kind unter Federkissen, dem Lackederverschlag des Wagens, den dichten Vorhängen des Bettchens so zu verpacken, dass es seine eigene Exspirationsluft immer wieder einzuathmen bekommt und zu warm liegt.

Fernerhin achte man auf eine genügende, ev. durch Klystiere anzuregende Entleerung des Kindspechs, auf den Eintritt von Mastitis, Icterus, Pemphygus, Intertrigo, Erythema.

Es ist darauf zu halten, dass die Pflegerin beim Bade sich nicht auf ihr Gefühl, sondern auf ein gutes Thermometer zur Innehaltung der richtigen Badewassertemperatur (28º R) verlasse.

Mit der eigentlichen Ernährung des Säuglings warte man nicht zu lange, um eine unnöthige Gewichtseinbusse zu verhüten. Frühzeitig schon den beliebten Fenchel- oder Pfefferminzthee zu reichen, hat keinen grossen Zweck, wenn auch eine gewisse Peristaltik anregende Wirkung der zuckerhaltigen Getränke nicht immer zu unterschätzen ist.

Die natürliche Ernährung.

Nach 12, spätestens 24 Stunden versuche man, den Säugling an die Brust zu legen, wenn auch nur einigermassen Aussicht vorhanden ist, dass sie ihm, und wäre es auch nur für die erste Zeit, die natürliche Nahrung zufliessen lassen wird.

Das Stillen verlangt im Anfang oft grosse Geduld und Umsicht; die Mutter versuche, aber stets erst nach einer vorsichtigen Reinigung des Mundes und der Brustwarze, dem Kinde letztere, sie zwischen Zeige- und Mittelfinger umfassend, in den Mund zu schieben und durch gleichzeitige das Colostrum aus den Milchgängen ausdrückende streichende Bewegungen dem Säugling die Milch zufliessen zu lassen.

Von Wichtigkeit ist hierbei vor allem, dass dem Säuglinge durch einen Finger derselben Hand die Nase freigehalten wird, da er, wenn die anliegende Brust die Respiration erschwert und verhindert, sofort zu saugen aufhören muss. Auch trinken manche Kinder Anfangs besser, wenn man ihnen zunächst die linke Brust giebt, in welcher Lage die relativ grosse Leber nicht so auf Magen und Abdomen lastet.

Man lasse den Säugling im allgemeinen so lange trinken, bis er satt, gewissermassen wie ein vollgesogener Blutegel von der Brust abfällt und in tiefen Schlaf versinkt. Als Ausnahme von der Regel ist der Fall zu betrachten, dass ein Kind nach der Mutter- oder Ammenbrust ungewöhnlich viel und anhaltend speit oder gar stromweise erbricht, auch wohl Unruhe, Koliken etc. verräth oder endlich richtig dyspeptisch wird. Dann verkürze man die Dauer des Saugens. Keinenfalls ist es gut, die Kinder, wie es manche Ammen lieben, über 15—20 Minuten hinaus $1/2$ Stunden lang und länger an der Brust liegen zu lassen. Von der Möglichkeit der Entstehung von Verdauungsstörung durch Ueberfütterung, von der schädlichen Verwöhnung abgesehen, besteht die naheliegende Gefahr, dass die Stillende in der Nacht übermüdet einschläft und das Kind drückt und erstickt.

Nach dem Trinken ist das Kind gleich wieder in sein Bettchen zu legen, keinenfalls zu wiegen oder unter schaukelnden Bewegungen auf den Armen umherzutragen, was weder dem Gehirn noch dem verdauenden Magen gut sein kann, jedenfalls leicht Erbrechen erregt und die Kinder verwöhnt, unruhig macht, ja in ihrer Entwickelung beeinträchtigen kann; dagegen ist es als nützlich erprobt, den Säugling nach dem Stillen auf dem linken Arm für einige Minuten etwas hochzurichten, wohl auch auf den als Stütze untergehaltenen linken Arm mit der flachen rechten Hand einige Male leicht zu klopfen, um durch diese Erschütterung die gewöhnlich bald erfolgenden Ructus zu befördern und zu verhindern, dass mit ihnen zugleich mehr Milch als nöthig durch Speien regurgitirt.

Für das Gedeihen der Kinder ist es von grosser Wichtigkeit, dass sie mindestens die ersten 5—6 Monate, besser bis zum

10. und 11. Monat möglichst andauernd liegen, nicht mit ihrer schwachen Rücken- und Nackenmuskulatur vorzeitig auf den Arm genommen und umhergetragen werden. Ausserdem macht die Pflege und Abwartung eines so gewöhnten Kindes unendlich viel weniger Mühe.

Nahrung gereicht wird die ersten Tage und Nächte so oft, als das Kind seinen Hunger durch Geschrei, wohl auch Saugebewegung von Mund und Zunge meldet, doch nie öfter als 2 stündlich. Möglichst bald, jedenfalls nach Ablauf der ersten Woche gewöhne man den Säugling an Regelmässigkeit, eines der wichtigsten Momente bei der Ernährung; man lasse 2 stündlich, vom 3. Monat $2^1/_2$ stündlich, vom 5. Monat 3 stündlich stillen.

Wenn reichlich Milch vorhanden ist, legt man abwechselnd zur Schonung der Brustwarzen an die linke und rechte Brust an, bei mangelhafter Secretion, wo eine Brust zur Stillung nicht ausreicht, ist das öftere Saugen ein Reiz für die Drüsen, der eine stärkere Secretion anregen kann.

Dem Trinken folgt eine zweite schonende Mundreinigung. Alles in Allem genügen Anfangs 7—8, später 6—5 Mahlzeiten; je eher man das Kind (mit 4.—6. Wochen) an eine grosse Nachtpause von 7—8, später 10 Stunden gewöhnt, um so besser für das Kind und auch die ruhebedürftige Mutter und die ganze Familie.

Der dunkelschwarzbraune oder schwarzgrüne Meconiumstuhl der ersten 2—3 Tage weicht allmählich den Milchstühlen. Die Kennzeichen des normalen Milchstuhles sind: gelbe, gold- auch safrangelbe Farbe, spärliche weissliche Beimengungen, dickbreiige Consistenz, fast ganz gleichmässige Beschaffenheit, also im Ganzen, wie man ihn zutreffend verglichen hat, Aussehen und Consistenz des Rühreis. Der Geruch ist fad, auch süsslich, etwas unangenehm, doch nie stinkend wie Fleischstuhl. Der S t u h l erfolgt normaler Weise 2—3 mal, selten nur 1 mal oder öfter wie 3 mal in 24 Stunden.

Der U r i n sei hellklar, fast wasserfarbig, hinterlasse in den Windeln sehr wenig Farbstoff, keine Niederschläge.

Kurz vor jeder Nahrungsdarreichung soll das Kind jedesmal trocken gelegt, ad nates gewaschen und zur Verhütung von intertrigo gepudert werden.

G e b a d e t wird im ersten Lebensjahr täglich, im Allgemeinen Vormittags. Bei nächtlicher Unruhe des Kindes, schlechtem Schlaf, ferner im Sommer bei Hitze und Staub badet man zweckmässiger Abends, ebenso bei Winterkälte, wenn man befürchten muss das Kind zu erkälten, indem man es kürzere Zeit nach dem Bade an die Luft bringt.

Die Kleidung bleibt bis zum 3. Monat dieselbe. Eine Kopfbedeckung ist nur im Freien nöthig.

Aus dem warmhaltenden aber auch beengenden Steckbett nehme man die Kinder mit Ende des zweiten Monats heraus; es ist ihnen um diese Zeit schon ein Bedürfniss, die kleinen Glieder zu regen und bewegen; auch scheint die Defäcation und die Entleerung von Flatus etwas leichter bei beweglichen Beinen zu erfolgen. Die Säuglinge erhalten dann ein langes Kleidchen, dessen Beschmutzung eine über die Windel gezogene sogenannte Windelhose aus gummirtem Stoff, die nicht luftdicht abschliesst, verhindert; blosstrampeln werden sich in diesem Alter die Kinder noch nicht leicht.

Wann das Neugeborene in's Freie gebracht werden kann, richtet sich natürlich nach der Jahreszeit; im Hochsommer geschieht es schon einige Tage nach der Geburt, im Herbste und Frühjahr oder gar im Winter nur mit grösster Vorsicht, jedenfalls auch bei Kindern von einigen Wochen nie bei einer Temperatur von unter 8^0 R. oder scharfen Nord- und Ostwinden. Man bedenke, dass, so wichtig der Genuss frischer Luft im Allgemeinen ist, ein einfacher Schnupfen für den Säugling eine tödtliche Krankheit werden kann.

Kinder von einem halben Jahr und darüber vertragen bei Windstille und Sonnenschein wohl schon $1-2^0$ Kälte. Es versteht sich, dass sie nur warm verpackt, ev. mit einer Wärmflasche, jedenfalls nur im Wagen, nicht frei auf dem Arm und stets nach einer warmen und Wärmevorrath mitgebenden Mahlzeit hinausgebracht werden dürfen und auch nur so lange, als sie sich wohl zu befinden scheinen und nicht einschlafen und kalt werden.

Säuglinge in den ersten Lebenswochen trägt man besser in ihrem Steckkissen auf dem Arm, um sie vor den Erschütterungen des Kinderwagens noch zu bewahren.

Die Ammen-Ernährung.

Wenn die eigene Mutter den Neugeborenen nicht zu stillen vermag, nicht stillen will, aus ärztlichen Gründen nicht nähren darf oder wenn sie bald die Nahrung verliert, so ist es zweifellos das nächstliegende Beste, die Mutter durch eine Amme zu ersetzen.

Die Beschaffung einer passenden Amme ist oft mit grossen Schwierigkeiten verknüpft, ihre Auswahl, wenn eine solche überhaupt möglich, nicht immer leicht, stets verantwortungsvoll. Die

Amme sei weder zu jung (unter 18 J.) noch zu alt. Das höchste spez. Gewicht der Milch wird bei Frauen im Alter von 20—26 resp. 30 Jahren gefunden. Der Termin ihrer Entbindung stimme möglichst mit dem der Geburt des zu nährenden Kindes überein; lieber nehme man eine Amme von etwas längerer als von der ersten Lactationszeit. Eine eingehende Untersuchung stelle fest, ob nicht eine absolute Contraindikation zum Stillen besteht in Gestalt von Tuberculose, Lues, fieberhaften Krankheiten, Epilepsie. Neben einer kräftigen Constitution, gutem Knochenbau, entsprechender Musculatur, normalem panniculus adiposus ist die Hauptsache natürlich ein gut entwickelter genügend grosser Brustdrüsenkörper, eine nicht tiefliegende Warze mit fester, widerstandsfähiger Haut. Die Milch lasse sich in weitspritzenden Strahlen aus 6 und mehr Milchgängen durch mässigen Druck entleeren, auch noch nachdem das Kind an derselben Brust satt geworden. Rhagaden der Warze oder gar entzündliche Processe an der Mamma dürfen nicht bestehen. Erstere brauchen nicht direct schädlich auf das Kind zu wirken; denn ich habe einige Male gesehen, dass Kinder gut gediehen, welche beim Stillen bes. im Moment des Ansaugens so viel Blut neben der Milch bekamen, dass ihr Stuhlgang stark sanguinolent war; doch leidet unter den Blutverlusten und besonders unter den heftigen Schmerzen das psychische und physische Befinden der Stillenden so sehr, dass sie meist nicht lange auszuhalten pflegen; auch ist jede Rhagade eine dauernde Möglichkeit mastitischer Infection. Echte Mastitis verbietet das Stillen unbedingt, wenigstens auf der betreffenden Brust, da das Kind direct Eiter mit Staphylococcen bekommen kann.

Eine schlaffe Beschaffenheit der Mammae braucht nicht abzuschrecken; relativ kleine, weiche, während des Stillens eigentlich niemals prall gefüllte Brüste bewähren sich oft vorzüglich.

Ein zuverlässiges Urtheil darüber abzugeben, ob eine Amme Milch hat und sie behält, ist schlechterdings unmöglich. Abgesehen von direct betrügerischen Manipulationen, denen man seitens der sich anbietenden Amme, noch mehr von Seiten der Ammenvermietherin ausgesetzt ist, spielen die Veränderungen der Kost und Lebensweise, Gram und Sorge wegen des eigenen verlassenen Kindes, Entkräftung durch schlechte Pflege und Ernährung vor und nach der Geburt nur zu oft eine wichtige Rolle.

Man kann im Allgemeinen nur sagen: zur Zeit hat die Amme Milch; ob sie im speziellen Falle genügend reichliche und vor allem auch bekömmliche Nahrung hat, darüber entscheidet nur der practische Versuch und die Wägung des Kindes theils vor und nach dem Stillen (um die Menge der aufgenommenen Milch festzustellen), theils alle 8 Tage, um die normale Gewichtszunahme zu controlliren. Daneben giebt das Benehmen des Kindes, ob es nach dem Trinken ruhig ist, einschläft, ob es reichlich in die Windeln nässt, ob es normale und genügende Stühle hat, hinreichenden Aufschluss.

Ich pflege die Angehörigen von voneherein auf einen eventuellen Ammenwechsel vorsichtshalber vorzubereiten.

Die meiste Garantie bietet noch eine Amme, die bereits ein Mal ein Kind aufgezogen hat und nun zum zweiten Male stillt.

Wünschenswerthe Eigenschaften sind dabei noch eine saubere gesunde Verfassung des Mundes, speziell der Zähne.

Hat man die Wahl, bevorzuge man als Amme Dienstmädchen, Mädchen vom Lande vor solchen, die früher Fabrikarbeiterinnen, Nähmädchen oder gar Kellnerinnen und dergl. waren.

An die moralischen Eigenschaften der Amme wird man naturgemäss einen auch nur mässig hohen Anspruch nicht stellen können. Man muss sich nicht selten mit dem Gedanken trösten, dass man in ihr schliesslich nur eine „melkende Kuh" suchen und finden darf, so fatale, ja oft geradezu kritische Zustände das Zusammenleben in der Familie mit einer zweifelhaften Person zur Folge haben kann. Hegt man berechtigte Zweifel über den Character und die Moral der Amme, so kann nur eine Tag und Nacht durchgeführte Ueberwachung vor Unannehmlichkeiten und Gefahren für das Kind schützen.

Neben einer scharfen Ueberwachung der Amme, was die Kindespflege, die eigene Reinlichkeit, regelmässige Stuhlentleerung und dergl. anlangt, ist die Hauptsache für eine glückliche Durchführung der Ammenhaltung die richtige Ernährung der Amme. Der gewöhnliche Fehler, der gemacht wird, ist der, dass man ihre ganze gewohnte Lebensweise und Ernährungsart umkehrt; man denkt ihr und damit dem Kinde den grössten Gefallen zu thun, wenn man sie pflegt und schont, nicht mehr arbeiten lässt, sie mit ungewohnten Fleischportionen, mit Bier und dergl. füttert und zudem oft systematisch überfüttert; dass die beste Amme dabei oft in Tagen die Milch verliert, kann nicht verwundern. Ihre Diätetik sei also ihrer früheren Gewohnheit und Lebensführung entsprechend; sie soll körperlich arbeiten, indem sie nicht nur mit dem Säugling spazieren geht, sondern auch alles leistet, was zu seiner Pflege gehört, baden, trocken legen, auch Windeln waschen und das Zimmer aufräumen. Die Kost sei genügend stickstoff- und nicht zu fettreich, bestehe nicht bloss aus reichlichen Flüssigkeitsmengen, die wohl eine massenhafte, oft aber auch dünne Milch geben, sondern aus nahrstoffhaltigen Suppen, bes. Milchsuppen mit Mehlarten, Gries, Reis, reiner Milch, Weiss- und Schwarzbrod, daneben Kartoffeln, ganz leichte Gemüse, Fleischbrühen, einmal täglich Fleisch und Ei; das beliebte Ammenbier sei sehr alkoholarm und malzreich. Concentrirte alkoholische Getränke sind streng zu vermeiden. Betrunkenheit des Säuglings durch Alkoholgenuss der Mutter (bei der Tauffeier) oder der Amme ist mehrfach beobachtet. Gegen eventuelle Obstipation gehe man mit gekochtem Obst, Klystiren, nöthigenfalls oleum ricini vor; rheum, senna etc. sind, da sie in die Milch übergehn und dem Kinde Kolik und Diarrhoë erregen können, verboten, alle salinischen Abführmittel desshalb, weil sie zu reichliche seröse Darmausscheidungen bewirken und damit die Milchsecretion beeinträchtigen. Von Medikamenten gehen Eisen, Arsenik, Jodkali, Bromkali etc. nicht in die Milch über.

Von Störungen, die beim Stillen eintreten können, wäre neben eigentlichen Dyspepsien und Krankheiten des Kindes oder der Stillenden vor allem der Eintritt der Menstruation zu nennen. Dieselbe erfolgt bekanntlich bei ca. 50 % der stillenden Frauen und hat nur selten einen pathologisch sich äussernden Einfluss auf das Säugegeschäft. Genaue Untersuchungen haben ergeben, dass sich zwar während der Menstruation Schwankungen im Fett- und Caseïngehalt nachweisen lassen, dieselben aber viel geringer sind, als die physiologischen und gut ertragenen Schwankungen zu den verschiedenen Tageszeiten. Die Milch ist ebenso steril wie vor der Menstruation. Nur zu früher Eintritt der Menstruation und pathologisch starke Blutung können die Gewichtszunahme der Kinder ungünstig beeinflussen. Doch ist nicht zu leugnen, dass mit jeder Menstruation immer wieder Veränderungen des Befindens beim Kinde wahrgenommen werden können, die sich vom vorübergehenden Unbehagen bis zur echten Dyspepsie steigern und, wenn auch selten, das Aussetzen wenigstens während der ersten Tage oder für immer, beziehungsweise einen Ammenwechsel unumgänglich machen können.

Mit dem achten Monat kann man dem Brustkinde künstliche Nahrung beigeben in Gestalt von Bouillon; man thue es aber im Allgemeinen nur, wenn in dem Gewichts-Stillstand oder -Rückgang ein mangelhaftes Gedeihen sich offenbart.

Die eigentliche Entwöhnung ist, wenn nicht Krankheit, neue Schwangerschaft der Mutter sie früher erfordern, gegen Ende des ersten Lebensjahres vorzunehmen. Von inneren Gründen zwingt nur schlechtes Gedeihen des Säuglings oder andauernde und sich wiederholende Dyspepsie dazu; von äusseren Gründen ist der zu erwartende Eintritt heisser Jahreszeit zu nennen; man soll während dieser erfahrungsgemäss nicht mit der künstlichen Ernährung beginnen, will man nicht Sommerdyspepsieen erleben.

Viel länger als 12 Monate lässt man in der Regel nicht stillen. Wenn auch unzweifelhaft manche Kinder auch dann noch gut sich weiter entwickeln, so weist doch der Durchbruch der Zähne deutlich daraufhin, dass allmählich eine consistentere Nahrung an die Reihe zu kommen hat, und die practische Erfahrung bestätigen physiologisch-chemische Untersuchungen, wonach um diese Zeit die reine Milchnahrung die zum Aufbau des Körpers nöthigen Stoffe nicht mehr zu schaffen vermag; wir sehen bei ihr nicht selten Kinder, die bis zum Ende des ersten Lebensjahres gut gediehen waren, herunter kommen und rachitisch werden.

Die Ernährung nach Ablauf des ersten Jahres gestaltet sich dann in der Weise, dass 5 Mahlzeiten gereicht werden; sie setzen sich etwa in folgender Form zusammen: früh reine beste, natürlich sterilisirte, jedenfalls gut gekochte warme Milch, ev. mit etwas Kakao und Weissbrod; zum 2. Frühstück ein Ei, weichgekocht oder roh mit Salz oder etwas Zucker; dazu etwas Butterbrot und eine kleinere Portion Milch; Mittags Fleischbrühe mit Einlage von Gries, Reis, Graupen und dergl.; darnach oder in der Suppe feingewiegtes leichtverdauliches Fleisch: Geflügel mit Ausnahme von Ente, Gans; Kalbfleisch gekocht oder gebraten; sehr zartes Rindfleisch; vom Schwein nur fettfreies Filet oder Rücken; alles Wild besonders Hase, Rebhuhn, Fasan, Reh. Fisch ist nur sorgsamst ausgegrätet zu erlauben; verboten sind natürlich Aal, Karpfen, marinirte und geräucherte, stark gesalzene und gewürzte Fische und von allen Fischen die fette Haut. Dazu ganz wenig Kartoffelpurée mit Bratensaft, keine fetten Saucen; auch wohl etwas Compot besonders bei Neigung zur Obstipation; sehr empfehlenswerth sind Reisspeisen als Apfel-, Pflaumen-, Milchreis und dergl., da leicht verdaulich und gut ausgenutzt. Erlaubt und in manchen Fällen erwünscht (Rachitis, Morbus Barlowii) sind ganz leichte grüne Gemüse speziell Spinat, Spargel, Artischocken, ganz junge Erbsen, Mohrrübchen und Kohlrabi, Blumenkohl; verboten alle Kohlarten und Bohnen. Leguminosen sind nur in kleinsten Portionen und nur in Mehl- und Suppenform zu reichen. Nachmittags folgt nach einer etwas längeren Pause (3—4 Stunden) wieder blos Milch oder Milchkakao, bei älteren Kindern leichtverdauliches reifes Obst (Birnen, Trauben, Aepfel, Pflaumen) mit etwas Brot. Die Abendmahlzeit falle nicht zu spät (nicht nach

7 Uhr) und sei mässig; sie besteht am Besten aus einer Milchsuppe mit Schleim, Mehl, Reis, Weissbrotschnitten und dergl.

Es versteht sich, dass der Uebergang von reiner Milchnahrung zu gemischter Kost vorsichtig und ganz allmählich geschehe; man versucht als erstes, die Mittagsmilch durch leichte Kalbfleischbrühe zu ersetzen; die Brühe wird ohne jeden Extractzusatz, Anfangs auch ohne Suppenkräuter gekocht; die aromatisch riechenden und leicht etwas zu fetten Geflügelbrühen und die an Extractivstoffen reichere Rindfleisch- und Hammelbrühe kommen erst später an die Reihe. Nach der Angewöhnung an die Mittagsbrühe versucht man es mit Ei zum zweiten Frühstück, erst nur ein halbes, dann das ganze Gelbei, endlich das Eiweiss zu Schaum mit dem Gelben zusammengeschlagen, wie es das Kind lieber nimmt, mit Zucker oder Salz, roh oder gekocht. Bei nicht wenigen Kindern besteht eine Idiosyncrasie gegen selbst die frischesten Eier, indem sie sie sofort erbrechen; auch der Versuch, das Ei in der Milch oder die Brühe eingeschlagen zu reichen, schlägt dann meist fehl, macht auch jene Getränke zu concentrirt und schwer. Dann versuche man es mit Fleisch. Am Leichtesten verdaulich ist feingeschabtes rohes Fleisch, dem man etwas Kochsalz und selbst ein wenig die Fleischfaser macerirenden Essig zufügen kann; noch lieber wird von manchen Kindern geschabter roher Schinken genommen; derselbe muss natürlich sehr zart, ganz schwach gesalzen und geräuchert sein, wird aber erfahrungsgemäss selbst bei leichter Dyspepsie und der Neigung zu Gährungsprocessen gut vertragen und verdaut. Die beste Form für Amylum ist gutgebackenes nicht zu frisches Weissbrot. Für Graubrot haben ältere Kinder eine entschieden grössere Vorliebe; dasselbe wird von ihnen meist auch gut verarbeitet.

Was schliesslich die Einverleibungsform anlangt, so bleibt nur übrig auszuprobiren, welche dem Kinde im speziellen Falle am meisten zusagt: Flasche mit Saugpfropfen, Löffel, Tasse oder Schnabeltasse. Ich habe nichts dagegen einzuwenden, wenn selbst entwöhnte und ältere Kinder ihre Milch noch am Liebsten aus der Flasche saugen; ist sie doch jedenfalls eine physiologisch wohlbegründete und daneben die reinlichste Form der Flüssigkeitsaufnahme. Einzelne Kinder, die bis dahin immer nur Milch aus der Flasche zu bekommen gewohnt waren, weigern sich bei der Entwöhnung hartnäckig, nun auch Bouillon aus ihr zu nehmen; ebenso acceptiren gestillte Säuglinge Kuhmilch bisweilen nur aus der Tasse. Manche Kinder nehmen ohne jeden Anstand alle und jede bis dahin ungewohnte Nahrung und in jeder Form;

bei andern wieder kann man die grösste Mühe haben, sie zu einem Nahrungswechsel zu bewegen; speziell beim Absetzen von der Brust vermag bei eigensinnigen Säuglingen manchmal nur vielstündiges Hungern sie zu bewegen, eine künstliche Nahrung anzunehmen; bald nehmen sie dann besser von der gewohnten Amme, der Mutter, die sie gestillt hat, bald nur von einer dritten Person; man muss sie hier und da förmlich überlisten, indem man in der Dunkelheit statt der Mutterbrust ihnen unversehens die Saugflasche einschiebt. Geduld und Consequenz, ev. Strenge führen aber ausnahmslos zum Ziel. Für ältere Kinder ist es ein erprobter Anreiz zum Essen, dass man es ihnen vormacht, sie an den allgemeinen Tisch bringt, wo sie das Beispiel anderer anregt.

Die künstliche Ernährung.

Bei der leider überwiegenden Mehrzahl der Säuglinge besonders in den Städten vermag die eigene Mutter die natürliche Nahrung nicht zu liefern. Wie es kommt, dass so vielen Frauen unseres heutigen Geschlechts (von denen, die nicht stillen wollen, abzusehen) auch beim besten Willen, trotz wiederholter Versuche, ihre Kinder zu nähren, die Fähigkeit und besonders die Ausdauer zum Selbststillen verloren gegangen ist, das gehört nicht hierher. Die traurige Thatsache steht fest. Ebenso versteht es sich, dass die materiellen Verhältnisse es den wenigsten Eltern gestatten, ihrem Kinde in einer Amme einen Ersatz der Mutterbrust zu verschaffen, ganz abgesehen davon, dass sich viele Mütter und meist mit Recht vor den Unannehmlichkeiten ja Widerwärtigkeiten des im Grunde auch entschieden unmoralischen Ammenwesens fürchten.

Hier hat die künstliche Ernährung einzuspringen und ihre ungemein wichtige, wenn auch leider nicht durchweg gut durchgeführte Rolle zu spielen.

Denn, schicken wir die betrübende Wahrheit gleich an der Spitze des Kapitels voraus, die künstliche Ernährung ist trotz aller Bereicherung unseres physiologischen Wissens, trotz der unermüdlichen Arbeit aller Berufenen, trotz alljährlicher Verbesserungen heute noch ein mangelhafter Ersatz der natürlichen. Das lehrt mit erschreckend deutlichen Ziffern die Statistik über die Kindersterblichkeit, welche ihre Lehren allen Fortschritten zum Hohn dahin zusammenfasst, dass in demselben Masse, wie den Säuglingen die Mutter- resp. Ammenbrust versagt wird, und an deren Stelle eine künstliche Nahrung tritt, die Mortalität zunimmt. Zeigt sich dabei die Säuglingssterblichkeit ausserdem von klimatischen

Verhältnissen ungünstig beeinflusst, so ist die als unheilvoll erkannte Sommerhitze doch den künstlich ernährten Kindern ungleich verderbenbringender als den gestillten Kindern.

Um sich diesen ausserordentlichen Unterschied in den Resultaten zwischen der Ernährung mit Frauenmilch und mit künstlicher Nahrung zu erklären, ist es nöthig, zunächst auf die gebräuchlichsten Ersatzmittel näher einzugehen, sie in Vergleich mit der natürlichen Nahrung zu stellen.

Bei der Auswahl eines Ersatzes der Frauenmilch hat man am natürlichsten von dieser als dem physiologischen Massstab zur Abschätzung der Werthigkeit jenes auszugehen; die künstliche Nahrung soll der natürlichen nach Möglichkeit gleichkommen.

Die weitaus und mit Recht verbreitetste Ersatznahrung ist die Thiermilch und unter den Thiermilcharten speziell wieder die Kuhmilch.

Sie verdankt diese ihre Eigenschaft einmal dem Umstande, dass es mit geringer Mühe gelingt, aus ihr durch rationelle Verdünnung und Zusätze ein der Muttermilch in vieler Hinsicht nahekommendes Nährmittel herzustellen, sodann demjenigen, dass sie die überall relativ am leichtesten und in bester Qualität zu beschaffende Thiermilch ist. Auch beweist die Thatsache, dass eine sehr grosse Zahl von Kindern bei der Ernährung mit passend behandelter Kuhmilch gedeiht, dass diese wohl einen Ersatz der Frauenmilch abzugeben vermag.

Bei näherer Prüfung ergeben sich freilich gewichtige theoretische Bedenken und Einwände gegen die beherrschende Rolle der Kuhmilch als Ersatzmittels der Mutterbrust und die practische Erfahrung zeigt sie nur allzu begründet. Jeder Arzt weiss von den unendlich häufigen Schwierigkeiten, den oft ernsten Beeinträchtigungen des Gedeihens zu berichten, die man bei der Säuglings-Ernährung mit Kuhmilch erlebt. Die statistisch erwiesenen schlechten Resultate der künstlichen Ernährung fallen zumeist der Kuhmilchernährung zu.

Ein Vergleich der chemischen und physiologischen Eigenschaften auf der einen Seite der Frauenmilch, auf der andern Seite der Thier- und zwar speziell zunächst der Kuhmilch führt am Sichersten zur Erkenntniss der Ursachen dieser Inferiorität der Kuhmilch. Abgesehen davon, dass die Frauenmilch frisch entleert deutlich alkalische, die Kuhmilch dagegen amphotere Reaction zeigt, dass jene süsser schmeckt, so besteht, was zuerst die quantitativen Verhältnisse anlangt, in wesentlicher Unterschied in dem Gehalt der beiden Milcharten an den Hauptnährstoffen, wie sie sämmtlich in beiden enthalten sind.

Derselbe erstreckt sich

1. auf den Zuckergehalt, der bei der Frauenmilch 5,5 % gegen 4,8—5 % bei der Kuhmilch beträgt;
2. auf den Gehalt an Eiweisskörpern, derselbe ist umgekehrt bei der Kuhmilch beträchtlich höher nämlich 3,4—3,5 % gegen 1,9—2,5—3 % in der Frauenmilch. Ebenso ist
3. die Menge der anorganischen Salze in der Kuhmilch über doppelt so gross (0,71 %) wie in der Muttermilch (0,17—0,3 %). Endlich sind in der Kuhmilch organische Säuren enthalten, wie Citronensäure (1 %/$_{00}$), die aus der vegetabilischen Nahrung direct entstammt oder sich bei der Cellulosegährung gebildet hat.

Es könnte ein Leichtes erscheinen, diese Unterschiede beider Milchsorten auszugleichen, indem man durch Verdünnung der Kuhmilch mit Wasser den zu hohen Eiweiss- und Aschengehalt derselben auf den der Frauenmilch entsprechenden Procentsatz herabsetzt und gleichzeitig durch Hinzufügen von Milchzucker den entstehenden Zuckerausfall deckt resp. auf die Höhe von 5,5 % bringt; ebenso lässt sich das bei der Verdünnung entstehende Minus an Fett durch Sahnezusatz ergänzen.

Trotzdem gelingt es nicht entfernt, mit der so behandelten und procentualisch mit ihren Nährstoffen der Frauenmilch gleichgemachten Kuhmilch die gleichen Ernährungsresultate zu erzielen. Selbst wenn diese Kuhmilchmischung ganz ohne dyspeptische Störungen vertragen wird, sehen wir dennoch eine relativ grosse Anzahl von Säuglingen bei ihr nicht gedeihen, im Gegentheil nur sehr mangelhaft und unregelmässig an Gewicht zunehmen oder gar atrophisch werden.

Auch hierfür sind die Ursachen wohl bekannt; denn nach Richtigstellung des quantitativen Verhältnisses der Nährstoffe bleiben noch die ebenso wesentlichen oder noch wichtigeren qualitativen Unterschiede beider Milcharten. Sie beziehen sich vor allem auf die Eiweisskörper.

Das Eiweiss der Kuhmilch scheidet sich bei der Gerinnung im Magen in derben, zähen, ordentlich schwer zerreiblichen und grösseren Coagulis aus, während das der Frauenmilch in ausserordentlich feinen, fast staubförmigen und zarten Gerinnseln auseinander stiebt. Die Kuheiweissgerinnsel setzen in Folge dessen den mechanischen und chemischen Angriffen des Säuglingsmagens und -Darms ungleich grösseren Widerstand entgegen, sie lösen sich viel langsamer und schwieriger auf, da sie von den Sekreten schlechter durchdrungen werden. Aber nicht bloss das Eiweiss selber, sondern auch das in den Caseingerinnseln eingeschlossene, von einer Eiweisshülle umgebene Fett und ebenso ein Theil der Salze werden schlechter verdaut als bei der Frauenmilch.

Auch bezüglich des Fettes bestehen Differenzen. Die an sich viel kleineren Fettkügelchen der Frauenmilch schmelzen wegen ihres höheren Gehaltes an Olein bei niedrigerer Temperatur als die Milchkügelchen der Kuhmilchsahne. Die Fettkügelchen der Frauenmilch sind hüllenlos, und wohl aus diesem Grund lässt sich das Fett der Frauenmilch sehr leicht mit Aether extrahiren, während dies bei der Kuhmilch ungleich schwieriger zu bewerkstelligen ist.

Und wie kommt es, dass die Eiweisskörper in Frauen- und Kuhmilch so grundverschieden gerinnen? Das Eiweiss der Kuhmilch besteht aus 2,84 % Casein und nur 0,87 % Albumin; umgekehrt besitzt die Frauenmilch bloss 0,77 % Casein, dagegen 1,59 Albumin. Das Kuhcasein ist weiss, reagiert sauer (es ist als Säure zu betrachten und zwar als eine Verbindung des Eiweiss mit Calciumoxyd) und gerinnt in derben, grösseren Flocken; das Casein der Frauenmilch ist gelblich weiss, reagiert deutlich alkalisch, löst sich in Wasser und verdünnten Säuren und Magensaft im Ueberschuss, gerinnt vor der Peptonisirung in feinsten dünnen und zarten Flocken. Wie der Versuch mit künstlichem Magensaft, mit Lab, sowie in vivo erweist, wie meine Experimente mit der Rieth'schen Albumosenmilch (s. weiter unten) bestätigt haben, liegt in diesem Verhalten der Eiweisskörper die Ursache für die verschiedenartige Gerinnung des Frauen- und des Kuhmilcheiweisses und damit die Ursache der verschiedenen Verdaulichkeit überhaupt begründet. Dieses chemisch-physiologische Verhalten zusammengenommen mit Ausnutzungsversuchen haben erwiesen und zugleich erklärt, dass und warum die Frauenmilch vom Säugling in einer von keinem einzigen bekannten Nahrungsmittel erreichten Vorzüglichkeit verwerthet wird, dass dagegen die Ausnutzung der Kuhmilch eine mangelhaftere ist, indem zwar Zucker vollkommen, Eiweiss meist gut, wenn auch etwas schlechter, dagegen $2/3$ der Asche und neben unveränderten Neutralfetten viel feste Fettsäuren und deren unlösliche Kalkverbindungen mit dem Koth ausgeschieden wurden; dass also die Kuhmilch, selbst wenn ihre Mischung keine chemische Differenz mit der Frauenmilch mehr zeigt, dieselbe keineswegs zu ersetzen im Stande ist.

Von anderen Thiermilchsorten kommt die Eselsmilch der Frauenmilch am nächsten, indem sie viel weniger Casein wie die Kuhmilch (0,7 %), dafür viel Albumin (1,6 %), nur wenig mehr

Zucker und Asche als die Frauenmilch aufweist; freilich zeigt sie einen beträchtlichen Ausfall an Fett ($1,6\,^0/_0$ gegen $3,9\,^0/_0$). Practische Versuche haben ihre gute Verwendbarkeit zur Genüge erwiesen; einer allgemeinen oder auch nur etwas ausgedehnteren Einführung stehen äussere Gründe wie einleuchtend unüberwindlich hindernd entgegen.

Die ebenfalls für die Milchversorgung im Grossen kaum in Frage kommende Ziegenmilch hat einen nach höheren Casein- und Aschengehalt wie die Kuhmilch, dieselbe Fettmenge wie Frauenmilch, aber ebenfalls weniger Zucker. Sie ist also entschieden noch weniger geeignet, die Frauenmilch zu ersetzen und ihre Lobredner können nur den angeblichen Umstand zu ihren Gunsten anführen, dass die Ziegen immun gegen Tuberkulose sein sollen. Gegen Tuberkelbacilleninfection schützt uns ein einfaches Aufsieden der Kuhmilch mit Sicherheit. Der specifische Geruch der Ziegenmilch nach Caprinsäure macht sie zudem manchen Kindern widerwärtig.

Die wie die Frauenmilch alkalisch reagierende, angeblich ebenso gerinnende Stutenmilch kann vollends nicht zur Säuglingsernährung in grösseren Massstabe herangezogen werden.

Neben den chemischen und physiologischen Eigenschaften ist es das bacteriologische Verhalten, welches als zweiter und ebenso wichtiger Factor bei der Beurtheilung der Thiermilch als eines Ersatzes der Frauenmilch massgebend ist. Es ergiebt sich da wiederum ein schwerwiegender Unterschied zu Ungunsten der Thiermilch.

Während der Säugling an der Mutter- oder Ammenbrust, wenn nicht, was ungemein selten, die Brustdrüse selbst mikroparasitisch infiziert war, eine fast absolut keimfreie Nahrung empfängt, bez. die wenigen von aussen in die Brustdrüse eingewanderten Keime (besonders Eiterkokken) sich als unschädlich erweisen, im Darm zu Grunde gehen, auch die Muttermilch auf dem kurzen Wege durch Brustwarze der Frau und Mund des Kindes kaum verunreinigt wurde, stellt die Thiermilch in unbehandeltem, rohem oder mangelhaft gekochtem Zustande ein mit Mikroorganismen der mannigfaltigsten Art oft geradezu durchsetztes Nahrungsmittel dar. Diese Mikroben sind in der Hauptsache Gährungserreger; dieselben gelangen unter einer grossen Reihe begünstigender Momente regelmässig in die Thiermilch hinein.

Es ist nachgewiesen, dass bereits die Milchgänge des Kuheuters von aussen aus dem Stallmist, aus dem Heu und Stroh eingewanderte Mikroorganismen in Massen enthalten, die natürlich bei den ersten Melkstrichen in die Milch hineingelangen. Sodann fallen während des Melkens, im Stall, in den Aufbewahrungsräumen massenhafte Keime aus der Luft in die Milch. Endlich pflegen die Melker resp. Melkelrinnen bekanntlich sich die Hände, der Kuh das Euter höchstens mangelhaft zu waschen, niemals annähernd zu sterilisiren; die Untersuchungen des beim Centrifugiren abgeschiedenen Milchschlamms ergaben ausnahmslos grobe Verunreinigungen mit Kothpartikeln und dergl. Während die Mehrzahl der Untersucher betont, dass gerade bei der Grünfütterung die Gelegenheit zur Infection der Milch mit Keimen am grössten ist, verwirft Soxhlet neuerdings die allgemein eingeführte Trockenfütterung und zieht ihr den Weidegang oder die Grünfütterung vor, weil er die Infection mit Heustaub für die viel gefährlichere und schwerer zu paralysirende hält. Thatsächlich ist es unmöglich, bei der üblichen und durchführbaren Art der Milchgewinnung eine Infection der Milch mit Gährungskeimen zu vermeiden.

Ins Unendliche wächst die Infection bei der Aufbewahrung der Milch, beim Transport, dem vielen Umschütten in immer neue Gefässe, dem Hantiren mit ihr gelegentlich des Zwischenhandels. So kann es geschehen, dass die im Handel käufliche Kuhmilch, bis sie in die Hände des Consumenten gelangt, im Sommer die enorme Zahl von 1—7 Millionen Keimen im Cubikcentimeter aufweisen kann.

So erklärt es sich, dass, da die Bildung einer geringfügigen Menge von Milchsäure genügt, um beim Kochen die ganze Milch gerinnen zu lassen, die angeblich und häufig auch in der That erst vor Kurzem gemolkene Kuhmilch so oft noch vor dem Gebrauch sich benutzungsunfähig erweist, dass auch bei der gewöhnlichen Art des Kochens und Sterilisirens so unendlich häufig Gährungsprocesse im kindlichen Magen und Darm erregt werden.

Neben Gährungserregern können auch pathogene Keime und zwar einmal von Seiten der milchliefernden Kühe selber, sodann bei der Circulation der Milch aus den Händen der Producenten durch die des Zwischenhandels bis zum Consumenten in die Milch hineingelangen. Ersteres vermag auch eine sorgfältige Auswahl und thierärztliche Ueberwachung der Kühe nicht zu verhindern.

Die gefährlichste und bedeutungsvollste der in Frage kommenden Infectionskrankheiten ist zweifellos die Tuberkulose. Die in einem hohen Procentsatz der untersuchten Kuhmilch gefundenen Baccillen stammen wohl meist von einer Tuberkulose der Kühe selbst her. Und zwar hat sich ergeben, dass nicht blos bei einer directen tuberculösen Erkrankung des Euters die Tuberculose durch die Milch übertragen wird, sondern was die Gefahr viel grösser erscheinen lässt, auch wenn die Thiere in anderen inneren Organen tuberculös krank waren, wo auch immer der Sitz der Erkrankung war. Höchst verhängnissvoll ist dabei, dass die Tuberculose des Rindviehs ebenso weit verbreitet, als objectiv schwer nachweisbar ist; erst die Tuberculininjectionen scheinen die Aussicht auf eine allmähliche Sanierung unseres Milchviehstapels durch frühzeitiges Ausscheiden erkrankter Thiere zu eröffnen.

Da frische gute Kuh- resp. Thiermilch nicht überall (z. B. auf Schiffen, bei Rindviehseuchen) zu beschaffen ist, rechtfertigt sich die Herstellung und Verwendung von Milchconserven.

Von solchen ist das älteste Präparat die sog. condensirte Schweizermilch. Ihre Haltbarkeit verdankte sie früher dem sehr hohen Zuckergehalt (38—45 $^0/_0$), und eben dieser Zuckergehalt machte sie trotz der Leichtverdaulichkeit der Zuckerlösungen zu einem Säuglingsnährmittel ganz ungeeignet; die practische Erprobung hat dies denn auch zur Genüge bewiesen, und alle Vorschläge, ihre Verwendbarkeit zu verbessern, lassen im Stich; die Milchsäuregährung erregte bei längerem Genuss in der Regel Darmkatarrh. Heutzutage gelingt die Conservirung (wenigstens mit Sicherheit für Monate) der eingedampften Milch durch Sterilisiren; in dieser Form ist die sog. condensirte Schweizer und Allgäuer Milch für Nothfälle ein zweckentsprechendes, wenn auch theures Präparat geworden. Hier und da kommt eine verdorbene Büchse vor, worauf zu achten wäre.

Nach viel rationelleren Principien ist die Loefflund'sche peptonisirte Kindermilch construirt. Sie vereinigt den Nutzen einer Peptonisirung (s. weiter u.) mit einer absoluten Sterilität und stellt ein Gemisch condensirter Kuhmilch vorzüglicher Herkunft mit dextrinirtem Weizenmehl dar. Ihr Nachtheil ist der theure Preis; auch gedeihen nach meiner Erfahrung noch lange nicht alle Kinder bei ihr.

Eier und Fleischbrühe eignen sich nicht für die Ernährung in den ersten Säuglingsperioden; für vorübergehenden Gebrauch hat sich das sog. Eiweisswasser bewährt.

Die Liebigsche Suppe ist auf einem falschen Princip aufgebaut und enthält nur, wenn die Herstellung vollkommen glückte, kein Amylum mehr; sie ist sehr umständlich zu bereiten, hält sich nur 24 Stunden und hat sich in der ursprünglichen Form nicht, auch in später verbesserter Form wenig bewährt; sie bildet den Uebergang zu den Kindermehlen.

Gegen alle Kindermehle und die aus ihnen bereiteten Suppen sprechen entscheidend die physiologischen Thatsachen, dass die Verdauungsorgane des Säuglings auf ihre Verwerthung und Verarbeitung nicht eingerichtet sind. Mit der saccharificirenden Thätigkeit des Mundspeichels ist in den ersten 8—10 Lebenswochen kaum zu rechnen; in den folgenden Monaten nimmt sie zwar zu, aber so allmählich, dass von einer ausreichenden Einwirkung auf das Amylum erst vom 10. Monat ab die Rede sein kann. Jedes unverdaut in Magen und Darm gelangende Mehl verfällt aber bekanntlich ungemein leicht der sauren Gährung, die wir als Ursache und in Begleitung der Dyspepsie kennen und mit Recht fürchten lernen werden.

Zwar ist es gelungen, solche Mehle spec. Hafermehl so zu präpariren, dass ein der Frauenmilch entsprechendes Verhältniss von Eiweiss, Kohlehydrat, Salzen und Fett hergestellt wurde; auch einen Theil des schwerverdaulichen Amylums zu dextriniren, d. h. in Dextrin und Traubenzucker zu verwandeln und damit die Verdaulichkeit entschieden zu erhöhen. Stets bleibt jedoch der Missstand, dass sie zu viele Kohlehydrate enthalten und von diesen das bei dem Mangel an diastatischen Fermenten auszuschliessende Amylum, dass ihr Pflanzenalbumin sich chemisch und physiologisch als schwerer verdaulich von dem Thiereiweiss ungünstig unterscheidet, dass sie endlich meist zu wenig Fett haben, und schliesslich dass die Kindermehlernährung mindestens drei mal so theuer, wie die Kuhmilchernährung ist.

Doch hiesse es entschieden ihnen Unrecht thun und weit übers Ziel hinausschiessen, wollte man sie allesammt und unbedingt verwerfen. Ganz abgesehen davon, dass sie für die letzte Säuglingsperiode eine werthvolle Bereicherung des Kostzettels sind, finden sie in erster Linie zweckmässig da Verwendung, wo man durch einen schleimigen Zusatz zur Kuhmilch diese etwas verdaulicher zu machen versucht; man kann sich damit beruhigen, dass die in den Magen gelangenden Amylummengen sehr gering sind und von etwas älteren Kindern erfahrungsgemäss ohne Nachtheil vertragen und ausgenutzt werden. Selbst jüngere Kinder können häufig einige Zeit gut bei Kindermehlernährung gedeihen. Bei längerer und ausschliesslicher Darreichung freilich pflegen Digestionsstörungen nicht auszubleiben, und vor allem werden die Kinder auch bei genügender und guter Gewichtszunahme fast ausnahmslos rachitisch. Als ein echtes vollwerthiges Säuglingsnährmittel kann also kein Kindermehl anerkannt werden. Zur vorübergehenden Ernährung, wenn Kuhmilch nicht vertragen wird, oder zeitweise nicht am Platze ist, sowie als Zusatz zur Kuhmilch können sie von entschiedenem Nutzen sein.

Von solchen Kindermehlen stehen sehr viele zur Auswahl: Mit das beste scheint mir das Rademann'sche zu sein, welches bei der künstlichen Verdauung mit Pancreas einen ausserordentlich geringen Rückstand an unverdautem Amylum hinterlässt, in dem die Stärke nahezu vollständig in Dextrin umgewandelt, die Cellulose fast ganz ausgeschieden ist; es ist ganz steril, von gleichmässiger Beschaffenheit, und sein Nährstoffverhältniss dem der Frauenmilch sehr nahestehend; auch das Kufeckemehl ist sehr gut dextrinirt.

Den Kindermehlen ziemlich gleichwerthig, aber viel billiger sind die **Kinderzwiebacke**; bei doppeltem Backen wird auch in ihnen die Stärke dextrinirt und leicht löslich; sie haben bei und nach der Entwöhnung entschiedenen Werth; zu nennen wären: Potsdamer, Opel'scher Zwieback, besonders aber der mit bester Milch bereitete Löfflund'sche Zwieback.

Mondamin, Arrowroot, Maizena, Tapioca, Salep sind, da sie hauptsächlich Stärke, nur ganz wenig Eiweiss enthalten, ganz ungeeignet.

Beschaffenheit und Zubereitung der Kuhmilch.

Wenn uns also nach eingehender Prüfung zum Ersatz der Mutterbrust als die bequemste und am Besten zu beschaffende, in so vielen Fällen auch bewährte Nahrung die Kuhmilch bleibt, was müssen wir thun und worauf ist zu achten, um diese Ersatznahrung in möglichst guter, der Muttermilch nahekommender Qualität dem Säugling zu liefern?

Vor allem soll die Kuhmilch von etwa vierjährigen und absolut gesunden Kühen stammen; viel jüngere und sehr viel ältere Thiere liefern eine weniger gehaltreiche Milch. Die Kühe sollen einer guten Race entstammen, womöglich unter dauernder thierärztlicher Kontrolle stehen und von Zeit zu Zeit durch Tuberculininjection auf Freisein von tuberculösen Processen geprüft werden.

Von grösster Wichtigkeit ist eine zweckmässige Fütterung der Kühe. Dieselbe braucht keineswegs ausschliessliche Trockenfütterung (Heu, Stroh und Getreidekörner) zu sein; gutes gemischtes Futter erzielt die beste Milch. Zu vermeiden sind Oelkuchenrückstände, Zuckerrübenschnitzel, Branntweinschlempe, Trähern in grösserer Menge. Der freie Weidegang gestattet den Thieren, jedenfalls wenigstens einen Theil des Jahres unter den natürlichsten Daseinsbedingungen zu leben, und liefert ceteris paribus eine sehr empfehlenswerthe Milch.

Pflege der Haut, Reinlichkeit und Ventilation im Stall sind von grosser Bedeutung; Bewegung im Freien ist den Thieren sehr dienlich.

Erkrankung an Milzbrand-, Maul- und Klauenseuche, Lungenseuche verbieten gesetzlich die Verwerthung mindestens der ungekochten Milch.

Das Euter wie die Hände der Melkenden sind vor dem Melken sorgfältig zu reinigen. Peinliche Sauberkeit der Melkeimer und Aufbewahrungsgefässe sollte selbstverständlich sein.

Die Säuglingsmilch soll nicht von einer einzigen und bestimmten Kuh stammen, sondern Mischmilch von vielen Kühen sein, da durch solche Mischung die oft ganz beträchtlichen Differenzen ausgeglichen werden, welche die Milch nach Dauer der Lactation, Rasse und Alter der Kuh zeigt, sowie die nicht minder bedeutenden Tagesschwankungen des Gehalts der Milch an Trockenrückstand bei ein und derselben Kuh. Gleichzeitig wird durch diese Vermengung eine starke Verdünnung von eventuell in die Milch übergegangenen Krankheitsstoffen und damit deren Unschädlichmachung erreicht.

Die Kuhmilch soll gleich nach dem Melken rasch abgekühlt und womöglich jetzt gleich pasteurisirt, noch besser sterilisirt werden. Wie das moderne Streben in der Chirurgie und Gynäkologie auf Asepsis gerichtet ist, so sollte man es auch bei der Säuglingsmilch nicht erst zur Inficirung in grösserer Ausdehnung kommen lassen, sondern die frischgemolkene, abgekühlte und dann noch relativ keimfreie Milch gleich vollends steril machen und dann steril erhalten. Es leuchtet ein, dass diese sofortige Sterilisation seitens des Milchproducenten ungleich leichter und vollkommener erfolgen kann, als eines spätere, die dann erst Platz greift, wenn die Milch mit Mikroorganismen bereits überladen ist; denn einmal gelingt es dann nur bei wiederholter und langer Sterilisirung völlige Keimfreiheit zu erzielen, und endlich wissen wir selbst dann noch keineswegs, ob nicht schon Stoffwechselproducte der Kleinwesen, die so lange ungestört sich entwickeln konnten, in der Milch in einer Menge enthalten sind, die dem Kinde schädlich werden müssen, da sie der Hitze widerstehen. Mindestens bei hoher Sommertemperatur, und wenn man die Milch nicht aus erster Hand erhält, endlich wenn man keine Garantieen für eine sorgfältige und saubere Behandlung der Milch seitens des Producenten hat, beziehe man nur gleich nach dem Melken sterilisirte Milch.

Da die so bezogene keimfreie Kuhmilch ihre Sterilität beim

späteren Mischen etc. nicht behält, so ist eine nochmalige Sterilisirung der einzelnen Nahrungsportionen nöthig. Weil jedoch wiederholtes Sterilisiren die Milch schwerer verdaulich macht, es dabei vorkommen kann, dass die Milch ungeniessbar wird, indem das Eiweiss theilweise in bitter schmeckende Albumosen oder vielmehr Peptone, der Milchzucker in Caramel übergeführt wird, so entspricht es heut zu Tage den höchsten Ansprüchen, dass die Kuhmilch nicht blos gleich von dem Producenten keimfrei gemacht, sondern sofort in der richtigen Weise mit Wasser verdünnt, mit Zucker-, ev. Sahnezusatz versehen und dann in Einzelportionsflaschen sterilisirt in den Handel gebracht wird; dies ist freilich nur bei ganz grossem Consume zu ermöglichen, aber z. B. in Berlin von mehreren Seiten in vorzüglicher und sehr vielfach bewährter Weise durchgeführt.

In dem gewöhnlichen Falle, dass man die Kuhmilch unmittelbar aus der Hand des Milchproducenten oder indirect von Zwischenhändlern bezieht, sei sie nun roh oder bereits sterilisirt, erfordert ihre Verwendbarkeit zur Säuglingsnahrung weitere Massnahmen. Wir lassen uns dabei stets von dem Grundsatze leiten, eine der Frauenmilch in allen ihren chemischen und physiologischen Eigenschaften möglichst nahekommende Nahrung zu schaffen. Das erstere wird uns bei einiger Mühewaltung ziemlich vollkommen gelingen.

Bei dem viel höheren Gehalt der Kuhmilch an Eiweiss und Salzen müssen wir sie vor allem verdünnen.

Was das Maass der Verdünnung anlangt, so ist im Allgemeinen die von Biedert angegebene eingebürgert, der dieselbe procentualisch dem Körpergewicht anpasste und dabei die Absicht verfolgte, durch eine starke Verdünnung des Kuhcasein verdaulicher zu machen. Dagegen ist mit Recht eingewendet worden, dass damit nicht nur der physiologische Eiweiss-, sondern zugleich auch der Fett- und Zuckergehalt unter den zulässigen Procentsatz herabsinke, vor allem aber, dass die grosse Wassermenge die an sich spärlichen und schwachen verdauenden Sekrete des kindlichen Magens und Darms zu stark verdünne, die Verdauung damit erschwere und verlangsame, ferner die Nieren mit Wasser überschwemme und durch die entsprechende vermehrte Urinsecretion Intertrigo, Eczem etc. sehr begünstige. Das Verhältniss zwischen Zunahme des Volumen der eingenommenen Nahrung und der Zunahme des Körpergewichts kann nicht als maassgebend gelten, da das Körpergewicht allerlei Schwankungen ausgesetzt ist, keineswegs der Nahrungsaufnahme parallel geht,

z. B. in den ersten sechs Monaten sich das Volumen der getrunkenen Frauenmilch gegen die ersten Tage verzehnfacht, das Körpergewicht des Säuglings nur verdoppelt.

In dieser Ueberlegung empfahl Escherich ein anderes Verfahren, die sog. volumetrische Methode.

Er legte seiner Verdünnungs-Tabelle die Eiweissmenge zu Grunde, die ein Säugling in den verschiedenen Lebenswochen pro Tag (und Einzelmahlzeit) in der Frauenmilch aufnimmt; diese bekannte Menge, wie sie in einem entsprechend kleineren Volumen Kuhmilch enthalten ist, giebt er in der Form, dass er zu dem Volum Kuhmilch nur so viel Wasser zusetzt, als nöthig ist, um das Volum der an Eiweiss gleichwerthigen Menge Frauenmilch zu erreichen. Der Säugling bekommt bei Escherichs Methode bedeutend mehr Eiweiss als bei der üblichen Verdünnung; den trotz des viel geringeren Wasserzusatzes entstehenden Ausfall an Zucker und Fett macht ein Zusatz von Milchzucker und einer künstlichen fetten Milch (die Lahmann'sche Conserve) wett; (letztere ist übrigens, da sie leicht ranzig wird, besser durch die allerdings theurere Sahne zu ersetzen). Das Minus an Fett macht sich übrigens erst von etwa der neunten Woche ab geltend.

Die Verdünnungstabelle nach Escherich wäre folgende:

Woche	Kuhmilch	Wasser
$1/2$.	150 +	250
1.	200 +	200
2.	250 +	250
3.	300 +	200
4.	350 +	250
5. u. 6.	400 +	400
7. u. 8.	450 +	450
9. u. 10.	500 +	900
11. u. 12.	550 +	1000
13. u. 14.	600 +	1000
15. u. 16.	650 +	1000
17. u. 18.	700 +	1000
19. u. 20.	750 +	1000
21.—24.	800 +	1000

Die Gesammtmenge wird bis zur 20. Woche auf 7, von da ab auf 6 Mahlzeiten vertheilt.

Die Escherich'sche Methode hat ihre unleugbaren Vorzüge, leidet aber abgesehen von den unvermeidlichen Nachtheilen des Schematismus an dem Unberücksichtigtbleiben der chemischphysiologischen Differenz zwischen dem Eiweiss der Frauen- und der Kuhmilch; sie ist jedoch zweifellos der procentualischen Methode (Biederts) vorzuziehen, denn sie nähert das Gemisch den in der Frauenmilch gegebenen physiologischen Verhältnissen.

Gut bewährt hat sich auch die vereinfachte Methode Uffelmanns, welcher giebt:

		Milch	Wasser
1.—12. Lebenstag	1	:	3
13.—30. „	1	:	2
30.—60. „	1	:	1
60.—180. „	1	:	0,75
180.—280. „	1	:	0,50
280.— „	1	:	0

Den bei der Verdünnung mit Wasser entstehenden Ausfall an Zucker ersetze man mit Milch- nicht Rohrzucker; zwar hat letzterer den Vortheil, gegen Gährungen und Zersetzung widerstandsfähiger zu sein, auch scheinen practische Versuche für ihn zu sprechen; ferner war er bisher erheblich billiger und leichter zu haben als Milchzucker. Dagegen ist der Milchzucker die physiologisch angewiesene Zuckerart und wird leichter assimilirt; auch ist seine Herstellung jetzt so vereinfacht und verbreitet, dass er überall leicht und relativ billig zu haben ist.

Den Salzgehalt der Kuhmilchmischung dem der Frauenmilch zu adaptiren, ist ohne schwierige und umständliche Massnahmen unmöglich, was bei der hohen Bedeutung der erforderten Nährsalze sehr zu bedauern ist. — Dem Mangel der Kuhmilch wie der Muttermilch an organischem Eisen, der sich im zweiten Halbjahr geltend macht, kann man dadurch abhelfen, dass man dem Säugling in der Milch resp. Fleischbrühe etwas Eigelb zuführt; es erweist sich dies thatsächlich oft recht nützlich. Es bleibt der grosse Unterschied bestehen, dass z. B. die Frauenmilch relativ arm an Kalk, Eisen und Phosphorsäure, dagegen reicher an Kali (33,8) und an Chlor ist.

Der neben Ausgleichung der chemischen Differenz wichtigsten Forderung der Herstellung einer wie die Frauenmilch keimfreien Nahrung genügt die besonders von Soxhlet eingeführte Sterilisirung in vollem Maasse; ihr verdanken wir die Beseitigung eines stets und tief empfundenen schweren Missstandes, der die Quelle unzählbarer Digestionserkrankungen war.

Dass die Sterilisirung am Besten unmittelbar nach dem Melken vorgenommen wird, wurde bereits erwähnt. Auf die

Schwierigkeiten, die sich der Milchsterilisirung im Grossen entgegenstellen, ist hier keine Veranlassung näher einzugehen.

Wird die sterilisirte Milch nicht unverdünnt gegeben, muss sie erst noch mit Wasser-, Zucker-, Sahnezusatz und dergl. behandelt werden, so ist es nöthig, sie nochmals und zwar ebenso wie nichtsterilisirte Milch in Portionsflaschen nach Soxhlet oder einem ähnlichen Princip keimfrei zu machen.

Zu diesem Zweck nimmt man die nöthige Zubereitung in dem grossen Misch- und Massgefäss von Glas vor und füllt die für die Einzelmahlzeiten nöthige Zahl von Flaschen (um gegen Ungelegenheiten durch Zerbrechen und dergleichen geschützt zu sein, ein bis zwei Flaschen mehr), setzt sie in das mit kaltem Wasser gefüllte Kochgefäss, nachdem man ihre Mündung mit dem Gummiplättchen und Metallring geschlossen, und lässt sie 40—50 Minuten der Einwirkung der Siedetemperatur des Wassers ausgesetzt sein. Die sammt dem Einsatz herausgenommenen Flaschen lässt man erkaltet kühl stehen (Eis ist nicht nöthig), erwärmt die einzelne zu gebrauchende Flasche verschlossen und ersetzt erst in dem Augenblick, wo das Kind trinken soll, den Verschluss durch einen Saugpfropfen; keinesfalls ist es der Pflegerin gestattet, nach alter Unsitte die Milch zu proben, indem sie die Trinkflasche an den eigenen Mund setzt. Die richtige Temperatur des Getränks giebt ein dem Erwärmungskocher des Soxhletapparats beigegebenes Thermometer an; eine erfahrene Mutter prüft sie in der Weise, dass sie die Flasche an ihre Wange hält.

Gestatten die Mittel die Anschaffung eines Soxhletapparates nicht, so begnügt man sich damit, die gelieferte Milch im Ganzen in einem nach dem Princip des Wasserbades gebauten Milchkocher zu kochen und die auf diese Weise ebenfalls ziemlich vollkommen sterilisirte Milch in gut verschlossener Flasche oder einem mit einer Wattelage und einem Deckel verschlossenen Gefässe recht kalt aufzubewahren; auch das lange und gründliche einfache Kochen hat sich als Nothbehelf bewährt; freilich macht dann die Erhaltung der Keimfreiheit bei Entnahme der Einzelportionen viel mehr Mühe und Schwierigkeiten; da sie kaum durchzuführen sein dürfte, empfiehlt es sich jedenfalls, jede für eine Mahlzeit hergestellte einzelne Mischung nochmals tüchtig durchzukochen.

Das beruhigende Gefühl, von dem mehr oder weniger guten Willen und Geschick ungebildeter Dienstmädchen unabhängig zu sein, unbesorgt das Kind für Stunden auch ohne die eigene

Aufsicht lassen zu können, bietet der Mutter nur der Soxhlet-Apparat.

Die Mischungsverhältnisse sind oben angegeben. Von dem Milchzucker nimmt man im Allgemeinen einen gestrichenen Theelöffel auf 100 g Kuhmilch. Als Fettzusatz empfiehlt sich besonders Sahne; auch Lipanin habe ich mit Vortheil verwendet, ebenso eine von Schering hergestellte Mischung von Lipanin und Malzextract (1 : 2).

Es gelingt so, wie wir gesehen, eine künstliche Nahrung aus der Kuhmilch herzustellen, welche nach ihrem Mischungsverhältniss der nöthigen Nährstoffe (bis auf die Salze) sowie durch Keimfreiheit sich der Frauenmilch ziemlich nähert, von der man also annehmen könnte, dass sie einen vollwerthigen Ersatz der letzteren darstelle.

Erfreulicher Weise gedeihen bei dieser Nahrung auch eine grosse Anzahl von Kindern.

Bei einer leider nicht so sehr kleinen Minderzahl erweist sich aber als bisher unüberwindliche Schwierigkeit die Thatsache von der schweren Verdaulichkeit und damit Bekömmlichkeit der Kuhmilch, wie sie besonders in dem physiologisch-chemischen Unterschied zwischen Kuh- und Frauencasein begründet ist.

Eine grössere Verdaulichkeit der Eiweisskörper ist es, was von jeher alle Aerzte und Physiologen anstrebten, und in welcher Absicht die verschiedensten Mittel vorgeschlagen wurden.

Leidlich bewährt hat sich die nothwendige Verdünnung der Kuhmilch anstatt mit reinem Wasser mit ganz dünnen schleimigen Decocten, besonders Hafer- und Gerstenschleim. Der einzige Vorwurf, den man den letzteren machen kann, dass sie dem Säugling in der ersten Zeit unverdauliches Amylum zuführen, ist kaum stichhaltig, da die Mengen desselben verschwindend geringe sind; sie sind besonders bei Neigung zu Diarrhoe am Platz, während hinwiederum Zuckerlösungen bei Verstopfung günstig wirken.

Eine Verdünnung mit Gummilösung widerräth deren saure Reaction und Säurezersetzung im Darm.

Chemische Zusätze haben sich, so vielfältig sie gemacht wurden, nicht bewährt.

Viel günstiger wirkt eine theilweise Peptonisirung, die natürlich nur mit Pancreassaft oder Pancreatin und nur bis zur Bildung von Albumose geführt werden darf, da die Bildung echter Peptone der Milch den diesen eigenen bitteren Geschmack giebt. Die mit Timpe's Milchplätzchen und Milchpulver (aus Pancreatin- und Pepsinpräparaten, kohlensauren Alkalien, Nährsalzen, Zucker- und Bindestoffen bestehend) peptonisirte Milch, hat sich bei ihrem hohen Preise, ihrer leichten Zersetzlichkeit und umständlichen Beschaffung für den Consum im Grossen nicht einbürgern können.

In der sog. Voltmer'schen Muttermilch hat man die Peptonisierung durch Pancreatin mit einer Erhöhung des Fettgehaltes durch Sahne combinirt; dieselbe hat sich mehrfach wohl bewährt.

Hierher zählt auch die Löfflund'sche peptonisirte Kindermilch.

Auch von der durch die Kefirpilze und Hefepilze gemeinschaftlich in milchsaure und alkoholische Gährung übergeführten Kuhmilch wollen Manche gute Ernährungsresultate gesehen haben.

Das Biedert'sche Rahmgemenge will einmal der Wichtigkeit der Fettzufuhr besondere Rechnung tragen, sodann durch eben diese Fettzufuhr den Nährgehalt einer stark verdünnten Kuhmilch wieder zur Norm heben; das Kuhcaseïn soll bei seinem geringen ($1\,^0/_0$) Gehalt und durch die Zwischenlagerung von Fettmolekülen besser vertragen und verdaut werden. Das natürliche wie das künstliche Rahmgemenge (die Rahmconserve) haben sich aber nicht einzubürgern vermocht.

Als ein wesentlicher Fortschritt erschien mir die Erfindung der Rieth'schen sog. Albumosenmilch; dieselbe weist nicht allein eine der Frauenmilch (nach dem Durchschnitt einer grösseren Zahl von Analysen) genau gleiche quantitative Zusammensetzung in allen Nährkörpern auf, ist nicht nur tadellos sterilisiert und direct so wie sie ist zum Consum bereitgestellt, sondern sie hat auch die bisher von allen Bearbeitern dieses Gebietes vergebens angestrebte Eigenschaft, dass ihre Eiweisskörper genau denen der Muttermilch entsprechen und in genau derselben für die Verdauung so wichtigen günstigen Weise gerinnen. Ein jederzeit in einer Glasschale, einem Reagenzglas mit künstlichem Magensaft und mit Lab sehr einfach vorzunehmender künstlicher Verdauungsversuch erweist sofort diese merkwürdige und interessante Thatsache; ein Parallelversuch mit gewöhnlicher Kuhmilch macht den eclatanten Unterschied in der Gerinnung klar. Diese Albumosenmilch hat sich mir bei ausgedehnten und Jahre langen Versuchen vollkommen bewährt; ich sah Kinder bei ihr sofort gedeihen, die bei der bestgeleiteten Kuhmilchernährung nicht vorwärts kommen wollten, sah Dyspepsien aller Art unter ihrer ausschliesslichen Verwendung heilen; als ein günstiges Kriterium erscheint der Umstand, dass die so vielfach, fast regelmässig bestehende Obstipation der mit Kuhmilch genährten Kinder sofort einer spontanen Defäkation weicht, die genau derjenigen bei Frauenmilch gleichkommt.

Diese Albumosenmilch wird, da neuerdings eingedampft und als Conserve haltbar, auch ausserhalb Berlins hoffentlich ihre hervorragend guten Eigenschaften zur Geltung bringen können.

Bei der künstlichen Ernährung ist sorgsame Mundpflege, peinliche Sauberkeit aller Trinkgefässe, der Saugpfropfen etc., und sodann vor allem Innehaltung der nöthigen Zwischenräume, Vermeidung zu grosser Nahrungsportionen noch viel nothwendiger und wichtiger als bei der natürlichen. Während bei jener dem übermässigen Appetit des Kindes meist natürliche Grenzen gesetzt sind, während bei der grossen Leichtverdaulichkeit und vollkommenen Ausnutzung der Muttermilch die Gefahren der Einfuhr zu reichlicher Nahrung, zu häufiger Mahlzeiten relativ gering (wenn auch, wie wir häufig genug sehen, nicht zu unterschätzen sind), pflegt sich jede Unregelmässigkeit und besonders jede Ueberfütterung bei der Flaschenernährung sofort ernst zu rächen; und die Versuchung, jede Unruhe, jedes Geschrei des Kindes als vom Hunger herrührend zu missdeuten und denselben einen Beschwichtigungsversuch mit der stets bereiten Flasche folgen zu lassen, liegt ja besonders in den unteren Ständen und bei Ungebildeten sehr nahe.

Jedenfalls braucht der Säuglingsmagen zur Verarbeitung der schwerer verdaulichen künstlichen Nahrung längere Zeit wie für die natürliche, so dass Pausen von mindestens 2 Stunden unbedingt inne gehalten werden müssen. Ebenso darf man ja nicht zu grosse Nahrungsmengen und zwar weder zu viel einer richtig verdünnten Milch noch eine zu concentrirte Mischung verabreichen; zu letzterem neigen die Mütter besonders, wenn sie ihr Kind nicht bei der verordneten Verdünnung gedeihen sehen, indem sie nicht bedenken, dass daran meist nicht sowohl die mangelnde Quantität, als die Qualität, die schwerere Verdaulichkeit der Kuhmilch Schuld trägt; in beiden Fällen muss theils nicht bewältigte Nahrung im Magen liegen bleiben, Erbrechen, Dyspepsia gastrica erzeugen, theils in mangelhaft vorbereitetem Zustand in den Darm gelangen und, da auch hier die verdauende Kraft nicht ausreicht, unverarbeitet der Gährung und Zersetzung anheimfallen, eine Dyspepsia intestinalis zur Folge haben.

Die Oeffnung des Saugpfropfens besteht am Besten analog der Brustwarze aus mehreren, mindestens drei kleinen und feinen Oeffnungen, die man in der Weise anlegt, dass man durch die über einen Kork gespannte Kuppe mit einer glühenden Sticknadel langsam mehrmals in richtigen Zwischenräumen hindurchsticht. Die Oeffnungen sollen so klein sein, dass aus der umgestülpten Flasche die Milch nicht rieselnd oder gar im Strahl herausläuft, sondern nur tropfenweise. Im ersteren Falle saugen die Kinder zu wenig, trinken zu hastig und verschlucken sich, da das Getränk ihnen zu massenhaft zuläuft; auch wird der Magen zu plötzlich angefüllt, so dass es leichter zu Aufstossen und Erbrechen kommt.

Die Saugpfropfen werden zweckmässig in Salzwasser oder Boraxlösung aufbewahrt und durch Umstülpen und Ausbürsten gereinigt; auch lasse man sie nicht alt werden, da dann der Gummi Risse bekommt, die schwer zu desinficiren sind.

Die **Flaschen** seien, wenn man nicht den Soxhletapparat anwendet, die sog. Strichflaschen mit einer Eintheilung, welche das Abmessen der Menge ermöglicht; dieselbe ist freilich nicht ganz genau.

Durchaus verwerflich sind die in letzter Zeit sehr beliebten sog. Patentflaschen; dieselben haben einen aufgeschraubten Metallverschluss, durch den hindurch ein an ein metallenes Ansatzstück angekittetes oder anzuschraubendes Glasrohr oder ein Gummischlauch nach unten bis zum Boden der Flasche hindurchgeht; auf ein zweites nach oben bogenförmig verlaufendes Ansatzstück setzt man den meist kleinen mit einer Hornplatte versehenen Saugpfropfen. Es leuchtet ein, dass eine wirkliche Asepsis in einer solchen Flasche schlechterdings nicht zu erreichen ist. Das Innere des Schlauches kann nur sehr mangelhaft mit einer Drahtbürste gereinigt werden; ebenso schlecht die Schraubenwindungen in dem Metall, die Kittstellen an dem Uebergang vom Glas zum Metall; zum Ueberfluss befindet sich noch in dem Metallverschluss ein Ventil, welches das Zurückströmen von Milch verhindern soll; endlich ist der Innenfläche des engen Saugpfropfens gar nicht beizukommen. Man findet spez. bei Sommerhitze, dass jene schwer oder gar nicht gründlich zu reinigenden Stellen Unmassen von microscopischen Pilzen sich festsetzen lassen; oft beweist schon blaues Lakmuspapier daselbst eine Milchsäuregährung. Ich habe die Ueberzeugung, dass diese Flaschen ganz allein allsommerlich Tausende von Brechdurchfällen und Gährungsdyspepsien verursachen. Was wiegt dem gegenüber der Vortheil, dass die Mutter nicht während der kurzen Zeit des Trinkens bei ihrem Kinde zu stehen, die Flasche zu halten und allmählich hochzuheben braucht?

Wichtig ist es, besonders bei der Kuhmilchernährung, auf **regelmässige Defäkation** zu achten, da die Kuhmilch mit zunehmender Concentration meistens verstopft; man wirkt dem am Einfachsten durch regelmässige Klystiere, 2 mal täglich mit warmer physiologischer Kochsalzlösung entgegen. Bei Zugabe von Sahne oder anderen Fetten (Lipanin, Ol. olivar.), von Bouillon und besonders bei dem Uebergang zur gemischten Kost pflegt diese oft sehr hartnäckige Obstipation allmählig von selbst zu schwinden.

Für die Klystiere benutzt man einen je nach dem Alter des Kindes apfel- bis faustgrossen Gummiballon mit langem Horn- oder Hartgummiansatz, über den man, um jede Verletzung zu vermeiden, ein schlauchartiges Verlängerungsstück aus weichem Gummi überzieht; die Spitze wird hoch hinaufgeführt, das Wasser unter langsamem, mässigem Druck entleert, und der Ballon dann comprimirt zurückgezogen; eventuell muss man die Analöffnung für einige Minuten durch Zusammendrücken der benachbarten Nates verschlossen halten.

Die einzig zuverlässige Controlle des Erfolges einer rationellen Diätetik spez. einer richtigen und ausreichenden Ernährung geben regelmässige, etwa wöchentliche Wägungen des Kindes spez. des Säuglings ab; dieselben sind unerlässlich, und ihre Resultate sollten in einer übersichtlichen Tabelle zusammengestellt werden.

Die Krankheiten des Neugeborenen.

Von den Krankheiten des Neugeborenen gehören die Geburtsverletzungen mit wenigen Ausnahmen zu dem Arbeitsfeld des Geburtshelfers beziehungsweise Chirurgen; ebenso alle angeborenen Difformitäten, die je nach ihrer Lokalisation in den betreffenden Kapiteln zum Theil wenigstens kurz erwähnt werden. Eine sehr wichtige Affection, die

Asphyxia neonatorum fällt dagegen zu einem guten Theil in das Gebiet der Pädiatrie. Von einer Erörterung der Entstehung der Asphyxie, einer Besprechung der beiden Formen derselben (als der A. livida und A. pallida) und der Behandlung, wie sie unmittelbar post partum nöthig wird, kann hier abgesehen werden, da sie ganz die Domäne des Geburtshelfers ist. Dagegen haben wir uns um so eingehender mit der nach der Geburt erworbenen Asphyxie sowie den Folgen einer intrauterin entstandenen Asphyxie zu befassen. Bei der nach der Geburt erworbenen Asphyxie war intrauterin der

Gasaustausch ungestört, das Kind kam mit gut ventilirtem Blute zur Welt, dagegen traten in der Lungenathmung, die nun einsetzen sollte, Störungen ein. Ursache der Behinderung der Aufnahme von Sauerstoff, der Abgabe von Kohlensäure seitens der Lungen kann einmal Unreife, Lebensschwäche sein, bei der das Lungengewebe im Zustande der fötalen Atelectase verharrt, oder es finden sich Missbildungen resp. Krankheiten (als weisse syphilitische Hepatisation der Lunge, doppelseitige Pleuraergüsse, Zwerchfelldefecte, schwere Herzfehler, Verletzungen des Athemcentrums, Hirndruck) oder endlich es stellen comprimirende Strumen und dergl. dem Eindringen der Luft ein Hinderniss entgegen. Die Symptome sind mangelhafte unregelmässige Respiration, oft starke inspiratorische Einziehungen, rothblaue Haut, kühle Extremitäten, dabei normale Herzaction, subnormale Temperatur, Apathie; das Athemgeräusch ist abgeschwächt, der Percussionsschall besonders über den Unterlappen gedämpft (— tympanitisch): Lungenatelectase. Vor Verwechselung mit intrauteriner Asphyxie schützt eine genaue Beobachtung des Geburtsverlaufes, das Fehlen von Rasselgeräuschen, frequenter, sehr schwacher Herzschlag. Die Prognose richtet sich nach der ursächlichen Affection und ist meist schlecht; das relativ häufig complicirende Sclerödem macht sie ganz infaust. — Die Therapie wird meist nur bei der Asphyxie der frühreifen Kinder erfolgreich sein können, soll die Respiration durch Hautreize spec. kaltes Wasser im warmen Bade, Lufteinblasungen (weniger wirksam in diesen Fällen sind die Schultzeschen Schwingungen) anregen und mit den bekannten diätetischen Massregeln (Wärme, Ernährung) die Lebenserhaltung anstreben.

Die nächste Folge einer Asphyxia intrauterina (durch vorzeitige Lösung der Placenta, Nabelschnurcompression, Lungen- und Herzkrankheiten, starke Blutverluste, Tod der Mutter, Hirndruck des Kindes) ist vor allem zuerst Aspiration von Fruchtwasser nebst Lanugohaaren, Epidermiszellen, Meconium, Schleim oder Blut in die Athmungsorgane; falls nicht schon intra partum das Kind daran zu Grunde geht, drohen folgende Störungen: In seltenen Fällen kommt es nach glücklich überstandener, vielleicht nur mässiger Asphyxie zur Idiotie, wobei dahingestellt bleibe, wie weit Kopfdruck ev. eine Zangenextraction mitwirken. Weitaus häufiger geben die eingedrungenen Fremdkörper für die Einathmung ein Hinderniss ab, und es bildet sich eine Lungenatelectase heraus, d. h. die Alveolen bleiben im fötalen luftleeren Zustande. Dieselbe documentirt sich klinisch durch beschleunigte, oberflächliche Respiration, inspiratorische Thoraxeinziehungen; physikalisch durch fehlendes resp. sehr schwaches Vesikulärathmen, hie und da Knisterrasseln, leichte Dämpfung; die Stimme ist meist matt, wimmernd, die Hautfarbe bleich, auch cyanotisch oder gleichzeitig etwas icterisch; der Puls schwach; das Saugen ist meist unmöglich; Fieber ist bei reiner Atelectase nicht vorhanden.

Die Prognose der Lungenatelectase ist zweifelhaft; doch gelingt es durch Anregung der Respiration, besonders durch kalte Güsse auf Occiput und Brust im warmen Bade, Frottiren, ev. künstliche Athmung (Schultze'sche Schwingungen), Aufenthalt in reiner, gleichmässig temperirter Luft, sorgfältige Ernährung, die meist mit dem Löffel erfolgen muss, hingebende Pflege, ev. die Tarnier'sche Couveuse manches gefährdete Leben zu erhalten. In den anderen Fällen tritt unter dem Bilde recidivirender Asphyxie, immer schlechter werdender Respiration, zunehmender Schwäche, endlich Eclampsie der Tod ein.

Zu einer Fremdkörperpneumonie in Folge der Asphyxie wird es nur kommen, wenn der aspirirte Uterusinhalt infectiös war.

Das **Kephalhämatom** stellt einen Bluterguss dar, der intra partum bei der bestehenden Stase und Hyperämie des vorliegenden Schädels aus den leicht zerreisslichen zarten Gefässen meist zwischen Schädelknochen und Pericranium hinein erfolgt und das wenig fest anhaltende Pericranium vom Knochen abhebt; derselbe findet sich entsprechend der Häufigkeit der ersten Schädellage meist einseitig über dem rechten Scheitelbein; er giebt das characteristische Gefühl einer Cyste, hat circumscripte, meist rundliche Gestalt, und es leuchtet ein, warum er an den Knochennähten ausnahmslos seine Grenze findet, da hier das Pericranium fest ansitzt. Eigenthümlich für das Kephalhämatom ist, dass sich nach kurzer Zeit durch reactive Knochenwucherung seitens des Pericraniums dem ganzen Rande entlang eine Art fester Wall entwickelt; derselbe schafft dem tastenden Finger den täuschenden Eindruck, als ob man von gesundem Knochen aus in eine Knochenlücke oder Höhle hinabkomme. Das Allgemeinbefinden ist wohl immer ungestört.

Der Ausgang ist gewöhnlich der in Heilung durch Resorption binnen 3—15 Wochen; hat sich nicht nur das umgrenzende, sondern auch das abgehobene Periost in seiner ganzen Ausdehnung an der Knochenwucherung betheiligt, so legt sich die gebildete wie Pergament knitternde Knochenschale an den Schädel an und bildet eine Hyperostose.

Ausnahmsweise vereitert unter Fieber, Allgemein- und Lokalerscheinungen ein Kephalhämatom.

Eine Verwechslung mit dem nach 1—2 Tagen schwindenden Caput succedaneum ist nicht gut möglich; eine Abscessbildung kennzeichnet sich durch Fieber, lokale Entzündung und Schmerzhaftigkeit; ein Hirnbruch zeigt respiratorische Bewegung, häufig auch Pulsation, vergrössert sich beim Schreien und Pressen und lässt sich zum Theil reponiren. Gefässtumoren fluctuiren nicht und haben keinen Knochenring. Sicherheit giebt ev. eine Probepunction, die reines Blut liefert.

Die Prognose ist für das uncomplicirte Kephalhämatom durchaus gut; Vereiterung kann durch Sinusthrombose und Pyämie zum Tode führen.

Die Behandlung darf nur exspectativ sein; man schütze die Geschwulst durch Wattebedeckung und Vorsicht vor mechanischen Insulten. Ein chirurgischer Eingriff ist nur bei der Abscedirung, dann aber möglichst frühzeitig am Platze.

Weniger harmlos ist das viel seltenere **Kephalhämatoma internum**, ein Blutguss zwischen Schädelknochen und Dura; für ein solches spricht das Auftreten von Gehirnerscheinungen; es findet sich manchmal zusammen mit dem Kephalhämatoma externum, und beide können durch die embryonalen Fissuren miteinander communiciren; in diesem Falle wäre eine Punction zur Entlastung des Gehirns in Anbetracht der Gefährlichkeit des Zustandes wohl zu versuchen.

Die ziemlich oft zu beobachtende

Paralysis facialis entsteht durch Druck eines Zangenlöffels, seltener durch (spontanen) Druck an den Beckenknochen; ihre Prognose ist bei geeigneter electrischer Behandlung meist günstig.

Als Geburtsverletzung ist wenigstens in einem Theil der Fälle das

Caput obstipum anzusehen. Dasselbe entsteht hierbei durch eine intra partum erfolgende Zerreissung des Musc. sternocleidomastoideus und ist als der Ausdruck einer myogenen Contractur zu betrachten. Dies beweist die Thatsache, dass das Caput obstipum meistens im Anschluss an schwere Geburten und zwar spec. Steiss- und Fusslagen, seltener Zangengeburten zur Beobachtung kommt. Freilich noch lange nicht immer entwickelt sich das Hämatom des Kopfnickens zu einem Caput obstipum, spec. nur dann, wenn der Riss den ganzen Muskelbauch und damit die Muskelscheide und die Nervenendigungen umfasste, die Schmerzen reflectorisch den Muskel verkürzt erhalten.

Die Mehrzahl aller Schiefhälse dürfte vielmehr wohl als angeboren zu betrachten sein, hervorgegangen aus einer habituellen

Schieflage des Kopfes im Uterus mit consecutiver nutritiver Schrumpfung auf der verkürzten Halsseite, (daher bei der überwiegenden ersten Kopflage die Häufigkeit des Cap. obst. dextr.) resp. bei Steisslage Dextroversion des Kopfes durch Druck der unteren Leberfläche der Mutter, welche die Streckung des Kopfes hintanhält. Klinisch kommt die Torticollis traumatica und congenita durch das typische Bild des Schiefhalses zum Ausdruck. Das Hämatom resp. die Risstelle fühlt sich als Anfangs weicherer, empfindlicher, später härterer Knoten im Gewebe des Sternocleidomastoideus. Die Diagnose der traumat. Torticollis fällt, wenn eine schwere Geburt vorausgegangen und bald nach derselben ein Hämatom nachgewiesen, nicht schwer; für Tortic. congen. sprechen leichte Geburt ohne Kunsthülfe, Erblichkeit, Asymetrie des Schädels gleich nach der Geburt bemerklich, gleichzeitig vorhandene andere Difformitäten.

Die Autopsie ergiebt im ersten Falle narbige Heerde, im zweiten einfache Schrumpfung des Muskels in seiner Länge.

Wird das Hämatom resp. die Muskelcontractur bald nach der Geburt bemerkt, so erreicht eine vorsichtige Massage und mehrmals täglich vorgenommenes Redressement des Schiefstandes in 4—6 Wochen fast stets eine Heilung. Bei inveterirter Torticollis besteht die Behandlung am Besten in offener Durchschneidung des verkürzten Muskels, der sich eine orthopädische und Massage-Cur anzuschliessen hat.

Die **Mastitis** ist in gewissem Sinne eine physiologische Erscheinung; bei fast allen Neugeborenen stellt sich am 3. - 4. Tage eine mässige Schwellung der Mammae ein, die auf Druck Anfangs weniger, später mehr eines Sekretes entleeren, welches einer an Formelementen sehr armen Frauenmilch spez. dem Colostrum gleichkommt; diese Sekretion erlischt allmählich binnen 3—4 Wochen. Ob dieselbe eine echte Lactation ist oder bloss aus einer fettigen Metamorphose der centralen Milchdrüsenzellen hervorgeht, sei dahingestellt.

Durchaus verschieden davon ist die echte Mastitis; diese entwickelt sich nur dann, wenn in die durch mechanische Insulte (regelmässiges und brüskes Ausdrücken) gereizten, zu stärkerer Sekretion angeregten Brustdrüsen durch die Milchgänge oder kleine Verletzungen Infectionserreger eindringen. Die Entzündung verläuft von Röthung, Schwellung, Empfindlichkeit der Drüsen bis zur Abscessbildung, greift wohl auch auf die Umgebung über (Perimastitis).

Hydropathische resp. Eisumschläge werden in den wenigsten

Fällen diese Entzündung zurückbilden; meist muss frühzeitig eine regelrechte chirurgische Behandlung Platz greifen.

Auf jeden Fall verbiete man, um der wahren Entzündung vorzubeugen, jedes Ausdrücken der physiologisch-geschwollenen Brustdrüsen, und empfehle schonende Reinigung derselben und Schutz vor Druck durch aufgelegte Watte.

Ganz analog der physiologischen Lactation der Neugeborenen beiderlei Geschlechter findet in seltenen Fällen bei weiblichen Neugeborenen bald nach der Geburt oder in den ersten Monaten eine menstruationsartige blutig-schleimige Ausscheidung aus der Vagina statt (Menstruatio praecox), die lediglich der Ueberwachung und Abhaltung von Schädlichkeiten (am Besten auch Aussetzen der Bäder) bedarf.

Icterus neonatorum. Mehr als die Hälfte (ca. 50 % bis 80 %) aller Neugeborenen zeigt in den ersten Tagen nach der Geburt alle äusseren Zeichen eines leichten Icterus. Bei der überwiegenden Mehrzahl der Fälle ist derselbe eine idiopathische Affection und zwar, wie das Fehlen aller anderweitigen Krankheitserscheinungen beweist, eine durchaus leichte; höchstens verlieren die Kinder etwas an Gewicht oder nehmen etwas schlechter zu, was, da mehr Harnstoff producirt und ausgeschieden wird, auf einen Eiweissverlust zurückzuführen ist.

Die Zeichen des Icterus neonatorum sind Gelbfärbung der Haut und Sklerae, bei grösserer Intensität auch der Conjunctiven und Schleimhäute; die Faeces sind nie entfärbt, der Urin lässt nur bei feineren Untersuchungsmethoden Gallenfarbstoff wie Gallensäure erkennen; der Beginn fällt meist auf den zweiten Tag; die Dauer ist selten länger wie 3—4 Tage.

Bei der Entstehung sind zweifellos die Leberfunction ebenso wie Veränderungen im Blute wirksam; im Blute des Neugeborenen zerfallen massenhaft rothe Blutkörperchen, geben ein überreiches Material zur Bildung von Gallenfarbstoff ab und steigern vielleicht die Gallensecretion. Warum die reichlichere und stark farbstoffhaltige Galle nun aber resorbirt wird, dafür fehlen uns noch unanfechtbare Gründe; angenommen worden sind: Verstopfung der Gallengänge mit Schleim oder Epithel, angeborene Enge derselben, relative Insufficienz der Masse plötzlich gebildeter Galle gegenüber; Oedem des Bindegewebes der Glisson'schen Kapsel mit Compression der Gallengänge, Fermentämie (Fibrinferment), die zu Stasen und Thrombosen im Pfortadersystem und Compression der Gallengänge führt. Thatsache ist nur die Resorption von Galle in's Blut, was durch den Nachweis von Gallensäuren in der Pericardialflüssigkeit, die ebenso wie der Gallenfarbstoff nur in der Leber selbst gebildet werden, bewiesen wird. Die Gallenresorption wird noch besonders dadurch begünstigt, dass bei beginnender Lungenathmung der Blutdruck in den Venae hepaticae und den Lymphbahnen der Leber insgemein stark herabgesetzt ist, endlich dadurch, dass der Gallenfarbstoff nicht rasch durch die Nieren hinausgeschwemmt wird. Schliesslich gelangt in den ersten Lebenstagen durch den noch offenen Ductus venosus Arantii ein Theil des Pfortaderbluts, welches normaler Weise Darmgalle resorbirt hat, in die Vena Cava und damit in den Kreislauf, dem es diese Galle direct zuführt.

Der Icterus neonatorum complicirt sich also aus einem primär hämatogenen, in zweiter Linie aus einem hepatogen Icterus.

Der Icterus neonatorum ist nur insofern als eine Krankheit anzusehen, als er durch Schädigung der Ernährung, Eiweissverluste die Lebenskraft, bei schwachen unreifen Kindern ev. die Lebensfähigkeit beeinträchtigt. In solchen Fällen besteht eine verstärkte Indikation dazu, durch Ernährung, Pflege und Wärmezufuhr die Kräfte zu heben resp. zu erhalten.

Symptomatisch tritt der Icterus bei septischer Erkrankung, Lues hepatis, acuter Fettentartung, angeborener Obliteration der Gallengänge, selten wie bei älteren Kindern im Anschluss an einen Gastroduodenalkatarrh auf; die Gelbsucht ist in diesen Fällen stets hochgradig, der Urin stark gallenhaltig, der Stuhl gallenfrei, der Gesammteindruck der einer schweren Affection.

Eine reiche Quelle für Störungen der Gesundheit des Neugeborenen geben

Pathologische Vorgänge am Nabel desselben ab.

Die leichteste Form derselben stellt eine verzögerte Heilung der Nabelwunde dar. Festzuhalten ist, dass je nach der Stärke der Nabelschnur einerseits, den Körperkräften des Neugeborenen andererseits, sowie je nach der Art der Behandlung der Nabelwunde die reactive Entzündung von wechselnder Intensität, der Heilungsverlauf ein verschiedener ist; innerhalb der Breite des Normalen finden wir bald weniger, bald mehr (Blenorrhoë) Sekretion und sog. Excoriation des Nabels. Bei lang hingezogener Heilung entwickelt sich nicht selten ein breitbasiges oder gestieltes Granulom, der sog. Fungus umbilicalis, manchmal ziemlich versteckt sitzend, der, so harmlos er an sich ist, wegen Blutung und Schmerzhaftigkeit des umgebenden Nabels bei Berührung und da er die definitive Vernarbung hintanhält, nur selten eintrocknet oder sich überhäutet, eine Beseitigung durch Aetzung mit dem Lapis oder Abbrennen mit dem Paquelin erfordert.

Nicht zu verwechseln mit dem Granulom sind die ihm ähnlichen aber seltenen **Enteroteratome**, die am Besten das Glüheisen zerstört.

Eine ernstere Störung in der Abheilung der Nabelwunde entsteht durch eine Infection derselben; dieselbe verursacht eine echte Entzündung, eine **Omphalitis**. Bei ihrem geringsten Grade bleibt es bei mässiger Entzündung des Nabels und seiner Umgebung, Röthung, Schwellung, eitriger Sekretion, verzögerter Abstossung des Nabelschnurrestes, Gangrän desselben; fällt der Strangrest ab, so zeigt sich eine vergrösserte, necrotisch belegte, Eiter und gangränöses Material liefernde Wunde oder vielmehr ein **Ulcus umbilicale**; dasselbe erfordert sofortige und energische antiseptische Behandlung, häufige Reinigung mit milden Desinficientien (kein Sublimat und besonders keine Karbolsäure), einen Trockenverband mit Jodoform und Dermatol aä; Aetzungen und mechanisches Aufrühren des Geschwürgrundes sind zu vermeiden.

Ernster wird die Affection, wenn die Entzündung in die Umgebung hineingreift, eine **Phlegmone** in den Bauchdecken anregt. Hierbei zeigt sich das Allgemeinbefinden durch Fieber, Anorexie, Schmerzen, Gewichtsabnahme erheblich gestört. Die Krankheit kann sich trotz chirurgischer Behandlung wochenlang hinziehen, und der Tod tritt ungeachtet aller Bemühungen, die Ernährung zu bessern, einer Erschöpfung vorzubeugen, in vielen Fällen durch Entkräftung, Peritonitis, Sepsis ein.

Die Prognose richtet sich ganz nach dem Kräftezustand des Kindes, der Dauer und Ausdehnung des Processes und nicht zuletzt nach dem eingeschlagenen therapeutischen Verfahren; sie ist im Allgemeinen stets dubiös.

Fast immer tödlich werden alle noch weitergehenden, schweren **septischen Processe am Nabel**; dahin gehört die fortschreitende **Gangrän** (feuchter Brand), die idiopathisch, resp. aus einer Omphalitis hervorgegangen sein, auch sich an eine Cholera nostras anschliessen kann, meist aber wohl Theilerscheinung der allgemeinen Sepsis oder Pyämie ist. Eine Behandlung durch Umschläge von essigsaurer Thonerde, später Jodoformverband und roborirendes Allgemeinverfahren ist wenigstens zu versuchen.

Eine andere Form der schweren Infection stellt die **Arteriitis und Phlebitis umbilicalis** dar, bei der die Infectionserreger, meist Streptococcen, das perivasculäre Bindegewebe entlang kriechen, auf Adventitia und das Gefäss selbst übergreifen und in ihm Thrombose hervorrufen, die durch eitrigen Zerfall das Material für septische pneumonische, splenitische, hepatitische und nephritische Heerde (Infarkte), Peritonitis, Gelenkvereiterung etc.

liefert. Die Erkrankung befällt vorwiegend häufig die viel dickwandigeren beiden Nabel-Arterien.

Zu einem ausgesprochenen Krankheitsbild kommt es bei der septischen Arteriitis und Phlebitis selten; meist erfolgt der Tod ziemlich plötzlich, nach geringen örtlichen und Allgemeinsymptomen; seltener macht die Infection eine längere Zeit hindurch Allgemeinerscheinungen (Fieber, Collaps, rapide Abmagerung und Entkräftung) oder gar Heerdsymptome, die sich auf Pneumonie, Peritonitis etc. beziehen lassen, und nur in Ausnahmefällen wird der Ursprung der Erkrankung durch einen deutlichen septischen Befund am Nabel erwiesen. Bei Phlebitis wird besonders häufig Peritonitis und als Folge von Hepatitis parenchymatosa Icterus gefunden. Erst die Section pflegt solche meist räthselhafte Todesfälle aufzuklären. Der Schwerpunkt der Behandlung muss in der Prophylaxe liegen; es muss durch peinliche Sauberkeit und Trockenverband die Fäulniss und Infection des Nabelstrangrestes verhütet werden.

Gegenüber der durch die Nabelwunde (oder andere Wunden) eindringenden Infection treten alle anderen Formen von Infection des Neugeborenen an Häufigkeit und Bedeutung weit zurück; als solche wären zu nennen: die früher häufiger beobachtete und zweifellos mögliche placentare Infection, die sehr seltene Infection durch Aspiration inficirten Fruchtwassers; am zweifelhaftesten dürfte die Infection durch die Milch der Mutter sein, da einmal septische Mütter ihre Kinder ohne jeden Schaden stillten, sodann selbst aus der Milch gesunder Frauen Staphylococcen in den Säugling eingeführt, ganz unschädlich bleiben.

Beobachtet sind septische Katarrhe bis zur septischen Diphtherie der Schleimhaut von Mund und Intestinaltractus, Parotitis und Otitis, Peritonitis und Gelenkaffection, Pneumonie und Pleuritis, endemisch auftretende septische Hauterkrankungen, besonders in Findelhäusern, endlich Meningitis; die septischen Blutungen werden bei dem Kapitel Nabelblutung und Melaena noch eine gesonderte Besprechung finden.

Die Prognose aller dieser Infectionen ist schlecht, die Therapie machtlos.

Das **Erysipelas** kommt speciell bereits bei Neugeborenen vor und findet seine Eingangspforte relativ häufig in der Nabelwunde. Es complicirt sich entweder mit einer septischen Infection oder zeigt sich als eine selbständige, auch endemisch in Gebär- und Findelhäusern auftretende Erkrankung Der Verlauf ist der bekannte, nur meist schneller als bei älteren Kindern und Erwachsenen. Die Prognose ist schlecht, da die Allgemein- und Lokalbehandlung wenig vermögen.

Die **Ophthalmia neonatorum** stellt eine eitrige Entzündung des Auges dar, die aus einer Infection der Conjunctiven des Kindes während des Passirens der Scheide, seltener post partum durch die Berührung mit Wochenbettsausfluss hervorgeht. Der Infectionserreger ist meist gonorrhoisches Secret des mütterlichen Geburtskanals, selten ein anderes infectiöses Agens; in der Mehrzahl der Fälle lassen sich die Neisser'schen Gonococcen in dem Augensecret der Kinder wie in dem Scheidensecret der Mutter unzweifelhaft nachweisen.

Die Erkrankung beginnt durchschnittlich am 3.—5. Tage an einem Auge, auch wohl zugleich an beiden; erfolgt die Infection erst nachträglich durch Digitalübertragung von gonorrhoischen Lochialsecret oder das Augensecret eines andern erkrankten Kindes, so fällt der Beginn entsprechend später. Das erste Symptom ist starke Schwellung der Lider und Ausfluss eines gelblichen wässerigen Secrets, das von der heftig entzündeten Conjuctiva abgesondert wird; diese Erscheinungen nehmen rasch zu, die Secretion wird eitrig, die Schleimhaut faltig mit hypertrophirten Papillen. Das Allgemeinbefinden ist meist nur unbedeutend alterirt, doch geringes Fieber und Unruhe stets vorhanden. Der weitere Verlauf führt bei leichten Fällen unter energischer Behandlung in 4—6 Wochen zur Heilung, indem die Entzündung ganz allmählig abklingt. Schwere Fälle kennzeichnen sich durch Complikationen; die wichtigste derselben ist das Uebergreifen der Erkrankung auf die Cornea; im leichtesten Grade kommt es zu einer oberflächlichen und rückbildungsfähigen Trübung, meist aber entstehen tiefer gehende Infiltrationen, Hornhautgeschwüre mit dem Ausgang in Leukom, Perforation, Leukoma adhaerens, Staphylom oder gar Panophthalmitis; bei cachectischen Neugeborenen sieht man nicht selten Keratomalacie. Jedesmals ist damit die Function des erkrankten Auges sehr gefährdet; bis zu $40^0/_0$ aller Blinden verdanken ihre Erblindung dieser Ophthalmoblennorrhoea neonatorum.

Eine seltene Complication ist Gelenkaffection.

Die Prognose ist dem zu Folge bedenklich.

Nur bei frühzeitiger und rationeller Behandlung gelingt es, eine restitutio in integrum zu erzielen. Die Therapie besteht in fleissiger (1—3 stdl.) Reinigung des Auges mit Bor- oder schwachen Sublimatlösungen, Chlorwassereinträufelung und der dauernden Application von Eiscompressen. Die erkrankte Schleimhautfläche trachte man in den ersten Tagen durch Einträufeln einen $2^0/_0$ Sol. Argent. nitr. zu beeinflussen; sind die heftigsten Entzündungserscheinungen geschwunden, pinsele man den ganzen Conjuctivalsack mit Anfangs 2 %, später stärkern Lösungen von Argent. nitr. aus oder bestreiche sie sanft mit dem Lapis mitigatus, worauf man eine ebenso genaue (besonders wenn die Cornea bereits betheiligt) Neutralisation mit Solutio Natrii chlorati folgen lässt. Die Aetzung wird alle 24 Stunden, später seltener vorgenommen, jedoch immer erst, nachdem der Aetzschorf der vorhergegangenen sich abgestossen hat.

Eine Cornealaffection erfordert Atropin oder Eserin.

Das etwa gesund gebliebene Auge ist durch einen Druckverband versuchsweise vor der Betheiligung zu schützen.

Ebenso wichtig ist die Prophylaxe. Das vorzüglich bewährte Credé'sche Verfahren, Instillation von 1 Tropf. 2 % Arg. nitr. solution gleich nach der Geburt hat die früher in Gebäranstalten endemische Ophthalmoblennorrhoe fast vernichtet; dasselbe ist bei jedem verdächtigen Fluor vaginalis indicirt und wirkt viel zuverlässiger als jede Scheidendesinfection intra partum.

(Trismus und) Tetanus neonatorum zählen ebenfalls zu den Wundinfectionskrankheiten und sind nicht allzuseltene, sehr ernste Affectionen. Auch hier ist meist die Nabelwunde die Eintrittspforte für die Infection durch die weitverbreiteten Tetanusbacillen, seltener eine andere (z. B. Circumcisions-)Wunde. Die letzte Ursache für die characteristischen Krampferscheinungen ist ein Stoffwechselproduct der Bacterien, das Tetanin. Ob es neben dem bacillären Tetanus noch einen centralen (durch Schädeldruck und Rückenmarkserschütterung) oder reflectorischen (heisse Bäder) giebt, lässt sich bei der Eigenthümlichkeit der Muskulatur des Neugeborenen, auf relativ geringe Reizung in tetanische Contraction zu gerathen, nicht so absolut von der Hand weisen.

Die Krankheit beginnt fast stets erst in der 2. Lebenswoche; nachdem Unruhe, plötzliches Loslassen der Warze resp. des Pfropfens unter Schmerzäusserung, plötzliches Aufschreien aus dem Schlaf bereits die Umgebung aufmerksam gemacht, bricht ziemlich acut ein Krampf der Kaumuskulatur aus, der sich durch die Unmöglichkeit, den Mund zu öffnen, harte Contractur der Kaumuskeln und eine gewisse Starre des Gesichts, zusammengepresste, manchmal rüsselförmige Lippen kennzeichnet. Mit diesem Trismus beginnt fast ausnahmslos der Tetanus neonatorum. In der Mehrzahl der Fälle schliessen sich bald tetanische Contracturen der Nacken- und Rückenmuskulatur (Opisthotonus), der Bauchmuskeln, weniger intensive tonische Krämpfe der Extremitäten an; bei ausgebildeter Krankheit kann man das starre Kind wie ein Brett aufheben; in der Rückenlage ruht der Körper nur mehr auf Hinterhaupt und Fersen; die Hände sind meist geballt, die Ellbogen gebeugt.

Trismus und Tetanus treten anfänglich nur anfallsweise ein, zuweilen reflectorisch auf eine Erschütterung des Körpers hin: unter immer kürzeren Intervallen bestehen der Trismus, schliesslich der Tetanus dauernd. Immer bedrohlicher wird der Krampf, indem Schlundmuskelcontractionen das Schlucken, tonische Zusammenziehungen der Kehlkopf- und Respirationsmuskeln die Athmung stören. Der Puls wird frequenter, schwächer; die Temperatur erhebt sich zu hohen und höchsten Graden, seltener ist sie niedrig oder geht unter die Norm; im Urin findet man Eiweiss. So gestaltet sich der Krankheitsverlauf meist rasch sehr ungünstig. Schon nach 1—2, gewöhnlich nach 5—6 Tagen tritt unter Abmagerung, Entkräftung, Asphyxie der Tod fast ausnahmslos ein.

Die Therapie hat ihren Schwerpunkt in die Prophylaxe zu verlegen; eine peinlich aseptische Nabelversorgung, die antiseptische Behandlung aller anderen Wunden kann allein, wie die Statistik der Gebäranstalten lehrt, den Tetanus verhüten. Daneben sind zu heisse Bäder und andere starke Hautreize zu vermeiden Bei ausgebrochener Krankheit gilt es, den Infectionsort, die Nabelwunde zu desinficiren und antiseptisch zu behandeln, sodann durch die ev. künstliche Ernährung (Schlundsonde) die Kräfte zu erhalten und die Heftigkeit und Schmerzhaftigkeit der Krämpfe durch laue Bäder, Chloral, auch Chloroform und Sulfonal zu lindern; ferner wurden subcutane Injectionen von Extr. Calabaricum (0,006 rasch steigend bis 0,06 pro die) empfohlen; weitere Immunisirungsversuche mit Tizzoni's Antitoxin sind unbedingt gerechtfertigt.

Morbus Winckelii (Cyanosis afebrilis icterica perniciosa cum haemoglobinuria) ist eine erst in ca. 30 Fällen beobachtete Krankheit, die unter Unruhe und allgemeiner tiefblauer Cyanose sowie gleichzeitigem rasch zunehmendem Icterus beginnend, binnen wenigen Stunden bis längstens einigen Tagen durch Collaps, Somnolenz, endlich Krämpfe fast ausnahmslos zum Tode führt. Fieber ist dabei nie beobachtet; dagegen gehört ein durch Blutfarbstoff blass bräunlich gefärbter Urin zum Wesen der Affection.

Die Winckel'sche Krankheit tritt endemisch und sporadisch auf. Ihre Ursachen sind noch ganz unklar. Eine gewisse Aehnlichkeit in vielen Erscheinungen (Cyanose, Icterus, fieberloser Verlauf, Collaps, fettige Degeneration und Ecchymosen) hat dieselbe mit der acuten Fettentartung. Für septisch bacteriellen Ursprung liesse sich manches anführen.

Anatomisch ist eine Ansammlung von Hämoglobin in der Corticalis spez. den geraden Harnkanälchen characteristisch; ferner fanden sich massenhafte Hämorrhagieen auf fast allen Organen, Schwellung der Darmfollikel spez. Peyer'scher Plaques, Fettdegeneration von Leber, zuweilen Herz.

Die Prognose ist fast absolut infaust, für eine rationelle Therapie fehlen alle Anhaltspunkte.

Die **acute Fettdegeneration** (Buhl'sche Krankheit) ist eine in ihrem Wesen nach ebenso unaufgeklärte, heute fast verschwundene Krankheit, deren Aetiologie auch durch die bei neugeborenen Säugethieren vielfach beobachteten anatomisch gleichen Fälle nicht sicher festgestellt wurde; möglich, dass beiden analogen Krankheiten Sepsis zu Grunde liegt; das Fehlen einer nachweisbaren Lokalveränderung an den Eintrittspforten der Sepsiserreger spricht dagegen nicht.

Die meist asphyctisch geborenen Kinder erkranken mit theils blutigen Diarrhoen, zuweilen Blutbrechen, Nabelblutung, Blutungen in Conjunctiva, Haut, Mund- und Nasenschleimhaut (Melaena), bläulich-icterischer Hautfarbe, hie und da Oedemen; unter rasch entwickeltem Collaps tritt der Tod ein. Es finden sich nicht immer oder gleichzeitig alle die genannten Symptome.

Entscheidend für die Diagnose, die zwischen Erstickung, Phosphor- oder Arsenvergiftung und Sepsis schwanken kann, ist der microscopische Nachweis einmal von Ecchymosen an fast allen inneren Organen, besonders den Meningen, Dura, Pleura, Pericard, Peritoneum, Thymus, vor allem aber die fettige Entartung des Alveolarepithels, des Herzmuskels, der Leberzellen, der Epithelien der gewundenen Harnkanälchen.

Die Prognose ist schlecht. Die Behandlung sucht symptomatisch die Asphyxie zu beheben, eventuelle Blutungen zu stillen und die Kräfte zu erhalten.

Omphalorrhagie. Wir bezeichnen damit zwar jede Blutung aus dem Nabel, beziehen den Namen aber nicht sowohl auf die Blutung aus den schlecht unterbundenen Nabelgefässen (wie sie speziell bei frühreifen oder atelectatischen Kindern vorkommen kann, bei denen die Lungen sich schlecht entfalten, die Muskularis der Nabelgefässe sich mangelhaft contrahirt), auch nicht auf die nach Abfall des Nabelstrangs bei schlechter Wundheilung, mechanischer Verletzung des Nabelstumpfs oder direct aus den hinter dem Nabel noch längere Zeit offenbleibenden Nabelarterien erfolgenden Blutungen. Im eigentlichen Sinn belegen wir mit der Bezeichnung Omphalorrhagie die idiopathischen Blutungen aus der Nabelwunde. Dieselben sind ziemlich selten und wohl stets das Symptom schwerer Allgemeinerkrankung; von solchen ist ausnahmsweise Hämophilie im Spiel; zweifellos aber sind Lues congenita, Sepsis und acute Fettentartung als die grundlegenden Affectionen nachgewiesen. Dass die Syphilis eine hämorrhagische Diathese schaffen kann, ist aus dem Bilde der Syphilis hämorrhagica bekannt. Capilläre Blutungen, aber auch stärkere, sind bei Sepsis häufig; wahrscheinlich spielen Bacterien direct eine Extravasation erzeugende Rolle. Von der Fettentartung haben wir dasselbe gesehen.

Das Symptom ist reichliche, parenchymatöse Blutung aus dem Grunde der Nabelwunde, einem sichtbaren Gefäss nicht entstammend. Nicht selten sind Icterus, Intestinalstörungen, Cyanose bei den meist kräftigen Neugeborenen vorausgegangen. Stets wird sofort der Allgemeinzustand in der ernstesten Weise ergriffen: fortschreitende Anämie und Icterus mit Cyanose, Blutungen aus Magen, Darm, Ecchymosen der Haut und Schleimhäute, Oedeme führen um so rascher zum Tode, als die Stillung der Blutung meist als unmöglich sich erweist. Zu versuchen ist sie durch starke, andauernde Compression vermittelst Eisenchloridgetränkter Watte, durch Unterbindung des ganzen Nabels mit Achtertouren, die um die Enden zweier senkrecht auf einander durch die Nabelwunde gestochenen Hasenscharnnadeln geführt werden, endlich durch Ausgiessen der Nabelwunde mit Gyps.

Die **Melaena** ist ebenso wie die sog. Omphalorrhagia idiopathica nur ein Symptom, bestehend in Entleerung von schwarzen Blutmassen aus dem Magendarmkanal. Die Blutung kann ihre Ursache, wie wir schon sahen, in schweren Allgemein- resp. Constitutionskrankheiten haben (Syphilis hämorrhag., Sepsis, Fettentartung) oder in Erosionen, Defecten oder perforirenden Geschwüren, wie sie im Oesophagus und in der Magen- oder Darmwand gefunden wurden. Letztere sind möglicherweise embolischen Ursprungs (aus Nabelvene oder Ductus Botalli); wahrscheinlicher ist es, dass die Magenulcera durch eine Blutung, Extravasatbildung (bei der Hyperämie der Intestina während der Geburt, bei Asphyxie, directem Trauma bei Entwickelung des Rumpfes) mit nachfolgender Verdauung seitens des Magensaftes entstehen; Positives wissen wir über die Aetiologie solcher Geschwüre nicht; es besteht nur die Thatsache ihres Vorkommens. Es verbleiben noch Fälle, in denen weder eine Allgemeinerkrankung noch örtliche Ulcera als Ursache der Blutung nachweisbar sind.

Die Kinder erscheinen oft einige Stunden oder 1—3 Tage

ganz gesund; plötzlich erfolgt eine Blutung, die sich durch Erbrechen oder Stuhlentleerung schwarzer Massen oder beides zugleich verräth; die Darmentleerungen sind nicht mit Meconium zu verwechseln! Der oft bedeutende Blutverlust ruft rasch alle Zeichen schwerer Anämie (Blässe, Kälte, Somnolenz) hervor. Andere Unterleibserscheinungen fehlen meist.

Die Prognose ist sehr ernst; doch kann die Blutung nach 24—48 Stunden stehen, ein kräftiges Kind sich rasch wieder erholen; Heilung eines Magenulcus ist nachgewiesen, ebenso wie die einer ätiologischen Syphilis und damit auch der Melaena.

Anlass zur Verwechselung kann das Verschlucken von Blut geben, welches von dem Kinde aus einer Rhagade der Mamilla gesaugt wird; hier fehlen alle Symptome des Blutverlustes; ebenso ist eine Quelle der Blutung in Mund, Rachen, Nase auszuschliessen (Melaena spuria). Die ätiologische Diagnose wird selten intra vitam zu stellen sein. Dies rechtfertigt die Besprechung der Melaena als eines eigenartigen Krankheitsbildes.

Zur Stillung der Blutung sind Eisblase auf Magen und Leib unter gleichzeitiger Wärmezufuhr am übrigen Körper, Eismilch zu versuchen, innerlich Liquor ferri sesquichlorati stündlich 1 Tropfen in Haferschleim; der Anämie trete man durch Tieflagern des Kopfes, Excitantien etc. entgegen.

Pemphigus (contagiosus, idiopathicus) besteht klinisch in dem Auftreten von stecknadelkopf- bis tauben-, ja hühnereigrossen, mit gelblichem Serum gefüllten Blasen. Dieselben entwickeln sich vorwiegend am Bauch, auch am Rumpfe überhaupt, weniger an Kopf und Extremitäten, hier und da auch an Mund- und Gaumenschleimhaut, ganz ausnahmsweise nur an Fusssohle und Hohlhand. Prodromale Zeichen fehlen, und auch während des Bestehens der Affection ist das Allgemeinbefinden meist nur wenig gestört; Fieber tritt nur bei grosser Ausdehnung der Blasen auf. Der weitere Verlauf ist in der Regel der, dass die Blasen platzen oder eintrocknen; im ersten Fall bleibt eine Zeit lang noch eine excoriirte, nässende Stelle bestehen, die sich in der Regel bald überhäutet, im anderen ein Schorf. Die Krankheit beginnt am 4.—9. Tage und dauert, da die Eruption rasch erfolgt, höchstens 14—20 Tage. Die an sich gute Prognose kann nur dadurch getrübt werden, dass durch massenhafte Blasenbildung, der keine Ueberhäutung folgt (Pemphigus foliaceus) zu grosse Theile der Körperoberfläche der Epidermis entblösst werden, oder dass die Blasen zu Geschwüren ausarten, sich mit Furunculosis, Nabelerkrankungen, Ophthalmoblennorrhoe, Darmkatarrh, Pleuritis compliciren.

Der P. neon. ist zweifellos infectiöser Natur (epidemisches und endemisches Auftreten, Contagiosität, bacteriologischer Befund); heisse Bäder, Hautverletzungen begünstigen das Eindringen des Contagiums.

Die Krankheit ist von dem P. syphiliticus (Vola und Planta, angeboren oder in den ersten Tagen, andere Symptome von Lues, Blasen kleiner, schlaffer) und cachecticus zu sondern.

Der Behandlung muss Isolirung des erkrankten Säuglings vorangehen und einer Verschleppung des sehr haltbaren Contagiums durch Desinfection vorgebeugt werden. Die gebildeten Blasen sind vor starkem Druck, Quetschung zu bewahren, die entstandenen Excoriationen durch Pudern oder Borsalbe zum Abtrocknen und Ueberhäuten zu bringen. Tägliche laue Bäder ev. mit milderen Desinficientien (Kal. permang.) sind am Platz; gegen sehr ausgedehnte Blasenbildung und Excoriation sind Eichenrindenbäder (cort. quercus 500,00 auf 4 l.) 2—3 mal täglich und nachfolgende Watteeinpackung empfohlen. Eiternde, geschwürige und furunculöse Stellen sind antiseptisch zu verbinden (Dermatol).

Man vernachlässige auch nicht eine gute, roborirende Ernährung, unterstütze sie nöthigenfalls durch Darreichung von Wein.

Das **Sklerem** tritt in zwei verschiedenen Formen auf: idiopathisch als Sklerödem (ödematöses Sklerem, allg. ac. Oedem); symptomatisch als Sklerema adiposum (endurcissement athrepsique).

Das **Sklerödem** besteht in einer allgemeinen Infiltration des ganzen subcutanen Zellgewebes mit einem serösen Erguss, der keinerlei entzündliche Eigenschaften bietet, reines Transsudat ist; in der Folge gewinnt der Kindeskörper ein gedunsenes, weisslich glänzendes Aussehen, erhalten alle Glieder und Theile eine anfänglich teigige Beschaffenheit, bald beträchtliche Härte, Starrheit, Schwerbeweglichkeit. Die Körpertemperatur sinkt (bis 30^0 und darunter), der Leib fühlt sich kalt an, besonders die Extremitäten. Die an sich meist lebensschwachen Neugeborenen werden immer kraftloser, kühler, soporös; die Nahrungsaufnahme wird verweigert, Defäcation und Urinsecretion stocken, Puls und Respiration lassen immer mehr nach; so erlischt nach einigen Tagen, höchstens 1—2 Wochen allmälig das Leben. Die Krankheit beginnt meist am 2.—4. Tage und zwar an den Waden, um sich von hier nach oben weiterzuverbreiten, nur die Brust in der Regel freizulassen. Neben dem Oedem treten hier und da Ecchymosen auf.

Dass das Sklerödem fast nur bei unreifen und lebensschwachen

Neugeborenen auftritt, weist der Schwäche der Herzaction (vielleicht auch Myocarditis), schlechtem Ernährungszustand eine mindestens disponirende Rolle zu. Die eigentliche Ursache ist noch ganz unbekannt.

Das Sklerödem darf nicht mit den stets partiellen Oedemen cachectischer und nephritischer Kinder verwechselt werden.

Die Prognose ist schlecht.

Bei der Behandlung kommt es vor allem auf reichliche Wärmezufuhr (durch eine Wärmwanne, sehr warme Bäder) und Ernährung an; neben warmer Milch, möglichst Muttermilch, gibt man Wein, beides mit dem Löffel, da die Starre des Gesichts meist das Saugen schwierig, wenn nicht unmöglich macht. Eine consequente centripetale allgemeine Massage sucht die Aufsaugung des Serums anzuregen, die Circulation und Respiration zu befördern.

Ganz verschieden davon ist das **Sklerema adiposum**; es ist lediglich Folgezustand von erschöpfenden Krankheiten, speziell Cholera nostras, Pneumonie, Athrepsie und findet sich nicht ausschliesslich bei Neugeborenen, sondern noch häufiger bei etwas älteren Kindern. Wie beim Sklerödem beginnt die Verhärtung an den untern Extremitäten oder auch an den Wangen und befällt allmählich den übrigen Körper, der unter sinkender Temperatur starr, hart und kalt wird. Aussehen und Gefühl unterscheiden dieses Sklerem aber deutlich vom Sklerödem: die Haut ist glanzlos, trocken, sie lässt sich mangels eines sie abhebenden Oedems nicht eindrücken; vielmehr haftet sie fest auf den unterliegenden Theilen; der Körper fühlt sich wie gefroren an.

Anatomisch fehlt jede Flüssigkeit im Unterhautzellgewebe; dieses wie das Fettgewebe ist absolut trocken. Ursache hiervon ist, dass nicht nur durch grossen Wasserverlust die Gewebe ausgetrocknet sind, sondern das meist reichlich vorhandene Fettgewebe mit seinen relativ grossen Fettzellen erstarrt, weil es durch seinen höheren Gehalt an festen Fettsäuren (Palmitin- und Stearinsäure), seinen Mangel an flüssiger Oelsäure mit abnehmender Körpertemperatur gewissermassen gerinnt.

Prognose und Behandlung sind dieselben wie beim Sklerödem.

Die Krankheiten der Verdauungsorgane.

Die Krankheiten des Mundes.

Einleitung: Im Munde des Kindes finden sich häufig Veränderungen, die, wenn auch nicht immer als pathologisch, zum Theil sogar beinahe als physiologisch anzusehen, doch die Aufmerksamkeit des mit der Kinderuntersuchung nicht Geübten erregen, jedenfalls genau gekannt und gewürdigt werden müssen.

Das **Anchyloglosson** ist eine angeborene Anomalie, der zwar keine klinische Bedeutung beizumessen ist, die aber eine practische hat insofern, als Mütter aus dem Volke, häufig von Hebammen ängstlich gemacht, seinetwegen den Arzt aufsuchen und der Missbildung eine grosse Wichtigkeit beimessen, da sie die Kinder am Saugen, ja später am Sprechen behindern soll. Auch ist mir in der That schon von hochgebildeten Erwachsenen versichert worden, dass ein Anchyloglosson sie in vorgeschrittenerem Alter dermassen im Sprechen störte, dass sie dessen Durchschneidung nachträglich noch an sich vornehmen liessen und ihre Kinder prophylactisch derselben Operation unterwarfen. Das Anchyloglosson, von Laien als „angewachsenes Zungenbändchen" bezeichnet, besteht meist in einer übermässigen Entwickelung des Frenulum linguae, welches auf dem Boden der Mundhöhle bis zum Zahnfleisch, in der Mittellinie der Zunge manchmal bis zur Spitze reicht; in anderen Fällen ist das normal sitzende Frenulum kurz und straff oder auch ordentlich fleischig statt häutig; beide Male kann es in der That die Beweglichkeit der Zunge einschränken, besonders das Herausstrecken.

Da die Beseitigung dieser kleinen Abnormität absolut ungefährlich und ebenso einfach ist, und man meist den Müttern einen grossen Gefallen mit der Operation erweist, „löst" man das Zungenbändchen, indem man dasselbe, am Besten in den Spalt eines Myrthenblattes eingelegt, durch Empordrängen der Zungenspitze spannt, und, während das Myrthenblatt die Arteriae raninae vor Verletzung schützt, mit einem Schlage der Cooper'schen Scheere durchtrennt.

Milium. In und neben der Raphe des harten Gaumens finden sich bei Neugeborenen und Säuglingen besonders in den ersten 4—6 Lebenswochen, doch auch bis zum 8. Monat hirsekorn- bis stecknadelkopfgrosse, selten grössere Knötchen von weisser oder gelblicher Farbe, welche aus der Schleimhaut mehr weniger prominiren. Es sind congenitale, epithelgefüllte Schleimhautlücken, die bei der Vereinigung der beiden Gaumenhälften zurückbleiben; sie verschwinden meist spurlos; seltener bilden sie sich zu kleinen Ulcerationen aus, indem ihre Deckhaut platzt, ihr Inhalt verschwärt. Nur in diesem Falle machen sie krankhafte Erscheinungen, hindern die Kinder am Saugen und werden so Gegenstand einer Behandlung, der durch Touchiren und antiseptische Reinigung des Mundes mit Boraxwasser, Lösung von Kalium permanganicum, Zincum sulfuricum rasch ihre Heilung gelingt.

Bednar'sche Aphthen nennt man rundliche, auch ovale, meist ganz flache Ulcerationen, mit graugelblichem Grunde, meist rothem Rande; dieselben finden sich fast stets genau symmetrisch zu beiden Seiten des harten Gaumens nahe dem Alveolarrande und verdanken ihre Entstehung dem Akte des Saugens, bei welchem durch den Zug des Ligamentum pterygomandibulare die Schleimhaut an jenen Stellen erst anämisch gemacht, mangelhaft ernährt und wohl auch gleichzeitig durch die Brustwarze respective den Saugpfropfen gedrückt und gerieben, ihres Epithels verlustig geht, eine leichte Erosion erfährt; sie sind also echte Decubitalgeschwüre und finden sich sehr häufig auch bei ganz gesunden Kindern, ausschliesslich bei Säuglingen, besonders ganz jungen; sie arten nur bei atrophischen und kachektischen Kindern zu tieferen, manchmal bis auf den Knochen dringenden Ulcerationen aus.

Viel seltener finden sich Ulcerationen von genau demselben Aussehen rechts und links dicht neben der Raphe, deren Entstehung zum Theil wohl auf Exulceration eines Miliums, zum Theil auf denselben Vorgang wie bei den tiefer an den Seitentheilen des Gaumens sitzenden zurückzuführen ist.

Ebenso selten finden sich mehrfache solche aphthöse Geschwüre und solche von einem Umfange, dass beinahe der ganze harte Gaumen exulcerirt erscheint.

Die Bednar'schen Aphthen machen meist keine oder nur ganz geringfügige Symptome, indem sie die Kinder beim Saugen schmerzhaft stören können, und sind nur dann einer Behandlung zu unterwerfen, sowie in den Fällen, wo sie sich rasch vergrössern und vertiefen. Touchiren mit schwacher Argentum nitricum-Lösung wirkt rasch schmerzlindernd und führt die Ueberhäutung herbei. Ferner empfiehlt man, wenn ihre Genese auch sicher nicht, wie Manche wollen, nur auf mechanische Läsionen seitens der Pflegerin zurückzuführen ist, eine recht schonende und vorsichtige Reinigung der Mundhöhle.

Landkartenzunge. Ein eigenthümliches Aussehen zeigt

bei vielen, spez. jüngeren Kindern in ganz gesundem Zustande die Zunge; sie hat nicht ihre vom Erwachsenen und von älteren Kindern bekannte gleichmässige, glatte Oberfläche, gleichmässig rothe oder Rosafarbe, sondern man erblickt unregelmässige, gewundene, bogen-, kreis-, fleckenförmige, wohl auch strichförmige, weisslichgraue Figuren auf der Zungenoberfläche, die dadurch entstehen, dass einzelne Theile sich mit einem normalen oder eher verdickten Epithelüberzug bedeckt zeigen, während scharf angrenzende andere Parthieen durch etwas vertieftes Niveau, lebhaft rothe hyperämische Farbe, mit stark heraustretenden Papillen auf eine Abstossung von Epithel und oberflächliche Reizung der entblössten Schleimhaut hinweisen. Es handelt sich also um eine ungleichmässige, örtlich beschränkte, stellenweise zu starke Epithelablösung, daneben Epithelwucherung, die keinerlei pathologische Bedeutung hat.

Dentitionsgeschwür. Bei einer ganz normal, ohne sonstige Störungen vor sich gehenden Dentition kann man in nicht sehr zahlreichen Fällen an dem Winkel, den die Zunge mit dem Frenulum linguae macht, oder an dem Untergrund der Zungenspitze, oder auch am Frenulum linguae selber ein meist kleines Geschwür finden, dessen Entstehung sich wohl nur durch eine Verletzung des Gewebes durch die oft haarscharfe Schneide der beiden unteren medianen Incisoren erklären lässt, nicht sowohl beim Saugen, da dasselbe dann viel häufiger gefunden werden müsste, als durch eine bei zahnenden Kindern oft beobachtete Unruhe der Zunge. Das Dentitionsgeschwür verursacht meist keine oder nur ganz geringfügige Beschwerden und ist eventuell durch Mundpflege, Argentum-Touchirung zu heilen. — Wenn auch nicht unter physiologischen Verhältnissen, so doch auf ganz derselben Basis entwickelt sich beim Husten und spez. bei der Pertussis älterer Kinder das sog. Keuchhustengeschwür: dasselbe befällt vorzugsweise das Frenulum, sitzt seltener seitlich desselben oder gar an der Oberfläche der Zungenspitze; in einzelnen Fällen habe ich bei schwerem Keuchhusten, an elenden Kindern ausgedehnte Geschwürsbildung nicht blos unter der Spitze, sondern auch an den Seiten und der ganzen Unterfläche der Zunge beobachtet. Solche Geschwürsbildung ist die Folge des Reibens und Scheuerns, welches diese Theile bei starken Hustenparoxysmen durch das immer wiederholte Hervorschnellen der Zunge an der Schneide der unteren, selten auch der oberen Incisoren erfahren. Wenngleich das Ulcus sublinguale, wie gesagt, auch bei gewöhnlichen Katarrhen vorkommt, ist ihm doch für den Keuchhusten ein gewisser diagnostischer Werth nicht abzusprechen, da es sich in etwa der Hälfte der Fälle findet. Eine Behandlung erfordert es nur ausnahmsweise; es heilt mit dem Abklingen der Hustenanfälle von selbst; dass es die Nahrungsaufnahme manchmal erschwert, scheint mir erwiesen; man kann dann immerhin seine Verheilung durch Touchiren anstreben, die Saug- und Essbehinderung durch Cocainpinselung im Nothfalle lindern.

Von Anomalien der Sekretionsorgane des Mundes findet man die

Ranula. Seitlich vom Frenulum linguae sieht man zuweilen bei jungen Kindern je eine cystische Geschwulst, welche durch die gespannte und verdünnte Schleimhaut ihren flüssigen Inhalt durchschimmern lässt. Sie entstehen meist durch Verlegung des ausführenden Ductus Bartholinianus, resp. der mehrfachen Ductus Rivini, stellen also Rententionserweiterungen der Glandula sublingualis oder auch eines Lappens oder nur des Ausführungsganges selbst dar. Viel seltener gehen sie aus einer cystischen Dilatation von Schleimdrüsen, lymphangiectatischen Bildungen hervor. Ihre Beseitigung ist nur nöthig, wenn sie durch ihre Grösse stören, und geschieht auf chirurgischem Wege am sichersten durch Exstirpation des Ranulasackes

Nicht zu verwechseln damit sind die viel selteneren, genau dieselbe Stelle einnehmenden angeborenen Dermoide, die, an ihrer derberen Wandung erkennbar, auf dieselbe Weise zu entfernen sind.

Entzündung der Glandulae sublinguales in Gestalt einer entzündlichen Geschwulst mit Fieberbewegung und Allgemeinerscheinungen, Vereiterung des Drüsengewebes tritt selten und zwar als ein Symptom der Puerperalinfection auf; einfache Entzündung der Gl. sublinguales und auch submaxillares kommt hier und da analog der Parotitis epidemisch, allein für sich oder zusammen mit dieser vor. Nur die erste Form verlangt eine Behandlung, die lediglich chirurgisch sein kann.

Die Entzündung des Bodens der Mundhöhle in Gestalt einer Phlegmone ist nur sehr selten beobachtet.

Salivation. Eine scheinbare Salivation tritt dann ein, wenn wegen Dysphagie durch Retropharyngealabscess u. dgl. in normaler Menge secernirter Speichel nicht verschluckt wird. — Vermehrte Speichelsecretion ist bei Kindern eine häufige Erscheinung und die Folge einmal des physiologischen Reizes der Zahnung, wobei sie dem Zahndurchbruch oft lange vorausgeht, sodann aller entzündlichen Vorgänge innerhalb der Mund- und Rachenhöhle, und zwar tritt sie am Stärksten in die Erscheinung bei der Stomatitis aphthosa, ulcerosa, bei der Diphtherie; sodann stellt sie sich, aber seltener, bei Magen- und Darmaffectionen ein, und bekanntlich ist sie ein spezifisches Symptom der Intoxication mit Hg, J, Pilocarpin; dabei ist beachtenswerth, dass trotz der sonst entschieden vorhandenen Disposition gerade des Kindesalters zum Ptyalismus das Hg, selbst in relativ grossen Dosen und längere Zeit gegeben, mit seltenen Ausnahmen ohne diesen üblen Einfluss bleibt.

Als ein pathognomonisches Symptom finden wir den Ptyalismus bei der Idiotie, der progressiven Bulbärparalyse, Tumoren und Abscessen des Pons (Henoch) und Bulbus. Als selbstständiges Uebel ohne ätiologische Erklärung, gewissermassen als Neurose, zeigt die Salivation sich selten, indem sie zur Zeit des physiologischen Zahnspeichelns im 3.—4. Monat zwar begann, aber mit geringen Intermissionen und Schwankungen Jahre lang andauert, speziell bei aufrechter Stellung, bei Tage; diese Form wird oft von Ferrum und Arsen günstig beeinflusst, ohne dass man die Anämie als Ursache zu beschuldigen vermöchte.

Die Salivation macht, von dem höchst geringfügigen Säfteverlust (mit $99{,}5\,^0/_0$ H_2O, nur ca. $0{,}5\,^0/_0$ festen Bestandtheilen) abgesehen, nur insofern Störungen, als der ununterbrochen fliessende Speichel Kinn und Hals dauernd benetzt, erythematöse Entzündungen, Intertrigo und Eczem erzeugt. Eine Beseitigung erfordert nur die pathologische Salivation durch Behandlung der ätiologischen Mund- und Rachenaffection, bei denen das Kal. chlor. als spezifisches Heilmittel auf den Ptyalismus einwirkt. — Bei den andern Formen von Salivation wäre im Nothfall zum Atropin zu greifen.

Stomatitis catarrhalis ist eine sehr häufige Erkrankung des Kindesalters; sie tritt entweder secundär als sog. exanthematische Stomatitis bei acuten Exanthemen auf, oft als erste Lokalisation des Ausschlags, so speziell bei Scarlatina, Masern, doch auch bei Erysipel, Urticaria, auch als Begleiterin von fieberhaften Krankheiten (Typhus, Pneumonie), als Vorläuferin oder Begleiterin aller Mundkrankheiten, der Zahnung, häufig auch von Intestinalaffectionen, meist aber selbständig, und zwar als Folge eines thermischen oder chemischen Reizes durch eingeführte Nahrung, desgleichen bei mangelhafter Mundpflege durch die Gährung und Fäulniss zersetzter Speisereste, Zahncaries.

In ihrer einfachsten Form stellt sie sich als eine erythematöse Röthung der Mundschleimhaut, des Zahnfleisches dar, die entweder trocken oder häufiger durch Salivation benetzt erscheinen. Bei höheren Graden ist die Schleimhaut aufgelockert, sammetartig, die geschwellten, schleimgefüllten Folliculi mucipari ragen, besonders an der Innenfläche der Lippen, als weissgraue oder grauröthliche Bläschen hervor; das Zahnfleisch ist gewulstet, empfindlich; die Zunge scheint von dem sich abstossenden Epithel wie mit einem graugelben Belag bedeckt, aus dem die geschwellten Papillen roth hervortreten; die Salivation wird profus; es macht sich für den eingeführten Finger, wie besonders für die stillende Mutter an der Warze, Hitze der Mundhöhle bemerkbar. Die Submaxillargegend mit ihren Drüsen kann ödematös anschwellen; es treten leichte Fieberbewegungen auf.

Die einzige bedenkliche Folge ist die, dass die Kinder bei erheblicher Entzündung durch den Schmerz beim Saugen gestört, bei längerer Dauer durch zu geringe Nahrungsaufnahme, auch Schlaflosigkeit und die Unruhe herunterkommen.

Differentialdiagnostisch wichtig erscheint, zu entscheiden, ob der mangelhaften Ernährung, dem Zungenbelag etc. eine Dyspepsie zu Grunde liegt, oder ob es sich um eine idiopathische und alleinige Stomatitis handelt.

Bei der Zugänglichkeit der Affection für die Behandlung in Gestalt einer sorgsamen Mundpflege, durch schonende Waschungen, bei älteren Kindern Spülungen mit kalten Lösungen von Natrium biboracicum und Kalium chloricum, in schlimmeren Fällen Kal. chlor. innerlich, Touchiren mit Sol. Argent nitr., ist die Prognose gut zu stellen. Gerne entgegengenommen werden bei lebhafter Entzündung eisgekühlte Getränke, kleine Eisstückchen.

Stomatitis aphthosa s. fibrinosa (Henoch), eine practisch besonders wichtige und characteristische Erkrankung, kennzeichnet sich pathologisch-anatomisch durch die Bildung eines mehr weniger zahlreiche Leucocythen und in Coagulationsnekrose begriffene Epithelzellen enthaltenden Exsudates in dem Epithel, welches dabei abstirbt und abgestossen wird. Diese pseudo-diphtheritischen Exsudate treten heerdweise, disseminirt in der Mundschleimhaut auf, welche sich gegen dieselben mit einem schmalen Entzündungshofe abgrenzt. Ob und in wie weit bei Entstehung dieser Heerde Bacterien Ursache sind, bleibt noch dahingestellt. (Nachgewiesen sind in einigen Fällen speziell der Staphylococcus pyogen citreus und St. p. flavus.)

Die klinischen Erscheinungen bestehen in der Eruption flacher, graugelblicher oder grauweisser, stecknadelkopf- bis über linsengrosser, rundlicher, auch unregelmässig gestalteter Flecke, die von einem schmalen rothen Saume umgeben, besonders an den Rändern, der Spitze und dem Rücken der Zunge, auch der Wangen- und Lippenschleimhaut, seltener auch auf dem

Gaumen und selbst den Mandeln ziemlich plötzlich aufschiessen. Gleichzeitig finden sich alle Symptome einer heftigen Stomatitis: Salivation, Schwellung, Röthung der Schleimhaut, Gingivitis, Foetor ex ore; constant schwellen die Submaxillardrüsen an. In Folge dessen ist das Trinken, besonders aber das Saugen schmerzhaft, die Aufnahme besonders warmer und fester Nahrung erschwert. Das Allgemeinbefinden leidet noch durch das Hinzukommen leichten Fiebers.

Die Erkrankung tritt am häufigsten während der Dentition, spez. der ersten auf, also zwischen dem 10. und 30. Monat, und zwar begleitet sie besonders gerne den Durchbruch eines Zahnes oder einer Zahngruppe.

Ueber ihre Aetiologie wissen wir nichts Bestimmtes; dass sie ansteckend sei, ist nicht sicher erwiesen.

Ihre Behandlung ist eine sehr dankbare; sie weicht dem Kal. chlor., das eine geradezu spezifische Wirkung entfaltet und, zumal die wenigsten Kinder schon den Mund zu spülen gelernt haben, das Gurgeln, wenn überhaupt möglich, ziemliche Schmerzen verursacht, am Zweckmässigsten innerlich gegeben wird. Sehr bald schon hört die Eruption neuer Aphthen auf, die vorhandenen verkleinern sich von der Peripherie her und heilen binnen 6—8, längstens 10 Tagen, ohne eine Narbe zu hinterlassen. Nur in hartnäckigen Fällen ist man genöthigt, zu Pinselungen mit Sol. Zinc. sulf., Kal. permang., Argent. nitr., 2—3 mal täglich, zu greifen. Wohlthätig empfinden es die kleinen Patienten, wenn ihnen während dieser Zeit ihre Nahrung nur flüssig und lau oder kalt gereicht wird; auch schmerz- und entzündungslindernde Eisstückchen werden von älteren dankbar acceptirt.

Eine ungleich seltenere und schwerere Mundaffection stellt die **Stomatitis ulcerosa** oder Stomacace dar. Dieselbe lokalisirt sich vorwiegend am Zahnfleisch, welches aufschwillt, sich röthet, an seinem freien Rande sich von den Zähnen ablöst und eitrig zu einem graugelben necrotischen Brei zerfällt; bei Druck, ja der leisesten Berührung und scheinbar spontan blutet es und entleert aus den geschwürig unterminirten Theilen Eiter. Mit als erstes Symptom neben der Blutung stellen sich ein penetranter fötider Geruch aus dem Munde, starke Salivation, auch Schwellung der Submaxillargegend ein. Geht aus diesem ersten Stadium der Process weiter, so wird rasch das ganze Zahnfleisch in eine stinkende geschwürige Masse umgewandelt, zerstört, so dass die Zähne, von Eiter umspült, gelockert werden, selbst ausfallen; ja secundär greift der geschwürig-necrotische Process durch Contact auf die anliegende Schleimhaut der Wangen, Lippen,

Zunge über, es entwickelt sich ein unerträglicher Fötor, ödematöse weiche Schwellung von Wangen, Zunge, Lippen, Lymphdrüsen; selbst Necrosen des Kiefers können die Folge sein.

Das Leiden tritt nur da auf, wo Zähne vorhanden sind, also nicht bei Säuglingen, und überspringt die Zahnlücken; es ist manchmal nur einseitig.

Das Kindesalter zeigt eine entschiedene Neigung zur Stomacace und spez. das Alter vom 4.—10. Jahre. Prädisponirend wirken dyscrasische Constitution, Rachitis, Scrophulose, Tuberculose, chronische Diarrhöe, übrigens alle Kinderkrankheiten, speziell Verdauungs- und Infectionskrankheiten; neben schlechter, feuchter Luft in ungesunder Wohnung, mangelnder Mundpflege spielen Mikroben sicher ätiologisch eine Rolle.

Denken muss man natürlich auch an den Einfluss des Quecksilbers, auch von Blei und Phosphor.

Das Allgemeinbefinden leidet meist beträchtlich durch die Behinderung der Nahrungsaufnahme, Schmerz, Fieber, Eiterung.

Die Prognose ist ernster zu stellen, da der Verlauf oft ein protrahirter ist, der Process tiefer greifen kann.

Doch vermag eine energische Prophylaxe und Therapie viel: lokal antiseptische und adstringirende Mundspülungen oder Pinselungen mit Sol. Kal. permangan., Kal. chlor., Liqu. Alumin. acet. Auch hier wirkt das Kal. chlor. innerlich spez. in frischen Fällen, ev. in einem Chinadecoct. Man reiche flüssige, breiige, blande, aber kräftige Kost, lau oder kalt; symptomatisch Eis, auch Wein.

Nur in Nothfällen wird man sich zu dem Radicalmittel der Extraction der Zähne entschliessen.

Ueber **exanthematische, diphtheritische, syphilitische Stomatitis** siehe die betreffenden Kapitel.

Noma. Die schwerste Affection, von der im Kindesalter die Mundschleimhaut befallen wird, glücklicherweise eine sehr seltene, ist das Noma, der Mundbrand, Wasserkrebs. Derselbe zählt zu den phlegmonösen gangränösen Processen, ist pathogenetisch noch unaufgeklärt, wenn auch nach moderner Auffassung Bacterien resp. Coccen als Ursache beschuldigt, daneben neuropathische Einflüsse angenommen werden. Erfahrungsgemäss steht fest, dass die Krankheit ausschliesslich bei derjenigen Verfassung auftritt, die mit dem Ausdruck der Cachexia pauperum kurz und treffend gekennzeichnet wird, und namentlich wenn schwere Krankheiten, besonders Infectionskrankheiten, als Typhus, vorausgegangen sind. Das Noma befällt vorzugsweise ältere Kinder im Alter von 3—8 Jahren und beginnt meist mit unscheinbaren Anfängen in Gestalt eines gelbgrauen oder graugrünen Fleckes auf der Schleimhaut der Wange, auch des Zahnfleisches, welcher sich rapid vergrössert und sich sehr bald durch den necrotischen, jauchigen Zerfall des Gewebes als eine echte Gangrän documentirt. Die Anfangs reactiv entzündete, ödematös infiltrirte Umgebung wird rasch in den fortschreitenden Process mit hineinbezogen; auch an anderen entfernteren Stellen können gangränöse Ulcera auftreten, und unaufhaltsam wird, was sich an Geweben, Haut, Fleisch, selbst Fascien und Knochen dem „Krebse" in der Nachbarschaft bietet, zerstört. Aeusserlich tritt der Process durch eine beträchtliche, nicht entzündlich geröthete, sondern farblose Schwellung der Wange, später der ganzen betroffenen Gesichtshälfte, in die Erscheinung, über welche die Haut weiss, glänzend gespannt ist, und die dem betastenden Finger erst circumscripte, dann diffuse Härten bietet; die submaxillaren Lymphdrüsen sind geschwollen; dem nur schwer für einen Einblick zu öffnenden Munde entströmt meist ein deutlich. brandiger Geruch; ein fötid riechender Speichel, gemischt mit Schleim, Eiter, necrotischen Gewebstheilen fliesst über die geschwollene Lippe. Der Anblick der befallenen Schleimhaut ist bald ein furchtbarer: dieselbe bildet nur mehr ein grosses, jauchiges Geschwür, bedeckt mit stinkenden, bröckligen, fetzigen Detritusmassen; die Zähne sind gelockert, fallen aus, der Knochen wird blossgelegt, selbst die Zunge ergriffen. Bald perforirt das Geschwür nach aussen, und weiter, immer weiter, nach dem Auge, über Unterlippe und Kinn den Hals hinab greift die Gangrän.

Das Allgemeinbefinden, das wunderbarer, unerklärlicher Weise selbst bis dahin und trotz des meist bestehenden hohen Fiebers in vielen Fällen sich nicht wesentlich verschlimmert hatte, leidet nun sichtlich: es stellen sich profuse Diarrhöen, Bronchitis und Bronchopneumonie ein; die Nahrungsaufnahme hört auf, das genossene Getränk fliesst durch die Perforationsöffnung wieder aus, alle Zeichen des Collapses treten ein, und wenn nicht die Verschleppung eines Gerinnsels aus einer thrombosirten Halsvene dem furchtbaren Leiden ein jähes gnädiges Ende bereitet, erfolgt der Tod allmählich 2—3 Wochen nach Beginn des Noma an Complicationen, Entkräftung und septischem Fieber.

Die Therapie, soll sie überhaupt einen Erfolg haben, muss eine sehr energische, rechtzeitige, chirurgische sein. Man halte sich nicht mit antiseptischen Bepinselungen und Spülungen auf, sondern zerstöre sofort die gangränöse Gewebsparthie gründlich mit dem Paquelin und suche mit Jodoform die Asepsis zu erhalten. Gleichzeitig trachtet man mit allen Mitteln der Diätetik und

Pflege die Kräfte des Kindes zu heben und erhalten; das beste Medikament ist der Alkohol in grossen Dosen und in jeder Form.

Die Prognose bleibt auch dann noch sehr schlecht; die meisten Patienten erliegen dem Noma rettungslos; gelingt es Anfangs, der Zerstörung Halt zu gebieten, so tritt meist ein Recidiv auf. Und in den seltenen glücklichen Fällen der Heilung erfordern die Defecte, die durch Narbenzug entstandenen Verwachsungen eine lange, mühselige, oft aussichtslose Nachbehandlung.

Soor, vom Volke meist Schwämmchen genannt, ist eine echte Pilzaffection und besteht ihrem Wesen nach in der Entwickelung von rasenartigen Vegetationen des Oidium albicans.

Mikroskopisch stellt sich der Soorpilz in reichverzweigten gegliederten Fäden, sog. Mycelien, und den Sporen oder Gonidien dar, kleinen ovalen, scharf conturirten und stark lichtbrechenden Gebilden, aus denen später neue Mycelfäden hervorsprossen.

Der Pilz, in· der animalischen Welt nur beim Menschen gefunden, scheint in der todten organischen Natur sehr verbreitet. Die Keime desselben gelangen wohl aus der Luft oder von einem Gegenstande (Nahrungsmittel, Saugpfropfen) auf die Schleimhaut, gewöhnlich des Mundes. Dort fasst der Pilz Boden, entwickelt sich meist sehr schnell, und zwar wächst er theils oberflächlich zwischen den Epithelien, zum Theil dringen seine Fäden in die Tiefe, in das submucöse Gewebe, ja in die Blut- und Lymphgefässe desselben, selbst in darunter gelegene Muskelschichten. Makroskopisch bildet er auf der Mundschleimhaut rein weisse, unregelmässige Beläge, je nach dem Grade der Entwickelung entweder nur Fleckchen und Punkte oder grössere, schliesslich weite Schleimhautstrecken bedeckende, membranartige, dann mehr schmutziggraue oder gelbliche Auflagerungen, Plaques, die nur wenig die Schleimhaut überragen, wenn klein, aufliegenden Milchresten täuschend ähnlich sehen, sich aber durch Wischen mit dem Spatel nicht leicht entfernen lassen; versucht man ihre Entfernung mit Gewalt, so zeigt die Blutung und das Aussehen der wunden Schleimhaut, dass der Pilzrasen nicht oberflächlich aufsass, sondern gewissermassen mit ihr verwachsen war. Befallen wird von dem Soorpilz mit Vorliebe und weitaus am häufigsten die Mundschleimhaut und zwar hier wieder speziell die Schleimhaut der Lippen, Wangen, Zunge, des Velum palatinum; in hochgradigen Fällen wandern die Pilzvegetationen den Pharynx, den Oesophagus hinunter, viel seltener in den Magen, ja selbst in den Darm; auch auf der Epiglottis, am Eingang des Larynx, der Vaginalschleimhaut hat man ihn gefunden. Es sind fast ausschliesslich die mit Pflasterepithel bedeckten Schleimhäute, welche den Nährboden des Soorpilzes abgeben.

Frägt man, warum und unter welchen prädisponirenden Momenten sich der Soorpilz ansiedelt, so ist zu betonen, dass ihm eine ganz gesunde Schleimhaut wohl unüberwindlichen Widerstand entgegensetzt Dagegen scheint er bei der physiologischen Abschilferung des Mundepithels des Neugeborenen leicht Fuss zu fassen, und ebenso öffnet ihm jede Reizung, Verletzung und entzündliche Affection der Mundschleimhaut die Eingangspforten.

Dafür spricht die Thatsache, dass der Soor vorwiegend eine Erkrankung des Neugeborenen und Säuglings ist; in diesem frühesten Lebensalter begünstigt die Ernährungsweise mit zuckerhaltigen, leicht zersetzlichen Stoffen, spez. Milch, deren im Munde zurückgebliebenen Reste dem Pilz gleich bei seinem Eindringen die nöthige Nahrung bieten, sodann die relative Ruhe der Mundhöhle, besonders während des vielen Schlafes, die dem Pilz eine ungestörte Entwicklung gestattet, vor allem aber Unreinlichkeit, mangelhafte Mundpflege ausserordentlich seine Ansiedelung. Sodann steigern alle Mund- und Digestionserkrankungen, auch schwere Affectionen anderer Art, Schwächezustände überhaupt die Disposition zu der Erkrankung, ganz analog der Beobachtung, die wir auch an stark heruntergekommenen, schwerkranken Erwachsenen machen.

Die klinischen Erscheinungen des Soors sind lediglich die lokalen, die charakteristische Beschaffenheit der befallenen Schleimhautparthieen. Die übrige Mundschleimhaut hat in der Regel die mehr weniger ausgesprochenen Symptome der Stomatitis catarrh. Subjective Erscheinungen fehlen Anfangs und bei leichten Graden ganz; später zeigt sich das Kind im Saugen, und wenn der Pharynx befallen, auch im Schlucken behindert und kann so unter denselben Folgezuständen leiden, wie wir sie bei der Stomatitis kennen gelernt haben.

Entschieden unrichtig dürfte die Annahme sein, dass die bei schwererem Soor so häufig gefundenen Digestionserkrankungen oder gar auch Intertrigo Folgezustände, Symptome des Soors seien. Wenn auch die Möglichkeit einer katarrhalischen Reizung der Magen- und Darmschleimhaut durch dessen säurebildende Thätigkeit, resp. durch Gährungsvorgänge zugegeben werden muss, so trifft dies doch sicher nur für die extremsten Fälle zu; für gewöhnlich dürfte das Verhältniss das umgekehrte, die Dyspepsie das primäre und prädisponirende Uebel sein.

Die Diagnose, wenn durch Inspection allein nicht sicher zu stellen, ergiebt sich mit Bestimmtheit aus der mikroskopischen

Untersuchung eines abgekratzten Soorpartikels; man findet, besonders schön nach Aufhellung mit Kalilauge, neben Epithelien, Nahrungs-, spez. Milchresten als Fettkugeln und dergl., sowie neben Coccen und Spaltpilzen die characteristischen Mycelfäden und Gonidien.

Die Prognose ist nur bei gleichzeitigen ernsten Erkrankungen der Verdauungsorgane, Atrophie, grosser Schwäche zweifelhaft, bei sonst gesunden und kräftigen Kindern durchaus günstig.

Die Prophylaxe besteht einmal in gewissenhafter Mundpflege, sodann in der Vermeidung aller zuckerhaltigen Nährsubstanzen, spez. zuckergefüllter Pfropfen und dergl.

Gegen ausgebrochenen Soor ist ein energisches Einschreiten von meist raschem Erfolg; man wische vor jeder Mahlzeit, also mindestens 2-stündlich, die Soorplaques unter Anwendung einiger Gewalt vermittelst eines in Boraxwasser oder Sol. Kal. permang. 1%, Sol. concentr. Kal. chlor. getauchten Leinwandläppchens bis auf jede Spur sorgfältig und regelmässig ab; eine geringfügige Blutung ist dabei oft nicht zu vermeiden und bei dem über die Verbreitung des Pilzes in die Tiefe Gesagten leicht verständlich. In schlimmen Fällen empfiehlt es sich, eine Bestreichung der Mundhöhlenschleimhaut mit 3% Sol. Argent nitr. darauf folgen zu lassen.

Gegen Soor des Oesophagus und Magens empfiehlt Baginsky warm das Resorcin (0,5—1,0 : 100,0 2-stündlich ein Kdl.).

Die Berücksichtigung des Allgemeinzustandes der Kinder, eventueller Digestionsstörungen darf nicht vergessen werden.

Dentition. Wir finden während der Entwickelung des Kindes vom Säugling bis zum Jünglingsalter zwei oder vielmehr drei Zahnungen.

Die erste Dentition beginnt normaler Weise zwischen dem 6.—9. Monat; die sog. Milchzähne, 20 im Ganzen, kommen gruppenweise zum Durchbruch, und zwar erscheinen als erste Gruppe in der Regel die beiden unteren mittleren Schneidezähne, 4—6 Wochen später die entsprechenden oberen, nach wenigen Wochen die beiden oberen äusseren, und im 11. und 12 Monat die entsprechenden unteren Schneidezähne. Hierauf pflegt die Zahnung zu Anfang des 2. Jahres eine längere, 2—3 monatliche Pause zu machen. Es folgen danach die 4 vorderen Backzähne, wieder nach einer Pause von 2—4 Monaten, also im 18.—20. Lebensmonat die Eckzähne, und endlich um das Ende des 2. und im Anfang des 3. Jahres als letzte die hinteren Backzähne.

Diese interessante Gesetzmässigkeit bildet die Regel. Damit ist jedoch nicht gesagt, dass geringe Abweichungen nun gleich als pathologisch anzusehen wären. Eine gewisse Freiheit ist dahin zu concediren, dass nicht selten die oberen Incisoren die Zahnung beginnen, auch die Zähne nicht gruppenweise, sondern mehr einzeln, einer nach dem anderen in ziemlich gleichen Zeitabständen folgen. Die Dentition kann wohl schon im 4., 5., ja im 2. und 3. Monat, oder auch erst im 9.—11. ihren Anfang nehmen, ohne dass man eine krankhafte Ursache zu entdecken vermöchte.

Im Allgemeinen aber ist das angeführte Dentitionsgesetz von grosser Bedeutung; und spez. wichtig ist der Umstand, dass die Zahnung, einmal begonnen, in den normalen Intervallen fortschreite, d. h. dass die Pausen bei den Schneidezähnen 4—6 Wochen, bei den Back- und Eckzähnen 2—3 Monate nicht übersteigen. Ferner muss als Regel gelten, dass die Milchzähne im Allgemeinen die ihnen gesetzte Zeit aushalten, nicht, jedenfalls nicht rapide und viele gleichzeitig, bald nach ihrer Entwickelung und noch während der Dauer der Dentition wieder der Caries verfallen.

Anomalien, wie angeborene Zahnbildung, überzählige, fehlende Zähne sind ohne Bedeutung.

Wir können die Dentition nach zwei Richtungen hin noch näher betrachten, nämlich nach der Abhängigkeit derselben von der Körperconstitution und von Krankheiten. Da wäre zu bemerken, dass die Zahnung ganz im Allgemeinen Hand in Hand geht mit der gesammten übrigen körperlichen Entwickelung; jedoch finden wir in diesem Verhältniss auch manchmal merkwürdige Widersprüche, so dass sich eine feste Gesetzmässigkeit dieses Verhältnisses nicht aufstellen lässt. Von Krankheiten zeigen vorübergehende acute Krankheiten keinen deutlichen Einfluss, fieberhafte einen vielleicht etwas beschleunigenden. Die Veränderungen des Milchgebisses, wie sie der Einwirkung der Lues hered. zugeschrieben werden, erscheinen keinesfalls typisch, ebensowenig sind sie so häufig, dass sie Rückschlüsse von diagnostischem Werthe zuliessen. Dafür sind ebenso unzweifelhaft, als in ihrer Häufigkeit geradezu pathognomonisch die Störungen, welche die Zahnung durch die Rachitis erfährt, sowohl was den Eintritt und Verlauf der Dentition als solcher, als die Bildung und Degeneration der einzelnen Zähne anlangt (s. d.).

Ueber den Einfluss der Dentition umgekehrt auf den übrigen Körper, die gesammte Constitution steht Folgendes fest: Der Durchbruch der Zähne setzt, wie leicht verständlich, lokal im

Munde allerlei Veränderungen, die, obwohl es sich um einen physiologischen Process handelt, doch als krankhafte in die Erscheinung treten. Der aus der Tiefe nach oben dringende Zahn übt einen Druck auf die Gewebe aus, der seinen Höhepunkt bei der Perforation der am wenigsten nachgiebigen Schleimhaut erreicht und dabei, wie leicht erklärlich, Schmerzen erregt. So sehen wir die Kinder schon bei Beginn der Zahnung, besonders aber kurz vor dem Durchbruch eines Zahnes nicht blos viel, oft ununterbrochen mit den Fingerchen im Munde wühlen, die schmerzenden Parthien des Zahnfleisches heftig reiben, leidenschaftlich auf jeden erreichbaren Gegenstand beissen, sondern ihr Wesen erscheint auch im Ganzen verändert. Die Kinder sind missmuthig, weinen leicht und viel, verrathen häufig alle Zeichen einer Verdriesslichkeit, für die eine andere Ursache nicht zu finden ist. Auch ganz plötzlich, scheinbar unmotivirt schreien sie mitten im heiteren Spiel, ruhigen Schlaf laut auf. Die Aeusserungen der Schmerzempfindung fallen sehr verschiedengradig aus; die Empfindlichkeit schwankt natürlich, je nachdem ein schmaler scharfer Schneidezahn oder breitkroniger Backzahn die Schleimhaut durchbricht; auch das Naturell, die Empfindlichkeit des Individuums spielen sicherlich eine Rolle.

Ebenso versteht es sich, dass der Durchbruch der Zähne einen Reiz auf die Schleimhaut ausübt, meist nur ganz örtlich die Zeichen einer Congestion, Röthung, Schwellung, oft auch in ganzem Munde die einer Gingivitis und Stomatitis verursacht. Unzweifelhaft erscheint auch der Zusammenhang der Dentition mit der Stomatit. aphth. (s. d.), wenn auch eine directe Abhängigkeit derselben schwer nachweisbar ist.

Reflectorisch erregt das Wachsthum der Zähne durch seinen Reiz auf die in dem Wurzelkanal verlaufende Endfaser des Trigeminusastes, noch mehr auf die Mundschleimhaut meist starke Salivation. Ebenso erklärt sich wohl der Anreiz zum Drücken und Reiben des Gaumens und der Alveolarfortsätze.

Das sog. Zahngeschwür (s. d.) hat mit der Dentition als solcher nichts zu thun.

Eine seltenere Folge des Zahnwachsthums ist die Bildung einer mit blutig seröser Flüssigkeit gefüllten cystenartigen Blase zwischen dem andrängenden Zahn und der darüberliegenden Schleimhaut.

Schon kritischer muss sich der Arzt im Allgemeinen den weiteren angeblichen Folgen und Symptomen der Dentition gegenüber verhalten. Es ist ja bekannt, wie das Volk der Dentition einen eminenten, weitgehenden ätiologischen Einfluss zuschreibt, soweit, dass es beinahe alle während der Dentition, ja zu einer Zeit, wo sie noch gar nicht in Frage kommt, eintretenden krankhaften Erscheinungen dieser in die Schuhe schiebt, aus Aberglauben und Indolenz sich beruhigt, eine entschuldigende Erklärung gefunden zu haben, und darüber manches Kind zu Grunde gehen lässt, ohne auch nur den Arzt gefragt zu haben, ob nicht auch eine andere Ursache möglich wäre. Es gilt hier für den Arzt, mit ruhiger Kritik alles auszuscheiden, was die Dentition nach dem natürlichen Zusammenhang unmöglich verschulden kann, und auf der anderen Seite in der Skepsis nicht soweit zu gehen, einen Zusammenhang einfach zu leugnen, der wenn auch häufig beobachtet, nicht ebenso einfach zu erklären ist. Bedingung ist natürlich, dass, bevor ein solcher angenommen wird, eine sorgfältige und wiederholte Untersuchung jede andere Entstehungsursache der in Frage kommenden Störung ausgeschlossen hat, dass in der That deutliche lokale Erscheinungen der Dentition im Munde nachweisbar sind; von Bedeutung ist die Wiederkehr der Störung bei jedem neuen Zahndurchbruch und das rasche Schwinden nach dem vollendeten. Festzuhalten ist: Wenn auch ein physiologischer Vorgang, so gut wie die Geburt, die Menstruation, so kann die Zahnung doch gleich diesen pathologische Erscheinungen machen.

So kann wohl kein Zweifel bestehen, dass die Dentition ein anhaltendes, zu nennenswerther Höhe sich erhebendes Fieber zu erregen wohl nicht im Stande ist; leichte und vorübergehende Fieberbewegungen können, wenn sich ihre Entstehung nicht durch Stomatitis und dergleichen motiviren lässt, doch wohl auf den Zahnungsprocess zurückgeführt werden.

Die nicht selten während der Zahnung beobachteten, durch eine reichliche seröse Beimengung, das Fehlen von Schleim und kolikartigen Schmerzen characterisirten Durchfälle lassen sich nicht ohne weiteres aus dem Verschlucken von reichlichem Speichel und seröser Mundflüssigkeit erklären; auch leidet eine Anzahl von Kindern zu dieser Zeit gerade im Gegentheil an Obstipation. Viel seltener kommt Erbrechen vor. Das Auftreten solcher Erscheinungen von Seiten des Digestionsapparates ist ebenso sicher constatirt, wie schwer, vielleicht auf reflectorischem Wege, zu deuten.

Seltener schon ist das Auftreten des sogen. Zahnhustens in Gestalt von spastischem, trockenem Husten, für den sich in den Respirationsorganen die Quelle nicht entdecken lässt, und der nach dem beendeten Durchbruch einer Zahngruppe schwindet.

Auch von Seiten der Blase zeigen sich Begleitsymptome der Dentition in Gestalt von Enuresis, entweder plötzlich eingetretener oder rasch überhand nehmender, sowie auch von Harndrang, periodisch abwechselnd mit Harnverhaltung.

Von nervösen Störungen lässt sich ohne weiteres der Spasmus nutans auf die Dentition beziehen; ebenso das nicht selten zu beobachtende und sehr unangenehme, ja unheimliche nächtliche Zähneknirschen. Das Auftreten schwerer Krampfformen, echter eclamptischer Anfälle dürfte nur in seltenen Fällen als eine Reflexwirkung seitens der Trigeminusreizung (durch Gegendruck auf die Pulpa und die Läsion des Alveolus und des Zahnfleisches beim Durchschneiden) zu betrachten sein.

Eine Behandlung der Dentition kommt eigentlich nur selten in Frage, im Allgemeinen wird man sich exspectativ verhalten. Es ist selbstverständlich, dass zur Zeit derselben auf das Kind eine gewisse grössere Rücksicht und Sorgfalt verwandt wird. Der Launenhaftigkeit, Reizbarkeit des schmerzgeplagten, sich unbehaglich fühlenden Kindes ist Rechnung zu tragen. Man wird dem Kinde in dieser wichtigen Entwickelungsphase eine besondere Pflege, die nöthige körperliche und geistige Ruhe, eine gute, leichtverdauliche und kräftigende Ernährung zu Theil werden lassen, aber ja nicht etwa die gewohnte Lebensweise und Diät nun plötzlich ändern; gegebenen Falles schiebe man die Entwöhnung hinaus. Eine lokale Nachhülfe dürfte kaum möglich sein. Die in England viel geübten Incisionen können höchstens symptomatisch durch die Blutentziehung und Entspannung schmerzlindernd wirken. Nöthig wird eine Incision noch am ehesten zur Eröffnung der oben erwähnten cystenartigen Blasen.

Was die einzelnen Symptome anlangt, so käme eine Behandlung der complizirenden Stomatitis, der event. Durchfälle etc. in Frage. Die Congestion, die Schmerzen im Munde lindern kaltes Wasser, ev. Eisstückchen. Die allgemeine nervöse Erregtheit der Kinder, wie einzelne nervöse Erscheinungen werden durch 2—3 Mal des Tages gegebene, protrahirte laue Bäder, event. leichte Narcotica (Codein, Chloral) bekämpft.

Gegen die erste Zahnung tritt die sogenannte zweite und dritte an Wichtigkeit sehr zurück. Sie machen weder besondere Erscheinungen, noch erfordern sie eine so eingehende Beobachtung. Als zweite Dentition bezeichnet man den Durchbruch der ersten Mahlzähne; derselbe findet im Alter von $4^1/_2 - 6^1/_2$ Jahren statt; er geht langsam, oft erst binnen einem Jahre vor sich, und die Pause zwischen zwei Zähnen kann 1—4 Monate betragen; die zweite Dentition beginnt meist an dem Oberkiefer; ihre Lokalsymptome sind leichte Gingivitis und Salivation, auch

Zahnschmerzen. Man ist berechtigt, eine solche zweite Dentition aufzustellen, da zwischen ihr und der ersten wie der dritten meist eine deutliche Pause besteht. Nach ihrer Beendigung und einem gewissen Intervall beginnt um das siebente Lebensjahr die dritte Dentition, bei welcher ungefähr in derselben Reihenfolge, wie sie gekommen, die Milchzähne ausfallen, und das definitive Gebiss mit seinen 32 Zähnen erscheint, und zwar im 7. Jahre die mittleren Schneidezähne, im 8. die äusseren (die unteren zuerst, dann die oberen), im 9.—10. die vorderen Backzähne, im 10.—11. die Eckzähne, im 11.—12. die hinteren Backzähne. Als letzte erscheinen im 12.—13. Jahre die zweiten Mahlzähne, zwischen dem 16.—30. endlich die hinteren dritten Mahlzähne, die sogenannten Weisheitszähne.

Ein Wort noch über die **Pflege der Zähne** im Kindesalter. Dieselbe wird leider auch von gebildeten, besorgten Eltern vielfach vernachlässigt, vielleicht weil man sich sagt, es lohne die an ein so vergängliches Gebilde verwendete Mühe nicht. Doch sehr mit Unrecht. Die bei Kindern in Folge von mangelhafter Mundpflege einerseits, dem allzu häufigen Genuss süsser Speisen und Leckereien andererseits so häufigen Zahnerkrankungen üben auf die Verdauungsorgane eine oft sehr schädliche Wirkung, wie sie auch auf die Entwickelung des bleibenden Gebisses von grossem Einfluss sind. Denn die zweiten Zähne werden oft im Keime schon von den kranken Milchzähnen inficirt und verfallen, kaum entstanden, ebenfalls der Caries.

Man suche also durch Vermeidung aller, besonders klebriger und schwerlöslicher Süssigkeiten, wie durch eine regelmässige und sorgfältige Reinigung der Zähne und des Mundes speziell nach den Mahlzeiten und des Abends die verderbliche Milchsäuregährung in Speiseresten und besonders in Fissuren, Zwischenräumen, Zahnhöhlen zu verhindern; dazu eignet sich ein energisches Bürsten der Zähne, besonders auch der Mahlflächen mit nicht zu weicher Bürste und einem centrifugirte Seife enthaltenden Zahnpulver, sowie das Mundspülen mit leicht antiseptischen Mundwassern (Eau de Botôt, Ac. thymic., benzoic., Tinct. Eucalypt. und dergl.).

Die Krankheiten des Rachens.

Die Schleimhaut des Rachens, die Gaumenbögen, Uvula, Mandeln nehmen an einigen Mundkrankheiten secundär Theil, indem der Process per continuitatem nach hinten wandert; so finden wir in selteneren Fällen daselbst Aphthen, Soorflecke, Ulcerationen.

Als Theilerscheinung einer Allgemeinerkrankung treffen wir im Rachen typische Veränderungen bei den acuten Exanthemen, speziell Scarlatina, Morbilli, Pocken, auch Influenza; bei der Diphtherie lokalisirt sich an den Rachenorganen meist zuerst und oft ausschliesslich der charakteristische Krankheitsprocess. In ähnlicher Weise verursacht häufig die Lues, die Tuberculose wohl characterisirte, ja pathognomonische Localveränderungen im Rachen.

Unter den selbstständigen Erkrankungen des Rachens steht an Häufigkeit obenan die

Angina, anatomisch sich als **Pharyngitis** und **Tonsillitis acuta catarrhalis** documentirend.

Dieselbe kommt schon in ganz jugendlichem Alter vor, häuft sich allerdings mit den zunehmenden Jahren, speziell jenseits des 4. bis 6. Jahres.

Die Aetiologie der Angina ist dieselbe wie beim Erwachsenen; Erkältung spielt, wenn andere Ursachen nicht zu eruiren, bei derselben eine grosse Rolle. Das manchmal epidemische Auftreten, die Ansteckung eines Kindes durch ein anderes scheinen für den infectiösen Charakter mancher auch einfacher Anginen zu sprechen, wenn über den Infectionserreger zur Zeit auch noch keine Untersuchungen vorliegen. Der anatomische Zustand ist der einer ziemlich oberflächlichen, aber intensiven Entzündung.

Der Beginn der Angina ist meist ein plötzlicher, mit gewöhnlich hohem Fieber, manchmal sehr stürmischen Symptomen, wie sie sonst nur bei schweren Infectionen auftreten, Convulsionen, Schüttelfrost, Ohnmacht, Erbrechen. Gleichzeitig meldet sich der Schmerz im Halse, besonders beim Schlucken, der sich bei jungen Kindern durch Verziehen des Gesichtes verräth, von älteren spontan angegeben wird. Bei der Inspection finden sich das Gaumensegel, die hintere Rachenwand, die Tonsillen intensiv geröthet, etwas geschwollen; bald intumesciren auch die benachbarten submaxillaren Lymphdrüsen und zeigen sich druckempfindlich. Daneben zeigen sich die übrigen Symptome einer fieberhaften Affection, gastrische Verstimmung, belegte Zunge, Foetor ex ore, allgemeine Mattigkeit; aus dem Fieber wie aus der Schluckbehinderung erklärt sich leicht die Anorexie. Doch bald klingen die heftigen Erscheinungen ab, das Fieber fällt meist rasch, die Schluckbeschwerden lassen nach, die Localveränderungen schwinden, und die Gesundheit kehrt meist binnen weniger (spätestens 8—10) Tage voll zurück.

Prognostisch erwähnenswerth wäre nur, dass einmal von Angina befallene Kinder leicht von Recidiven heimgesucht werden, und dass solche sich häufig wiederholende Entzündungen zweifellos die Basis für Pharyngit. chron., Tonsillarhypertrophie und dergleichen abgeben. Auch ist dringend zu rathen, bei jedem Falle von Angina daraufhin zu untersuchen, ob die Rachenaffection nicht vielleicht das erste Symptom einer Scarlatina oder Diphtherie ist; es dürfte sich jedenfalls empfehlen, die Erkrankung nicht von vornherein als eine unbedingt leichte und gutartige hinzustellen, sondern die Prognose erst am nächsten Tage definitiv zu stellen.

Die Behandlung ist dieselbe wie beim Erwachsenen. Von Gurgelungen, Inhalationen mit Antisepticis, Adstringentien kann man Abstand nehmen, denn es ist nicht gut zu verstehen, wie diese Mittel auf den parenchymatösen Entzündungsprocess wirken sollen; ich glaube vielmehr, dass man die entzündeten Theile eher dadurch reizt; jedenfalls steigert man durch Gurgeln entschieden die Empfindlichkeit. Aus demselben Grunde halte ich die innere Anwendung des Kal. chlor. für überflüssig, wenn auch nicht nachtheilig. Direct auf die Rückbildung der Entzündung und gleichzeitig vorzüglich schmerzlindernd wirken kleine Eisstückchen, die ältere und verständige Kinder den Rachen hinabgleiten und an den entzündeten Theilen zergehen lassen; das Eiswasser werde thunlichst wieder ausgespuckt. Ebenso wirken die besonders bei stärkerer Lymphadenitis indicirten Eisumschläge, event. die Eiscravatte um den Hals; bei leichteren Graden empfiehlt sich mehr der häufig gewechselte Priessnitzsche Umschlag.

Ob dem Chinin wirklich ein specifischer, nicht bloss fieberherabsetzender Einfluss zukommt, wie von manchen Seiten behauptet wird, bleibe dahingestellt; es scheint mir seine Verordnung, da es leicht Erbrechen erregt, Ohrensausen und Magenindigestion zur Folge hat, auch von Kinder nur sehr widerwillig genommen wird, zu der Schwere der Affection in keinem rechten Verhältniss zu stehen.

Die Diät muss mit Rücksicht auf das Fieber wie die Schluckbehinderung Anfangs nur eine flüssig-breiige, ganz blande, laue oder kalte sein. Am Platz sind durststillende Getränke, Fruchteis, ev. eine Säuremixtur.

Viel seltener und schwererer Art ist die
Pharyngitis phlegmonosa, deren Ursache zweifellos in der Einwanderung des eiterbildenden Staphylococcus oder von Streptococcen, vielleicht hier und da auch von Erysipelcoccen zu finden ist; ihre Erscheinungen sind analog dem Bilde einer phlegmonösen Entzündung der äusseren Haut und des Unterhautzell-

gewebes, combinirt mit Lymphadenitis, Abscessbildung, gefährlichen Oedemen an Epiglottis und aryepiglottischen Falten; die Behandlung ist vorwiegend chirurgisch, wobei eine frühzeitige Anwendung von Roborantien und Excitantien nicht zu vergessen ist.

Von grösserer, ja der grössten practischen Bedeutung erscheint wiederum die acute Entzündung der Mandeln in Gestalt der

Tonsillitis follicularis; dieselbe beginnt häufig mit den Erscheinungen einer gewöhnlichen Angina, um sich bald vorwiegend an den Mandeln zu concentriren; bald sind diese von vornherein und fast ausschliesslich erkrankt

Das wohl characterisirte Bild der Tonsillitis follicularis besteht in einer mehr weniger beträchtlichen Schwellung, entzündlichen Röthung und Vergrösserung des ganzen Gewebes der Mandeln, aus deren der Uvula und dem Rachen zugewendeten Flächen Anfangs stets deutlich von einander getrennte stecknadelkopfgrosse, später grössere graugelbe oder weissgelbe Pfröpfe hervorragen. Es handelt sich anatomisch um die Ansammlung eines entzündlichen, meist direct eitrigen Sekretes in den Lacunen der Tonsillen, das aus diesen hervorquillt, um sich dann abzustossen und so das Ende des Entzündungsprocesses herbeizuführen. So versteht es sich, dass diese Pfröpfe meist nicht fest mit dem Gewebe verbunden, vielmehr leicht abzustreifen sind. Sind sie von etwas längerem Bestande, sitzen sie etwas fester, und finden aus der Mandel heraus immer neue Schübe statt, so kann es wohl dazu kommen, dass diese Exsudatmassen confluiren, ja die Mandeloberfläche ganz oder strichweise wie mit einer Membran bedecken, die dann ein dem diphtheritischen Belage ähnliches Bild abgeben kann. Ihre fast immer mehr gelbe, nicht grauweisse oder reinweisse Farbe unterscheidet sie von Diphtheriemembranen, ebenso wie ihre losere Anheftung. Nichtsdestoweniger kommen Fälle vor, wo auch der erfahrene Arzt im Zweifel bleibt und gut thut, auch den Eltern gegenüber, mit seinem definitiven Urtheil bis zum nächsten Tage zu warten. Findet sich dann der Process über das Mandelgewebe hinausgedrungen, dann ist freilich mit dem verhängnissvollen Ausspruch „Diphtherie" nicht zurückzuhalten. Wo es die Verhältnisse gestatten, haben wir freilich heutzutage in der bacteriologischen Untersuchung ein absolut sicheres Mittel, binnen 24 Stunden zu der Entscheidung zu gelangen: Diphtherie oder mehr weniger gutartige Tonsillitis. Das Nähere siehe in dem Kapitel Diphtherie.

Hiernach richtet sich entsprechend die Prognose, die bei einfacher Tonsillitis follicularis entschieden gut zu stellen ist;

freilich kann eine Streptococceninfection der Mandeln unter Umständen auch zu einer ernsteren Erkrankung ausarten.

Was die Behandlung anlangt, so sind hier die Gurgelwässer am Platz, von den milderen die Lösungen von Kal. chlor., Kal. permangan., wenn es nöthig erscheint das energischere und relativ ungefährliche Hydrarg. cyanat. Auch empfiehlt es sich hier und zwar besonders bei kleinen Kindern, die nicht zu gurgeln verstehen, das Kal. chlor. innerlich anzuwenden. Die Diät wird dieselbe sein, wie bei der Angina; man giebt mit Vortheil vielleicht von vornherein etwas Wein oder Kognac in stark verdünnter Form. Entzündungswidrig und schmerzstillend bewährt sich auch hier das Eis äusserlich und innerlich.

Wie in die tieferen Gewebe des Pharynx, so können auch in das Gewebe der Mandeln phlegmonöse Processe eindringen und so zur **Tonsillitis phlegmonosa**, dem Tonsillarabscess führen; meist befällt die Erkrankung nur die eine Seite. Die Behandlung ist eine chirurgische; nachdem Kataplasmen den Eiterungsprocess befördert, incidirt man den gebildeten Abscess und sorgt für Entleerung und Ausheilung durch antiseptische Gargarismen. Roborantien sind hier mehr wie sonst am Platz.

Abscessus retropharyngealis. Von ganz anderem Wesen und Character ist der in jeder Beziehung interessante Retropharyngealabscess. Derselbe kommt ziemlich selten vor und betrifft vorwiegend Kinder im ersten und zweiten, viel seltener im dritten Jahre und später. Bei dem eigentlichen idiopathischen Retropharyngealabscess handelt es sich um eine seltener ganz acute, meist subacut, ja ganz schleichend einsetzende und langsam fortschreitende Vereiterung des retropharyngealen Bindegewebes und der vor der Wirbelsäule gelegenen Drüsen, deren Ursachen uns bis jetzt noch unklar sind. Nach unserer modernen Anschauung müssen wir eine Einwanderung eiterbildender Coccen und Bacterien aus dem Pharynx, aus Gaumen, Nase, Oberkiefer, Kehlkopf, kurz den Theilen annehmen, welche ihre Lymphe in das retropharyngeale Gewebe senden.

Ein deutlicher Zusammenhang mit constitutionellem Leiden (etwa der Scrophulose) besteht nicht; die Affection befällt meist sonst ganz gesunde, höchstens etwas dystrophische Kinder. Nur selten dürfte die meist chronische Lymphadenitis retropharyng., wie sie durch Digitaluntersuchung ziemlich häufig bei scrophulösen und mit Ohraffectionen, chronischer Rhinitis etc. behafteten Kindern zu constatiren ist, zu dem Bilde des Retropharyngealabscesses sich auswachsen.

Wir trennen von dem idiopathischen Retropharyngealabscess scharf die secundäre Abscessbildung, wie sie sich aus cariösen Processen der Halswirbel, Senkung von Halsabscessen und zwar im Gegensatz zu der sog. idiopathischen spez. bei älteren Kindern entwickelt. Ebensowenig zählen hierzu die Vereiterungen, die im Gefolge von Scharlach, Variola, Erysipel, Traumen, auch von Morbillen vorkommen.

Das klinische Bild des Retropharyngealabscesses ist ein so prägnantes und typisches, dass, wer es einmal gesehen, es nicht mehr vergisst. Und doch wird das Leiden von dem Neuling kaum je sofort richtig angesprochen. Im Vordergrunde stehen die lokalen Symptome. Die Kinder reagiren zwar auf die ersten Anfänge des Leidens mit Unruhe, Weinerlichkeit, schlechtem Trinken, bei dem der sehr aufmerksame Beobachter durch ein schmerzhaftes Verziehen des Gesichts auf eine Schluckbehinderung hingewiesen werden kann. Die ersten sicheren Anzeichen treten aber erst später auf; sehr bedeutsam ist unter diesen das schnarchende, röchelnde Geräusch, wie es besonders im Schlaf auftritt und leicht mit Schnupfen oder Trachealcatarrh verwechselt wird. Bald wird auch die flüssige Nahrung regurgitirt; die Stimme bekommt einen gestopften Character, ähnlich der bei adenoiden Vegetationen, starker Mandelhypertrophie; dieselbe bleibt dabei dauernd rein, wird nicht heiser; die Respiration wird gestört, verlangsamt, ungleich, stockend; es kommt zu Dyspnoë, die, wenn man von dem bellenden Husten, dem Stridor, absieht, an Croup erinnert. Zuweilen werden eine eigenthümliche steife, auch nach der Seite geneigte Kopfhaltung, auch diffuse Schwellungen, Lymphdrüsenpackete an den Seiten des Halses beobachtet. Durch gestörten Schlaf, Athemnoth, mangelhafte Ernährung kommt das Kind rasch herunter; von Allgemeinerscheinungen treten Fieber, Cyanose, auch leichte Somnolenz in Folge der Asphyxie in die Erscheinung.

Und doch sichert alles dies nicht im Entferntesten die Diagnose. Auch einer genauen und wiederholten Inspection des Mundes, der Nase und des Rachens entgeht meist der Sitz des Leidens, den nur eine genaue und bei dem Zustand des Kranken rasch auszuführende Digitalexploration des Rachens ausfindig macht. Tastet man mit dem Zeigefinger die hintere Rachenwand in ihrer Mitte wie an den Seitentheilen ab, so fühlt man eine mehr weniger grosse, rundliche oder ovale und meist deutlich fluctuirende Geschwulst, den Abscess. Derselbe sitzt entweder in der Mitte vor der Wirbelsäule oder, der anatomischen Lage der Lymphdrüsen im kindlichen Alter entsprechend, öfter an den seitlichen Theilen der hinteren Rachenwand, bald ziemlich hoch oben, bald sehr tief in der Höhe der Epiglottis oder tiefer.

Mit der Diagnose ist die Therapie gegeben, die möglichst sofort einzugreifen hat und in einer ausgiebigen Spaltung der vorderen Abscesswand vermittelst eines Tenotomes besteht; der Erfolg ist meist sofort ein eclatanter; Athemnoth, Röcheln sind geschwunden, die Nahrungsaufnahme ist unbehindert, die dankbare Mutter sieht ihr Kind in einem Augenblicke von schweren Leiden, dem scheinbar sicheren Tode gerettet.

Die Prognose ist bei sofortiger Behandlung des rechtzeitig erkannten Leidens eine gute; nur selten wird bei gründlicher Eröffnung ein nochmaliges Einschneiden nöthig sein; der strömende Eiter wird bei vornübergeneigtem Kopfe meist ohne nachtheilige Folge entleert; die Blutung ist keine nennenswerthe.

Anders liegen die Dinge bei den secundären Retropharyngealabscessen, deren Prognose und Therapie sich nach dem Grundleiden richtet.

Pharyngitis chronica. Der chronische Rachencatarrh entwickelt sich im Kindesalter entweder direct aus einem acuten resp. aus nicht ausgeheilten, recidivirenden entzündlichen Processen heraus, oder aber er entsteht von vornherein chronisch auf der Grundlage einer ererbten Disposition oder constitutionellen Erkrankung, speziell Scrophulose, Tuberculose, Anämie, Syphilis.

Symptome und Verlauf entsprechen durchaus denen bei Erwachsenen; das Leiden findet sich in seiner hyperplastischen wie atrophischen Form erstaunlich oft bei Kindern. Besonders gesellt es sich fast stets zu den Tonsillarhypertrophien und den adenoiden Vegetationen. Die räuspernden, hustenden, auch wohl dicke, eingetrocknete Sekretklumpen expectorirenden Patienten werden dem Arzte nicht selten mit der Besorgniss zugeführt, dass es sich bei ihnen um ein Lungenleiden, um Phthise handele.

Die Prognose ist im Allgemeinen schlecht, insofern als das Leiden ähnlich wie bei Erwachsenen auch einer lange fortgesetzten und energischen Behandlung hartnäckig Widerstand leistet. Bei der Pharyngitis sicca lindern alkalische Gurgelwässer, Pinselungen mit Tct. Jodi und Glycerin āā die Trockenheit und das Brennen; Granulationen sind im Nothfall mit dem Lapis, noch besser mit dem Thermokauter zu vernichten oder auch mit dem scharfen Löffel zu entfernen.

Unterstützend wirken ev. antiscrophulöse etc. Allgemeinverordnungen.

Hypertrophia tonsillaris. Die chronische Hyperplasie der Mandeln ist die Folge recidiver oder vom Anfang chronischer Entzündung; auch ist sie in manchen Familien scheint's erblich und findet sich besonders häufig bei zarten anämischen und scrophulösen Kindern. Sie kann schon in früher Jugend auftreten, entwickelt sich meist ganz allmählich, bis sie rein mechanisch durch ihre Grösse Erscheinungen macht. Die hypertrophirten Mandeln beeinträchtigen in etwas das Schlucken, wenigstens grösserer Bissen, behindern die Nasenathmung, so dass die Patienten mit offenem Munde athmen und des Nachts schnarchen; ja es kann im tiefen Schlaf zu dyspnoetischen Anfällen kommen, und mancher Pavor nocturnus mag auf diese Störung zurückzuführen sein; auch acquiriren die Kinder, wenn auch in geringerem Masse, Respirationsstörungen, von denen bei den adenoiden Vegetationen genauer die Rede ist; die Stimme wird näselnd, die Aussprache des l und r undeutlich, in Folge des Druckes auf die Tube wird das Gehör nicht selten schlechter. Durch complicirende, in Folge von Sekretstauung unterhaltene oder hervorgerufene Pharyngitis entstehen habitueller Husten, chronischer Schnupfen, Stauungen in der Nase und Epistaxis, chronische Lymphdrüsenschwellungen am Halse.

Unter diesen Umständen besinne man sich nicht, durch die ebenso leicht als rasch und relativ schmerzlos auszuführende Amputation allen Klagen und Leiden ein Ende zu machen. Einen sicheren Schutz vor wiederkehrenden Anginen oder vor Diphtherie, den sich manche Eltern von dieser Operation versprechen, gewährt dieselbe nicht; man sieht auch kleine zurückgebliebene Reste der Tonsillen danach von Neuem erkranken.

Adenoide Vegetationen. Dieselben Ursachen, welche im Rachen zur chronischen Pharyngitis und Tonsillarhypertrophie führen, lassen es im Nasenrachenraum zu einer Hyperplasie des lymphatischen Gewebes kommen, welches von Waldeyer seiner Gestalt wegen als lymphatischer Ring, gewöhnlich als Rachentonsille bezeichnet wird. Dasselbe wuchert in Folge wiederholter entzündlicher Processe, die von der Nase nach hinten, oder vom Rachen nach oben wandern, dermaassen, dass es allmählich zur Bildung förmlicher Drüsengeschwulstmassen, der sogenannten adenoiden Vegetationen kommt. So darf es nicht Wunder nehmen, wenn wir die Affection einmal in rauhen, nasskalten Climaten, sodann im Kindesalter, das ja zu Katarrhen in den oberen Luftwegen, Anginen u. dergl. sehr neigt, und speziell wieder bei Skrophulösen finden, deren Disposition zu Schwellungen lymphatischer Gewebe bekannt ist. Das Leiden ist ganz besonders für den Kinderarzt ungemein wichtig. Nicht bloss betreffen $^2/_3$ aller Fälle überhaupt Kinder, sondern die Affection beeinträchtigt auch in hohem Maasse die Gesundheit, ja die körperliche und unter Umständen auch die geistige Entwickelung und setzt eine grosse Reihe von beträchtlichen Störungen.

In einigermaassen ausgeprägten Fällen ist das Krankheitsbild typisch. Da die Wucherungen den Lufteintritt durch die Nase erschweren, sehen wir die Kinder meist mit geöffnetem Munde stehen; aus der obstruirten Nase entleert sich mehr weniger reichlich das schleimig-eitrige Sekret, das z. Th. dem adenoiden Gewebe, z. Th. der complicirenden (primären oder secundären) Rhinitis chron. entstammt; dasselbe Sekret findet sich auf der hinteren Rachenwand und giebt Veranlassung zu Kratzen und Hustenreiz im Halse. Die Sprache klingt gestopft, nasal. Die Respiration ist behindert, im Schlafe schnarchend, unregelmässig, nicht selten mühsam. Der Eindruck der Kinder ist oft ein etwas blöder, apathischer.

Analysiren wir eingehender die Folgen der Affection, so zeigt sich dieselbe schon durch die einfache Behinderung der Nasenathmung als eine recht schwerwiegende Gesundheitsstörung. Dadurch dass die Kinder fast nur mit dem offenen Munde athmen, trocknet der Pharynx, die Mundschleimhaut aus. Da die Luft nicht auf dem Wege durch die Nase vom Staub gereinigt, angefeuchtet, angewärmt in die oberen Luftwege gelangt, kommt es zu häufigen Katarrhen in Larynx, Trachea, Bronchien und Lungen. Bei jüngeren Kindern mit nachgiebigem, besonders rachitischem Thorax entwickeln sich durch den vermehrten Zug der Inspirationsmuskeln nicht selten Hühnerbrust und andere Brustkorbverbiegungen. Zu wichtigen Störungen im Gehörorgan führt schon der rein mechanische Verschluss der Tubenöffnungen seitens der adenoiden Massen und deren Sekrete: Resorption der Luft in Tube und Mittelohr und Einwärtsdrängen des Trommelfells durch den überwiegenden äusseren Luftdruck und damit Schwerhörigkeit, Ohrensausen, Schwindel. Ernster gestalten sich die Folgen, wenn bei der Sekretstauung im Nasenrachenraum Entzündungserreger ihren Weg in Tube und Mittelohr nehmen, und es dort zu Tuben-, Mittelohrkatarrh, ja Eiterung, Perforation des Trommelfells, Entzündung und Caries der Knochen kommt. In noch viel höherem Maasse wie bei der Tonsillarhypertrophie wird der Schlaf durch das Schnarchen und die Entstehung von Athemnothanfällen, von Pavor nocturnus, schweren Träumen, gestört. Nicht selten leiden die Patienten, wohl in Folge von Sekretstauung in Nase und Stirnhöhle, chronischer Congestion, an dumpfem

Kopfschmerz, Eingenommensein des Kopfes; dieser Zustand, sowie die Schwerhörigkeit verleihen den Kindern nicht bloss häufig das Aussehen von Idioten, wozu das Offenstehen des Mundes, die Schwellung und Sekretion der Nase, die unbeholfene, undeutliche Sprache noch sehr beitragen, sondern es scheint in der That erwiesen, dass die adenoiden Vegetationen auch den Geisteszustand der Befallenen ungünstig beeinflussen können.

Alles dies ist Grund genug, dass der Kinderarzt dieser Affection die grösste Aufmerksamkeit schenkt.

Ihre Diagnose ist leicht; die klinische ist gegeben und wird durch die lokale Untersuchung ebenso leicht ergänzt. Zwar ist die Ocularinspection auf dem Wege der Rhinoscopia posterior bei Kindern selbst für den Geübten recht schwierig. Doch giebt die Digitalexploration des Nasenrachenraumes sofort den Befund: wenn man seitlich und etwas nach hinten von dem sitzenden Kinde stehend, den rechten, ev. armirten Zeigefinger rasch um den weichen Gaumen und Uvula herum nach der rechten Choanenöffnung führt, so gelangt die explorirende Fingerspitze auf weiche, glatte, schlüpfrige Massen, die z. Th. vom Dache, z. Th. von den Seitenwänden des Nasenrachenraumes ausgehen und diesen mehr weniger erfüllen; die linke Seite untersucht man besser mit dem linken Zeigefinger.

Damit ist sofort die Therapie angewiesen. Man halte sich nicht mit Aetzungen u. dergl. auf, sondern entferne in halber Chloroformnarcose oder in Bromaethylnarcose mit zangen- oder curetteähnlichen Instrumenten nach bekannten Vorschriften die ganzen Massen und lasse eine Behandlung der complicirenden chronischen Nasen- und Rachenaffection, ev. der Gehörsalterationen folgen. Es ist dies einer der dankbarsten therapeutischen Eingriffe, durch den wir ein Heer von bedrohlichen und sehr störenden Erscheinungen rasch beseitigen.

Tuberkulose des Rachens und Mundes ist im Kindesalter so enorm selten, dass sie nicht in Betracht kommt; die luetischen Erscheinungen werden bei dem Kapitel Syphilis behandelt.

Die Krankheiten des Oesophagus.

Angeborene Anomalien der Speiseröhre, Defect und Atresie, Obliteration haben kaum mehr als pathologisch-anatomisches Interesse, wenn auch heutzutage vielleicht ein operativer Versuch bei ihnen gewagt werden dürfte. Dasselbe gilt von der congenitalen Verengerung und Divertikelbildung.

Kaum grössere practische Bedeutung haben die entzündlichen Processe, die sich im Anschluss an Mund- und Rachenentzündungen entwickeln können; so wissen wir, dass die Diphtherie sich per continuitatem bis in den Magen erstrecken kann, ebenso bis zur Cardia hinab der Soor. Ungleich wichtiger ist schon die corrosive Oesophagitis, da bei mangelnder Aufsicht Kinder nicht selten ätzende kaustische Stoffe, alkalische Laugen, Säuren, sehr heisse Getränke u. dergl. schlucken. Der nächste Effect, wenn nicht baldiger Tod eintritt, ist, abgesehen von den heftigen Schmerzen, der Nahrungsverweigerung, Würgen, die Bildung eines Geschwüres, das heilen kann und dann meist eine Narbenstrictur hinterlässt. Die Behandlung hat im Anfang in einer ev. Neutralisation der Lauge oder Säure zu bestehen, in der Linderung der Schmerzen, Einleitung einer Ernährung per rectum. Später geht man zur Einführung einer reizlosen flüssigen Nahrung per os über und sucht der Oesophagusstrictur durch Sondirung vorzubeugen resp. die gebildete Strictur durch Mackenzie'sche Sonden oder Senator'sche Laminariasonden zu erweitern. Gelingt dies nicht, so bleibt nur die Gastrotomie zur Erhaltung des Lebens übrig.

Die Krankheiten des Magens und des Darms.

Die Erkrankungen des Magens und Darms spielen im Kindes- und speziell im Säuglingsalter eine ganz besonders wichtige Rolle; ja sie beherrschen geradezu durch die ausserordentliche Häufigkeit ihres Vorkommens die ganze Pathologie der ersten Lebensperioden; sie sind es in erster Linie, welche die hohe Mortalität der Säuglingsperiode verursachen; acut auftretend, liefern sie meist sehr bedrohliche, jedenfalls stets beunruhigende Erscheinungen; die mehr chronischen Formen alteriren auf das Schwerste den Allgemeinzustand, die Ernährung und weitere Körperentwickelung.

Dyspepsie. Bevor wir auf die durch pathologisch-anatomische Veränderungen scharf characterisirten Affectionen des Magendarmtractus eingehen, empfiehlt es sich, zuerst den Begriff der Dyspepsie abzuhandeln. Einmal können wir nicht umhin, wenn auch nicht im Gegensatz zu den auf pathologisch-anatomischer Grundlage aufgebauten Krankheitsformen, so doch getrennt von ihnen unter dem Namen der Dyspepsie und zwar der primären Dyspepsie eine Reihe mehr weniger rein functioneller Störungen zusammenzufassen und dieser primären Dyspepsie wenigstens im Säuglingsalter eine selbstständige Stellung zuzuerkennen. Sodann lohnt sich aus Zweckmässigkeitsgründen eine vorausgeschickte Schilderung der Dyspepsie, weil das klinische Bild bei fast allen Digestions- und einer Reihe von anderen Erkrankungen wiederkehrt, wo dann ein einfacher Hinweis auf diese Schilderung Wiederholungen vermeiden lässt.

Die Dyspepsie der Kinder beruht in solchem Maasse auf den dem Kindes- und speziell Säuglingsalter eigenthümlichen anatomischen und physiologischen Verhältnissen der Digestionsorgane, dass zu dem Verständniss ihrer Entstehung und ihres Wesens eine genaue Kenntniss jener unumgänglich ist.

Die Dyspepsie ist eigentlich ein klinischer Begriff. Dyspepsie heisst wörtlich schlechte Verdauung. Der Name soll einen Zustand in den Verdauungsorganen bezeichnen, in dem die Verarbeitung und damit die Assimilation der Nahrung schlecht, ungenügend und unter krankhaften Erscheinungen von Statten geht. Dieser Zustand kann nach dem Grade, in dem er auftritt, wie nach den Symptomen, mit denen er einhergeht, ausserordentlich verschiedenartig sein.

Den Möglichkeiten ihrer Entstehung nach kann die Dyspepsie eine mehr weniger primäre oder eine rein secundäre sein.

Mit dem Namen secundäre Dyspepsie umfassen wir alle die mannigfaltigen Erscheinungen, durch welche sich die schlechte und gestörte Verdauung kundgiebt, wenn ihr als Ursachen pathologische Veränderungen der verdauenden Organe, Gewebe und Zellen zu Grunde liegen. Sodann bezeichnet man die Störungen seitens des Digestionsapparates, die als Folge und in Begleitung von Allgemeinerkrankungen, von Infectionskrankheiten, Blutkrankheiten auftreten, wie sie sich bei Affectionen verschiedener Organe und Organsysteme entwickeln, als secundäre Dyspepsie. Ihrer Aetiologie nach unterscheidet sich diese secundäre Dyspepsie, wie wir sie aus der Klinik der Erwachsenen bei Phthise, Herzfehlern, Nierenentzündung, Chlorose und Anämie, bösartigen Geschwülsten, Hysterie und Neurasthenie, kennen, nicht von der des Kindesalters. Die Symptome, mit denen die secundäre Dyspepsie in die Erscheinung tritt, erklären und schildern sich aus ihrer Genese. Sind die verdauenden Gewebselemente erkrankt, so vermögen sie nicht oder wenigstens nicht in genügendem Maasse die spezifischen Sekrete abzusondern, die zur Verarbeitung der Nahrung nöthig sind, vermögen diese auch nicht in der richtigen Weise zur Aufsaugung zu bringen. Die Symptome sind im Allgemeinen diejenigen, die wir bei der Schilderung der chronischen Form der primären Dyspepsie finden werden, seltener die der acuten Dyspepsie.

Bei der **primären Dyspepsie**, der Dyspepsie im eigentlichen Sinne, schliessen wir alle die genannten Ursachen aus; wir erblicken ihr Wesen in einer primären Störung des Verdauungschemismus. Nicht nur müssen Veränderungen in allen lebenswichtigen Organen fehlen, sondern es dürfen auch wesentliche Störungen in der anatomischen Structur der Verdauungsorgane nicht vorausgegangen sein, wenn das reine Bild der primären Dyspepsie als einer functionellen Erkrankung aufgestellt werden soll. Es ist zwar sicher, dass mit der Veränderung der normalen chemischen Vorgänge auch anatomische Gewebsalterationen Hand in Hand gehen, mindestens ihr folgen; jedoch sind diese anatomischen Veränderungen keine einheitlichen, typischen; im allerersten Anfange fehlen sie sicher gänzlich, finden sie sich in späteren Stadien der Dyspepsie, so sind sie eben Folgezustand dieser. So kommt es, dass wir die primäre Dyspepsie wie die Dyspepsie überhaupt, nicht auf eine anatomisch-pathologische Grundlage stellen können, sie als eine functionelle Störung definiren müssen, deren Wesen in einem veränderten Ablauf der physiologisch-chemischen Verdauungsprocesse besteht.

Bei der primären Dyspepsie ist unter den Ursachen an erster Stelle und vor allem ein Missverhältniss zwischen den den Verdauungsorganen zugemutheten Leistungen und ihrer Leistungsfähigkeit zu nennen. Ein solches Missverhältniss finden wir zwar auch bei Erwachsenen, und als seine Folge eine echte primäre Dyspepsie. Unendlich viel häufiger aber begegnen wir ihr im Kindesalter und im Besonderen wieder in dem Säuglingsalter. Einmal liegen in dieser Altersperiode die anatomischen und physiologischen Verhältnisse noch so, dass Magen und Darm die nothwendigen Verdauungssäfte nur in quantitativ und qualitativ beschränktem Maasse erzeugen, jede Arbeit, die über das physiologische Maass hinausgeht, verweigern, jeder Scbädigung sofort erliegen. Sodann stellt die Unvernunft der Stillenden bei der natürlichen, bei der künstlichen Ernährung die mangelhafte Sachkenntniss und die Unmöglichkeit, eine wirklich geeignete Nahrung zu beschaffen, dazu die Nachlässigkeit und Gleichgültigkeit der Mütter und Pflegerinnen dem Magen und Darm der Kinder nur zu oft Zumuthungen, auf die er mit Krankheit reagiren muss.

So erklärt es sich, dass die primäre Dyspepsie die Verdauungskrankheit $\varkappa\alpha\tau'\ \dot{\varepsilon}\xi o\chi\dot{\eta}\nu$ des Säuglingsalters ist.

Man unterscheidet eine acute sowie eine subacute und chronische Form der (primären) Dyspepsie.

Beschäftigen wir uns zunächst mit der ersteren, so leuchtet ein, dass bei einem mit gesunden Verdauungsorganen ausgestatteten, mit der ihm von der Natur zugewiesenen Nahrung, der Mutterbrust, rationell ernährten Säuglinge eine Dyspepsie nicht leicht entstehen kann. Doch giebt es seltene Ausnahmefälle, in denen aus uns derzeit unerklärten Gründen die Milch der eigenen Mutter, einer bestimmten Amme dem einen Kinde nicht zusagt, während ein anderes bei derselben Milch vorzüglich gedeihen kann. Eine viel häufigere Möglichkeit zur Dyspepsie giebt der Umstand, dass dem Säugling von der an und für sich geeigneten Nahrung Mengen zugeführt werden, die von Magen und Darm nicht bewältigt werden. Das alltäglich zu beobachtende „Speien" der Säuglinge beweist, dass dieses Uebermaass für gewöhnlich ohne schädliche Folgen einfach mechanisch wieder abgestossen wird. Doch es kann sich das Speien zum Erbrechen steigern, dem Beginn pathologischer Erscheinungen. Der muskelschwache, wenig fassende Magen wird erweitert; die verdauende und antiseptische Kraft von Salzsäure und Pepsin reichen bei der übergrossen Nahrungsmenge nicht aus, Gährungen und Zersetzungen der Nahrung zu verhindern; in den Darm übergegangen, verfällt sie diesen regelwidrigen chemischen Zersetzungen um so mehr, als noch die Einwirkung der normalen Kothbacterien hinzukommt. Der übergrosse, gährende Magen- und Darminhalt kann durch Reizung der sensiblen Magennerven Erbrechen, ja durch reflectorische Fernwirkung selbst allgemeine Convulsionen auslösen. Die weiteren Folgen sind Reizung der Darmnerven wie der Darmschleimhaut, Steigerung der Peristaltik, Diarrhöe, Kolik, Gasentwickelung. Erbrechen und Ructus, beziehungsweise Diarrhöe, Koliken und Flatulescenz, daneben Anorexie zeichnen somit das Bild einer leichteren Dyspepsie, die wir je nach dem Ueberwiegen der Magen- oder Darmerscheinungen wieder in eine D. gastrica oder D. intestinalis scheiden können; eine scharfe Trennung besteht freilich in den seltensten Fällen; es liegt in der Genese der Dyspepsie begründet, dass fast stets der ganze Verdauungstractus sich betheiligt zeigt.

Um vieles schwerer fallen die Störungen aus, wenn nicht bloss eine zwar qualitativ gute, nur durch ihre Uebermenge nicht zu verarbeitende natürliche Nahrung, sondern eine durch ihre mechanischen, chemischen und physiologischen Eigenschaften den kindlichen Verdauungsorganen nicht entsprechende, ja sie direct schädigende, künstliche Nahrung eingeführt wird. Nur selten wird durch ein sofortiges Erbrechen und vollkommene Entleerung des Magens der drohenden schweren Dyspepsie die Spitze abgebrochen. Meist ist schon sofort eine weitergehende Störung eingeleitet und wird durch zurückgebliebene Nahrungsreste fortgeführt. Die Vorgänge, die sich nun abspielen, sind zunächst rein chemische. Bei der geringen Salzsäure- und Pepsinsecretion findet eine Peptonisirung der Eiweisskörper nicht, wenigstens nicht in genügendem Maasse statt; dieselben bleiben unverarbeitet und sind dadurch einer alkalischen Zersetzung sehr zugänglich. Da die antiseptische und antifermentative Kraft der spärlichen Salzsäure zu schwach ist oder vollkommen fehlt, entfalten an und für sich nicht pathogene Mikroorganismen, die stets in grösserer oder geringerer Zahl mit der Luft, der Nahrung, aus dem Munde und Rachen eingeführt werden, eine verderbliche Thätigkeit; sie zersetzen die Kohlehydrate der Nahrung. Die schon normaler Weise erzeugte Milchsäure wird excessiv reichlich entwickelt; es kommt durch die Einwirkung von Hefepilzen neben der Milchsäurezersetzung des Zuckers zu einer Alkoholgährung, und weiter wird aus dem Alkohol Essigsäure, aus der Milchsäure Butter-, Kohlensäure, Wasserstoff. Der Mageninhalt wird intensiv sauer, nicht, wie normal, durch reichlichen Salzsäure-, mässigen Milchsäuregehalt, sondern fast ausschliesslich durch organische Säuren. Theils durch die Einwirkung dieser Säuren, theils durch Bacterieneinfluss werden die Fette rascher und mehr wie normal in Glycerin und Fettsäuren gespalten (Palmitin-, Olein-, Stearinsäure). Alle diese Zersetzungsproducte reizen die sensiblen Magennerven, es kommt regelmässig zu heftigem Erbrechen, wobei die Natur der Gährungen sich durch den intensiv sauren, bezw. ranzigen, bei Eiweisszerfall auch direct fauligen Geruch des Erbrochenen verräth. Die entwickelten gasförmigen Producte, Wasserstoff (auch in seltenen Fällen Schwefelwasserstoff) und Kohlensäure verursachen Ructus, deren übler Geruch denselben Ursprung hat, wie der des Erbrochenen.

In dem übermässig gefüllten, durch Nahrungsmenge, Gährungsproducte erweiterten Magen bleiben diese in Zersetzung begriffenen Massen liegen (bis zu 7 Stunden und länger), da die motorische Kraft des Organes versagt; doch auch die secretorische, soweit überhaupt noch vorhanden, hört auf, eine Resorption kann nicht mehr in normaler Weise statthaben oder aber sie hat schwere Störungen zur Folge, weil eben das resorbirte Material ein pathologisches geworden ist (s. Darm).

Wie wir es vom Erwachsenen kennen, müssen wir auch für das Kind subjective Symptome als Folge dieser chemischen krankhaften Vorgänge annehmen, also Magendruck, Magenschmerz,

Soodbrennen, die sich freilich nur durch allgemeine Schmerzäusserung verrathen.

So weit gediehen, kann der chemische Process kaum je mehr zum raschen Stillstand gebracht werden. Die gährenden Massen sind in den Darm übergetreten und führen zu immer weiter gehenden Störungen. Die für den Darm normalen Gährungs- und nur ganz geringen Fäulnissvorgänge arten durch die Ueberschwemmung mit Mikroorganismen und Zersetzungsproducten aus. Die Reizwirkung der organischen Säuren führt zu sehr gesteigerter Peristaltik, zur Diarrhöe, wobei neben den unverdauten, rasch den Darm passirenden Nahrungsbestandtheilen, übelriechenden Gasen und Säuren sehr bald die Secrete der gereizten Darmschleimhaut entleert werden. Theils die directe chemische Irritation, theils die übermässige Ausdehnung durch Gase (Tympanitis) erregt heftige Koliken.

Doch noch weit schlimmere Zustände als die bisher geschilderte Zersetzung der Kohlehydrate und Fette erzeugt diejenige der Eiweisskörper; dieselbe liefert nur selten bloss das relativ harmlose Leucin, Tyrosin, Indican, ungleich verderblicher erweisen sich neben Schwefelwasserstoff die Producte der Eiweissfäulniss, die unter dem Namen Ptomaïne und Toxalbumine als gefährliche Gifte erkannt worden sind; sie erzeugen sich zum geringeren Theile schon im Magen, hauptsächlich im Darm, und ihre Resorption macht die schwersten Vergiftungserscheinungen: Fieber, Kopfschmerz, Benommenheit bis zum Sopor, oder auch Delirien, allgemeine Abgeschlagenheit, Herzlähmung oder Krämpfe. In diesen schweren Fällen eröffnet meist massenhaftes Erbrechen die Scene; von Ructus und Würgen unterbrochen, pflegt dasselbe sich oft zu wiederholen. Das Erbrochene besteht Anfangs in grossen Mengen einer meist nur wenig verdauten Nahrung; war dieselbe bereits längere Zeit Gährungsprocessen unterworfen, so zeigt sie jene oben beschriebene saure, widerlich ranzig oder faulig riechende Beschaffenheit. Hat sich der Magen seines Inhaltes entledigt, so erfolgt oft noch mühseliges Würgen von Schleim und Galle; auch jede frisch eingeführte Flüssigkeit oder Nahrung wird sofort wieder erbrochen. Dem Munde des Patienten entströmt ein characteristischer saurer oder fötider Geruch. Der Appetit liegt vollkommen darnieder; an seiner Stelle meldet sich meist ein brennender Durst. Die Lippen werden trocken und rissig, die Zunge trocken und belegt. Sehr bald oder gleichzeitig beginnen auch die Darmerscheinungen; eine diarrhöische Entleerung folgt der andern; erst noch leidlich normale, verdaute Nahrung aufweisende, nur dünnere Stühle, sehr bald graugrüne Faeces von unverdauter Nahrung, Käseklümpchen, Fett, in saurer oder auch alkalischer Gährung begriffen, mit Schaumblasen untermischt, sauer-, übelriechend, öfters faulig stinkend. Der Leib wird durch die Tympanie der Darmschlingen aufgetrieben, empfindlich auf Berührung. Die Reizung der sensiblen Darmnerven führt heftige Koliken herbei, unter denen die Kinder mit schmerzhaftem Geschrei sich winden. Die Diarrhöen und das Erbrechen können bald zu dem vollkommenen Bilde der Cholera nostras führen. — In anderen Fällen gesellt sich zu diesen Erscheinungen ein eclamptischer Anfall; derselbe kann gleichzeitig mit Fieber die Reihe der Symptome beginnen; folgen sich die Convulsionen Schlag auf Schlag, so bringen sie für sich allein den Patienten in grosse Gefahr. Bei der klinischen Untersuchung finden wir den Magen und Darm meist tympanitisch aufgetrieben, bei Einführung des Magenschlauchs entweichen oft reichliche Gasmengen; daneben findet sich im Magen öfters viel zäher Schleim; microscopisch lassen sich neben Epithel- und Lymphzellen, Pilzfäden, Hefezellen, Bacterien und Coccen aller Art chemisch Buttersäure, nicht selten ein abnorm hoher HCl-Gehalt, stets Lab, meist auch Pepsin und Pepsinogen nachweisen.

So durchlaufen die Erscheinungen der acuten Dyspepsie die ganze lange Stufenreihe von den leichtesten, rasch zu behebenden Magen- oder Darmstörungen bis zu dem schweren Bilde einer Cholera infantum oder bald tödtlichen Vergiftungen, Herzlähmung.

Die Prognose der acuten Dyspepsie bewegt sich nach den gegebenen Schilderungen in den weitesten Grenzen und muss bemessen werden nicht bloss nach der Schwere und der Dauer der Erscheinungen, dem Alter, Kräftezustand des Kindes, sondern leider auch nach ganz äusserlichen Gesichtspunkten; sie richtet sich in der Praxis in erster Linie danach, ob dem erkrankten Kinde sofort und ausgiebig die beste Pflege und richtige Nahrung verschafft werden kann; sodann spielt eine hohe Lufttemperatur, das Klima eine gewisse Rolle.

Doch nicht bloss in der Heftigkeit, der Intensität der Erscheinungen, sondern auch nach der Zeitdauer derselben kann die primäre Dyspepsie ganz verschieden auftreten. Die Dyspepsie kann ganz acut einsetzen, rasch zum günstigen oder letalen Ausgang ablaufen, oder aber sie geht aus heftigen, plötzlich eingetretenen Symptomen allmählig in weniger energische über, die aber Wochen und Monate lang bestehen bleiben, oder endlich sie tritt subacut mit solchen milderen, Anfangs vielleicht ganz harmlos aussehenden Erscheinungen auf, dieselben bleiben aber mit Schwankungen in pejus und melius bestehen und schleppen sich langsam lange Zeit dahin, um durch die Dauer der Affection am Ende nicht weniger bedrohliche Folgezustände entstehen zu lassen, wie sie die heftigste acute Dyspepsie hervorruft.

Die subacute und chronische Dyspepsie tritt häufig sehr bald nach der Geburt und dann fast ausschliesslich bei künstlich ernährten Säuglingen auf. Ihre Genese liegt nicht sowohl in groben Fehlern der Diätetik, die zudem meist eine ziemlich acute Störung verursachen. Ihre eigentliche Basis hat die chronische Dyspepsie in dem Unterschied zwischen der natürlichen und der künstlichen Nahrung, in der Thatsache, dass eine Anzahl von Neugeborenen ausser Stande ist, ihr Verdauungsvermögen der künstlichen Ernährung anzupassen. Wir sehen leider nicht allzu selten, dass auch bei einer vorzüglich geleiteten und überwachten, sogenannten rationellen künstlichen Ernährung die Kinder zunehmend dyspeptische Erscheinungen bieten und nicht gedeihen wollen. Während vielleicht im ersten Anfang die stark verdünnte Milch scheinbar ziemlich gut vertragen wurde, zeigt sich, sobald man durch das zunehmende Alter und die mangelhafte Körpergewichtszunahme gezwungen, die Mischung verstärkt, dass zeitweise, meist ganz unregelmässig, stärkeres Speien, Erbrechen von gekäster, auch wohl noch gar nicht geronnener Milch eintritt; der Stuhl meist Anfangs und bei der Kuhmilch eigentlich normaler Weise etwas obstipirt und weisslich, bekommt ein ungleichmässiges, sogar stückiges und gehacktes Ansehen, indem ihm zwischen den verdauten gelblichen Theilen weisse unverdaute Caseintheile beigemengt sind; er hat eine gemischt grünliche und weissliche Färbung, seine Consistenz wird dünner, seine Entleerung erfolgt nicht mehr schmerzlos, sondern unter Koliken; eine reichlichere Ausstossung von Gasen lässt auf Gährungen im Darm schliessen. Während diese Symptome an Häufigkeit des Auftretens wechseln, keine bedrohliche Intensität erreichen, ja vorübergehende Besserung zeigen können, beweist das Allgemeinbefinden des Kindes, dass es krank ist; es schreit viel, hat auch Nachts keinen stundenlangen ruhigen Schlaf, es windet und krümmt sich oft unter Koliken, es leidet unter einem hartnäckigen Intertrigo ad nates, bei vielem Speien und Brechen auch I. colli; im Munde finden sich hie und da Aphthen, öfter siedelt sich Soor an; das Kind scheint wohl auch nie satt zu sein; nach 1—1$\frac{1}{2}$ Stunden verlangt es unter Geschrei nach der Flasche, da von jeder Mahlzeit durch Regurgitiren viel verloren gegangen ist; andere Patienten liegen wieder apathisch da, zeigen gar keinen rechten Hunger, eher bei Darreichung von Thee und dergl. Durst. Die Haut wird welk, in Falten abhebbar, da das Unterhautfettgewebe schwindet, resp. nicht genügend angebildet wird; die Muskulatur wird schlaff, mangelhaft; die Kinder wachsen oft in die Länge, dazu gar nicht in die Breite und Dicke; die Fontanelle ist flach oder eingesunken; die Augen liegen tief. Die Wage lehrt eine mangelhafte Zunahme oder directe Gewichtsabnahme. Dabei brauchen, wie bereits betont, keinerlei heftige Symptome zu bestehen; hartnäckiges Erbrechen, stärkere Diarrhöe können vollkommen fehlen; die Nahrungsaufnahme kann genügend sein, und doch erzielt man selbst bei beträchtlicher Verstärkung der Nahrungszufuhr in Mischungsverhältniss und Menge keinen Ansatz. Allmählich bildet sich so durch chronische Dyspepsie unter ungünstigen Umständen eine typische Pädatrophie heraus.

Ohne dass also die gebotene Nahrung durch ihr Uebermaass oder ihr bacteriologisches Verhalten schädlich zu wirken brauchte, bietet ihre chemisch-physiologische Beschaffenheit den kindlichen Verdauungsorganen unüberwindliche Schwierigkeiten, und dieser Widerspruch erzeugt die chronische Dyspepsie des Säuglings.

Aeltere Kinder zeigen die chronische Dyspepsie in erster Linie durch Störung des Appetits an; sie weisen entweder jede Nahrung ab, oder aber sie zeigen sich launisch im Essen, verlangen ungewohnte, salzige, pikante Dinge; ihre Zunge ist mehr weniger belegt; es besteht meist Foetor ex ore, Aufstossen; bald tritt dazu ein unregelmässiges Erbrechen, häufig geäussertes Uebelsein besonders nüchtern des Morgens und nach jeder Mahlzeit; die Kinder verlieren ihre Munterkeit, die Spiellaune, schlafen viel und zu ungewohnten Zeiten, klagen über eingenommenen, schmerzenden Kopf, die Messung ergiebt öfters unregelmässiges, meist geringes, vorübergehend auch einmal hohes Fieber; der Stuhlgang ist verstopft, bei stärkerer Betheiligung des Darmes diarrhöisch; die Magengegend, der tympanitisch aufgetriebene Leib sind spontan (cardialgisch und kolikartig) oder auf Druck empfindlich. Allmählich magern die Kinder ab.

Therapie. Bei der acuten Dyspepsie wird es vor allem darauf ankommen, so rasch als möglich den gestörten Verdauungschemismus wieder zu einem normalen zu gestalten. Die erste zu erfüllende Forderung besteht in der Entfernung des abnormen Mageninhaltes; scheint die Heilkraft der Natur durch ausgiebiges Erbrechen desselben noch nicht genügt zu haben, so erzielt man den angestrebten Zweck am raschesten und mildesten durch eine Magenausspülung; dieselbe ist entweder und zwar besonders bei jüngeren Kindern und Säuglingen eine directe vermittelst Heberschlauch, oder eine indirecte, indem man ältere, verständigere Kinder die Spülflüssigkeit in möglichst reichlicher Menge trinken lässt, so lange bis ausgiebiges Erbrechen eintritt. Jedenfalls wirkt die Magenausspülung auf die an und für sich schon empfindliche Magenschleimhaut nicht entfernt so irritirend, wie selbst die mildesten Brechmittel.

Als Spülflüssigkeit benutze man eine physiologische Kochsalzlösung oder schwache antiseptische Lösungen, speziell Borsäure- oder ganz schwache Thymol-, sehr zweckmässig auch eine ganz schwache ($1/_2$ %) HCl-Lösung. Der Erfolg ist bei der acuten Dyspepsie im Allgemeinen sehr günstig; namentlich das Erbrechen hört meist sofort auf, und der Appetit hebt sich; die acute Dyspepsie ist so recht eigentlich die Domäne der Magenausspülung, neben der freilich die übrigen hygienischen und medicinischen Maassnahmen nicht an Bedeutung verlieren.

Da meist mit Grund anzunehmen ist, dass bereits zersetzter Mageninhalt in den Darm übergetreten ist und auch dort eine Dyspepsie einzuleiten droht oder beginnt, so schliesst man der Magenausspülung zweckmässiger Weise bald grössere, jedenfalls abführende Dosen von Calomel an; sein vorzüglicher Erfolg dürfte in erster Linie seiner laxirenden, weniger seiner desinficirenden Kraft zuzuschreiben sein.

Die zweite Indication wäre unbedingte Ruhe und Schonung für das erkrankte Organ in Gestalt einer angemessenen, mindestens 6—12 stündigen, wenn es geht, noch längeren Hungerpause. Den besorgten Eltern, die es meist kaum begreifen wollen, dass man dem kranken, durch Erbrechen, Diarrhöe, Schmerzen, Fieber, mangelhafte Nahrungsaufnahme geschwächten Kinde keine Nahrung zuführen will, stelle man vor, dass die Verdauungsorgane in dem erkrankten Zustande nicht in der Verfassung sind, Nährmaterial zu verarbeiten, und dass dieses sofort der herrschenden Gährung und Zersetzung verfällt, und damit die Krankheit von Neuem angefacht und verschlimmert werden muss.

Hungern, doch nicht dürsten lasse man die dyspeptisch erkrankten Kinder. Es besteht nicht bloss eine symptomatische Indication, den meist brennenden Durst zu lindern, sondern auch die, den Wasserverlust des Körpers zu decken, der durch Erbrechen, Diarrhöe, Fieber erzeugt ist. Das Getränk darf natürlich nur ganz reizlos, steril sein und höchstens minimale Mengen Nährstoff enthalten, soll dagegen zweckmässig etwas analeptisch wirken. Am meisten bewährt sich wohl ein ganz dünner Aufguss aus schwarzem chinesischen Thee, wohl auch von Fenchel oder Pfefferminz; doch erregen die ätherischen Oele dieser Drogen leichter Ekel und Erbrechen; besteht eine Veranlassung, energischer anregend, stärkend und Kräfte sparend vorzugehen, so setzt man entsprechende kleine Mengen guten Cognacs zu; nicht zu empfehlen sind der Leichtzersetzlichkeit wegen zuckerhaltige Getränke, also auch Ungarwein; aus demselben Grunde setzen wir das Eiweisswasser erst an zweite Stelle.

Das Getränk wird Anfangs in ganz kleinen Portionen und abgekühlt gereicht, je nach der Stärke des Brechreizes von lauwarm bis zu eiskalt; erst wenn solche kleinste Gaben, thee- bis esslöffelweise, in kürzeren Zwischenpausen $1/_4 - 1/_2$ stündlich gereicht, gut vertragen, nicht erbrochen werden, geht man vorsichtig zu grösseren Mengen wärmeren und warmen Getränkes über, das entsprechend seltener gegeben wird.

Nach 12—24 Stunden versucht man bei günstigem Erfolg sodann wieder zur eigentlichen Nahrung überzugehen; man vermeidet zweckmässig zunächst noch die Milch, als einen überaus leicht der Gährung verfallenden Körper, und giebt an ihrer Statt dünne schleimige Decocte mit möglichst wenig resp. leicht verdaulichem Amylum, also Hafer-, Graupenschleim, Rademann'sche Kindermehlsuppe; als nächstes kommen leichte Fleischbrühen an die Reihe mit solchen schleimigen Zusätzen; daneben weiter durststillende Getränke. Erst wenn diese Nahrung gut vertragen wird, die Dyspepsie in Heilung begriffen sich zeigt, geht man wieder zur Milch über; man beginne mit starker Verdünnung und steige allmählich von $1/_4$ der früher verwendeten Concentration zu $1/_3$, $1/_2$ etc. von Tag zu Tag bis zu der früher gegebenen Mischung.

Als Arzneimittel giebt man nach Ablauf des ersten Stadiums am Besten kleine Dosen HCl, bei stärkerem Brechreiz, intensiverer Gährung mit Kreosot zusammen; von anderen Antisepticis muss man bei deren Gefährlichkeit meist Abstand nehmen. Gegen eine länger andauernde Diarrhöe erweisen sich Bismuth. subnitr. oder salicyl. als wirksam, wohl auch Bittermittel, speziell Tct. Catechu, Colombo, Ratanha, oder das Tannin, nicht in der schwer verdaulichen chemisch-medicinischen Form als Acid. tannic., sondern in Gestalt von kleinen Mengen guten Rothweins, den man dem Getränk oder den schleimigen Suppen zufügt. Zu warnen ist auf das Entschiedenste vor Opiaten, selbst bei heftigem Tenesmus, starken Koliken, gegen die hohe Darmirrigationen unendlich viel rationeller ankämpfen.

Die Diätetik der acuten Dyspepsie besteht im Uebrigen selbstverständlich in Bettruhe, mindestens im Anfang, jedenfalls bei bestehendem Fieber; in einem gut gelüfteten, staubfreien, kühlen (12—13° R.) Zimmer, aus dem alle Dejectionen, durch Erbrechen und Stuhl beschmutzte Wäsche sofort entfernt werden müssen; in der nöthigen Hautpflege und Reinigung. Gegen Fieber wende man keine inneren Antifebrilia, sondern hydropathische Einpackungen, laue Bäder an; in jedem Fall empfiehlt sich dauernd einen Priessnitz auf das Abdomen zu legen, speziell bei Tympanitis und Koliken; nur bei grosser Schwäche mache man die Umschläge warm resp. heiss; bei kühlen Extremitäten verordne man Wärmflaschen. Somnolenz, heftigen Kopfschmerz, cerebrale Erscheinungen bekämpft man mittels der Eisblase oder Eiscompressen. Drohendem Collapse wirke man durch Wärme, heisse Kamillen-, Senfbäder, Einspritzungen von Camph., Aeth., durch Cognac, im Nothfall eisgekühlten, ganz herben, zuckerfreien Champagner (englische Marke) entgegen; bei rapider Eindickung des Blutes durch grosse Wasserverluste wirken subcutane Infusionen von physiologischer Kochsalzlösung oft zauberhaft, wenn auch meist nicht für lange.

Bei der chronischen Dyspepsie soll dem Kinde so rasch wie möglich die ihm physiologisch zukommende Nahrung verschafft werden, dem Säugling also die Mutter- resp. Ammenbrust, dem älteren Kinde eine rationell bestimmte, streng durchgeführte Ernährung; das erste bleibt freilich unendlich oft ein pium desiderium, an der Schwierigkeit der Beschaffung einer natürlichen Milch scheitern so manches Mal die gewissenhaftesten und eifrigsten therapeutischen Bestrebungen. Doch ebenso häufig gelingt es durch Abstellung der groben Versündigungen an den Gesetzen der Physiologie der Verdauung, welche die chronische Dyspepsie der Säuglinge erzeugen und unterhalten, die Dyspepsie und daraus hervorgegangene atrophische Zustände zu beseitigen, indem man eine künstliche Ernährung mit der besten zu beschaffenden, vollkommen sterilisirten und in richtigem Verhältniss gemischten Kuhmilch einrichtet. Hier gelten die bei der Diätetik ausgeführten Grundsätze. Besonders verderblich wirken beim Säugling die verfrühte oder überreichliche Zufuhr von Amylaceen, bei jungen wie älteren Kindern die Ueberfütterung, die Unregelmässigkeit der Mahlzeiten, später der Genuss von Zucker und Confituren, von Alkohol, schwerverdaulichen fetten Mehlspeisen, Gemüsen, rohem Obst, geräucherten Fischen u. dergl.

Die Verdauung unterstützend wirken auch bei der chronischen Dyspepsie die HCl, auch combinirt mit Pepsin, längere Zeit durchgeführte Magen- und Darmausspülungen (so günstig wie bei acuter Dyspepsie wirken sie freilich nicht), leichte Mineralwassertrinkcuren etc., auf die später noch näher eingegangen werden soll.

Dass die Veränderungen des Magenchemismus sehr leicht Veränderungen der anatomischen Elemente zur Folge haben können, ja in den meisten Fällen haben müssen, wurde schon erwähnt. Nur bei der einfachsten, rasch vorübergehenden Dyspepsie wird es zu pathologisch-anatomischen Gewebsveränderungen nicht kommen. Bei einigermaassen stärkeren und länger andauernden Alterationen des Chemismus vermag zwar oft nicht das blosse Auge, stets aber das Mikroscop dieselben deutlich nachzuweisen; sie bestehen kurz gesagt in einer Congestion, einer Entzündung, d. h. Katarrh.

Wir reden trotzdem von der Dyspepsie als einer functionellen Krankheit, weil alle pathologisch-anatomischen Processe, die vorkommen, stets secundär sind, und vor allem, weil sie keine einheitlichen und typischen sind und keineswegs nothwendig zum Wesen der Dyspepsie gehören.

Im Gegensatz dazu weisen die folgenden Krankheitsgruppen typische pathologisch-anatomische Grundlagen auf.

Gastritis catarrhalis acuta. Der acute Magen(darm)katarrh tritt primär oder secundär auf und ist namentlich bei etwas älteren Kindern eine sehr häufige Erkrankung.

Ursachen des primären Magen(darm)katarrhs sind quantitative und qualitative Nahrungsschädlichkeiten, von der einfachen Ueberladung des Magens bis zur Einführung verdorbener, stark reizender, giftiger oder unverdaulicher Nahrung; nicht selten geht aus einer primären Dyspepsie ein leichter Magenkatarrh, eine sog. Gastrose hervor.

Secundär tritt er auf bei allen fieberhaften, spez. Infectionskrankheiten.

Seine Symptome sind im Allgemeinen die der acuten Dyspepsie. Wir finden also: Auftreibung, spontane und Druckempfindlichkeit des Epigastriums, Schluchzen, Gähnen, Ructus, Uebelkeit, Erbrechen, Anfangs von Nahrung in mehr weniger verdauter Form, in Zersetzung und Gährung begriffener sauer und übelriechender Massen, später von Schleim, Galle; daneben Kopfschmerz und Fieber besonders im Anfang; beides durch Resorption fiebererregender Stoffe erzeugt, sistirt oft bald nach erfolgter spontaner oder künstlicher Entleerung des Magens. Das Erbrechen erfolgt erst plötzlich, strom- oder sturzweise, dann quälend würgend.

Bald entströmt dem Munde des Erkrankten ein sog. gastrischer Foetor, es bildet sich ein Zungenbelag, mehr weniger heftige

Stomatitis catarrhalis simplex, auch aphthosa mit Speichelfluss etc.

Der Appetit fehlt vollkommen, macht Widerwillen gegen jede Nahrung, besonders Fleischnahrung Platz; an seine Stelle tritt ein lebhaft gesteigertes Durstgefühl.

Nicht selten bildet sich am 2.—4. Tage ein typischer Herpes labialis aus.

Der Stuhl ist bei reinem Magenkatarrh meist etwas obstipirt; wird, wie so häufig, der Darm in Mitleidenschaft gezogen, stellen sich die Zeichen von Katarrh und Dyspepsie auch von dieser Seite ein.

Der Urin wird meist spärlich gelassen, zeigt sich concentrirt, hochgestellt von Farbe, und lässt reichlich saure harnsaure Salze ausfallen.

Das Fieber ist meist anfänglich hoch oder steigt rasch, um nach dem Eintritt von Erbrechen oder Diarrhöe ebenso rasch abzufallen; seltener hält es sich einige Tage auf mittlerer Höhe oder zeigt die Kurve der sog. febris gastrica. Von einem echten Typhoid wird sich im Allgemeinen die Febr. gastr durch ihren acuten Beginn, bei längerer Dauer durch das Ausbleiben von Roseola, Milztumor etc. unterscheiden.

Der Puls ist ebenso wie die Respiration der Höhe des Fiebers entsprechend beschleunigt, häufig auch unregelmässig, fast niemals verlangsamt.

Mit Beginn der Affection unter hohem Fieber treten nicht selten, namentlich bei jüngeren Kindern, cerebrale und nervöse Symptome ein, die ausserordentlich beunruhigend für die Umgebung wirken, bei dem Arzt diagnostische Bedenken und Besorgnisse erregen können. Diese Erscheinungen sind entweder depressiver Natur: Benommenheit, Schwindel, Somnolenz bis zum Sopor, oder Erregungszustände: starker Kopfschmerz, Aufgeregtheit, Delirien, selbst heftige Convulsionen. Ihre Ursachen sind wohl in beiden Fällen Toxine, welche Hyperämie der Meningen oder der Gehirnrinde erzeugen. Als seltenere Symptome werden Aphasie oder das ganz auffallende Henoch'sche Asthma dyspept. beobachtet.

Diese nervösen Erscheinungen können zu Anfang des acuten Magenkatarrhs so sehr in den Vordergrund treten, dass die ursächliche Affection verkannt wird; differential-diagnostisch können sich grosse Schwierigkeiten ergeben, besonders wenn eine eclatante Veranlassung zur Gastrose nicht gleich zu eruiren ist.

Die Prognose dürfte im Allgemeinen bei einigermaassen gutem Kräftezustand nicht schlecht zu stellen sein. Nur bei sehr schwächlichen, sehr jugendlichen Kindern, bei heftigen initialen Cerebralsymptomen, hohem Fieber und Uebergreifen auf den Darm trübt sich dieselbe.

Die Therapie ist im Ganzen die der acuten Dyspepsie: möglichste baldige Entleerung des Magens wie auch des Darmes durch eine Magenausspülung, auch ein Brechmittel, resp. ein Laxans (am besten Calomel oder Ol. Ricin.); danach absolute Enthaltung von Nahrung, dafür vorsichtige Darreichung geeigneten Getränkes, Acid. muriat., allmähliche Ueberleitung zu einer zweckmässigen Diät; den Appetit kann man durch Bittermittel (Tinct. amara, Tinct. Chinae composita, Rhei vinosa, ev. combinirt) vor dem Essen gereicht, anzuregen suchen; der Verdauungsschwäche trägt man neben vorsichtiger Ernährung durch längeren Gebrauch von Acid. muriat. allein oder zusammen mit Pepsin (rein oder als extract. pepsin.) nach den Mahlzeiten Rechnung. Die Reihenfolge der Nahrungsstoffe wäre für Säuglinge etwa die von leichten Kalbfleischbrühen, schleimigen Suppen zu verdünnter, allmählich concentrirter Milch, für ältere Kinder folgende: Schleimsuppen und leichte Brühen aus fettfreiem weissem Fleisch; Wasserkakao; Milch; altbackenes Weissbrot, Kinderzwieback; Gries, Reis und dergl.; Schabefleisch und besonders geschabter roher Schinken; weisses Fleisch, auch Fisch, ganz fettfrei; schwarzes Fleisch; Butter; Ei; Kartoffelpurée; leichte Gemüse.

Gastritis acuta toxica und corrosiva entsteht durch das leider nicht allzu seltene irrthümliche Verschlucken von caustischen Alkalien, Mineralsäuren, Pflanzengiften, seltener zu heissen Flüssigkeiten, Alkohol in concentrirter Form, Carbol, Sublimat, Phosphor, Kal. chloric., welche die Magenschleimhaut und natürlich meist vorher auf dem Wege dahin schon Mund- und Oesophagusschleimhaut verätzen, verschorfen; sie erregen heftiges Erbrechen, häufig blutiger Massen, unerträgliche Schmerzen, starken Durst, Fieber und nachfolgend alle Erscheinungen einer schweren acuten Gastritis, neben denen noch die der Intoxication durch Resorption der verschluckten Gifte (Hämaturie, Albuminurie, Icterus) einhergehen können; in schweren Fällen tritt Collaps (Cyanose, Benommenheit, Asphyxie etc.) ein.

Der Arzt wird eine thunlichst rasche Unschädlichmachung des giftigen Körpers anstreben; nur wenn es sich nicht um ätzende Stoffe handelt, bei denen wegen Perforationsgefahr die Anwendung des Magenschlauchs unbedingt verboten ist, geschieht dies am Raschesten durch eine Magenausspülung; anderenfalls sind geeignete Antidota (bei Säuren Alkalien, Magnesia in Milch) bei caustischen Alkalien leichte Säuren (verdünnter Essig,

Citronensäure) zu reichen; sodann thut absolute Ruhe des schwer afficirten Organes durch längere vollkommene Abstinenz noth, während eine Ernährung vom Mastdarm aus den Kranken über die kritischen Tage hinauszubringen strebt. Die heftigen Entzündungserscheinungen und die Blutung suche man durch Eispillen, Eisblasen und Narcotica etc. zu lindern.

Die Prognose ist meist sehr ernst. Ueberstehen die Kinder die ersten Tage, so bedrohen noch die Gastritis ev. mit folgender Atrophie oder die besonders an der kleinen Curvatur bis zum Pylorus und an diesem sich bildenden Geschwüre durch Blutung, Perforation, späterhin Narbenstenosen und Magenectasie das Leben für die Zukunft aufs Ernstlichste.

Die Gastritis diphtherica kommt nur bei Diphtherie vor als Secundärinfection und findet dort Erwähnung.

Gastritis catarrhalis chronica. Der chronische Magenkatarrh ist im Kindesalter nicht eben häufig; er findet sich noch am ehesten bei älteren und heranwachsenden Kindern. Er entwickelt sich entweder aus einer acuten Magendyspepsie, einem acuten Magenkatarrh, indem der Process chronisch wird, oder mehr allmählich in Folge sich immer wiederholender Diätfehler, von denen keiner für sich allein hinreichte, eine plötzliche und heftigere Schädigung hervorzurufen. Die Zahl der möglichen schädlichen Factoren, welche, sich summirend, zum chronischen Katarrh führen, ist unendlich; stets sind es überwiegend Ernährungsfehler, zu reichliche, mechanisch oder chemisch, auch thermisch reizende Kost, eine dem Verdauungsvermögen nicht angepasste, oder eine direct verdorbene, schlechte, inficirende Nahrung. Daneben müssen Unregelmässigkeit der Mahlzeiten, ungenügende Vorbereitung der Speisen durch schlechtes Zerkleinern, mangelhaftes Kauen, grosse Eile bei dem Essen, ferner mangelnde allgemeine Hygiene, schlechte häusliche Verhältnisse als ätiologische Factoren angeführt werden. Endlich entsteht der chronische Magenkatarrh sehr häufig auf der Basis der Rachitis, Anämie, Tuberkulose, chronischer Herz- und Lungenkrankheiten. Er kann sich schliesslich auch aus einem chronischen Darmkatarrh heraus bilden, indem der Process nach oben schreitet.

Seine Symptome sind einmal die der chronischen Dyspepsie, d. h. Appetitlosigkeit oder unregelmässiger, launischer Appetit, selten hie und da Heisshunger; im Gegensatz dazu macht sich meist vermehrter Durst bemerklich. Die Zunge ist mehr weniger belegt, die Mundschleimhaut katarrhalisch afficirt; es besteht öfters eine erhöhte Disposition zu aphthösen Ulcerationen; auch Foetor ex ore ist gewöhnlich; ebenso fällt häufigeres, manchmal übelriechendes Aufstossen auf. Als heftigere Erscheinungen gelten Erbrechen und Magenschmerz, während Uebelkeiten und unbestimmbare unangenehme Sensationen in dem manchmal tympanitisch vorgetriebenen Mesogastrium sehr regelmässig geklagt werden. Das Erbrochene hat oft alle Kennzeichen eines gährenden Mageninhaltes; als Merkmale des echten Katarrhs sind demselben meist deutliche Schleimfäden und -fetzen beigemengt; im nüchternen Zustande kann wohl auch reiner und gallig gefärbter Schleim mit etwas Magensaft erbrochen werden. Stets bleibt die Nahrung abnorm lange im Magen liegen, der Verdauungsprocess läuft langsamer ab, er ist durch Milchsäure- und Fettsäurebildung gestört. Der Stuhl ist obstipirt, seltener zwischendrein diarrhöisch; der Urin wird spärlicher gelassen, ist an Farbe hochgestellt, lässt Erdphosphate und kohlensaure Erden ausfallen.

Das Allgemeinbefinden nimmt deutlichen Antheil; die Stimmung ist gedrückt, launisch, missmuthig, das Aussehen bleicher; der Ernährungszustand leidet, das Fettpolster nimmt ab, die Muskulatur wird schlaffer; der Schlaf kann unruhig sein (Pavor nocturnus), oder es besteht ungewöhnliches Schlafbedürfniss.

Zwischendrein stellen sich mehr acute Exacerbationen ein, Fieber, reichlicheres häufigeres Erbrechen, Diarrhöe, Kolik.

So kann sich die Krankheit mit Schwankungen zum Besseren und Schlechteren Wochen und Monate lang hinziehen.

Geht sie in Heilung über, so kehrt der regelmässige Appetit wieder, die Zunge reinigt sich, die, Defäcation erfolgt normal, der Urin wird heller, reichlicher, der Ernährungszustand hebt sich, die Stimmung, der Schlaf bessert sich.

Doch bleibt entschieden noch für lange Zeit die Neigung zu Rückfällen, eine gewisse Empfindlichkeit des Magens, bestehen.

Differentialdiagnostisch kommt die Unterscheidung von Meningitis tuberculosa, Typhus in Frage; ebenso ist festzustellen, ob der chronische Magenkatarrh ein deuteropathisches Leiden (als Folge von Tuberkulose, Pleuritis u. dergl.) oder primär idiopathisch ist.

Die Prognose ist nicht schlecht, sofern eine längere Dauer der katarrhalischen Entzündung nicht tiefere Läsionen der Magenschleimhaut hervorgerufen hat, sich nicht in Folge der schlechten Resorption Ernährungsstörungen als schwere Anämie, Rachitis entwickelt haben.

Therapie: Ein sorgsam ernährtes Kind wird, wenn es die gereichte Nahrung überhaupt verträgt, nicht leicht einen chronischen Magenkatarrh acquiriren. Acute Dyspepsien und Katarrhe sind natürlich stets sorgfältig zur Ausheilung zu bringen. In jedem Falle hat man genau anamnestisch alle möglichen Entstehungsursachen zu eruiren, die Abstellung aller Schädlichkeiten zu veranlassen und eine sehr vorsichtige Diät für lange Zeit durchzuführen; welcher Art letztere sein muss, hat der Arzt in jedem einzelnen Falle besonders zu bestimmen, ganz dem Alter, der Constitution des Kindes, dem Grade der Affection entsprechend. Stets sind häufigere, etwa 2—3 stündliche kleinere Mahlzeiten am Platz; auf gute Zubereitung, genügendes Zerkleinern der Speisen, auf guten Zustand von Mund und Zähnen, regelrechtes Kauen, langsames Essen ist das grösste Gewicht zu legen; auch reichlichere Flüssigkeitsmengen vermeide man; man lasse zu den Mahlzeiten ältere Kinder nur wenig, dafür lieber eine Stunde nach dem Essen trinken.

Sehr dienlich können milde Trinkcuren sein; je nach dem Maasse der Schonungsbedürftigkeit steige man vom Emser oder Wiesbadener bis zum Homburger (Elisabethquelle), Kissinger oder Karlsbader Wasser, in kleinen Dosen 2—3 Mal täglich, eine Stunde vor der Mahlzeit.

Als die Verdauung, speziell die Peptonisirung unterstützende, Gährungsvorgängen entgegenwirkende Medicamente empfiehlt sich besonders die Salzsäure in grossen Dosen (Acid. muriat. pur. 1—5 Tropfen) zusammen mit Pepsin, letzteres vielleicht in der Form von Pepsinsaft oder -essenz, und zwar ein bis mehrere Male nach jeder Mahlzeit in $1/4$ stündlichen Intervallen. Ebenso kann ich entschieden die sog. Lactopeptine empfehlen, ein englisches Präparat, das mir mehrfach sehr gute Dienste geleistet hat.. Ueber Papayotin habe ich keine genügende Erfahrung.

Als Appetit anregend gelten die bitteren Tinct. Chinae compos, Tinct. amara, Rhei vinosa für sich allein, combinirt unter sich oder zusammen mit der abführenden Tinct. Rhei aquosa oder mit kleinen Mengen der Tinct. nucis vomic., 15—20 Tropfen bis zu einem Theelöffel vor dem Essen, ev. mit einer kleinen Alkoholdose in Gestalt von Wein.

Einer Verstopfung wirke man durch Salzwasserklystiere, Körperbewegung, Gymnastik, höchstens mit Rhabarberpräparaten (Infus) oder einem Mineralwasser entgegen.

Magenausspülungen haben im Allgemeinen nicht den vom Erwachsenen her bekannten günstigen Erfolg; doch können sie, wenn die anderen Maassnahmen nicht genügen, zweckmässig versucht werden; man nimmt sie am Richtigsten wohl am Abend vor, um einen von Nahrung, Schleim, Gährungserregern freien Magen zu erzielen, dem dann die Ruhepause der Nacht besser zu Statten kommt. Als Spülwasser benutzt man am Besten physiologische Kochsalzlösung oder eine 0,6 % Salzsäurelösung, nur ausnahmsweise Antiseptika.

Gleichzeitig kann es geboten erscheinen, durch milde Kaltwasserproceduren, Soolbäder, Land- und Gebirgs- (nicht See-) Aufenthalt auf den Allgemeinzustand zu wirken.

Stets sind an chronischem Magenkatarrh erkrankt gewesene Kinder in ihrer Ernährung und Lebensweise noch viele Monate lang sorgsam zu überwachen, da Rückfälle häufig sind.

Gastrectasie. Von der acuten Magenerweiterung abgesehen, wie sie bei Ueberladung des Magens, bei rasch sich entwickelnder Gährungstympanie vorkommt und bald durch reactives Erbrechen ihre Naturheilung findet, sind chronische Magenerweiterungen im Kindes- und selbst Säuglingsalter nicht so selten, wie man früher glaubte. Sie haben in den wenigsten Fällen ihre Ursache in einer angeborenen Stenose des Pylorus oder tuberculösen stenosirenden Ulcerationen daselbst; sie entwickeln sich vielmehr meist aus einer, man möchte sagen: methodischen Ueberfüllung des Magens, speziell mit ungeeigneter, lange im Magen verweilender, zu Gährung und Gasentwickelung neigender Nahrung.

Man fasst es kaum, wie nicht blos in den unteren, sondern ebenso in den sogenannten höheren, gebildeten Ständen Pflegerinnen und Mütter die Capacität des kindlichen Magens so überschätzen, die einfachsten Regeln der Diätetik vernachlässigen können, dass sie ohne Innehaltung der absolut nöthigen Pausen dem nach ihrer Meinung immer hungerigen Kinde fortwährend neue und immer voluminösere Nahrung reichen, wenn Erbrechen eintritt, gleich wieder Ersatz anbieten, jede Laune des Kindes, jedes Geschrei mit der Flasche, mit Leckereien beschwichtigen, das willkürliche Verlangen des Kindes nach Obst, Brot, nach Speisen, die es die Erwachsenen verzehren sieht, ohne Ueberlegung befriedigen. Wenn schon eine an und für sich angemessene und leicht verdauliche Nahrung durch ihre Quantität schädigen kann, so gilt dies besonders und noch viel mehr von schwer zu verarbeitenden, für das Alter und die Digestionsorgane des Kindes gar nicht passenden Dingen; unter diesen spielen im Säuglingsalter alle Amylaceen, alle überwiegend stärkehaltigen Mehle (Nestlé'sches Mehl, Racahout, Maizena, Brot), im späteren Kindesalter rohes Obst, Kartoffeln, Hülsenfrüchte, mehr weniger alle Confituren, von Gemüsen alle Kohlarten die Hauptrolle. Daneben ist die Hast, mit welcher viele Säuglinge und auch ältere Kinder trinken resp. essen, als ätiologischer Factor nicht zu unterschätzen. Bei künstlich ernährten Säuglingen scheint mir die Raschheit und Leichtigkeit, mit der ihnen aus der oft viel zu grossen Oeffnung des Saugpfropfens die Nahrung massenhaft zuströmt, wobei sie häufig reichlich Luft mit verschlucken, im Gegensatz zu der Mutterbrust, aus der sie in der Regel nur durch stetiges, mühsames Saugen Nahrung in begrenzter Menge erhalten, ein fördernder Umstand zu sein. Bei älteren Kindern beschuldigt man mit Recht die Eile, mit der sie, nicht genügend überwacht, ihre Mahlzeiten verzehren, um schnell wieder an ihr Spiel zu kommen, besonders aber die Art und Weise, wie Schulkinder, zu spät aufgestanden, ihr Frühstück womöglich unterwegs und laufend hinunter schlingen, ohne die Speisen auch nur annähernd genügend zu kauen; ebenso die Naschhaftigkeit, die sie mit Vorliebe schwer verdauliche und ihnen verbotene Sachen gierig, vielleicht in der Angst, ertappt zu werden, verzehren lässt; sie verlangen und erhalten hinter dem Rücken der Eltern häufig von Dienstboten, Nachbarkindern ungewohnte, derbe Kost; endlich kennen manche Kinder das physiologische Gefühl der Sättigung gar nicht oder wollen ihm besonders bei wohlschmeckenden Speisen nicht nachgeben.

Bei der schwachen Entwickelung und dem geringen Tonus der Magenmuskulatur des Kindes und besonders des Säuglings wird der Magen leicht über das physiologische Maass ausgedehnt, Anfangs nur vorübergehend; doch bald erlahmt gegenüber den sich immer von Neuem wiederholenden Zumuthungen die Muskelkraft für die Dauer; ein unterstützendes Moment geben dann im weiteren Verlauf die bei der Ueberfütterung und irrationellen Ernährung sich nothwendiger Weise herausbildenden Dyspepsieen und Gährungskatarrhe ab, bei denen Gase die Hauptrolle als Erweiterer spielen, und auch die tiefer greifende katarrhalische Entzündung die Muskulatur direct schwächt.

Die Erweiterung des Magens ist meist eine ziemlich gleichmässige; die grosse Curvatur reicht unter den Nabel. Bei hochgradiger Ectasie kann man manchmal den angefüllten Magen in allen seinen Contouren durch die dünnen Bauchdecken sich abzeichnen sehen; in anderen, seltenen Fällen bemerkt man peristaltische und antiperistaltische Bewegungen; Plätschergeräusche sind von zweifelhaftem diagnostischen Werth; am sichersten sind die Ergebnisse der Percussion, die man unter Lagewechsel am nahrungsgefüllten und besonders an dem künstlich aufgeblähten Magen vornimmt. Dabei entscheidet blosser Tiefstand der grossen Curvatur nicht, weil Vertikalstellung, also Stehenbleiben auf einer fötalen Entwickelungsstufe, oder totale Abwärtsdrängung vorliegen kann. Hie und da gelingt es, vermittelst Heberschlauch-

Eingiessung festzustellen, dass der Magen abnorm grosse Mengen fasst, ohne dass es zum Erbrechen kommt. Die klinischen Erscheinungen sind die der Dyspepsia chronica resp. des chronischen Magenkatarrhs und zwar weniger Anorexie als Heisshunger abwechselnd mit Appetitlosigkeit, viel Aufstossen, auch übelriechender Gase, Erbrechen, verzögerter Ablauf der Magenverdauung, Verstopfung, seltener Diarrhöe, dabei Dystrophie oder Abmagerung.

Bietet die Diagnostik der Gastrectasie schon beim Erwachsenen oft grosse Schwierigkeiten, so gilt dies noch viel mehr für das Kind.

Die Prognose ist im Ganzen nicht schlecht; im Gegensatz zu der Magenerweiterung der Erwachsenen hat eine energische und consequente Behandlung oft schöne Erfolge.

Vor allem ist sofort eine rationelle Diät einzuführen; man verabfolge die Nahrung in häufigen und kleinen Portionen; Amylaceen und Fette sind möglichst zu beschränken, alle groben, schwer verdaulichen und daher länger im Magen verweilenden und in Gährung verfallenden Dinge, als Schwarzbrot, Kartoffeln in Stücken, Kohlarten, grüne Gemüse, rohes Obst, Erbsen, Bohnen, Linsen, ferner deren Kerne und Schalen schliesse man ganz aus; ebenso sind alle grossen Flüssigkeitsmengen zu untersagen, die leicht stagniren und den Magensaft verdünnen. Man bevorzuge Milch in kleineren Dosen, leimhaltige Bouillon, Eier, Fisch und Fleisch, besonders Wild, sehr zartes Rauchfleisch, rohes Fleisch, geräucherten Schinken u. dergl., geröstetes Brot. Daneben thun lange und regelmässig gemachte morgendliche oder auch abendliche Magenausspülungen mit antifermentativen Lösungen (Thymol, Salicyl), sowie innerlich Acid. muriat., Kreosot, Argent. nitr. Bismuth. subnitr., wohl auch Faradisation und Massage, kalte Douche, kalte Umschläge auf das Epigastrium sehr gute Dienste; besonders aber hat sich das Strychnin bewährt; auch Condurango, Radix Calami, Cort. Chin. erweisen sich durch Anregung der Magensecretion nützlich.

Die Erscheinungen des Katarrhs und der Ernährungsstörung schwinden allmählich mit der Rückbildung der Ectasie.

Gastromalacie dürfte nur in extrem seltenen Fällen intra vitam erworben sein (und führt dann natürlich sofort durch Perforation zum Tode); gewöhnlich ist sie eine postmortale, gelegentlich auch wohl agonale Erscheinung, kann also klinisches Interesse kaum beanspruchen.

An und für sich genau derselbe anatomische Process führt in lokaler Beschränkung zur Entstehung des auch im Kindesalter zu beobachtenden

Ulcus pepticum. Das runde Magengeschwür entsteht wie bei

Erwachsenen in Folge einer Selbstverdauung durch den Magensaft, der, sobald die die Schleimhaut vor seiner Einwirkung schützende Blutcirculation (Alkalescenz und normaler Ernährungszustand der anatomischen Elemente) an einer Stelle gestört ist, einen oberflächlichen Substanzverlust verursacht. Der geringste Grad dieser Selbstverdauung findet sich in Gestalt der hämorrhagischen Erosion bei einer Blutung in die Schleimhaut hinein, wie sie traumatisch und auch bei einer heftigen Gastritis auftreten kann, und heilt meist rasch, ohne Folgen zu hinterlassen, aus; eine ernstere Alteration führt zu einem circumscripten necrotischen Process in Form des Ulcus rotundum.

Dasselbe ist im Kindesalter ungemein selten, am häufigsten noch um die Zeit der Pubertät, besonders bei Mädchen; seine Entstehung ist zurückzuführen einmal auf eine örtlich beschränkte Circulations- und damit Ernährungsstörung der Magenschleimhaut, die dadurch der verdauenden Einwirkung des Magensaftes nicht den physiologischen Widerstand entgegensetzt, sodann auf ein Missverhältniss zwischen Blutbeschaffenheit und Energie des Magensaftes (höhere Acidität), wie sie sich besonders bei Anaemie und Chlorose und bei Erkrankung des Circulationsapparates findet. So erklärt es sich, dass das Magengeschwür noch am ehesten bei blutarmen Mädchen gefunden wird.

Symptomatologie, Prognose und Therapie sind genau den bei Erwachsenen entsprechend.

(Gastro-)Enteritis catarrhalis acuta. Von einem acuten (Magen-)Darmkatarrh sprechen wir, sobald sich die pathologisch-anatomischen Merkmale der Schleimhautentzündung annehmen und diagnosticiren lassen. Er ist nicht weniger häufig, wie derselbe Process im Magen; in den weitaus meisten Fällen geht er mehr weniger ausgesprochen Hand in Hand mit diesem.

Wir unterscheiden wiederum einen primären und einen secundären Katarrh. Der letztere ist überwiegend häufig.

Der primäre Darmkatarrh beginnt im Darme selbst, indem Nahrungsstoffe in ungeeigneter, mechanisch oder chemisch reizender Form oder in einer die Verdauungskraft übersteigenden Menge zwar den Magen noch passiren, ohne eine Schädigung hervorzurufen, in den Darmkanal gelangt, jedoch dessen Schleimhaut, die verdauenden und resorbirenden Zellen und Drüsen derselben entzünden.

Am häufigsten giebt eine Störung des Darmchemismus, die Entstehung von pathologischen Gährungen und Zersetzungen, also eine primäre Dyspepsie, den ersten Anstoss zu secundären anatomischen Gewebsveränderungen.

Neben abnormen chemischen Vorgängen gewinnen secundär Mikroorganismen einen entzündungserregenden und -unterhaltenden Einfluss.

In einer gesonderten Gruppe von Erkrankungen spielen sie die Rolle des primären Gährungs- und Krankheiterregers.

In beiden Fällen vermehren die Producte des Pilzstoffwechsels die Entzündung, compliciren den Verlauf des einfachen Katarrhs.

In einer Zahl von anderen Fällen greift ein bereits im Magen inaugurirter katarrhalischer Process per continuitatem auf die Darmschleimhaut über, facht eine Dysp. gastr., ein Cat. gastr. eine Dysp. intest. mit folgender Entzündung an.

Viel seltener wandert ein dyspeptischer Katarrh von den untersten Theilen des Darms, dem Rectum, das Colon und den Dünndarm hinauf.

Entsprechend treten die Symptome des Darmkatarrhs rein für sich allein oder im Anschluss an und neben denen des Magenkatarrhs auf. Es sind die bei der Dysp. intest. geschilderten. Die Entzündung der Schleimhaut documentirt sich durch vermehrte oder beschleunigte Peristaltik, die unter schmerzhaften Koliken erfolgen kann; unterstützend wirkt dabei die tympanitische Auftreibung des Darms durch Gährungsgase; die Folge ist die Entleerung von anfänglich mangelhaft verdauten, in Zersetzung begriffenen Nahrungsbestandtheilen, daneben und im späteren Verlauf auch allein für sich von Producten des Schleimhautkatarrhs in Gestalt von schleimiger, seröser Flüssigkeit; hat die Entzündung länger bestanden, greift sie mehr in die Tiefe oder ist sie von vornherein sehr heftig, geht sie mit starker Hyperämie einher, so finden sich wohl auch Beimengungen von Blut.

Folgezustände sind einmal tympanitische Auftreibung des Abdomen, die oft hohe Grade erreicht, sodann spontane Schmerzhaftigkeit, die anfallsweise unter dem Bilde der Enteralgie auftritt, wohl auch Druckempfindlichkeit der unter der Bauchdecke gelegenen Darmparthien.

Die Resorption speziell der Eiweissfäulnissproducte erregt Fieber, Gehirnsymptome.

Das Allgemeinbefinden leidet auffallend rasch und meist stark; der Puls ist beschleunigt, die Athmung ebenfalls, ist oft durch Stöhnen unterbrochen; das Fieber und die Wasserverluste erregen Durst; letztere kündigen sich bei Säuglingen durch Einsinken der Fontanelle an. Der Harn wird spärlich gelassen, bis zur Anurie, ist hochgestellt, zeigt selten Eiweissgehalt.

Es können sich papulös-eczematöse und urticariaartige Hautausschläge, auch Herpes einstellen.

Die Fäces resp. die serös-schleimigen Darmabgänge sind bei Milchernährung meist grünlich, sauer und faulig riechend, bei gemischter Kost missfarben bräunlich, stinkend, weisen neben unverdauten Nahrungsresten, besonders nicht resorbirtem Fett, massenhaft Bacterien, Coccen, Darmepithelien, Lymph- und Blutzellen, Schleimklumpen und -Fäden auf.

Je nachdem besonders stark oder ausschliesslich der obere oder der unterste Theil des Darms befallen ist, wechseln in etwas die Symptome; bei Dünndarmkatarrh findet man mehr Koliken, reichlichere, dünnere, aber seltenere Stühle, bei Katarrh im unteren Darmabschnitt mehr Tenesmus, Entleerung spärlicher Massen unter fortwährendem Drängen In Folge der dauernden Durchfeuchtung und chemischen Reizung der Haut in der Umgebung des Anus, der von den Dejectionen beschmutzten Theile, bildet sich rasch Intertrigo und Erythema heraus.

Unter diesen Erscheinungen, je nachdem sie acuter und heftiger auftreten, ein schwächliches, jugendliches Individuum befallen oder milder, in ihrem Verlauf protrahirter und bei einem älteren, widerstandsfähigen Kinde sich einfinden, kann der acute (Magen-)Darmkatarrh rasch zum Tode führen, andernfalls nach kurzer Dauer in Heilung übergehen, oder endlich sich länger hinschleppen, in die chronische Form übergehen. Auch die Jahreszeit spielt eine bemerkenswerthe Rolle, da gerade in heissen Sommermonaten der acute (Magen-)Darmkatarrh als sog. Sommerdiarrhöe ebenso häufig wie gefürchtet ist. Nicht zuletzt haben Therapie und hygienische Einrichtungen einen wesentlichen Einfluss.

In jedem Falle ist die Erkrankung ernst zu nehmen, um so mehr, als sie sich auch, wenn freilich selten, mit acuter Peritonitis (durch örtliches Uebergreifen), mit Bronchitis und Bronchopneumonie compliciren kann.

Die Therapie ist die bei der Dyspeps. intest. geschilderte: Vor allem Entfernung der krankmachenden und die Krankheit unterhaltenden Ingesta, am zweckmässigsten durch Calomel oder Oleum Ricini; sodann Nahrungsenthaltung, selbst bei einem Brustkinde, für mindestens 6—12 Stunden, resp. Zuführung einer Nahrung, welche schon vom Magen aus resorbirt wird; Ersatz der verlorenen Flüssigkeit durch Thee, bei drohendem Collaps mit Cognac, ganz allmählicher Uebergang zu einer den Darm nicht reizenden, nicht leicht zersetzlichen, leicht verdaulichen Diät, also schleimige Suppen, leichte Bouillon, vorsichtig verdünnte Milch.

Gegen den Katarrh der Schleimhaut als solchen richtet sich, wenn die Diarrhöe, die schleimig-serösen Absonderungen nicht aufhören, in medicamentöser Hinsicht vor allem das ganz unschädliche Bismuthum subnitricum ev. auch B. salicylicum in genügend grossen Dosen, Bittermittel als Cort. Ratanh., nur wenn diese alle versagen, Opium, event. combinirt mit Adstringentien und Causticis als Plumbum aceticum.

Das Tannin giebt man am Besten in der natürlichen Form des mit Wasser oder auch mit Thee, Schleim verdünnten Rothweins, als Eichelcacao und dergl.

Symptomatisch bekämpfe man das Fieber mit hydropathischen Einpackungen, lauen Bädern, Cerebralsymptome mit Eisblase oder kalten Umschlägen, Collaps mit Alkohol, Aether und Kampher subcutan. Die oft sehr heftigen Koliken weichen, wenn heisse Kamillenbähungen, Priessnitz'sche Umschläge nichts fruchten, oft zauberhaft rasch Eiscompressen; nur im äussersten Nothfall greife man zu Morphium und Opium.

Lokalisirt sich der Process vorwiegend im Dickdarm, spez. Rectum und Col. descend. bis transvers., so gelingt es, mit hohen Darmeingiessungen entleerend und reinigend und damit örtlich antikatarrhalisch einzuwirken; man benutzt Lösungen von NaCl ($0,6\,^0/_0$), Wiesbadener Kochbrunnen, Ac. tannic. Die früher geübten Stärkeklystiere sind als ganz widersinnig zu unterlassen.

Complicationen seitens der Respirationsorgane wären entsprechend zu berücksichtigen.

(Gastro-)Enteritis catarrhalis chronica. Der chronische (Magen-)Darmkatarrh ist naturgemäss stets secundär und entwickelt sich theils auf der Basis von Herz-, Leber-, Lungen- und Nierenkrankheiten, theils aus einer chronischen Dysp. (gastro-) intest. oder im Anschluss an einen nicht ausheilenden acuten (Magen-) Darmkatarrh, an recidivirende acute Darmentzündungen. Derselbe ist eine besonders im Säuglings- und frühesten Kindesalter ebenso wichtige wie häufige Krankheit.

Er findet sich in der Regel bei schon durch die primäre Erkrankung geschwächten, heruntergekommenen Kindern. Wie subacute und chronische Magen- und Darmaffectionen die Grundlage zu schwerwiegenden Ernährungsstörungen, zu constitutionellen Krankheiten als Rachitis und Anämie legen, so scheinen diese wiederum, ebenso wie die Scrophulose zu chronischem (Magen-) Darmkatarrh zu disponiren.

Seine Erscheinungen treten Anfangs milde, oft unscheinbar, allmählich stärker auf.

Der Leib ist meist tympanitisch aufgetrieben, da die Darmmuskulatur, durch den katarrhalischen Process und die Gasausdehnung geschwächt, nachgegeben hat, seltener weich, so zu sagen pappig anzufühlen; die Druckempfindlichkeit ist mässig oder fehlt.

Zeitweise ist die Palpation durch eine beim Eintritt von Koliken reflectorisch erfolgende Spannung der Bauchmusculatur erschwert. An Nates, Rücken, Hinterfläche der Oberschenkel, Waden und Fersen besteht häufig Intertrigo; am Anus lassen sich nicht selten Fissuren nachweisen; auch Prolapsus ani kann in Folge des Tenesmus sich entwickeln.

Der Ernährungszustand ist fast durchgängig schwer beeinträchtigt, die Musculatur schlaff, spärlich, das Fettpolster geschwunden, die Haut trocken, spröde, schuppend. Das Aussehen ist bleich, oft wachsfarben, gealtert, selbst greisenhaft durch Faltenbildung im Gesicht und am Kopfe; beim Säugling und noch in der ersten Häfte des zweiten Lebensjahres erscheint die Fontanelle eingesunken; der Puls ist klein, dünn, die Pulswelle schwach; die Herztöne sind rein, aber matt, selten dumpf; die Lippen sind trocken, im Munde finden sich die Zeichen der Stomatitis catarrhalis: Alles in Allem also das Bild der Atrophie, zu der es bei chronischem (Magen-)Darmkatarrh nur zu häufig kommt (s. dort).

In leichteren, noch nicht sehr lange bestehenden Fällen sind alle diese Beobachtungen in abgeschwächtem Maasse zu machen.

Der Appetit liegt meist darnieder, der Durst hingegen ist gesteigert.

Das wichtigste diagnostische Symptom sind die Stuhlentleerungen; sie erfolgen an Zahl viel zu oft, 4—6—12 mal und öfter in 24 Stunden; sie sind dünner wie normal, seltener abwechselnd diarrhöisch und consistenter; bei Milchdiät ist ihre Farbe gelblich-weiss mit grünlichen Beimengungen, auch ganz grün, ihre Consistenz von wässerig bis zu breiig; microscopisch und chemisch weisen sie reichlich unverarbeitetes Fett, Fettsäuren und Cholestearin auf; es kann dies so weit gehen, dass Biedert von einer besonderen Form der Fettdiarrhöe reden durfte; das Casein findet sich gleichfalls unverdaut in grossen Gerinnseln und Flocken.

An anderen pathologischen Beimengungen treten auf: Schleim, Blut, Darmepithelien, Mikroorganismen.

Der Geruch der Sedes ist sauer und übel.

Bei älteren Kindern erscheinen im Stuhl unverdaute und halbverdaute Nahrungsreste, Amylum, Fleischfasern. Die Producte der Darmfäulniss verleihen den Entleerungen oft einen aashaft stinkenden Geruch.

Die Entleerungen erfolgen oft unter Koliken.

Die Urinsecretion ist sparsamer.

Der Verlauf ist langwierig; Zeiten scheinbarer oder unwesentlicher Besserung wechseln mit Verschlechterungen; acute

Exacerbationen können sich einschieben, die Krankheit kann so Wochen und Monate, ja Jahre dauern.

Die Complicationen sind dieselben wie bei acutem Magendarmkatarrh; Lungenkatarrh und -entzündung sind die gefährlichsten. Als ein besonderer, fast stets letaler Folgezustand ist das sogenannte Hydrocephaloid zu nennen, wie es acut bei der Cholera nostras auftritt und dort seine Schilderung findet; hier entsteht es langsamer, aber auf derselben Grundlage, der hochgradigen Anämie und Wasserverarmung des Organismus.

Es leuchtet ein, dass die Prognose sehr zweifelhaft, meist ernst gestellt werden muss. Nicht bloss gelingt es schwer, den chronischen entzündlichen Process zu heilen, sondern die allgemeine Ernährungsstörung ist oft schon soweit gediehen, dass die Hülfe zu spät kommt, die Kinder die bis zur Beendigung des Processes nöthige Zeit nicht mehr aushalten; und vor Allem ist durch den pathologisch-anatomischen Process häufig so viel resorbirendes und digerirendes Gewebe zu Grunde gegangen, das nicht mehr ersetzt werden kann, sind die Darmfollikel und -Drüsen so schwer erkrankt, dass die Patienten trotz aller Mühewaltung an secundärer (Magen-)Darmatrophie zu Grunde gehen müssen; nicht viel weniger bedenklich ist der Ausgang in Enteritis follicularis.

Die Behandlung ist ausserordentlich mühselig und — sagen wir es gleich — undankbar.

Der Hauptwerth ist auf die Diät zu legen. Es soll eine Nahrung gereicht werden, die mechanisch und chemisch reizlos, leicht verdaulich, nahrhaft ist, nicht leicht der Zersetzung anheimfällt.

Einem künstlich ernährten Säuglinge kann meist nur die Ammenbrust das Leben erhalten; anderenfalls ist nach allen Regeln der Diätetik eine zusagende Ernährung mit Thiermilch, nur im Nothfall mit Surrogaten zu versuchen.

Bei älteren Kindern suche man ebenfalls möglichst eine Ernährung mit bester, steriler Milch durchzuführen; leider wird gerade sie unendlich oft, wenigstens in reinem Zustande nicht vertragen; dann versuche man es mit Milch, die erst stärker, allmählich schwächer mit schleimigen Suppen, Thee, Wasser, Emser Wasser, Bouillon verdünnt ist. Von Albumosenmilch habe ich gute Erfolge gesehen.

Dann kommen in erster Linie leichte, besonders leimhaltige (Kalb)fleischbrühen in Betracht, event. mit Zusatz von Peptonen spez. Denayer's, Schleim, Reis, Gries, Graupen, Grünkernextract. Leguminosen.

Recht gute Resultate habe ich auch in manchen Fällen mit der Leube-Rosenthal'schen Fleischsolution, selbst gemachtem Beaftea. Valentine's Fleischsaft erzielt.

Fleisch ist am verdaulichsten in rohem oder leicht geräuchertem Zustande (roher Schinken, sehr zartes Rindfleisch); dann gebraten: Geflügel, Wild, auch Fisch. — Fett vermeide man (ausgenommen in der Milch).

Von Amylaceen gebe man Rademann's Kindermehl als das leichtverdaulichste, auch Kufecke-Mehl, Brot nur in der Form von gut gebackenem und (damit weniger leicht zersetzlich) geröstetem Weissbrot und den englischen-Albert Biscuits (Cakes) ohne Zucker.

Recht gut bewährt hat sich ferner der Dr. Michaelis'sche Eichelcacao von Gebr. Stollwerck, der schon von Säuglingen gut genommen und vertragen wird, und direct medicinell wirkt durch seinen Gehalt an natürlicher Gerbsäure.

Als Getränke dienen besonders ganz dünner schwarzer Thee, schwach Kohlensäure haltiges Wasser; Apollinaris und dergl. lasse man erst ausmoussiren; ferner stark verdünnter Rothwein, auch Reiswasser.

Meist muss man tastend, probirend, sich mehr auf practisch erfahrene Resultate als theoretische Erwägungen stützend, eine passende Diät zu finden suchen.

Enteritis follicularis. Die folliculäre Darmentzündung ist eine durch ihre klinischen Erscheinungen wie ihre anatomischen Veränderungen scharf characterisirte Krankheitsform.

Die Aetiologie theilt sie mit dem acuten Magen- und Darmkatarrh. Sie tritt mit Vorliebe in den heissen Sommermonaten und bei künstlich und falsch ernährten Kindern auf.

Sie befällt öfter etwas ältere Kinder vom 2. Jahre ab und kann ebensogut als idiopathisches wie als secundäres Leiden auftreten.

Der anatomische Befund ist bekanntlich Entzündung, Schwellung, Hyperämie und zellige Infiltration, später Erosion und Geschwürsbildung der Folliculargebilde, der Solitärfollikel, wie der Peyer'schen Plaques; daneben findet sich Katarrh der gesammten Schleimhaut und der Submucosa, wohl auch der Muscularis; die Mesenterialdrüsen sind meist beträchtlich geschwollen. Der Sitz der Affection ist speziell der unterste Theil des Dünndarms und das Colon.

Das klinische Bild ist das einer allerdings milderen Dysenterie. Das hervorstechende Symptom ist ein andauernder Tenesmus, welcher an Masse geringe, aber sehr zahlreiche Stuhlentleerungen fördert; diese haben Anfangs noch fäculente Beschaffenheit, werden aber rasch rein schleimig-wässerig und bald mit Blut in Streifen und Punkten gemischt; ihr Geruch ist fad, nicht fäculent; bei längerer Dauer mischen sich den Epithelien,

Schleim- und rothen Blutzellen immer mehr Eiterzellen bei, wobei die Stühle ein eitriges, gelb-grünes Aussehen und stinkenden Geruch annehmen. Bei solch acutem Verlaufe ist die Krankheit stets von Fieber begleitet. Fiebertrockene, rissige Lippen, bleiches Aussehen, rapide Abmagerung, durch die Kolik hervorgerufenes heftiges Geschrei oder klägliches Winseln und sich Winden, weicher, auch aufgetriebener Leib, trockene, belegte Zunge, brennender Durst, Appetitlosigkeit, sparsamer Urin vervollständigen das Krankheitsbild. Unter diesen Erscheinungen kann es sehr rasch zum tödlichen Ausgang kommen, den acuter Magenkatarrh, Soor, complicirende Bronchitis und Bronchopneumonie öfters beschleunigt, und der unter dem Bilde des Hydrocephaloids erfolgen kann. Bei günstigem Verlauf machen die typischen Entleerungen allmählich dicker werdenden, selteneren, auch nicht mehr bluthaltigen und mehr fäculenten Stühlen Platz, während das Allgemeinbefinden sich ebenfalls rasch bessert.

Bei mehr subacutem Beginn und Verlauf, wie er beobachtet wird, wenn sich die Enteritis follicularis aus einer einfachen Dyspepsie, einem Darmkatarrh entwickelt, treten ganz allmählich die characteristischen schleimig-blutigen Stühle, der schmerzhafte Tenesmus, die schwere Alteration des Gesammtzustandes ein. Diese Fälle enden oft ungünstig durch unaufhaltsam zunehmende Entkräftung, Abmagerung und Anämie, kachektische Oedeme; bei widerstandsfähigen Kindern und entsprechender Behandlung können sie auch in volle Genesung übergehen.

In beiden Formen der Erkrankung ist die Prognose sehr vorsichtig, ja zweifelhaft zu stellen; ausgedehnte Darmulcerationen können noch nach langer Zeit zu dem unabwendbaren Tode führen.

Bei der Behandlung wird es sich einmal um die weitgehendste Rücksichtnahme auf den Entzündungs-, resp. Ulcerationsprocess im Darme, sodann um eine möglichste Erhaltung und Belebung der Kräfte des Individuums handeln. Beiden Indicationen genügt eine richtige Diät. Dieselbe soll thunlichst so gestaltet sein, dass die Nahrung bereits vom Magen und den oberen Theilen des Darmes resorbirt wird, ohne in die unteren afficirten Parthien unverdaute und unverdauliche Reste gelangen zu lassen. Am Platze sind also Eiweisswasser, Bouillon, Beaftea, Wein, Cognac, Thee; mit mehligen Suppen sei man sehr vorsichtig. Zur Milch gehe man nur ganz allmählich über. Consistentere Speisen wie Fleisch, Brot u. dergl. kommen viel später an die Reihe. So lange Fieber und starker Durst bestehen, reiche man die Flüssigkeiten eisgekühlt.

Die Koliken bekämpft man mit hydropathischen Umschlägen, die gleichzeitig die Fiebertemperatur herabsetzen; Bäder dürfen nur mit grösster Vorsicht versucht werden.

Medicinell sollen im ersten Anfang Calomel oder Ol. ricin. neben gleichzeitigen hohen warmen Darmirrigationen die inficirten Fäcalreste schonend entfernen; gegen den Tenesmus, die kolossal gesteigerte Darmperistaltik gehe man mit Bismuth., Argent. nitr., im Nothfall Opium vor; auch Liquor Aluminii acetici intern (30,0 : Aqu. d. 50,0 Syrup. 20,0, 2 stündlich 1 Theelöffel) und per Klysma, sowie Infus. rad. Ipecac. werden empfohlen.

Schwächezustände und Complicationen sind entsprechend nach bekannten Regeln zu behandeln.

Cholera nostras. Die in ihren Erscheinungen schrecklichste, nach ihrer Prognose ernsteste Erkrankung der Digestionsorgane ist der acute Brechdurchfall.

Wenn wir schon bei der acuten Magendarmdyspepsie, besonders aber bei dem acuten Magen- und Darmkatarrh gesehen haben, dass ein causales Verhältniss zwischen hoher Sommertemperatur und dem gehäuften, beinahe epidemischen Auftreten dieser Erkrankungen besteht, speziell bei künstlich ernährten Säuglingen, so trifft dieses genau in demselben Maasse, vielleicht noch mehr für die Cholera nostras infantum zu, die im Winter fast niemals zur Beobachtung kommt. Nach moderner Anschauung müssen wir als Krankheitserreger Mikroorganismen annehmen, und wir erklären uns den sich cyclisch jeden Sommer von Neuem herausstellenden Zusammenhang zwischen Cholera nostras und der höheren Lufttemperatur in der Weise, dass jede künstliche Nahrung und besonders die Milch, die an sich einen hervorragend guten Nährboden abgiebt, im Sommer von den viel zahlreicheren Keimen besonders leicht inficirt wird, dass diese Keime in der Sommerhitze besonders günstige Wachsthumsverhältnisse finden.

An dieser Auffassung kann der Umstand nichts ändern, dass es trotz der vielen fleissigen und mühseligen bacteriologischen Untersuchungen noch nicht geglückt ist, echt pathogene Bacterien oder Coccen als Krankheitserreger zu erweisen. Grundwasserverhältnisse, die Hitze an sich, kommen gegen das genannte ätiologische Moment kaum in Betracht. Ebensowenig kann die Schwerverdaulichkeit der Nahrung als solcher als Ursache beschuldigt werden, da dieselbe Nahrung eben nur im Sommer solche Störungen im Gefolge hat. Gerade bei der Cholera nostras kann man sich dem Eindruck nicht verschliessen, dass es sich bei ihr um eine acute Infectionskrankheit handelt, die genau so wie ihre noch berüchtigtere Namensschwester das Individuum befällt.

Wenn auch Brustkinder nicht ganz verschont bleiben, so fallen dem acuten Brechdurchfall doch vorwiegend künstlich, besonders unzweckmässig ernährte Säuglinge zum Opfer; die Entwöhnung zur Sommerszeit hat in dieser Hinsicht einen üblen Ruf.

Eingeführt wird der krankheitserregende Microorganismus zweifellos meist nur mit der Nahrung. Zur Entwicklung und Wirkung kommt derselbe im Magen und Darm, von wo seine Stoffwechselproducte, vielleicht auch weitere Spaltungsproducte des Eiweiss zur Resorption gelangen und eine toxische Wirkung entfalten.

Die Symptome des Brechdurchfalls sind denen der asiatischen Cholera sehr, oft zum Erschrecken ähnlich. Seltener entwickeln sie sich aus einem primären Magen-Darmkatarrh heraus; häufiger setzen sie ganz unvermittelt mit aller Heftigkeit ein: es sind häufiges, Anfangs explosives Erbrechen, erst von Speisemassen, bald nur von mühsam ausgewürgtem Schleim, Magensaft; fast gleichzeitig eintretende Diarrhöe, die erst noch stinkende Fäcalreste, bald nur noch wässerig-schleimiges Darmsecret liefert und mit mehr weniger starken Koliken einhergeht.

Diese rasch und nach zwei Richtungen erfolgenden Flüssigkeitsverluste haben sehr frühzeitig, oft schon nach Stunden eine bedenkliche Wasserverarmung der Gewebe, einen rapiden Verfall zur Folge. Als Zeichen derselben constatirt man neben bleichem Aussehen eine oft unglaublich rasche Abmagerung, wenn man die Körperabnahme so bezeichnen darf; das Gesicht wird deutlich kleiner; die Augen im Verhältniss dazu eigenthümlich gross, liegen tief, sind glanz- und ausdruckslos; bei dem schnellen Schwund des Unterhautgewebes treten die venösen Geflechte unterhalb der Bulbi als tiefdunkele Schatten auf. Die Fontanelle fällt schon sehr frühzeitig ein; bei weiterem Fortschreiten treten alle Kopfnähte deutlich heraus, indem die Knochenränder sich über einander schieben. Die Spannung des Pulses lässt sehr rasch nach, die Arterie wird eng, fadenförmig, während die Pulsfrequenz zunimmt. Die Muskulatur fühlt sich schlaffer, bald welk an; der Leib ist weich, flach, seltener aufgetrieben, die Zunge trocken, belegt.

Frühzeitig kennzeichnet sich die bei der Eindickung des Blutes, der immer schwieriger werdenden Circulation eintretende Abkühlung der vom Herzen entferntesten Theile durch ein Kühlerwerden der Hände, Füsse, der Nasenspitze, dann der ganzen Extremitäten, eine deutlich cyanotische oder marmorirte

Hautfarbe: ja gegen Lebensende hat selbst der in den Mund eingeführte Finger ein Kältegefühl, welches ein signum pessimi ominis ist (stadium algidum). Im Gegensatz dazu fühlen sich Leib und Rumpf warm oder heiss an.

Schliesslich schwindet der Arterienpuls unter den Fingern, die Herztöne sind dumpf und schwach, die Hautfalten bleiben stehen, die schwächer, heiser werdende Stimme versagt ganz, selbst das schmerzliche Wimmern ist einem klanglosen, dumpfen Stöhnen gewichen.

Die Athmung wird mit Zunahme des Säfteverlustes, der Herzschwäche dyspnoisch, langsam, aussetzend. Die Urinsecretion versagt bald vollständig.

Das Sensorium ist Anfangs noch klar; mit zunehmender arterieller Hirnanämie bezw. venöser Hyperämie wird es umnebelt; die Kinder liegen, an Körper und Geist gebrochen, mit halbentflohenem Leben da; kaum dass noch ein reflectorischer Lidschlag erfolgt; der Bulbus ist meist nur vom obern Augenlid zur Hälfte bedeckt, die Cornea ist mit Schleim überzogen und kann bei lebendigem Leib austrocknen, verschwären.

Erbrechen und Diarrhöen lassen im selben Maassstabe nach; der quälende Durst kommt nicht mehr zum Ausdruck, ebensowenig mehr Koliken und jedes subjective Anzeichen des tiefen Leidens.

Dieses letzte schwere, fast stets tödliche Krankheitsbild rechtfertigt ohne nähere Begründung den Namen des stadium aspbycticum. Treten die Gehirnerscheinungen, depressive, d. h. Somnolenz resp. Sopor, weite Pupillen, träge Reaction derselben, oberflächliche unregelmässige Respiration, zuweilen Cheyne-Stokes'sches Phänomen, schwacher unregelmässiger Puls, oder excitative, als Unruhe, Erregbarkeit, ausgesprochen in den Vordergrund, so spricht man wohl von Hydrocephaloid. Dasselbe ist der Ausdruck theils arterieller Anämie, theils venöser Hyperämie der Meningen und des Gehirns, auch von Oedem der Meningen.

Sind die Dinge erst so weit gediehen, pflegt selten mehr der Ausgang in Genesung zu erfolgen. Tritt der Tod nicht gleich während des stad. asphyct. ein, so kommt es zu einer Art von Reaction in Gestalt des Choleratyphoids; es hebt sich zwar wieder der Puls, die Cyanose und Abkühlung des Körpers schwindet, aber dafür stellt sich Fieber ein mit seinen Begleitsymptomen als fuliginösen Lippen, trockener Zunge; das Bewusstsein schwindet vollständig, hier und da unterbrechen eclamptische Anfälle die soporöse Apathie; in dem sehr spärlichen Urin tritt

Eiweiss auf; Erbrechen, wohl auch Oedeme vervollständigen das Bild.

Doch auch eine günstige Reaction kann dem stad. algid., seltener dem stad. asphyct. und dem Hydrocephaloid folgen und zur Genesung überleiten. Nachdem Erbrechen, Diarrhöe nachgelassen oder aufgehört, hebt sich allmählich wieder der Puls. die Collapstemperatur steigt, resp. das Fieber fällt, die Cyanose schwindet, es meldet sich wieder Durst, die Gesichtsfarbe wird congestionirt, bei Aufnahme von Getränken und Nahrung wird die Pulswelle voller, die Urinsecretion stellt sich wieder ein, alle Functionen melden sich allmählich wieder, und der gefährliche Zustand endet in voller restitutio ad integrum. Die Reaction kann freilich von Schwankungen zur Verschlechterung unterbrochen werden, sie kann nach kurzem Anlauf zur Besserung durch ein Choleratyphoid oder erneuten schweren Collaps und Hydrocephaloid verhindert werden.

Viel seltener ist der Ausgang in das sog. Sklerem, einen Zustand, der sich unter Erstarrung des Fettes im Unterhautzellgewebe klinisch durch Steifheit, Kühle der Glieder, derbe Beschaffenheit der Haut, daneben alle Zeichen der Herzschwäche kennzeichnet und prognostisch sehr übel ist (s. Sklerem).

Von Complicationen resp. Nachkrankheiten kommen einmal folliculäre Enteritis, selten Peritonitis, häufiger Bronchitis und Bronchopneumonie, am häufigsten Albuminurie und echte Nephritis in Betracht.

Die Prognose ist erklärlicherweise recht zweifelhaft, jedenfalls ernst zu stellen. Die enorme Säuglingssterblichkeit ist zu einem guten Theile auf den Brechdurchfall zurückzuführen. Schwächliche, rachitische, dyspeptische Kinder unterliegen der furchtbaren Krankheit wohl stets, selbst kräftige Kinder widerstehen ihr oft kaum Stunden; erst das zunehmende Lebensalter verbessert die Prognose. Ziemlich häufig behalten die Genesenen noch lange Zeit eine Verdauungsschwäche zurück, die leicht verhängnissvoll wird, häufig zu Rachitis, Tuberculose überleitet.

Wichtiger noch als die Therapie ist die Prophylaxe. Den einzig wirksamen Schutz gegen diese mörderische Krankheit gewähren eine rationelle, streng aseptische Ernährung, günstige Lebensbedingungen im Allgemeinen.

Im Speciellen vermeide man thunlichst, einen Säugling in den heissen Sommermonaten zu entwöhnen. Ferner achte man auf das Genaueste auf jede, auch die leichteste Sommerdyspepsie; man lege das grösste Gewicht auf frische, reine und kühle Luft, ausgiebige Ventilation der Wohnräume, peinliche Sauberkeit in Allem, besonders aber den Ess- und Trinkgeräthen, auf Hautpflege durch regelmässige Bäder und kühle Waschungen und vor Allem auf Beschaffung einer guten Nahrung.

Die Behandlung selbst ist nur bei rechtzeitigem Eingreifen aussichtsvoll. Sie strebt zunächst durch Calomel oder Ol. Ricini eine Entfernung der inficirten und inficirenden Massen an. Sodann wird man stets für einige Zeit jede Einfuhr von Nahrung vermeiden, die von den erkrankten Verdauungsorganen doch nicht verarbeitet, sofort wiederum der Zersetzung und Infection anheimfallen muss. Man reicht, um die Wasserverluste zu ersetzen, den Verfall hintanzuhalten, gleichzeitig den brennenden Durst, die Fieberhitze zu lindern, Erbrechen zu verhüten ganz kleine Portionen eiskalten Thees mit minimalen Cognacdosen, anfangs löffelweise. Werden diese vertragen, d. h. behalten, so geht man zu erwärmtem Getränk, später zu Eiweisswasser (1 Eiweiss zu Schaum geschlagen in 1 l 1 % Kochsalzlösung eingerührt) oder Reiswasser (1 l kochendes Wasser auf eine Hand voll gerösteten Reis, einige Minuten ziehen lassen), dann Haferschleim, Kalbfleischbrühe über.

Consistentere Nahrung darf erst nach Ablauf aller Magendarmerscheinungen gegeben werden.

Zur Unterstützung der Verdauung, Desinficirung, Verminderung des Brechreizes verordne man nach dem Calomel grosse Dosen von HCl mit Kreosot. Opiate vermeide man bei der Neigung zum Collaps principiell. Antiseptica haben sich nicht bewährt. Dagegen sind Bismuth, die Bittermittel etc. von Nutzen gegen andauernde Diarrhöe.

Magenausspülungen haben gerade beim Brechdurchfall oft im Stich gelassen; bessere Erfolge haben hohe Darmirrigationen.

Das Vorgehen sei von vorneherein und dauernd gegen die drohende Herzschwäche gerichtet; vor allem ist da der Alkohol in reinster, freilich stark verdünnter Form am Platz, also Cognac in Thee, in Salzsäurewasser, leicht kohlensäurehaltigen Wässern, weniger in Form von süssen schweren Weinen.

Oertlich sollen noch hydropathische Umschläge auf den Darmprocess wirken; sie setzten jedenfalls Fieber und Hyperämie herab und lindern die Koliken; man achte freilich darauf, nicht durch zu energische und lange fortgesetzte Wärmeentziehung den Collaps zu befördern.

Treten die Symptome des stad. algid. ein, so sucht man neben energischer Herzexcitation durch Frottiren, Reiben und Kneten der kühlen Glieder im warmen ev. Senfbade die Circulation in Gang zu bringen; hier sind Wärmflaschen an den Füssen, unter den Knieen, heisse Compressen und dergl. am Platz; das einzuflössende Getränk sei dann warm oder heiss und excitirend; von subcutanen Kampferinjectionen mache man rechtzeitigen Gebrauch.

Machen trotz alledem die Erscheinungen der Herzschwäche, der Wasserverarmung Fortschritte, so wirken subcutane oder intraperitoneale, wohl auch intravenöse Infusionen physiologischer Kochsalzlösung wenigstens für den Augenblick oder für kurze Zeit oft wunderbar; leider freilich ist ihr Effect meist nur vorübergehend.

Der Austrocknung der Cornea beugen Instillationen von Sol. Aqu. chlor. 1:5 oder Acid. boric. $2\,^0/_0$ vor.

In der Reactionsperiode halte man die Kinder ebenfalls etwas wärmer; man überlasse sie wenigstens für Stunden dem häufig sich einstellenden, prognostisch günstigen Schlaf, reiche aber von Zeit zu Zeit Getränke und überwache sorgsam den Puls, um nöthigenfalls sofort wieder Excitantien, eine Infusion und dergl. anzuwenden. Eine den ganzen Körper bis zum Kopf umfassende lauwarme hydropathische Einpackung kann die Reaction in gegebenen Fällen sehr unterstützen; ein forcirtes diaphoretisches Verfahren ist aber unbedingt zu widerrathen.

Das Typhoid sucht man mit hydropathischen Umschlägen, lauen Bädern, Roborantien, Chinadecoct mit Salzsäure, Alkohol, ev. kalten Umschlägen auf den Kopf zu bekämpfen.

In der Reconvalescenz und noch lange nachher sei man mit der Ernährung äusserst vorsichtig.

Die Magen-Darmatrophie (Athrepsie) ist das Endproduct meist langdauernder, jedenfalls eingreifender, d. h. destructiver katarrhalischer und folliculärer Magendarmentzündungen; sie stellt also stets einen secundären Zustand dar, der sich anatomisch durch Atrophie der drüsigen Elemente, der Zellen des Darms, wie der Schleimhaut im Ganzen, ja der Muscularis (neben Residuen der Entzündung), klinisch durch das Bild der Atrophia infantum neben den Erscheinungen der Dyspepsie bez. der ursächlichen Digestionserkrankung documentirt.

Wir finden also mehr weniger entwickelte, stets fortschreitende Abmagerung und Anämie, die Anzeichen hochgradiger Schwäche und gleichzeitig Zungenbelag, trockene Lippen, häufig Soor, Erbrechen, Aufstossen, Auftreibung des Leibes, Tympanie, Flatulescenz, Diarrhöen, Intertrigo. Stühle wie Erbrochenes weisen auf sehr mangelhafte Verarbeitung, sowie Gährung und Fäulniss der Nahrung hin; die chemische Untersuchung ergiebt Herabsetzung, selbst Fehlen aller verdauenden Secrete, Bildung perverser fermentativer und chemischer Processe, Schleimsecretion.

Die Diagnose hat als Ursache des atrophischen Zustandes eine primäre und in ihren Ausläufern noch andauernde Magendarmerkrankung nachzuweisen, die andern Entstehungsmöglichkeiten der Atrophie auszuschliessen.

Die Prognose ist bei dem oft progressiven Character der ursächlichen Erkrankung, den irreparablen Zuständen der verdauenden Organe wohl stets absolut schlecht zu stellen. Nur im ersten Anfange, wenn noch grössere Theile der Magendarmschleimhaut erhalten geblieben sind, welche zur Verdauung genügen, ist eine Heilung denkbar. Meist führt eine complicirende acute Digestionsstörung, eine Respirations- oder Infectionskrankheit rasch zum Tode.

Die Behandlung hat sich in erster Linie natürlich gegen die primäre Erkrankung zu richten, deren Symptome als z. B. schwächende Diarrhöen zu bekämpfen, sodann den Verfall möglichst hintanzuhalten durch eine roborirende und dabei die geringsten Ansprüche an die Verdauungsorgane stellende Nahrung; so kann eine nach allen Regeln durchgeführte und sorgfältig überwachte künstliche Ernährung, combinirt mit der Zufuhr von Alkohol, Thee, Fleischsaft und dergl. neben der thunlich raschesten Beseitigung der dyspeptischen Störungen noch manchmal Erfolge erzielen; oft ist die sofortige Einleitung der Ernährung durch eine Amme das einzige Mittel, das fliehende Leben zu erhalten.

Vomitus. Das Erbrechen ist im Kindesalter eine überaus häufige und oft bedeutungsvolle Erscheinung, die stets eine sorgfältige Würdigung und, obwohl keine Krankheit für sich, eine gesonderte Besprechung erheischt.

Gleich nach der Geburt, in den ersten Lebenstagen, begegnet man diesem Symptom. Hier ist dasselbe meist nur vorübergehend und hat keinen besonderen Belang. Man erklärt sich das Zustandekommen aus dem intra partum erfolgten Verschlucken von Eisack-Flüssigkeit, von Vaginalsecret, sowie aus der Empfindlichkeit der jungfräulichen Magenschleimhaut, welche auf den ungewohnten Reiz der Nahrung reagirt, sodann aus den anatomischen Verhältnissen des Säuglingsmagens (siehe unter „Speien"); seltener dürfte das Erbrechen als ein cerebrales anzusehen sein, hervorgerufen durch den Druck, durch Circulationsstörungen, die beim Passiren besonders des knöchernen Geburtsweges innerhalb des Schädels entstanden.

Als geradezu physiologisch hat man das so unendlich häufig bei Säuglingen beobachtete Erbrechen anzusehen, das man aus eben diesem Grunde wohl besser mit einem besonderen Namen als „Speien" kennzeichnet. Dass demselben nicht eine Dyspepsie zu

Grunde liegt, das entscheidet sofort die Beobachtung, dass wir es bei den bestgedeihenden Brustkindern, bei Säuglingen finden, die sonst durch nichts an eine Dyspeps. gastr. gemahnen. Seine Entstehung verdankt es wesentlich dem physiologischen Zustand des Säuglingsmagens, seiner geringen Fundusentwickelung, seiner vertikalen Lage, seinem beschränkten Fassungsvermögen. Dazu kommt, dass der Säugling sehr leicht einmal mehr an Nahrung aufnimmt, als ihm eigentlich zukommt.

Wenn die Laien mit ihrem Wortspiel „Speikinder — Gedeihkinder" im Allgemeinen wohl Recht haben, so beruhige man sich dabei jedoch nicht in allen Fällen. Man berücksichtige, dass dem Speien häufig sicher ein Uebermaass an Nahrungszufluss zu Grunde liegt, das selbst nicht beim Brustkinde, viel weniger beim künstlich genährten Säugling stets ohne üble Folgen bleibt; manches dyspeptische Erbrechen entwickelt sich direct aus einem physiologischen Speien heraus; man halte darauf, dass die Kinder nicht über die erlaubte Zeit an der Brust liegen, resp. dass die Mütter und Pflegerinnen nicht das erfahrungsgemäss festgestellte Nahrungsvolumen überschreiten; besonders auch, dass die Nahrung nicht zu häufig gereicht werde. Es ist unglaublich, was Unverstand, mangelhafte Kenntniss, öfters noch Indolenz und das Bestreben, das schreiende Kind mit der Brust oder der Flasche zu beruhigen, eine bessere Gewichtszunahme zu erzielen, in dieser Richtung sündigen.

Dass die erbrochene, resp. gespieene Milch nur, wenn sie schon einige Zeit im Magen verweilt hatte, geronnen, „gekäst" erscheint, dass eine unveränderte Beschaffenheit gleich nach dem Trinken also nichts Krankhaftes bedeutet, muss man oft den Müttern zur Beruhigung erklären. Auf der anderen Seite beschwichtigen sich viele Mütter selbst bei dyspeptischem Erbrechen noch lange Zeit damit, dass die Milch ja gekäst sei.

Einen stark sauren oder gar üblen Geruch (siehe microscopischen und chemischen Befund unter „Dyspepsie") darf das Produkt des physiologischen Erbrechens natürlich nicht haben; ebensowenig darf es ein gewisses Maass überschreiten, worüber die vorgelegten Tücher ein Urtheil zulassen.

Unangenehm ist, dass auch das „Speien" nicht selten einen sehr hartnäckigen Intertrigo colli verursacht.

Sobald das Erbrechen das erlaubte Maass zu übersteigen scheint, den Eindruck des pathologischen zu machen beginnt, sucht man dasselbe einzuschränken durch eine genaue Ueberwachung und Regelung der Ernährung nach physiologischen Grundsätzen, auch eine Aenderung der Ernährungsweise: häufigere und kleinere Mahlzeiten, kühlere, selbst kalte Milch; man kann sich sogar zur Entwöhnung veranlasst sehen.

Eine gewisse Neigung zum Erbrechen scheint bei ganz vereinzelten Kindern auch nach der Säuglingsperiode noch weiter zu bestehen. Als rein physiologisch dürfte dasselbe höchst selten durchpassiren, vielmehr öfter in Ernährungsfehlern seine Erklärung haben.

Häufiger ist das Erbrechen eben entwöhnter Kinder, für deren Mägen die neue Nahrung einen ungewohnten Reiz abgiebt.

Ausgesprochen pathologisches Erbrechen finden wir, von Magenerkrankungen ganz abgesehen, als Initialsymptom bei vielen fieberhaften Infectionskrankheiten, spez. Scharlach, Angina, seltener Pneumonie; ebenso bei allen heftigen Reizen (Giften), welche die Magenschleimhaut treffen oder im Blute circuliren (Urämie). Reflectorisch tritt es auf bei manchen Darm-, vielen Bauchfell-, Leberaffectionen, bei den heftigen Hustenkrämpfen der Pertussis; doch auch bei einfachen acuten Tracheal- und Bronchialkatarrhen stellt es sich nicht selten am Ende des Hustenanfalles ein.

Ein sehr wichtiges Symptom ist das Erbrechen bei vielen Cerebralerkrankungen, speziell Meningitis basilaris und Tumor.

Doch auch rein functionelle Hirnaffectionen, wie die Hemicranie, der nervöse sog. Schulkopfschmerz verbinden sich häufig mit Erbrechen, sodass stets eine genaue Untersuchung festzustellen hat, welcher Art das cephalische Erbrechen ist.

Als Vomitus nervosus bezeichnet Henoch ein bei älteren Kindern, besonders Schulkindern und zwar meist Morgens früh nüchtern oder bald nach dem Frühstück, wohl auch nach Gemüthsaffectionen eintretendes Erbrechen, welches nicht sowohl auf eine Magenalteration, als auf eine zarte anämische und „nervöse" Verfassung zurückgeführt werden muss und einer tonisirenden Allgemeinbehandlung, besonders Entfernung aus der Schule und Landaufenthalt weicht.

Auch ein echtes hysterisches Erbrechen wird nicht selten beobachtet.

Obstipatio. Die chronische Verstopfung ist ein weniger bei gestillten, ungemein häufig bei künstlich, spez. mit Kuhmilch ernährten Säuglingen zu beobachtendes Leiden, das sich aus der ersten Lebensperiode häufig auch in das spätere Kindesalter forterstreckt.

Die Ursachen der Obstipation sucht man zum Theil in der anatomischen Anlage des kindlichen Darms, indem das S Romanum eine besonders tief in das Becken hineinsteigende Schlinge bildet, indem ferner das Darmlumen relativ eng, die Darmmuskulatur relativ schwach ist. Auch Erblichkeit spielt wohl häufig eine Rolle. Sodann müssen wir die Ernährungsweise, die körperliche Erziehung, sowie Erkrankungen der Constitution wie des Verdauungsapparates zur Erklärung heranziehen. Im Säuglings- und ersten Kindesalter ist es zweifellos die ausschliessliche resp. vorwiegende Kuhmilchnahrung mit ihrem hohen Caseingehalt, die mehr weniger hochgradige Verstopfung erzeugt; dieselbe ist als beinahe unvermeidliche Zugabe zu den andern Missständen der künstlichen Ernährung anzusehen und den Müttern so bekannt, dass diese, um ihr entgegen zu treten, sehr gerne eine unerlaubt starke Verdünnung der Kuhmilch anwenden. In späteren Jahren hat ein überreichlicher Genuss von Mehlspeisen, Leguminosen, derbem Brot, von rohem Obst sammt seinen Hüllen und Kernen, deren mechanische Bewältigung dem muskelschwachen Darm Mühe macht, häufig Obstipation im Gefolge. Daneben ist im ersten und ferneren Kindesalter recht häufig auch ein Mangel an Ueberwachung der regelmässigen Defäcation seitens der Eltern oder Pfleger Ursache, dass die Kinder sich nicht die Musse zu dieser nothwendigen Verrichtung lassen, geschweige eine bestimmte Zeit dazu innehalten, und endlich bei eingetretener Verhaltung aus Angst vor den Schmerzen nicht mehr pressen, aus thörichter Scham ihr Uebel wohl auch verheimlichen. Endlich trägt Mangel an ausgiebiger und vielseitiger Körperbewegung, Unregelmässigkeit der Lebensweise, in der Einnahme der Mahlzeiten viel zur Entwickelung von Obstipation bei.

Von Allgemeinaffectionen begünstigen erfahrungsgemäss allgemeine Körperschwäche, Blutarmuth, Rachitis, Entkräftung durch Onanie eine Schwäche der Darmmuskulatur.

Dass langwierige Darmkatarrhe, übermässige Dehnung des Darmlumens durch Gährungsgase, Geschwürsprocesse mit Hinterlassung von Narben durch Degeneration der Darmmuskulatur, durch Stenosenbildung Obstipation erzeugen, ist einleuchtend.

Auf Nerveneinfluss beruht die Verstopfung bei Meningitis, bei Hydrocephalus chron. etc.

Die Erscheinungen der Obstipation sind: unregelmässige, verzögerte Entleerung sehr harter, fester, trockener, dunkelgefärbter, knolliger Fäces, die wie Steinchen in das Nachtgeschirr fallen, oft nur manuell zu entleeren sind, bis zum Fehlen jeder Defäcation; in Verbindung damit vergrösserter Umfang des Leibes, tympanitische Ausdehnung der Darmschlingen, Flatulescenz, anfallsweise Koliken, häufiges Pressen; in schlimmeren Fällen Empfindlichkeit einzelner Darm- und Abdominalparthien, durch Resorption faulender Massen Fieber, Kopfschmerz, Anorexie, selbst Erbrechen, Convulsionen; auch kann es in Folge von mechanischer und chemischer Reizung des Darms bei der Stagnation zu intercurrenten Entleerungen von dünnen Massen, Schleim, selbst Blut, gemischt mit knolligen dicken Fäkalien kommen.

Das häufige, durch Koliken angeregte Drängen und Pressen hat sehr leicht Nabel- und Leistenhernien, Prolapsus ani zur Folge; beim Passiren der übergrossen, oft steinharten Fäcesbrocken entstehen Verletzungen der Mastdarmschleimhaut und besonders sehr schmerzhafte, mit Blutung verbundene Fissuren des Analrandes, die ihrerseits wieder wegen der Angst vor den heftigen Schmerzen die Stuhlverhaltung begünstigen.

Bei der Stellung der Diagnose verabsäume man nicht, auf eine Perityphlitis als Ursache der Obstipation zu achten, Hernien, Volvulus und dergl. auszuschliessen.

Die Prognose ist nicht unbedingt günstig zu stellen, weil das Leiden der Therapie oft hartnäckigen Widerstand entgegensetzt, sehr häufig recidivirt.

Eine acute Obstipation wird einer tüchtigen Dose Ricinusöl mit nachfolgender Regelung der Diät meist rasch weichen. Unendlich viel schwieriger ist eine chronisch gewordene Verstopfung zu heilen. Man wird vor allem die möglichen Ursachen derselben herauszubringen suchen und ätiologisch behandeln. Ein richtiges diätetisches Regime soll die notorischen Schädlichkeiten in der Nahrung ausschliessen, dafür Dinge zulassen, die anregend auf die Peristaltik wirken.

Dazu gehört bei älteren Kindern eine gemischte, doch vorwiegend animalische Kost, Fleisch aller Art, Eier, wenig Leguminosen, keine Kohlarten, keine harten Gemüse, Fruchtschalen und dgl.; weniger Milch, dafür event. Buttermilch, saure Milch, auch geschälte Birnen, Trauben ohne die Kerne und besonders Pflaumen. Als direct darmanregend gelten: geschmorte Pflaumen, getrocknete und dann gekochte oder mit einigen Sennablättern zusammen geschmorte sog. Spitalzwetschgen, Dörrobst überhaupt, Prunellen, ferner ein Mus von getrockneten Pflaumen und Feigen zu gleichen Theilen, rheinisches Apfelmus, Honig, Honigkuchen, allerlei Fruchtgelées. Sodann ist auf genügende Flüssigkeitszufuhr (Wasser), Bewegung, besonders Bergsteigen, Turnen, Schwimmen zu halten.

Bei Säuglingen bestehe man darauf, dass die Verdünnung der Milch nicht unter die erlaubte Grenze hinabgehe und versuche, durch einen Zusatz von Sahne, Lipanin, Ol. Olivar., sowie von Zucker, event. Salz einen leichteren Stuhl zu erzielen.

Von grösster Wichtigkeit ist, dass bei Kindern jedes Alters die Defäcation genau überwacht und event. durch symptomatische Maassnahmen geregelt werde; man halte darauf, dass ein Säugling doch mindestens ein-, besser zweimal täglich, ältere Kinder einmal täglich und möglichst nicht bloss zur selben Stunde, sondern fast zur selben Minute ihre Sedes absetzen; verständige Kinder sind zum Pressen aufzufordern, über die Wichtigkeit dieser Function zu belehren.

Gegebenen Falles hat eine Kräftigung, Anregung des ganzen Körpers, der Muskulatur im Ganzen durch bessere Ernährung, klimatische Kuren, Salz- und Seebäder, kalte Abreibungen u. dergl. zu erfolgen.

Die Atonie der Darm-, auch Bauchmuskulatur zu beseitigen und damit der Hauptindication zu genügen, sucht man am Zweckmässigsten, wie bei Erwachsenen, durch combinirte Massage-, Kaltwasser- und electrische Behandlung, in der Weise, dass man für den Anfang noch die gewohnten und nöthigen Laxantien und Lavements weiter giebt, dann aber täglich in der bekannten Weise massirt, die kalte Douche und hydropathische Umschläge, auch starke faradische Ströme auf das Abdomen Wochen lang anwendet. Alle diese Manipulationen lassen sich gut freilich nur bei älteren, verständigeren Kindern vornehmen, die nicht durch Pressen, Lachen oder Schreien alle Bemühungen vereiteln. Unterstützend wirkt eine allgemeine Gymnastik, sowie eine solche, welche Kräftigung der Bauchmuskeln anstrebt.

In der Regel kann man, wie gesagt, von einer directen Anregung der Darmperistaltik nicht oder wenigstens nicht schon gleich im Anfang Abstand nehmen.

Am unschuldigsten sind da wohl Darmeingiessungen, bei Säuglingen Einspritzungen; erstere vermittelst eines Irrigators, letztere mit einem entsprechend grossen Gummiballon. Als Ansatz diene stets eine Horn- oder Hartgummispitze, die man, um Verletzungen vorzubeugen, mit einem sich zuspitzenden, schlauchähnlichen weichen Gummiüberzug versieht. Man führt dieses Endstück möglichst hoch (über den Sphinct. ext.) hinauf und lasse langsam ein dem Alter entsprechendes Quantum (100 bis 500 gr) badewarmer physiolog. Kochsalzlösung einlaufen. Um das Flüssigkeitsquantum möglichst lange (bis $1/4$ Stunde) im Darm zu belassen, um neben der Anregung der Peristaltik erweichend auf die Faeces zu wirken, verbiete man älteren Kindern das Pressen, bei jüngeren halte man durch Druck auf die benachbarten Glutäentheile die Analöffnung einige Zeit geschlossen. Hat ein solches Klystier nicht den gewünschten Erfolg, so wiederhole man es nach $^1/_4$—$^1/_2$ Stunde, doch diesmal mit kaltem Wasser, das die Peristaltik energischer anreizt; im Nothfall kann man wohl noch zu einem Gemisch von Seifenwasser und Ol. Lini greifen.

Die Wasserklystiere erweisen sich, sachgemäss ausgeführt, in den meisten Fällen als wirksam, besonders bei Säuglingen, und zwar auch bei Monate und Jahre langem Gebrauch.

Versagen sie, so versuche man eine stärkere Anregung vermittelst Einspritzung einer stark verdünnten Glycerinlösung oder von 10—30 Tropfen reinem Glycerin; ähnlich wirken Seifenzäpfchen, Glycerinzäpfchen; doch sind diese Mittel schon weniger indifferent, sicher nicht bei langer Anwendung.

Von inneren Mitteln vermeide man im Kindesalter alle salinischen, da sie stärkere wässerige Entleerungen und damit eine gewisse Schwächung im Gefolge haben; dagegen kann in höheren Altersstufen selbst eine vorsichtige Mineralwassertrinkcur guten Erfolg haben. Jedenfalls verbieten sich alle Drastica. Von vorzüglicher Wirkung ist fast stets das Ol. Ricin.; dasselbe wird schon von zarten Säuglingen in verhältnissmässig grossen Dosen sehr gut vertragen und verdient meist vor allen anderen Mitteln den Vorzug; Säuglingen ist es sehr leicht ganz rein beizubringen, älteren Kindern in heisse Milch, Kaffee, Weissbierschaum gerührt, mit so viel Zucker gemengt, dass eine Art Paste entsteht; die Dose ist 1—2 Theelöffel im Säuglingsalter, 1—2 Kinderlöffel in den folgenden Jahren.

Von anderen pflanzlichen Aperientien verdienen für das Säuglingsalter besonders der Syrup. Rhamn. cathart. (Spin. cervin.) Empfehlung, der theelöffelweise gegeben und sehr gern genommen wird. Für ältere Kinder bedarf er, um zu wirken, meist eines Zusatzes von gleichen Theilen Tct. Cascar. Sagrad.; auch wäre wohl letztere allein für sich zu versuchen.

Ein nicht unangenehmes Präparat und häufig von guter Wirkung ist die Tamarinde in Gestalt der Essenz (Dallmann) und Chocoladen-Confiture (Kanoldt).

Ferner empfehlen sich zur Auswahl oder Abwechselung Thee von Faulbaumrinde, Spec. lax. St. Germain, Fol. Senn. als Thee oder mit Pflaumenmus gekocht, besonders aber die Rhabarberpräparate, und zwar Tct. Rhei aquosa (vin. führt nicht ab, resp. erst in viel zu grosser Dose), Rad. Rhei geschabt mit Wasser oder im Infus, und das altbewährte Pulv. pect. Kurellae.

Alle diese Mittel haben den Nachtheil, dass sie auf die Dauer versagen, dass man sie in immer stärkerer Dose geben, mindestens mit ihnen wechseln muss.

Rationeller bleibt immer die Massage und eine entsprechende Diätetik.

Eines besonderen Hinweises bedarf es bei dieser Gelegenheit auf die zuerst von Hirschsprung genau beschriebenen, sehr seltenen Fälle von angeborener unheilbarer Obstruction in Folge von pathologischer Erweiterung des Colon descendens und schwerer ulceröser Erkrankung der Schleimhaut desselben, von denen auch wir einen Fall genau intra vitam und in sectione beobachtet haben.

Zu denken wäre schliesslich bei jeder hartnäckigen Obstruction auch an angeborene Darmstenosen.

Tympanitis ist stets Krankheitssymptom und findet sich als solches in typischer Weise bei Rachitis, bei den meisten Dyspepsieen und Enterokatarrhen, bei Darmocclusion, Obstipation, Peritonealtuberkulose. Interessant ist, dass die den Frauenärzten längst bekannten sog. Phantomtumoren (Gasauftreibung durch Luftschlucken) der Hysterischen auch bei Kindern beobachtet wurden.

Kolik. Die Kolik oder besser Enteralgie ist gleichfalls nur Symptom, bedarf aber bei ihrer Bedeutung, ihrem häufigen Vorkommen und der von ihr geforderten eigenen Therapie eine besondere Besprechung.

Ihr Wesen sind plötzlich auftretende, wehenartig an- und abschwellende, meist heftige Schmerzen, die von einer lebhaften Reizung der sympathischen Darmnerven herrühren und wohl mit krampfhaften Contractionen des Darms einhergehen.

Diese Reizung des Darms kann ausgehen von jedem abnormen, mechanisch oder chemisch irritirenden Darminhalt (Meconium, Scybala bei Obstipation, sehr massige, unzweckmässige, schlecht gekaute, hastig verschlungene Speisen, gährender Darminhalt bei Dyspepsie, Fremdkörper, als Fruchtkerne, Knöpfe, Münzen, Spulwürmer, starke Gasansammlung, die zu der besonderen Abart der Colica flatulenta Veranlassung giebt), sodann von jeder Entzündung der Darmschleimhaut, Ulcerationen daselbst; ferner ist sie oft die erste Erscheinung bei Volvulus, Invagination; endlich wird sie verursacht durch Gifte, wie Blei; von aussen wirken Erkältungen des Unterleibs. Zu vergessen ist nicht, dass (von der Mutter verabreichte,) ungeeignete Abführmittel als Thees, Senna und dergl. heftige Koliken erzeugen können, auch indirect durch die Milch der Stillenden.

Die Erscheinungen der Kolik sind fast stets heftig und sehr beunruhigend. Die Kinder fangen plötzlich, aus voller Ruhe heraus oder mitten während oder nach dem Trinken resp. Essen, scheinbar unmotivirt, heftig zu schreien und jammern an; dass keine Ungezogenheit zu Grunde liegt, lässt sich aus ihrem ganzen Gebahren, den ängstlich verzerrten Gesichtszügen, dem Angstschweiss, der ihnen nicht selten ausbricht, entnehmen; kein Beruhigungsversuch schlägt an, Patient und Angehörige wollen schon manchmal verzweifeln, da allmählich oder plötzlich hört das Schreien und Wimmern scheinbar ebenso unmotivirt auf, um über kurz oder lang die Wiederholung der Scene zu eröffnen. Vor heftigen Schmerzen werden nicht bloss die Beine krampfhaft an den Leib angezogen und wieder ausgestossen, die Arme bewegt, das ganze Körperchen krümmt und windet sich oft, das Kind geräth ganz ausser sich. Die Gesichtsfarbe ist abwechselnd bleich und roth. Ein kleiner gespannter Puls, kalte Extremitäten, selbst Convulsionen kennzeichnen ein wenigstens momentan schweres Leiden. So kommt es, dass ein heftiger Kolikanfall die Eltern ungemein ängstigt und dem Laien eine bedrohliche Situation vorspiegelt.

Dass es sich um vom Darm ausgehende Schmerzen handelt, darauf weisen die meist vorhandene tympanitische Auftreibung des Abdomens, der Spannungszustand der Bauchmuskeln, die Erscheinung, dass nach Abgang einiger Flatus oder verhaltener obstipirender Massen und diarrhoischen Darminhalts die Kolik oft plötzlich aufhört, wenigstens für eine kurze Zeit. Aeltere Kinder bezeichnen direct den Leib, spez. die Nabelgegend als den Sitz ihrer Schmerzen. Druck auf das Abdomen wird bald wohlthuend, bald schmerzhaft empfunden.

Die Diagnose hat Peritonitis, Ileus, Colic. biliosa, Nephrolithiasis auszuschliessen, und die genauere Entstehungsursache zu eruiren; meist kommt man per exclusionem auf eine Dyspepsie oder Obstipation als die häufigsten Ursachen.

Die Prognose ist nicht ungetrübt, da nicht allein ein eclamptischer Anfall, sondern das Uebermass der Schmerzen direct gefährlich, ja tödtlich werden kann.

Die Therapie richtet sich im ersten Augenblick gegen die Neuralgie als solche; am wirksamsten wäre eine Morphiuminjection, die natürlich nur bei älteren Kindern, aber auch bei diesen noch mit grosser Vorsicht zu handhaben ist; lange nicht so prompt wirken die lokalen Massnahmen, die sich gegen den Krampf richten, und auf die wir im Allgemeinen zunächst angewiesen sind: warme und heisse Wasser-, Kamillenthee-, Breiumschläge, eine mit aufgebrühten Kamillen gefüllte Serviette, Rumlappen, Sinapismen; versagen sie, so versuche man die von Baginsky dringend empfohlenen Eiscompressen; auch Massage, Streichungen, Reibungen erweisen sich öfters durch Austreiben von Gasen und Darminhalt dienlich. Gleichzeitig trete man dem Uebel mit inneren Mitteln entgegen, von denen Belladonna und Tct. Moschi und als wirksamstes Chloral. hydr. nur ebenfalls symptomatisch wirken würden; Opium ist bei einfacher Kolik fast stets contraindicirt. In dubio empfiehlt sich stets eine Laxans, wenn die Aetiologie ein solches nicht ausdrücklich ausschliesst (Volvulus, Invaginatio, Perityphlitis), also Ol. Ricini und bes. Calomel, Klystiere, die bei der hohen Einführung eines Darmrohres durch Gasentleerung oft momentane Erleichterung schaffen.

Sodann wird eine Diät zu befolgen sein, die dem Darm zunächst Ruhe lässt, also nur aus etwas aromatischem Thee und Aehnlichem besteht, sodann dem Grundleiden, der Dyspepsie oder dergl., angemessen erscheint.

Eventuell kämen Anthelmintica in Frage.

Bei der Erkältungskolik sind besonders kalte Füsse und das kalte Baden als Ursache zu berücksichtigen.

Invaginatio (Intussusceptio) ist eine ernste und leider nicht so seltene Erkrankung, die besonders das erste Lebensjahr und in diesem wieder die ersten Monate befällt; vom 2.—5. Jahre nimmt sie rasch an Häufigkeit ab.

Der mechanische Vorgang ist der, dass sich ein engerer Theil des Darms in einen weiteren hinein-, oder ein weiterer über einen engeren hinüberstülpt; beides kommt vor, besonders das letztere an der Ileocoecalklappe. Am häufigsten schiebt sich der unterste Theil des Ileum oder dieses sammt dem Coecum und einem Stücke des Colon ascendens zugleich in den Dickdarm. Begünstigend sollten nach früheren Anschauungen Darmkrankheiten, besonders Diarrhöen, wirken; thatsächlich tritt die Invagination oft ganz plötzlich bei vordem vollkommen gesunden Kindern auf.

Die Invagination leitet sich klinisch meist durch einen heftigen Kolikanfall ein; rasch folgen starkes Drängen und Auspressen von blutigen oder blutig-schleimigen Massen, Anfangs noch mit Fäcalien gemischt; diese Blut- und Schleimmassen entstammen der Schleimhaut des invaginirten Darmstückes, welches in Folge der in der Eingangspforte erfahrenen Einschnürung alle Merkmale der Stase, Schwellung und Exsudation zeigt. Bald werden dementsprechend die Entleerungen reichlicher, mehr weniger rein blutig; alle Zeichen des Darmverschlusses und des durch die Abschnürung plötzlich hervorgerufenen Shocs treten ein: allgemeine grosse Unruhe, Erbrechen, rascher Verfall, Schmerzhaftigkeit des Abdomens spontan und auf Berührung, zunehmende Tympanie. Der Sitz der Invagination lässt sich in geeigneten, frischen Fällen bei noch weichem, nicht tympanitischem Abdomen, bei vorsichtiger Betastung als ein wurstförmiger Tumor herausfinden; seltener erreicht wohl auch der hoch ins Rectum hinaufgeführte Finger die Kuppe des invaginirten Darms als rundliche Resistenz. Ein zweifacher weiterer Verlauf ist möglich: entweder die Invagination löst sich spontan resp. auf glückliche therapeutische Eingriffe hin, und damit schwinden rasch alle die bedrohlichen Symptome: der Tumor, das Erbrechen, die blutigen Stühle; es tritt Ruhe, Schlaf, Entleerung von Flatus und Fäces und ganz allmählich Genesung ein; aber dann droht noch leicht ein Recidiv. Oder aber die blutigen Stühle, das Erbrechen häufen sich, das schreckliche Bild des Ileus wird immer deutlicher, und der Tod erfolgt in zunehmendem Collaps, seltener in einem eclamptischen Anfall oder durch Perforationsperitonitis.

In anderen Fällen ist Eintritt und Verlauf der Invagination ein langsamerer und milderer; die Entleerungen sind mehr schleimig-blutig, zwischendrein fäculent; es sind das die selteneren Ausnahmen, in denen der Darmverschluss ein unvollständiger ist, die Shocerscheinungen ausbleiben.

Die Diagnose ist bei dem typischen Krankheitsbilde (Fehlen von Fäces, dafür Blut und Schleim, Zeichen von acutem Ileus) meist nicht zweifelhaft, die Prognose unter allen Umständen sehr ernst.

Die Heilung kann spontan erfolgen, indem die Serosa des invaginirten Darmtheils mit der des ihn umgebenden verklebt, Druckgangrän des ersteren Stückes eintritt, das unter stinkenden Diarrhöen abgeht, wodurch die freie Communication wieder hergestellt wird. In der Regel wird man diese wunderbare Naturheilung nicht abwarten, sondern activ eingreifen, indem man zunächst den ganzen Darm durch Opium stillstellt und damit einer weiteren peristaltischen Invagination vorbeugt, sodann das invaginirte Darmstück zurückzubringen trachtet; letzteres erstrebt man rein mechanisch durch Einführung langer, mit Schwamm gedeckter Sonden, durch sehr reichliche Eingiessungen von kaltem oder Eiswasser oder Einblasungen von Luft oder Kohlensäure; einen Erfolg kann man freilich nur erwarten, wenn die Invagination nicht allzu hoch oben im Darme sitzt, und durch sehr sorgsame Handhabung, ganz allmählige Drucksteigerung eine Beschädigung, Zerreissung des Darmes vermieden wird; Voraussetzung ist ferner, dass die Invagination noch nicht so lange besteht, dass bereits eine Verklebung der Serosae erfolgte. Gute Erfolge sind von einer geschickten Massagebehandlung gerühmt und zweifellos zu erzielen. Das sicherste Resultat ergiebt jedoch eine frühzeitig bei gut erhaltenen Kräften, fehlenden Entzündungserscheinungen vorgenommene Laparotomie und Reposition des Darms, für die freilich die genaue Kenntniss des Sitzes der Invagination mindestens sehr wünschenswerth ist.

Eisstücke, eisgekühlte Getränke und Narcotica wären lediglich symptomatisch gegen das Erbrechen, die Schmerzen zu versuchen; ebenso versteht sich vollkommene Abstinenz von anfänglich aller, später von jeder consistenten Nahrung; von einem mehr als symptomatischen Erfolg der Kussmaul'schen Magenausspülungen habe ich mich nicht überzeugen können.

Prolapsus ani. Das Herausdrängen des untersten Darmabschnittes bietet den Anblick des umgestülpten Darms mit einer durch active Hyperämie und passive Stauung gerötheten und geschwellten, leicht blutenden Schleimhaut; der Prolaps ist wurstförmig und zeigt mehr weniger ausgesprochene Querfaltung; dem undeutlich sichtbaren Darmlumen entquillt spärliche fäcale und blutig-schleimige Flüssigkeit; war die Schleimhaut länger der Luft ausgesetzt, so sondert sie ein reichlicheres serös-schleimiges und meist auch blutig gefärbtes Secret ab.

Vorbedingung des Mastdarmvorfalls ist stets ein Schwächezustand der Sphincteren und zwar spec. des Sphincter externus (I u. II) und der umgebenden Dammmuskulatur; dieser Schwäche- oder Erlahmungszustand wird durch fortwährendes Pressen und Drängen mit starker Erweiterung der meist für einen oder mehrere Finger leicht durchgängigen Analöffnung hervorgerufen, von einer Erschlaffung des an sich weiteren und schlafferen untersten Darmabschnitts und allgemeiner Körperschwäche unterstützt. Veranlassung zu dem häufigen und heftigen Drängen sind ebenso gut Enterokatarrhe, wie Obstipation und Askariden, sodann Blasenstein, Phimose mit Dysurie, selten auch einmal Pertussis. Der Vorfall an sich giebt erneuten Anlass zum Drängen.

Die Diagnose ist à vue gegeben, die Prognose durch die oft grosse Hartnäckigkeit des Uebels getrübt, doch im Allgemeinen günstig.

Die Therapie hat den Vorfall, wenn er nicht nach vollendeter Defäcation eventuell in Knieellbogenlage spontan zurückgeht, zu reponiren und dann vor allem die Ursachen des starken Drängens zu beseitigen, Katarrh, Obstipation etc. zu behandeln (s. o.; stets denke man, besonders bei älteren Knaben, an Blasenstein); sodann gilt es, die Sphincteren wieder zu kräftigen, die Erschlaffung der Darmmuscularis zu beheben. In dieser Richtung empfehlen sich Injectionen von Strychnin (0,0005—0,005 und mehr steigend), oder Ergotin in die Umgebung des Anus, täglich einmal, später seltener; auch Kauterisation der prolabirten Schleimhaut mit dem Höllensteinstift, strichförmige Verätzung mit dem Paquelin können die Heilung unterstützen.

In hartnäckigen Fällen versuche man den vermittelst eingeölter Leinwandläppchen in Knieellbogenlage, nöthigenfalls in Narkose reponirten Prolaps für längere Zeit durch einen Verband zurückzuhalten, dessen Bindenzügel von einem Leibgurt ausgehend, kreuzweise neben dem Scrotum resp. den grossen Labien vorbeigeführt, den Damm und die Analöffnung comprimiren; bei gleichzeitiger Verabreichung von Opium und angemessener Diät kann ein solcher Verband Tage lang liegen und braucht erst, wenn Deficcation droht oder nothwendiger Weise durch Lavements erzielt werden soll, gewechselt zu werden. Die Einführung von zurückhaltenden Röhren, Tampons und dergleichen halte ich für verfehlt. — Im äussersten Falle kann man zu grösseren chirurgischen Eingriffen, Excision oder Exstirpation, gezwungen werden.

Um Rückfällen vorzubeugen, ist es sodann wichtig, das starke Pressen der Kinder auch dadurch zu verringern, dass man sie nicht auf dem Boden hockend, sondern liegend oder auf einem Stuhl sitzend ihre Fäces in das Nachtgeschirr entleeren lässt, weil dabei die Beine herabhängen, nicht aufgestemmt werden können.

Mastdarmpolypen. Von malignen Tumoren abzusehen, haben die sog. Polypen, erbsen- bis kirschgrosse Tumoren von weicher oder fleischiger Consistenz, die sich anatomisch meist als adenoide Wucherungen der Schleimhaut erweisen, eine besondere Bedeutung. Sie sitzen gewöhnlich gestielt meist über dem Musculus sphincter externus, selten höher, bisweilen multipel; sie werden in der Regel erst nach dem 2. Lebensjahr gefunden und verrathen sich durch Störungen der Defäcation, Diarrhöe abwechselnd mit Obstipation, Tenesmus, und vor allem durch Blut- und Schleimabgang aus dem Anus; ernstere Symptome, beispielsweise Eclampsie, sind sehr selten. Dagegen geben die Mastdarmpolypen wohl die häufigste Ursache aller Darmblutungen im Kindesalter ab. Zuweilen werden sie bei starkem Drängen sichtbar, in anderen Fällen entdeckt sie der palpirende Finger; hie und da gehen sie wohl auch spontan ab, indem der dünn ausgezogene Stiel abreisst.

Die Therapie besteht in Ligatur oder Abtrennen während des Herausdrängens resp. im Speculum.

Fremdkörper, speziell verschluckte Nadeln, Münzen, Perlen, Fruchtsteine, geben im Verhältniss zu der Häufigkeit ihres Vorkommens selten Anlass zu ernsten Störungen, Darmocclusion,

Perityphlitis, Perforation, Peritonitis, gehen vielmehr meist anstandslos wieder ab.

Man beschleunige diesen Abgang nicht durch die Peristaltik erregende Laxantien, sondern versuche es eher, den Fremdkörper durch sofortiges reichliches Füttern mit Kartoffelbrei zu umhüllen und schonend durch den Darm zu geleiten.

Entozoën. Während auf der einen Seite zuzugeben ist, dass den Eingeweidewürmern früher selbst von den Aerzten eine übertriebene Bedeutung als Erreger aller möglichen Krankheiten und Erscheinungen beigelegt wurde, dass Laien vielfach noch heute ihren Einfluss zu überschätzen sehr geneigt sind, worin sie von allerlei Wunder- und Wurmdoctoren leider bestärkt werden, so ist doch andererseits zu betonen, dass die Entozoën zwar häufig, ja sicher in der Mehrzahl der Fälle ziemlich harmlose Mitesser sind, hie und da jedoch den Allgemeinzustand direct oder reflectorisch auf das Unangenehmste in Mitleidenschaft ziehen können.

Einer der häufigsten und unschuldigsten der Entozoën ist der Ascaris lumbricoides, der Spulwurm, dessen Naturgeschichte, wie die der anderen, als bekannt vorausgesetzt werden darf. Seine in ungeheurer Zahl producirten Eier gelangen wohl mit dem Wasser, mit Obst und Gemüsen oder direct vom Boden aus in den Mund und Magen und entwickeln sich im Dünndarm. Die Existenz des Wurms verräth sich gewöhnlich erst durch den Abgang ex ano, selten durch Auswürgen aus dem Magen. Die Gesundheit beeinträchtigen können die Ascariden wohl für gewöhnlich nur, wenn sie in einer übergrossen Anzahl vorhanden, die Intestinalschleimhaut vielfältig verletzen, reizen, Kolik, Dyspepsie, Uebelkeit und Erbrechen, ausnahmsweise auch einmal Krämpfe choreatischer oder eclamptischer Art erregen. Mattigkeit, Magerkeit, Unruhe und bleiches Aussehen, Nasenjucken, weite Pupillen gelten gewöhnlich als Folgen des Reizes zahlreicher Ascariden. Bedenklichere Zufälle können bei der Wanderung von Ascariden entstehen, so, wenn dieselben in den Gallengang, in den Larynx, durch Darmulcera in den Peritonealsack eindringen; selbst Ileus, hervorgerufen durch einen grossen Ballen von Ascariden, ist beschrieben worden.

Ihre Beseitigung gelingt leicht, da sie fast specifisch auf Santonin reagiren, das am Besten in Ol. Ricin. gegeben oder, wenn in der angenehmeren Form von Pastillen, Chocoladenplätzchen verabreicht, um einer Intoxication vorzubeugen und die abgetödteten Würmer zu entleeren, zweckmässig von einem Laxans gefolgt wird.

Während der Spulwurm fast in dem ganzen Darm und speziell dem Dünndarm gefunden wird, hält sich Oxyuris vermicularis, der Madenwurm, mit Vorliebe im untersten Darmabschnitte auf; sein Vorkommen ist meist ein massenhaftes. Die von ihm gemachten Erscheinungen sind locale als Jucken, Kribbeln im After, das speziell des Abends nach dem Schlafengehen auftrit, zu welcher Zeit man die Würmer manchmal aus dem Darm herausgekrochen, im Bett vorfindet; ausnahmsweise vermögen sie selbst heftige Schmerzanfälle hervorzurufen. Durch Ueberwanderung in die Nachbarschaft können sie in der Vagina Fluor, in den Inguinalfalten Eczem erzeugen. Dass sie die Kinder beunruhigen und aufregen, den Schlaf stören, vielleicht Pavor nocturnus hervorrufen, ist zuzugeben.

Santonin wirkt auf die Oxyuren schlecht; ihre Inangriffnahme muss besonders örtlich sein mittelst wiederholter hoher und grosser Eingiessungen von Essigwasser (30 %), Knoblauchabkochung, nur mit grösster Vorsicht Sublimatlösungen. Durch Laxantien sorge man zwischendrein dafür, dass die höher sitzenden Würmer nach unten abgeführt werden. Innerlich wirksam ist besonders Naphthalinum purissimum.

Gegen Pruritus ani und Ueberkriechen der Würmer aus dem Anus heraus wird Ungt. ciner. empfohlen; die Kinder sind am Kratzen ad anum zu verhindern, weil dem Finger anhaftende Eier auf die Weise in den Mund gelangen und so den Darm von Neuem inficiren können.

Bedeutungsvoller sind schon die Bandwürmer, von denen die Taenia mediocanellata (aus der Finne des Rindes) am häufigsten, seltener T. solium (Finne des Schweines), noch seltener Botriocephalus latus (Finne in Fischen) oder T. cucumerina und T. nana vorkommt.

Meist machen die Tänien keinerlei Symptome; erst der Abgang von Proglottiden verräth den Gast; doch lässt es sich verstehen, dass grosse oder mehrfache Bandwürmer und besonders Botriocephalus latus Anämie, Ernährungsstörungen verursachen können; ebenso werden Gastralgie, Enteralgie, Heisshunger, Uebelkeit, Erbrechen, Schwindel ihnen wohl mit Recht zugeschrieben. Selten sind auch hier schwerere Reflexwirkungen als Singultus, Parästhesien, Chorea, Eclampsie mit Sicherheit auf die Tänie zu beziehen.

Prophylactisch sei man mit dem Verabreichen von rohem Fleisch vorsichtig, lasse jedenfalls nur thierärztlich untersuchtes und finnenfrei befundenes Fleisch geniessen, und empfehle den Müttern, dasselbe eigenhändig zu schaben und alle verdächtigen Theile auszumerzen.

Der Bandwurmcur geht zweckmässig eine Vorbereitungscur voraus, die einmal den Darm entleert, so das Mittel möglichst unverdünnt und direct zur Einwirkung bringt, sodann den Bandwurm bereits beunruhigt, zum Abfallen geneigter macht. Man giebt den Abend vorher ein tüchtiges Abführmittel, älteren Kindern etwas Häringssalat, jüngeren nur mehr Thee oder Kaffee. Die eigentliche Cur beginnt den folgenden Morgen; man belasse die Patienten im Bett und gebe das Mittel nach und zusammen mit wenig Kaffee oder Thee, um Erbrechen zu vermeiden. Als wirksam empfehlen sich vor allem ein gutes, frisches Extract. Filicis maris aethereum 4—8 gr, das sich zusammen mit Mel depuratum 20 gr in 3 Portionen halbstündlich ganz gut nimmt.

Noch kräftiger wirkt ein Macerationsdecoct von frischer Granatwurzelrinde (10—20 gr) zusammen mit Extr. Fil. mar., das wegen des schlechten Geschmacks ev. vermittelst Schlundsonde einzuführen ist. Ein gutes Mittel ist auch Kousso in Pulver-, bei älteren Kindern in Tablettenform (10—20 gr). Die Samen der Cucurbita maxima (nicht unseres Kürbisses, sondern des südländischen) sind von zweifelhafterem Erfolg, noch fraglicher die Kamala und das sehr theure Pelleterinum tannicum.

Ist das Mittel genommen, nicht in zu grossem Bruchtheil erbrochen, und zögert die Ausstossung des Parasiten, so strebt man nach einigen Stunden durch Kaltwasserklystiere, ein Laxans die Entfernung der betäubten oder abgestorbenen Tänie an; eine sorgfältige Untersuchung der gesammten, genau gesammelten, mit Wasser aufgeschwemmten und durch ein Stück Gaze gegossenen Entleerungen muss den Bandwurmkopf nachweisen, soll sicherer Erfolg gewährleistet werden können.

Erst zum Nachmittag oder Abend gebe man dann dem Kinde etwas schleimige Suppe; auch halte man noch einige Tage vorsichtige Diät.

Wiederholt werden kann die Kur, wenn nöthig, erst einige Wochen später, wenn der Bandwurm nachgewachsen, wieder Glieder abstösst, und das Kind sich von der immerhin angreifenden und unangenehmen Procedur erholt hat. Sehr jugendliches Alter und Schwächezustände verbieten überhaupt jede Kur.

Angeborene Verengerung und Verschluss des Darms. Congenital kommen bei Neugeborenen Verengerungen, selbst vollständiger Verschluss und Defecte im Darmkanal vor, deren Entstehung auf intrauterine entzündliche Processe sowie Bildungshemmungen zurückgeführt wird. Beobachtet sind neben echten Missbildungen angeborene Enge eines Darmabschnitts bis zu vollkommener Obturation, faltenförmige Stricturen sowie vollständige oder unvollständige Abschnürung des Darmrohrs durch peritoneale Bindegewebsstränge.

Totaler Mangel und ausgedehnte Defecte des Darmrohrs kommen nur bei hochgradiger Missbildung vor. Häufiger schon sind kleinere Defecte und Verengerungen; recht selten findet man die Bildung einer Scheidewand innerhalb des Darmlumens; am häufigsten ist die Atresia ani und die Allantoiskloake.

Die Atresieen und Defecte des Dünndarms werden vorzugsweise ober- und unterhalb des Tuberculum Vateri im Duodenum gefunden, seltener dicht vor dem Coecum.

Anatomisch wie klinisch sind die Fälle von Atresie und Defect oder Verengerung im Darmkanal dadurch gekennzeichnet, dass sich oberhalb der Strictur eine Erweiterung des Darms ausbildet oder schon ausgebildet hat, die sich durch tympanitische Auftreibung der Darmschlingen mit lautem Darmschall, durch eine oft zu beobachtende lebhafte Peristaltik und auch Antiperistaltik verräth; unterhalb collabirt der Darm mehr weniger. Je nach dem Grade der Verengerung kommt es zum Abgang von schafkothähnlichen Stühlen, Obstipation bis zum vollständigen Fehlen von Fäces und entsprechend allen Erscheinungen von der Anorexie, Aufstossen, Erbrechen bis zu den typischen Symptomen der Peritonitis und des Ileus, wie sie bei vollständigem Darmverschluss binnen wenigen Tagen zum Tode führen, während bei leichteren Graden der Verengerung das Leben, wenn auch unter vielen Störungen und Beeinträchtigungen der Entwickelung, eine Zeit lang fortgeführt werden kann.

Am Dickdarm finden sich die häufigsten congenitalen Verengerungen und Obliterationen vor und zwar in Gestalt der Allantoiskloake und der Atresia ani, also angeborener Entwickelungshemmungen und Missbildungen. Ihre Bedeutung ist eine rein chirurgische, so dass hier nicht näher auf dieselben eingegangen zu werden braucht; ebenso wenig auf die gleichfalls relativ häufige Bildung eines Meckel'schen Darmdivertikels, eines Restes des Ductus omphalomesentericus, das unterhalb des Nabels nach aussen münden und Fäces entleeren kann; auch sind gerade bei Individuen jüngeren Alters Incarcerationen beschrieben, welche durch Stränge veranlasst wurden, die von einem Meckel'schen Divertikel ausgingen und den persistirenden Dottergefässen entsprachen.

Die Krankheiten des Bauchfells.

Peritonitis acuta. Die Peritonitis acuta ist in den seltensten Fällen eine primäre Erkrankung. Bei Neugeborenen entwickelt sie sich häufig aus einer septischen Nabelentzündung heraus, oder sie ist Theilerscheinung der sog. puerperalen Infection: viel seltener sind die Beobachtungen, in denen angeborene Darmocclusion, Perforation eines Fremdkörpers, Coprostase eine mehr weniger acute Peritonitis zur Folge hat.

Im späteren Kindesalter geht die acute Peritonitis weitaus am häufigsten aus einer Perityphlitis hervor; sodann kann sie den letalen Endprocess einer Invagination darstellen; ziemlich zahlreich sind acute Peritonitiden in dem Gefolge von tuberculöser Erkrankung der Mesenterialdrüsen (Verkäsung und Vereiterung) und des Darms; auch acute Infectionskrankheiten, bes. Erysipel und Scarlatina, auch scarlatinöse Nephritis erregen hie und da Entzündungen des Bauchfells. Recht selten ist im Allgemeinen das Uebergreifen eines acuten entzündlichen Processes vom Darm auf das Peritoneum (bei schwerer Enteritis), am seltensten die acute Perforationsperitonitis bei typhösen Darmgeschwüren oder gar Magenulcus, Dysenterie, oder in Folge Berstens eines Echinococcus der Leber, von perforirendem Kothstein, Durchbruch eines paranephritischen Abscesses.

Endlich können auch durch Ueberwandern von Pneumoniecoccen durch das Zwerchfell hindurch, von Gonococcen aus der Vagina in Uterus, Tuben und Peritonealsack, von Bacterium coli aus dem Darm, endlich durch heftige, die Bauchwand treffende Traumen acute Bauchfellentzündungen erzeugt werden.

So zahlreich also die Entstehungsmöglichkeiten, so schwierig die Feststellung der Aetiologie im einzelnen Falle, so leicht ist die Erkennung der Krankheit als solcher; das Krankheitsbild ist meist dasselbe typische wie beim Erwachsenen; das ganze Aussehen, besonders der Gesichtsausdruck lassen sofort ein schweres Leiden errathen; den Beginn machen in der Regel Erbrechen und heftige Schmerzen; der Leib wird rasch aufgetrieben, meist hart gespannt, er ist immer druckempfindlich; die Zunge ist trocken, belegt, die Lippen fieberhaft; an Stelle des Appetits tritt stets brennender Durst; quälende Ructus, nicht immer Erbrechen zeigen sich dauernd; der Stuhl ist öfters obstipirt als diarrhöisch; die Respiration ist beschleunigt, oberflächlich, stöhnend; der Puls klein, meist sehr frequent und hart. Die Urinsecretion wird spärlich, die Entleerung der Blase erfolgt öfters nicht mehr spontan; das Fieber ist besonders im Anfang hoch, kann aber auch vollkommen fehlen. Rasch stellen sich Collapserscheinungen ein: kühle Extremitäten, Facies Hippocratica, Pulsus debilis.

Ein entzündliches Exsudat ist nicht immer nachweisbar, da meteoristische, obenauf schwimmende Darmschlingen es verdecken. Verklebungen es in der Tiefe abkapseln können; kaum je ist es als ein frei bewegliches nachweisbar; in der Regel lassen sich höchstens circumscripte Dämpfungen herauspercutiren; peritoneale Reibegeräusche sind sehr selten.

Nur in der Minderzahl der Fälle wird unter Nachlassen aller Erscheinungen, besonders der Schmerzen, des Erbrechens, des Meteorismus die Entzündung allmählich abklingen; ebenso selten findet eine Spontanheilung in Folge Perforation des Exsudates durch den Nabel, als den nachgiebigsten Theil der Bauchwand, oder in den Darm, die Blase statt; die Prognose ist meist sehr ernst zu stellen. Eine antiphlogistische Behandlung mit Eis, ev. Blutentziehung nützt wenig und vermehrt die Gefahr des Collapses; Opium intern stellt den Darm ruhig und ist bei den heftigen Schmerzen schon aus diesem Grunde nicht zu entbehren; die Diät kann nur flüssig und kalt sein (Thee, Eismilch, Cognacwasser, Beaftea); der Collaps ist mit bekannten Mitteln, also vor allem Alkohol, zu bekämpfen.

Die einzig aussichtsvolle Therapie besteht in einem chirurgischen Eingriff, der Laparotomie und dem Aufsuchen, der Entfernung resp. Drainage des primären Entzündungsheerdes oder des ganzen Peritonealsackes. Nur schade, dass einmal Kinder einen solchen Eingriff schwer überstehen, sodann aber der genaue örtliche Nachweis der ursächlichen Ausgangsstelle in den wenigsten Fällen gelingt.

Peritonitis chronica. Die chronische Peritonitis ist eine ziemlich häufige und in vielen Fällen diagnostisch interessante Krankheit des Kindesalters.

Während man früher ihre Entstehung fast ausnahmslos der Tuberculose zuschrieb, müssen wir heute zwar zugeben, dass die tuberculöse Form weitaus die häufigste, aber nicht die einzige Form der chronischen Bauchfellentzündung ist.

Bei der erschreckenden Häufigkeit der Tuberculose im Kindesalter kann es nicht weiter Wunder nehmen, dass sich der Tuberkel-Bacillus öfters vorwiegend oder ausschliesslich in dem Verdauungsapparat ansiedelt, besonders in Anbetracht dessen, dass bei dem Genuss roher oder mangelhaft gekochter Milch oft genug Bacillen aus perlsüchtigen Kühen aufgenommen werden.

Die tuberculöse Erkrankung des Bauchfells kann eine isolirte sein, öfter ist sie aber combinirt mit tuberculösen Affectionen des Darms, der Mesenterialdrüsen, des Urogenitalapparates, so dass es thunlicher erscheint, die chronische tuberculöse Peritonitis unter der Tuberculose der Unterleibsorgane abzuhandeln.

Viel seltener als die Peritonitis tuberculosa ist die Peritonitis chronica simplex. Dieselbe verläuft unter dem Bilde einer ganz allmählich sich entwickelnden, langsam zunehmenden, mit geringfügigen, zeitweisen Schmerzen und dyspeptischen Störungen einhergehenden Volumszunahme des Abdomens, deren Ursache neben Tympanie die Ansammlung eines grünlichen, ziemlich klaren Fluidums ist. Als entzündliches Product erweist sich dasselbe durch seinen Gehalt an reichlichem Albumen, an Lymphzellen, Fibrinflocken; daneben finden sich fibrinöse Auflagerungen auf dem Peritoneum, welche wohl auch ein deutliches Reibegeräusch abgeben, wie Tumoren sich anfühlen können, peritonitische Schwartenbildung zwischen den Gyri, Schrumpfungen des Mesenteriums, manchmal förmliche Granulationsbildungen, die makroscopisch als tuberculöse Granulationen imponiren können. — Dabei besteht meist Appetitlosigkeit, Dyspepsie; der Stuhl ist öfter obstipirt, seltener diarrhöisch und zeigt wohl auch durch reichlichen Fettgehalt thonfarbiges Aussehen; Erbrechen ist selten, Anämie häufig vorhanden.

Klinisch lässt sich das Exsudat meist leicht durch Percussion, ev. Punction, lassen sich die Schwarten, Strangbildungen und dergleichen durch Palpation nachweisen; die Schwierigkeit der Diagnose beginnt mit der Frage, ob Ex- oder Transsudat, die meist nur durch Untersuchung der Flüssigkeit, nach einer Entleerung derselben durch Palpitation der Leber, Milz in Narkose entschieden wird.

Hat man Ascites durch Leberaffectionen ausgeschlossen, so bleiben die Ursachen der chronischen Entzündung noch häufig genug verschleiert. Hie und da eruirt die Anamnese ein Trauma, das den Unterleib getroffen, und das wir schon als Ursache der acuten Peritonitis kennen lernten. In einzelnen Fällen, besonders bei älteren Mädchen, müssen wir die chronische Peritonitis in die Rubrik jener Bauchfellentzündungen verweisen, welche bei Mädchen und jungen Frauen öfters beobachtet und auf Entwickelungsvorgänge in den inneren Genitalien zurückgeführt werden. Bei den meisten Kindern ist eine Ursache mit Bestimmtheit überhaupt nicht herauszufinden; als solche hat man noch acute Infections-Krankheiten, speziell Masern herangezogen, wofür mir 2 Fälle bekannt wurden.

Die schwierige, ätiologisch und damit prognostisch entscheidende Diagnose ist meist nur per exclusionem zu stellen. Vor allem gilt es, einen tuberculösen Ursprung auszuschliessen. Ausschlag gebend ist hier das meist wenig, oft gar nicht gestörte Allgemeinbefinden, der Ernährungszustand, der Verlauf. Sodann können die oft centimeterdicken peritonealen Schwarten, die schwieligen Verdickungen einzelner Darmwandtheile Tumoren (Sarkom) vortäuschen; auch hier entscheidet für ein malignes ätiologisches Moment bald die Zeit.

Bei einfacher chronischer Peritonitis ist der Verlauf meist günstig, die Therapie von Erfolg begleitet.

Man lasse solche Kinder wenigstens vorwiegend Bettruhe halten; die Ernährung sei eine ganz leicht verdauliche, reizlose, dabei roborirende (Milch, Eier, Brühe, Wein, leichtes Fleisch). Oertlich suchen hydropathische Umschläge, Soolumschläge, Einreibungen von Ungt. ciner. oder Jodoformsalbe, Jodpinselungen die Resorption anzuregen. Bei Verstopfung gebe man Klystiere oder milde pflanzliche Laxantien, gegen Diarrhöe Bismuth, Opiate besonders bei Schmerzen.

Die allgemeine Ernährung, die Blutbeschaffenheit suchen Eisenpräparate, Malz, wenn vertragen, Leberthran und Lipanin, wohl auch Soolbäder und Luftkuren zu heben. Nimmt die Exsudatbildung bedenkliche Ausdehnung an, so muss eine Punction Erleichterung schaffen; dieselbe ist nötigenfalls mehrmals zu wiederholen.

Bei dieser Behandlung tritt in vielen Fällen volle, dauernde Heilung ein. Bleibt nach den geschilderten mehrwöchentlichen Versuchen der Erfolg aus, so ist unbedingt die Laparotomie zu versuchen, die, relativ gefahrlos, in mehreren Fällen ein glänzendes Resultat zu verzeichnen hatte.

Perityphlitis und Appendicitis bieten im Kindesalter keinerlei Besonderheiten weder nach Aetiologie, noch nach Krankheitsverlauf und Behandlung; sie kommt nicht häufiger zur Beobachtung wie bei Erwachsenen, obwohl die relativ grössere Weite des Processus vermiformis dem Eindringen von Fremdkörpern leichter Gelegenheit bietet.

Ihre Erscheinungen entwickeln sich, wie bekannt. Dabei sprechen allmählicher Beginn mit Obstipation, mässige Schmerzhaftigkeit, geringer Meteorismus, leichtes Fieber, deutlich abgegrenzter Tumor mehr für Typhlitis stercoralis, plötzliches Erkranken, heftige entzündliche Schmerzen, starke Leibesauftreibung, schwere Betheiligung des Allgemeinbefindens, hohes Fieber, Schüttelfröste, diffusere Resistenz eher für Appendicitis. Doch kommen alle möglichen Uebergänge vor, und am Ende sind für

Entwickelung und Prognose des Processes die Widerstandsfähigkeit des Organismus und die Virulenz der die Darmwand und das Peritoneum inficirenden Mikroorganismen entscheidend.

Als Abweichungen von dem typischen Verlauf sind Diarrhöen beobachtet.

Die Prognose ist stets dubiös, nur bei einfacher Stercoral-Entzündung günstig; die Gefahr liegt in der acut einsetzenden Ausbreitung der Entzündung auf das gesammte Peritoneum, in zweiter Linie in der Entwickelung ausgedehnter, nach dem Becken hinab oder auch hinter die Niere, zwischen Leber und Zwerchfell hinauf, in die Pleurahöhle dringender Abscesse. Recidive sind häufig und legen eine operative Behandlung nahe.

Die Therapie sei die altbewährte Opiumbehandlung, die auch bei Kindern die besten Resultate giebt, sowie die strengste Regelung der Diät; es genügen im Anfang durststillende eisgekühlte Getränke wie Thee, Cognacwasser, Champagner; später Bouillon; daneben versuche man Nährklystiere, die freilich nicht immer behalten und selten lange vertragen werden; erst ganz allmählich und vorsichtig gehe man, nachdem die Zunge sich gereinigt, Appetit sich eingestellt hat, und spontane Defäcation erfolgt ist, zu consistenterer Nahrung über: erst Kalbsmilcher und Kalbshirn gesotten und durch ein Haarsieb gedrückt in Bouillon, dann gebacken, Caviar, Austern, wenn genommen, geriebenes Geflügelfleisch, Schabefleisch, geschabter roher Schinken, Cakes, Zwieback, eingeweichtes Weissbrot, Reis, Gries und dergl. — Lokal wendet man zu Anfang Eisblase resp. Eiscompressen, später hydropathische bez. Breiumschläge an.

Nur bei reiner Stercoralstauung dürften hohe Mastdarmeingiessungen mit Wasser, Oleum Lini und Seifenlösung aā geeignet sein, die Heilung herbeizuführen.

Sobald ein eitriges Exsudat anzunehmen, ev. durch Probepunction nachweisbar ist, überantworte man den Fall dem Chirurgen, der bei rechtzeitigem Eingriff durch Drainage, Entfernung des Processus vermiformis sammt etwa eingekeiltem Fremdkörper oder Perforationsulcus hier glänzende Erfolge erzielt.

Tuberculosis abdominalis. Dass bei der Verbreitung der Tuberculose unter dem Rindvieh, besonders durch den Genuss der beliebten sog. kuhwarmen, rohen oder mangelhaft gekochten Milch, oft genug Bacillen tuberculöser Kühe ihren Weg in die kindlichen Verdauungsorgane finden, erklärt zu einem Theil die Entstehung der Intestinal-Tuberculose; die Küsse tuberculöser Mütter und Pflegerinnen, die nicht auszurottende Unsitte, das Getränk der Säuglinge mit dem Munde zu prüfen, sowie das

Verschlucken von bacillenhaltigem Sputum geben die anderen möglichen Quellen der Infection ab. Begünstigend wirken die grosse Disposition des Kindesalters zur Tuberculose überhaupt, sowie die häufigen Dyspepsieen desselben. Pertussis und Morbilli, Heredität schaffen einen günstigen Boden für die eingedrungenen Bacillen.

Die Tuberculose des Unterleibes ist keine häufigere Erkrankung; sie ist selten isolirt und primär, meist mit Tuberculose anderer Organe vergesellschaftet. Die ursächlichen resp. complicirenden Erkrankungen sind Heerde in den Bronchialdrüsen, Lungen, Knochen, Genitalien.

Die Erscheinungsformen der Unterleibstuberculose sind einmal und zwar seltener die chronische tuberculöse Peritonitis, deren klinische und physikalische Symptome im grossen Ganzen denen der einfachen chronischen Peritonitis gleichen: Volumszunahme des Unterleibes, Tympanie und Exsudat, ectatische Venae epigastricae, Anorexie, hie und da Schmerzen; unstillbare Diarrhoen rühren dabei von einer das Bild complicirenden Darmtuberculose her; bei im Allgemeinen länger, bis über ein Jahr sich hinziehendem Verlauf erweist sich der deletäre Character des Leidens freilich meist früh genug durch die schwere Mitbetheiligung des ganzen Körpers, die zunehmende, unaufhaltsame Abmagerung, Schwäche, Anämie, unregelmässiges Fieber. Selten tritt die tuberculöse Infection des Peritoneums unter dem Bilde der acuten, rapid verlaufenden Peritonitis oder einer typhoiden Erkrankung auf. Der Tod erfolgt unter zunehmender Herzschwäche oder infolge einer zufälligen Complication.

Die zweite Form der Unterleibstuberculose, die eigentliche Darmtuberculose, ist anatomisch gegeben durch den chronischen Katarrh und die Bildung echter Tuberkel und tuberculöser Folliculärulcerationen meist im Dünndarm, speziell im untersten Theil, doch auch im Dickdarm bis in den Mastdarm hinab, sodann durch Infiltration und Verkäsung der Mesenterialdrüsen, Tuberculose der abdominalen Lymphgefässe; durch ihre überwiegende Häufigkeit sind die tuberculösen Darmulcera die wichtigsten im Kindesalter vorkommenden.

Die klinischen Lokalsymptome der Darmtuberculose sind anfänglich dunkel und treten, wie bei der Lungentuberculose gegenüber der allgemeinen Ernährungsstörung in den Hintergrund. Die Kinder leiden an zunehmendem Appetitmangel, meist zeigen sie dabei erhöhten Durst; die Zunge ist oft trocken, etwas belegt, der Leib öfters tympanitisch, gespannt, bald druck-, bald spontanempfindlich; zeitweise treten Koliken auf, der Stuhl ist abwechselnd verzögert, selbst hartnäckig verstopft, öfters diarrhöisch; die Diarrhoën sind meist unstillbar resp. recidivirend. Die diarrhöischen Stühle weisen durch Geruch und Aussehen auf Zersetzungen im Darm hin und enthalten öfters Schleim, selbst Eiter und Blut; bei complicirender Peritonitis lässt sich manchmal Exsudat nachweisen; die Lymphdrüsen, speziell in den Inguinalfalten, schwellen an, sehr selten sind vergrösserte Peritonealdrüsen fühlbar; es treten unregelmässige Fieberbewegungen auf, die bald hectischen Character annehmen. Gestützt wird die Diagnose durch das Auffinden anderweitiger tuberculöser Krankheitsheerde; meist hat sich auch Fettleber entwickelt.

Allmählich kommt es zu dem typischen Bilde der schweren Atrophie; unter zunehmender Erschöpfung durch Anorexie. Diarrhoën, Schmerzen, Meteorismus, Fieber, Nachtschweisse, Oedeme, erliegen langsam oft erst nach vielen Monaten die Kinder. wenn nicht eine Meningitis tuberculosa, eine Perforationsperitonitis ein rasches Ende bereitet. Seltene Vorkommnisse sind der Durchbruch eines Perforationsabscesses nach aussen, sodass Darm und Abscessöffnung communiciren, oder Entleerung eines peritonealen Exsudates in einen arrodirten Darmtheil.

Die Diagnose, die bei Beobachtung des Verlaufes nicht lange zweifelhaft bleiben kann, wird durch den Nachweis von Tuberkelbacillen im Stuhl oder im Sputum und im Munde gesichert.

Die Prognose ist absolut schecht; wenn von Heilungen wenigstens der tuberculösen Peritonitis durch Laparotomie berichtet wird, so kann man nur eine Verwechselung mit der granulösen Form der Periton. chron. simpl. annehmen.

Die Behandlung sucht das Leben durch vorsichtige roborirende Ernährung möglichst lange zu erhalten, die Schmerzen durch hydropathische und warme Umschläge, Morphium und Opium zu lindern, die schwächenden Diarrhöen zu mässigen.

Die so häufig gefundenen Tuberkel in Milz, Leber, Nieren, inneren Genitalien, Netz haben keine klinische Bedeutung und entübrigen daher der Besprechung.

Die Krankheiten der Leber.

Icterus catarrhalis. Weitaus die häufigste Leberaffection ist der Icterus catarrhalis; er hat genau dieselbe Aetiologie wie beim Erwachsenen; meist geht ihm ein acuter, heftigerer oder ein subacuter, kaum bemerkter Magen-(Darm)katarrh voraus; die katarrhalische Schwellung der Schleimhaut des Duodenums und aufsteigend des Ductus choledochus verursacht eine Obturation des letzteren. Die Erscheinungen sind die der Gallenstauung und -resorption (icterische Hautfärbung, Gallenfarbstoff im Urin, thonfarbene Stühle) neben denen der ursächlichen complicirenden Digestionserkrankung; meist besteht ziemliche Abgeschlagenheit und Mattigkeit; häufig lässt sich ein kleiner Lebertumor nachweisen; die beim Erwachsenen bemerkte Pulsverlangsamung wird höchstens bei heranwachsenden Kindern und im Schlafe constatirt; die Dauer der Affection beträgt einige Tage bis zu 2 Wochen.

Die Prognose ist meist durchaus günstig. Die Therapie besteht in Rücksicht auf den Magen-(Darm)katarrh in strenger, vorwiegend flüssiger, fettfreier Diät, einer Anregung des Stuhls durch milde pflanzliche Laxantien (Rheum), bei längerer Dauer Sol. Carolin; daneben Acid. muriat. Auf die Leber sucht man auch durch hydropathische Umschläge zu wirken; eine Verflüssigung der Galle, Drucksteigerung innerhalb der Gallenwege wollen sog. Krull'sche Eingiessungen, das reichliche Trinken von Wasser, event. mit Zusatz von Natrium salicylicum, Massage und Faradisation der Lebergegend und Gallenblase anstreben. Nachdem durch die Arbeiten von S. Rosenberg die Wirkung des Olivenöls als des vorzüglichsten physiologischen Choleagogons festgestellt war, habe ich mit Rücksicht darauf, dass Kinder Oele, Fette, spez. Lipanin ausgezeichnet vertragen, mich nicht gescheut, trotz der Dyspepsie und dem Gallenmangel im Darm grosse Dosen von Lipanin zu verabreichen, und habe damit fast ausnahmslos in 2—3 Tagen Heilung erzielt, ohne einmal die Rückbildung des Magen-(Darm)katarrhs zu verzögern.

Die **acute Leberatrophie** ist eine sehr seltene Krankheit; sie kennzeichnet sich durch Icterus, dem bald schwere cerebrale Erscheinungen, Somnolenz, Delirien, Krämpfe, Coma, hohes, manchmal excessives Fieber, Schmerzen und langsame Volumsabnahme der Leber, Tod in Collaps folgen.

Jede Behandlung war bisher erfolglos.

Tumor hepatis kann die verschiedensten Ursachen haben; im Säuglingsalter ist die Leber bekanntlich durch fettige Hypertrophie relativ gross (spez. der linke Lappen), um erst nach Verlauf der ersten 4 Jahre etwa den vom Erwachsenen bekannten Conturen zu entsprechen. Daneben imponirt die Leber noch deshalb als vergrössert, weil sie von den Rippen weniger vollkommen bedeckt wird.

Pathologisch findet sich die Infiltration der Leberzellen mit Fetttröpfchen, die **Fettleber** bei Rachitis, Tuberculosis, allen chronischen Dyspepsieen und Enterokatarrhen, vielleicht auch bei Ueberfütterung, öfters nach schweren Infectionskrankheiten, besonders Diphtherie. Die Gestalt dieses Lebertumors entspricht genau der normalen, aber vergrösserten Leberform; die Leber ist von glatter Oberfläche, mässig scharfem Rand, palpabel und percutorisch den Rippenrand überragend. Besondere, ihr eigene Symptome macht die Fettleber nicht; ihre Prognose richtet sich nach dem Entwickelungsgang des ätiologischen Leidens, gegen welches sich auch die Therapie zu wenden hat.

Ein weit schwereres Leiden verrathen alle Arten von Lebertumoren, die auf

Hepatitis interstitialis beruhen. Als Ursachen einer solchen kennen wir wie bei Erwachsenen den Abusus Alcoholis, dem leider selbst das Kindesalter nicht ganz fremd ist. Daneben werden acute Infectionskrankheiten, spez. Masern, öfter Scharlach und Malaria, Miliartuberculose und Abdominaltuberculose als Ursachen der Leberentzündung und Schrumpfung genannt. Angeborene Enge und Verschluss der Gallenausführungsgänge können denselben Process anregen; doch existiren zweifellos auch noch andere uns unbekannte Krankheitsursachen.

Die Symptome sind wie die anatomischen Verhältnisse genau denen des Erwachsenen entsprechend; es kommt freilich ante mortem meist nur zur Hyperplasie, nicht mehr zur Schrumpfung; Icterus ist gewöhnlich vorhanden; der Lebertumor fühlt sich hart, die Oberfläche etwas uneben, der Rand schärfer an; es stellen sich Ascites, Milztumor ein, endlich Diarrhöen, Hämorrhagieen spez. Darmblutungen, Cholämie, Coma, Tod.

Trotzdem ist die Diagnose, spez. die ätiologische, nicht immer leicht; besonders kommen Verwechselungen mit Peritonitis chronica vor, gegen die nur eine Punction und Untersuchung in Narkose schützt; die Prognose ist schlecht, da jede Therapie aussichtslos.

Häufiger ist die

Hepatitis interstitialis syphilitica; sie ist die Haupterscheinungsform der Lues hepatis und ganz analog der des Erwachsenen; Stauungsmilz fehlt; der meist vorhandene harte Milztumor ist der für Lues characteristische. Die Bindegewebsentwickelung geht mehr in grossen Zügen durch die Leber hindurch und zeigt sich in Form einer mässigen Verdickung des interacinösen Gewebes und Zellinfiltration bis zur ausgesprochenen Induration; sie hat lappige Narbeneinziehungen der Oberfläche zur Folge. Seltener sind grossknotige Gummata der Leber oder die sog. allgemeine miliare Lebersyphilose; neben diesen findet sich dann nicht selten Amyloidentartung, stets eine Perihepatitis. — Das Krankheitsbild ist wenig-

characteristisch; Icterus kann dabei vorkommen; sonst kennzeichnet sich die Erkrankung nur allmählich und undeutlich durch Auftreibung des Leibes, harten, auch gelappten Lebertumor mit unebener Oberfläche, hartem Milztumor; Ascites ist selten. Gestützt wird die Diagnose durch die oft vorhandenen anderweitigen Symptome der Lues.

Die Prognose ist mehr wie zweifelhaft, da wie bei der diffusen Hepatitis dies neugebildete Bindegewebe keiner Rückbildung fähig, zur Narbe zusammenschrumpft und dabei viele Leberzellen zerstört; die spezifische Behandlung ist meist wirkungslos; nur bei den häufiger partiellen Leberluesformen älterer Kinder ist eine Heilung mit folgenfreier Narbenbildung möglich.

Congestive Leberanschoppung und Stauungsleber haben ihre Ursachen in Traumen, in einer Intoxication (z. B. erstes Stadium von Phosphorvergiftung), in Infectionskrankheiten, besonders Scarlatina, Typhus exanthematicus, in Herz- und Respirationskrankheiten (Asphyxie des Neugeborenen), Druck auf die Lebervenen; sie kommen sehr selten zur Diagnose und bieten nichts für das Kindesalter Characteristisches.

Ziemlich oft kommt die

Amyloidleber zur Beobachtung; sie hat die bekannte Aetiologie, also chronische Eiterung spez. tuberculöse Knochen- und Gelenkeiterungen, Tuberculose, Syphilis, selten wohl nur Rachitis und beginnt mit einer Amyloidentartung der Wandungen der kleinsten Arterien.

Ein harter, oft enorm grosser Lebertumor mit glatter Oberfläche, dickem Leberrand lässt sich nur dann als Amyloidleber ansprechen, wenn die Anamnese, der Status Anhaltspunkte für die Entstehung von Amyloid geben, und sich auch in anderen Organen, Nieren, Milz, Darm, Zeichen von Amyloiddegeneration finden.

Die Prognose ist schlecht; die Therapie kann nur die ursächlichen Momente zu beseitigen, neben Soolbädern, event. Jodpräparaten die besten hygienischen Verhältnisse anzustreben versuchen.

Leberabscesse und die sehr seltenen malignen **Lebertumoren**, ebenso **Echinococcus der Leber** bieten im Kindesalter keine Eigenheiten.

Von den **Krankheiten der Gallenblase und Gallenwege** sind eigentlich nur angeborener Mangel oder Verschluss durch luetische Bindegewebswucherung in der Porta hepatis bekannt; sie führen unter dem Bilde eines unheilbaren Icterus und vollkommenen Fehlens von Galle im Darm meist rasch durch Cholämie zum Tode. — Sehr selten ist Tuberculose dieser Organe; ebenso selten sind Gallensteine; Icterus hervorgerufen durch das Eindringen von Spulwürmern in die Gallengänge ist zwar mehrfach beschrieben, doch in vivo wohl kaum präcis zu diagnosticiren; dasselbe gilt für die Compression der Gallengänge durch einen Tumor (z. B. des Pancreaskopfes).

Die Krankheiten der Milz.

Neben der Bildung von Nebenmilzen werden angeborene Lageveränderungen (bei Situs transversus) beobachtet; erworben kommt Wandermilz wohl nur bei Milztumor (Malaria) vor.

Stauungsmilz, Milzinfarct, Milzabscess (bei Trauma, Embolie, Sepsis) bieten im Kindesalter keine Besonderheiten.

Wichtiger sind die acuten und chronischen Milztumoren, die bei Kindern recht häufig beobachtet werden.

Eine mässige Vergrösserung der Milz lässt sich mit Sicherheit nur durch Palpation nachweisen; andererseits ist jede Vergrösserung der Milz im Kindesalter dieser Untersuchungsmethode besonders gut zugänglich.

Der **acute Milztumor**, der vorwiegend auf einer Hyperämie der Milz beruht und sich weich anfühlt, tritt analog der Pathologie des Erwachsenen bei fast allen acuten Infectionskrankheiten, spez. bei Malaria, Typhus abd., Recurrens, Scarlatina und Pyämie, nicht so regelmässig bei Morbilli, Diphtherie, Erysipelas, Pneumonia crouposa, acuter Miliartuberculose und Influenza, auch schwerem Gelenkrheumatismus auf.

Dieser Milztumor bietet bekanntlich kaum jemals Anlass zu einer besonderen Behandlung, höchstens wären splenitische Schmerzen mit Eisblase zu lindern. Fast noch häufiger ist der **Chronische Milztumor**; derselbe entsteht durch eine Hyperplasie der Pulpa mit oder ohne eine solche der Folliculärgebilde, giebt eine härtere Consistenz und ist bei hohen Graden selbst sichtbar. Wie die Milz acut auf im Blute kreisende Infectionsmaterien reagirt, so verräth sie unter allmählich entstehender chronisch verlaufender Schwellung bei vielen chronischen Allgemeinerkrankungen ihre Beziehungen zum Stoffwechsel und spez. noch ihre Beziehungen zu dem Blute als solchem insofern, als dabei meist mehr weniger characteristische Blutbefunde zur Beobachtung kommen (Anämie).

In dieser Beziehung ist auf die Kapitel Rachitis, Lues hereditaria, Malaria und chronische Diarrhöen hinzuweisen. Uebergangsformen vom acuten zum chronischen Milztumor bleiben oft noch lange nach Typhus abd., Recurrens und Malaria bestehen.

Rein symptomatisch ist ebenfalls die Amyloiddegeneration der Milz, die fast stets mit Amyloid in anderen Organen (Leber, Nieren, Darm) vergesellschaftet, die bekannte Aetiologie hat und eine entsprechende ursächliche Behandlung erfordert.

Die Therapie und damit die Prognose des chronischen Milztumors ist am günstigsten bei Malaria, hängt im Uebrigen einmal von dem ursächlichen Leiden, sodann von der Ausdehnung und dem Character (ob progressiv) des Milztumors ab. — Chinin wirkt nicht blos bei den mit Malaria zusammenhängenden Fällen bei consequenter Verabreichung günstig, event. versuche man Oleum Eucalypti, Arsenik, Jodkali, Jodeisen, lokal kalte Douchen, Priessnitzsche Umschläge; zweifelhafter erscheint Faradisation; zur Exstirpation wird man sich nur im äussersten Notfalle entschliessen.

Eine selbständige Bedeutung hat der Milztumor wahrscheinlich bei der Leukämie; s. d. und s. Lymphombildung bei Pseudoleukämie.

Tuberculose der Milz, wie sie so häufig bei Miliartuberculose, Abdominaltuberculose etc. vorkommt, entzieht sich wohl stets der klinischen Diagnose; eher lässt sich hie und da auf gummöse Erkrankung (Syphilome) schliessen. Maligne Tumoren wurden schon congenital beobachtet, sind im Allgemeinen sehr selten und wohl niemals primär; ziemlich selten ist auch der Echinococcus der Milz.

Die Krankheiten der Athmungsorgane.

Die Krankheiten der Nase.

Rhinitis acuta. Der Schnupfen ist im Kindesalter eine mindestens ebenso häufige Krankheit wie beim Erwachsenen. Während er hier aber nur in den seltensten Fällen einer ärztlichen Behandlung würdig gehalten wird, imponirt er im Kindesalter um so mehr als eine ernste Affection, je jünger das betroffene Individuum ist.

Seine Aetiologie ist dieselbe wie beim Erwachsenen; besonders disponirt sind schwächliche und scrophulöse Kinder; der sonst mit Recht so viel angefochtenen Erkältung kann man ihre Bedeutung hier wohl kaum absprechen, da sich die Erkrankungen in den Uebergangsjahreszeiten auffallend häufen, im Sommer und bei klarem Winterfrost seltener sind; auf der anderen Seite entspricht es unserer modernen Anschauung, anzunehmen, dass zweifellos manche Formen der Rhinitis durch Bacterien und Coccen entstehen, von denen so manche in den Nasensecreten nachgewiesen sind.

Die Symptome des acuten Schnupfens bestehen in einer meist nur im ersten Beginne nachweisbaren und geringfügigen Temperatursteigerung (Schnupfenfieber) mit Kopfschmerz, in einer Entzündung der Nasenschleimhaut, die sich subjectiv durch Brennen, Prickeln, Juckreiz, objectiv durch Röthung, Schwellung, Athembehinderung, ferner durch reflectorisches Niessen und sehr bald durch die Absonderung eines erst serösen, bald schleimigen oder schleimig-eitrigen Secretes kennzeichnet. Dabei erfolgt die Athmung entweder nur durch den geöffneten Mund, oder die Luft dringt doch nur unter rasselnden, schnarchenden Geräuschen mühsam und mangelhaft durch die obturirten Nasenhöhlen. Die Entzündung kann auf dem Wege durch die Thränennasenkanäle auf die Conjunctiven übergreifen und Lichtscheu, Thränen etc. erzeugen, ebenso in die Tuba Eustach. und Paukenhöhle wandern und die Mitbetheiligung dieser Organe durch Ohrenstechen, Ohrensausen, Schwerhörigkeit oder gar Exsudatbildung ankündigen. Auf die Betheiligung der Stirnhöhlen-, seltener Keilbeinhöhlen- und Oberkieferhöhlenschleimhaut lassen Stirnkopfschmerzen, Trigeminusneuralgie resp. entsprechende Localempfindungen schliessen. Nach 6—9 Tagen pflegt allmählich die Secretion zu versiegen, die Schleimhaut zur Norm zurückzukehren, womit der Process beendet ist.

Die Behandlung sucht im Anfang durch Bettruhe, jedenfalls Stubenaufenthalt, leichte Diät, durststillende Getränke dem Allgemeinbefinden Rechnung zu tragen, ein Weiterschreiten der Entzündungsvorgänge auf die Respirationsschleimhaut durch Abhaltung neuer Schädlichkeiten zu verhindern; ein Versuch der Coupirung des Processes durch Diaphorese ist nicht selten erfolgreich; sog. Abortivmittel, wie das Hagen'sche sind bei Kindern nicht am Platze. Local kann man wenigstens bei älteren Patienten die Schwellung und Hyperämie der Schleimhaut durch Pinseln mit Cocainlösung, Aufschnupfen von Natr. biborac., Ac. bor. āā, mit Cocain. mur. 5 %, noch besser Menthol 0,1, Ac. boric. 10,0 zur Insufflation, mässigen. Später erfüllt man die Indication, das verstopfende Secret zu verflüssigen und zu entfernen, durch laue oder warme Nasenbäder oder Eingiessungen von alkalischen Salzlösungen

(Natr. chlor., Emser Salz, Borax) unter Zusatz einiger Tropfen Glycerin; der Nasendouche darf man sich bei Kindern nicht bedienen, da leicht durch den zu starken Druck Kopfschmerz erzeugt, wohl auch Secret in die Tuben getrieben werden kann; hier sind höchstens die Spray-Apparate am Platze, besser einfache Eingiessungen mit dem Theelöffel. Zur Lockerung und Erweichung fester Secretborken und -Krusten dienen Einpinselungen mit indifferenten Salben, besonders am Abend. Eine Beschränkung überreichlichen Secretes bezwecken austrocknende Pulver von Ac. boric., Bismuth. subnitr., Dermatol mit Sacch. lact. āā; stärker wirken die Adstringentien und Caustica, bei deren Anwendung sich aber Vorsicht empfiehlt: Alumin. aceticotartaric., Alumen, Argent. nitr. von $0,1-1,0\ ^0/_0$ mit Amyl.

Einer besonderen Würdigung bedarf noch der Schnupfen der Neugeborenen und Säuglinge; für sie stellt derselbe nicht allzu selten eine direct lebensgefährliche Erkrankung dar, die sich oft unmittelbar nach der Geburt meldet und von der es zweifelhaft bleibt, ob sie mehr auf Erkältung bei Wiederbelebungsversuchen wegen Asphyxie oder auf Aspiration von Vaginalsecret zurückzuführen ist. Ist bei Behinderung des Lufteintritts durch die Nase und dadurch aufgezwungener Mundathmung die Austrocknung der Mund- und Rachenschleimhaut bei Erwachsenen und älteren Kindern peinlich, so wirkt die Nasenobstruction beim Säugling dadurch quälend und gefährdend, dass derselbe bei dem Versuch zu saugen aus Luftmangel die Warze jeden Augenblick fahren lassen muss, um wieder durch den Mund Luft zu schöpfen. Bei jedem neuen Versuch zu saugen dieselbe beunruhigende Erscheinung. So müht sich der Säugling ab, um ermüdet, aber hungrig einzuschlafen. Aber auch im Schlaf findet er nicht die nothwendige Ruhe; gewohnt, nur durch die Nase zu athmen, aspirirt er bei der Mundathmung die Zunge nach hinten und oben an den Gaumen und geräth in Athemnoth, ja es kann durch Asphyxie ein plötzlicher Tod eintreten. In der Regel erwacht das Kind durch die Respirationsstockung, und diese fortwährenden Störungen im Schlafe beschleunigen den durch die mangelhafte Nahrungsaufnahme eingeleiteten Kräfteverfall. Bei sehr acut einsetzendem Schnupfen kann es zu Anfällen von plötzlicher Orthopnoë und Erstickungstod kommen; man findet in diesen sehr seltenen Fällen bei der Section in den Lungen als einzigen Befund hochgradige Hyperämie.

Aus diesen Gründen erfordert die acute Rhinitis der Säuglinge eine vorsichtige Prognose und besondere Behandlung. Der Behinderung der Respiration muss man sehr energisch durch

Freihalten der Nasengänge entgegenwirken; es empfiehlt sich, durch Kitzeln mit der Federpose, einem Pinsel u. dergl. das Kind zum Niessen zu reizen, wobei das Secret herausgeschleudert wird, für eine recht gleichmässig temperirte, feucht-warme Athmosphäre zu sorgen, die Ansaugung der Zunge im Schlafe durch Hochlagern des Oberkörpers hintanzuhalten, bezw. den Schlaf sorgfältig zu überwachen.

Ist das Saugen derartig behindert, dass Inanition zu besorgen steht, so ist das Kind mit dem Löffel zu ernähren; es sind Beobachtungen veröffentlicht, wo man zu der Ernährung vermittelst Schlundsonde schreiten musste, weil die Kinder bei der Trockenheit der Mund- und Rachenschleimhaut wegen Schluckbeschwerden die Nahrung verweigerten und mit dem Löffel nicht genug bekamen.

Die **Rhinitis chronica** entsteht primär entweder in Folge sich oft wiederholender acuter Entzündungen, sich häufender Schädlichkeiten, oder als Symptom constitutioneller Krankheiten, wie der Scrophulose und Syphilis (cf. dort), acuter Exantheme, wie der Masern; secundär entwickelt sie sich bei Fremdkörpern, Polypen in Nase und Nasenrachenraum, adenoïden Vegetationen.

Ihre Erscheinungen sind in erster Linie die Absonderung von Secret, welches von serös-schleimiger bis zu rein eitriger Beschaffenheit wechseln kann, entweder leichtbeweglich abfliesst, oder zu grünen und braunen Brocken eintrocknet; in jedem Falle ist die Nase mehr weniger verstopft, in der Folge die Athmung behindert, im Schlafe schnarchend, die Sprache nasal. Die Schleimhaut zeigt sich ganz oder stellenweise chronisch entzündet, verdickt, mit Granulationen, polypösen Excrescenzen bedeckt, theils atrophirt, oder von seichten und tieferen Geschwüren arrodirt, die zu Blutungen Anlass geben können. Die Naseneingänge erscheinen häufig eczematös gereizt, zeigen wohl auch Rhagaden und Ulcerationen, die leicht die Eingangspforte für Erysipelas abgeben. Die ganze Nase ist oft gedunsen, unförmig geschwollen, das Geruchsvermögen stark beeinträchtigt. Durch die Behinderung der Nasenathmung ist der Schlaf gestört; in Folge der Mundathmung kommt es leichter zur Erkrankung des Rachens, der Tonsillen, des Larynx und der Bronchien; der Appetit leidet, und alles dies zusammen beeinträchtigt das Allgemeinbefinden.

Die Prognose ist bei der Hartnäckigkeit der Affection keine unbedingt günstige. Am zugänglichsten der Behandlung ist die secundäre Rhin. chron., wenn ihre Ursachen sich beseitigen lassen; entstand sie auf constitutioneller Basis, so muss entsprechend eine

Behandlung der Scrophulose, Lues etc., neben der nicht zu verabsäumenden örtlichen Behandlung Platz greifen.

Lokal lässt sich versuchen, einmal durch reichliche schleimlösende, auch leicht desinfizirende Nasendouchen das Secret zu lösen, zu entfernen, die Nasenhöhlen zu reinigen (Sol. Kal. permang., Ac. boric., Alkalien), sodann die Schleimhaut durch Adstringentien, Aetzmittel so weit als möglich zur Norm zurückzuführen: als solche Mittel empfehlen sich in erster Linie Arg. nitr. als Schnupfpulver in verschiedener Stärke (0,1—1 %), in Lösung zum Pinseln, sodann Tannin, in schlimmen Fällen Chlorzink, Chromsäure und besonders der Galvanokauter.

Gegen die Neigung zu recidivirendem Schnupfen ist durch eine vorsichtige Abhärtung vermittelst Kaltwasserproceduren, Seebädern etc. anzukämpfen.

In Bezug auf Pathologie und Therapie der **Ozaena** halte man sich an das aus der Pathologie der Erwachsenen Bekannte; die Erfahrung hat gelehrt, dass ihre Anfänge häufig in die Jugend resp. Pubertät zurückreichen, überstandene Scrophulose, Anämie und Chlorose eine constitutionelle Grundlage abzugeben scheinen.

Die Rhinitis, wie sie als Initial- oder Begleiterscheinung bei Morbilli, Diphtherie, Pertussis, Typhus exanthem., bei Scrophulose und Lues auftritt, findet ihre Würdigung in den betreffenden Abschnitten. Denken muss man auch im Kindesalter an die Möglichkeit eines Jod- und Bromschnupfens.

Ein Erysipel der Nase, das Anfangs unter dem Bilde einer ganz acuten, sehr heftigen Rhinitis auftreten könnte, verräth sich sehr bald durch Fieber, Schüttelfröste und das Uebergreifen auf benachbarte Hautflächen.

Eine seltene Form der Rhinitis ist die Rhinitis fibrinosa s. pseudo-membranacea, bei der es durch Absonderung eines mit Rundzellen durchsetzten, stark fibrinhaltigen Exsudates zur Auflagerung dicker, croupöser, weissgrauer Membranen auf einer intensiv entzündeten Schleimhaut kommt.

Sie lässt sich in den weitaus meisten Fällen auf Infection mit Löfflerschen Diphtheriebacillen, wenn auch abgeschwächter Virulenz, zurückführen.

Die Behandlung besteht in Desinfection und Lösung der Membranen durch Ausspritzung mit Sol. Resorcin (1—2 %) und Einträufeln von Sol. Hydrarg. bichl. ($^1/_2$ $^0/_{00}$).

Isolirung des erkrankten Kindes ist unbedingt geboten; andererseits wird man solche Patienten nicht auf eine Diphtheriebaracke unter Kranke mit vollvirulenten Bacillen legen.

Recht häufig geben **Fremdkörper** im Kindesalter Anlass zur Behandlung, die spielender Weise in die Nasenlöcher gebracht und häufig durch verkehrte Entfernungsversuche seitens der Angehörigen tief hineingedrängt sind. Die Anamnese weiss in der Regel über ihre Herkunft und Natur zu berichten. Haben die Kinder ihr Delict aus Angst verschwiegen, den Vorgang wohl auch vergessen, so führt sie sehr bald die entstehende Rhinitis zum Arzte, den nur eine genaue Untersuchung davor schützt, den Fall als eine scrophulöse oder dergleichen Erkrankung zu behandeln und natürlich so lange erfolglos, bis der Fremdkörper entdeckt wird. Die Litteratur weiss manches Interessante über solche Irrthümer in der Diagnose zu berichten. Bei langem Verweilen kann es zu schwerer Ulceration, Erysipel, ja Caries kommen; besonders üble Folgen pflegen Dinge zu haben, die in der Feuchtigkeit der Nase aufquellen, wie Bohnen, Erbsen und dergleichen. Ihre Entfernung ist stets zuerst vermittelst consequenter kräftiger Ausspritzungen zu versuchen, die weitaus das schonendste und in der Regel auch wirksame Verfahren bilden. Nur im Nothfalle greife man — und dann am Besten in Narkose — zu Instrumenten wie dem Daviel'schen Löffel, zur Kornzange. Als äusserster Nothbehelf bleibt die Spaltung der betreffenden Nasenhöhle.

Nasenpolypen kommen schon im jugendlichen Alter vor, am häufigsten auf der Basis der Scrophulose. Sie machen Anfangs nur die Symptome der chronischen Coryza und zwar, was charakteristisch ist, oft nur halbseitig, verlegen bei weiterem Wachsthum die Nasengänge ganz und lassen sich meist rhinoscopisch entdecken. Ihre baldige Entfernung durch die kalte oder glühende Drahtschlinge ist geboten.

Epistaxis. Das Nasenbluten ist stets ein Symptom, beansprucht aber bei der Häufigkeit und Wichtigkeit seines Vorkommens eine besondere Besprechung.

Von Traumen, welche die Nase treffen, abgesehen, kann Nasenbluten locale und allgemeine Ursachen haben. Zu der traumatischen Epistaxis muss man die Blutungen rechnen, die bei Kindern so oft durch die schlechte Angewohnheit, mit den Fingern in der Nase zu bohren, durch übermässig heftiges Schnäuzen und Niessen entstehen. Lokale Veranlassung geben alle entzündlichen, insbesondere geschwürigen Processe.

Mehr weniger örtlich wirken auch Congestionen zum Kopf, wie sie durch lange Insolation, Aufenthalt in überheizten Räumen, sitzende Stellung mit Behinderung von Athmung und Kreislauf, geistige Ueberanstrengung erzeugt werden; so darf es nicht

Wunder nehmen, wenn Nasenbluten eine der häufigsten Schulkrankheiten ist.

Von allgemeinen Ursachen kennen wir aus der Pathologie der Erwachsenen das Nasenbluten, wie es bei Herzfehlern, Lungenaffectionen, Nephritis chronica, hämorrhagischer Diathese, bei Chlorose und Anämie vorkommt. Mehr dem Kindesalter eigenthümlich ist, dass hohes Fieber, speziell bei acuten Infectionskrankheiten und besonders wieder bei Masern (Coryza morbill.), Epistaxis zur Folge hat, dass die colossalen Stauungen bei Pertussis nicht selten Blutungen aus der Nase mit sich bringen.

Bei der Behandlung ist vor allem jede locale Quelle der Blutung aufzusuchen und zu verstopfen: hypertrophische Schleimhautpartien sind zu ätzen oder zu brennen, Ulcerationen zu heilen; sodann hat man der Aetiologie des jeweiligen Falles Rechnung zu tragen.

Der Blutung selbst sucht man momentan Herr zu werden, indem man einen trockenen Wattetampon (ev. Liquor ferri sesquichlorati-Watte) in das blutende Nasenloch hineinschiebt und durch Druck von aussen an die blutende Stelle einige Minuten anpresst; die Entfernung hat erst nach längerer Zeit und sehr vorsichtig zu geschehen. Unterstützt wird die Blutstillung dadurch, dass man durch tiefe Inspirationen durch die Nase die venöse Stauung und die Hyperämie zu mässigen sucht. Mit dem meist nutzlosen Hochziehen von Eis- und Essigwasser halte man sich nicht auf; die Anwendung von reinem Liquor ferri sesquichlorati ist sehr bedenklich, seine stark verdünnten Lösungen sind unwirksam.

Genügt die vordere Tamponade nicht, wovon man sich durch eine Besichtigung des Rachens zu überzeugen hat, so bleibt nichts übrig, als sie durch die Tamponade von hinten vermittelst des Bellocque'schen Röhrchens zu ergänzen.

Die Krankheiten des Kehlkopfs und der Luftröhre

gestatten eine einheitliche Abhandlung, da die anatomische Grenze beider Abschnitte des Respirationstractus von allen entzündlichen Affectionen wenigstens nicht innegehalten zu werden pflegt, und auch die Aetiologie und Therapie den Erkrankungen beider in der Regel gemeinsam ist.

Obwohl der laryngoscopische Einblick in den Kehlkopf und oberen Theil der Trachea auch bei mehr wie durchschnittlicher Uebung und Geschicklichkeit des Arztes im Kindesalter Anfangs, bis gegen das 6. Jahr fast unmöglich, von da ab noch sehr erschwert ist, stösst die Diagnostik doch nur auf wenig Schwierigkeiten, da die klinischen Symptome so typisch und zweifellos sind, dass sie die physikalische Untersuchung der Organe, die unmögliche makro- und mikroscopische Untersuchung des Auswurfs kaum vermissen lassen.

Laryngo-Tracheïtis acuta catarrhalis entsteht wie die Rhinitis primär in Folge von Erkältung, seltener in Folge von Schleimhautreizung durch Rauch, chemisch irritirende Dämpfe; als secundäre Affection findet sie sich bei vielen von der Nase, dem Rachen hinabsteigenden entzündlichen Processen, sodann als Begleiterscheinung mancher Infectionskrankheiten, speziell der Masern, auch der Influenza, des Typhus, der Pocken, der Phthise. Wie die einen Individuen für den Schnupfen, so haben andere für den acuten Kehlkopf- und Luftröhrenkatarrh eine entschiedene Prädisposition; besonders veranlagt scheinen rachitische, scrophulöse, anämische, sodann verweichlichte Kinder; rascher Wechsel der Aussentemperatur, scharfe nördliche und östliche Winde, nasskaltes und veränderliches Klima überhaupt geben besonders im Herbst und Frühjahr Erkältungsgelegenheiten ab. Besonders zu erwähnen ist noch, dass Kinder, welche gewohnheitsmässig bei Unwegsamkeit der Nasengänge (Rhinitis, adenoïde Vegetationen) mit offenem Munde athmen, die Luft nicht so vorgewärmt, gereinigt und angefeuchtet empfangen, sehr leicht acute Katarrhe der oberen Luftwege acquiriren.

Eine Erscheinung des acuten Kehlkopf- und Luftröhrenkatarrhs ist in Folge der Hyperämie und Schwellung der Schleimhaut zunächst und während der Krankheit andauernd, der Husten; derselbe ist Anfangs und wiederum gegen Ende trocken; er nimmt bei allen Kindern in Folge der relativen Enge des kindlichen Kehlkopfs überhaupt, sowie bei einzelnen Kindern zu Folge einer individuellen Disposition erfahrungsgemäss leicht einen rauhen, tiefen oder bellenden, selbst croupösen Character an. Mit zunehmender Secretion wird der Husten lockerer, heller. Die Stimme gewinnt je nach dem Grade, in dem die Stimmbänder von dem katarrhalischen Process befallen sind, einen belegten, rauhen, heiseren Klang bis zu vollkommener Aphonie. Schmerzen können ganz fehlen, des Oefteren aber wird über ziemlich lebhaftes Gefühl des Wundseins, über Stechen im Halse (Kehlkopf), besonders beim Schlucken, über Brennen, die Empfindung von von „Rohsein" unter dem Sternum geklagt. Im zweiten Stadium stellt sich eine rein schleimige, mässige Sekretion ein, deren Product man freilich höchstens bei älteren Kindern zu Gesicht bekommt. Auskultatorisch kann man nur etwas Giemen und

Pfeifen, bei lockerem Secret feuchtes, grossblasiges Rasseln und Schnurren hören, öfters schon auf Entfernung; durch Druck auf Larynx und Trachea pflegt Schmerz und Husten ausgelöst zu werden. In leichten Fällen fehlen Allgemeinerscheinungen; es besteht kein Fieber; binnen wenigen, höchstens 8—10 Tagen schwindet die Heiserkeit, die Secretion gleichfalls und damit der Hustenreiz, früher schon der Schmerz. Die Behandlung bestehe in Schonung des erkrankten Organs, die man dadurch erzielt, dass man alles Sprechen, jedenfalls alles Schreien nach Möglichkeit verhütet; aus demselben Grunde, sowie um den etwa vorhandenen Schmerz zu lindern, versuche man durch milde Narcotica, besonders Codeïn (Knoll), den lebhaften Hustenreiz thunlichst herabzumildern, da der Husten bei fehlender Secretion nur den Nachtheil haben kann, durch Erregung einer activen Congestion und venösen Stauung den Zustand zu verschlimmern. Aehnlich, d. h. reizlindernd und zugleich ableitend wirkt ein hydropathischer Halsumschlag, der 3—4 stündlich zu wechseln wäre; Inhalationen dürften nicht viel nützen; dagegen ist es von grossem Werth, für eine möglichst reine, regelmässig erneuerte, gleichmässig temperirte und mit Wasser (Dampfspray oder aufgehängte feuchte Tücher) geschwängerte Luft Sorge zu tragen; Expectorantien werden nur ausnahmsweise geboten erscheinen.

Schwerere Fälle unterscheiden sich sowohl durch die Intensität, als durch die Dauer der Krankheitserscheinungen. Unter diesen ist die wichtigste und für die Eltern weitaus beunruhigendste der Eintritt der Zeichen einer Larynx- (ausnahmsweise nur auch einer Tracheal-)Stenose; eine solche kommt namentlich bei jüngeren Kindern ziemlich leicht zu Stande, da das Lumen des kindlichen Kehlkopfes besonders eng, seine Schleimhaut sehr zur Schwellung geneigt ist. Was die Verlegung der Stimmritze herbeiführt, ist theils eine Wulstung der Schleimhaut und des submucösen Gewebes, theils die Auflagerung von Secret, seltener von fibrinösem Exsudat, ausnahmsweise ein rasch eingetretenes Oedem. In den Fällen, wo die Erscheinungen der Athembehinderung zwar einen anscheinend bedenklichen Grad annehmen, dagegen meist ebenso rasch, wie sie gekommen, sich zurückbilden, spricht man, um die Sache kurz zu bezeichnen, von **Pseudocroup.** Unter Croup im klinischen Sinne versteht man jede durch acute entzündliche Schleimhauterkrankung herbeigeführte Stenose im Larynx, unter Crouphusten den der Larynxstenose eigenthümlichen Husten, unter Croupathmung die für Stenose der oberen Luftwege characteristische Athmung. Im Gegensatz zu dem durch Bildung von Membranen ausgezeichneten echten Croup nennt man den Zustand, bei welchem in Folge einfacher katarrhalischer Schwellung der Schleimhaut und des submucösen Gewebes, also in Folge von Laryngitis catarrhalis, Dyspnoë und Crouphusten erzeugt werden, falschen oder Pseudocroup, besser katarrhalischen Croup (Virchow), auch wohl Suffocatio stridula, Laryngitis stridula. Es empfiehlt sich, die klinische Bezeichnung Croup beizubehalten, wobei man es dahingestellt sein lässt, welche anatomische Veränderung zu Grunde liegt, ob es sich um einen katarrhalischen, einen fibrinösen oder einen diphtheritischen Croup handelt.

Der **katarrhalische** oder **Pseudocroup** tritt gewöhnlich folgendermaassen in die Erscheinung: nachdem die an mehr weniger ausgeprägtem Schnupfen, den Symptomen eines einfachen Kehlkopfkatarrhs erkrankten Kinder, welche am Tage keinerlei beunruhigende Erscheinungen geboten, höchstens einige Male etwas verdächtig „croupös" gehustet hatten, eine oder einige Stunden der Nacht leidlich ruhig, vielleicht etwas stertorös athmend geschlafen hatten, fahren sie plötzlich, meist gegen Mitternacht mit allen Zeichen der Dyspnoë in die Höhe; sie zeigen ein ängstliches Wesen, oft die Merkmale echter Erstickungsangst; sie fassen nach dem Halse, reissen an den die Brust und den Hals bedeckenden Kleidungsstücken; In- und Exspiration sind deutlich verlängert, die Inspiration erfolgt mühsam, unter weithin hörbarem, rauhem Stridor; in schweren Fällen findet sich Cyanose; die Athmung erfolgt unter Zuhilfenahme von auxiliärer Muskulatur; sie ist von bellendem, croupösem Husten unterbrochen; der Hustenreiz tritt verschieden stark auf; die Stimme ist heiser; Fieber ist meist vorhanden, aber niedrig; schmerzhafte Empfindungen im Halse sind häufige, mühsam vorgebrachte Klagen. Noch bevor ein von den aufs Höchste beunruhigten Eltern geholter Arzt erscheint, pflegt der Croupanfall unter raschem Nachlassen aller Symptome nach einer Dauer von wenigen Minuten von selbst aufzuhören; das Kind beruhigt sich und schläft meist wieder ein; seltener wiederholt sich in derselben Nacht der Anfall ein- oder mehrmals. Tags darauf verbleiben die Symptome einer mässigen Laryngo-Tracheïtis catarrhalis, die binnen 5 bis 10 Tagen ausheilt, falls nicht ein absteigender Katarrh ernstere Folgezustände hinterlässt; ganz ungewöhnlich ist es, dass sich beim einfachen katarrhalischen Croup mehrere Tage oder vielmehr Nächte hinter einander Croupanfälle einstellen. Hie und da schliesst sich der Pseudocroup nicht an einen primären Kehlkopfkatarrh, sondern an eine Angina, an eine acute Rhinitis an, ganz ausnahmsweise kann er aufsteigend aus einer Bronchitis katarrh. hervorgehen.

Der Verlauf und das Fehlen von Membranen, einer Rachenaffection unterscheiden den falschen vom echten resp. diphtheritischen Croup.

Die Prognose dieser Croupform ist durchweg günstig, falls nicht der katarrhalische Process auf die Bronchien fortschreitet.

Die Behandlung des zu Grunde liegenden Katarrhs ist die bekannte; im Anfall selbst sucht man durch Inhalation heisser Dämpfe, durch Auflegen von in heisses Wasser getauchten Schwämmen oder Compressen auf die vordere Hals- und Brustfläche, durch Einflössen recht heisser Flüssigkeiten und besonders alkalischer Salzlösungen (Emser) die etwa bei der Mundrespiration ausgetrocknete Schleimhaut zu befeuchten, besonders aber die Schwellung der Mucosa und Submucosa durch Anregung der Secretion zu mässigen, fest sitzendes Secret zu lösen; die Dyspnoë nimmt bei aufrechter Haltung rascher ab; ebenso erfolgt dabei das Abhusten gelockerten Secretes leichter. Stets muss man durch vernünftiges Zureden das hochgradig aufgeregte Kind zu beruhigen, durch Zuführen recht reiner, feuchtwarmer Luft ihm Erleichterung zu verschaffen suchen. Zu einem Brechmittel wird man kaum je gezwungen sein; viel eher wird man bei länger andauernder Stenose einmal zur Intubation greifen können. Eine vorsichtige Abhärtung verweichlichter Kinder wird der Neigung zu Recidiven vorbeugen.

Bei Erkrankung an acuter katarrhalischer Laryngo-Tracheïtis bereite man die Angehörigen auf den möglichen Eintritt eines Croupanfalles schonend vor, jedenfalls sobald man dem Husten einen heiseren, rauhen Character anmerkt, und gebe ihnen Verhaltungsmassregeln. Einen Nachtbesuch wird man sich freilich kaum damit ersparen, da der Ausbruch eines Croupanfalls auch auf verständige Eltern zu alarmirend wirkt.

Laryngo-Tracheïtis catarrhalis chronica ist sehr selten; sie geht aus einem verschleppten acuten Katarrh hervor oder entsteht im Anschluss an chronische Rachenkatarrhe, Bronchialkatarrhe, bei chronischen Circulationsstörungen (Herz, Nieren): Ulcerationen kommen dabei vor; Schleimhautwulstungen sind sehr selten.

Chronische Heiserkeit, Aphonie kann die Folge von mechanischer Behinderung der Stimmbandbewegung (Schleimhautwulstungen, Geschwülste, besonders Papillome) oder von Parese der Stimmbänder (acute und chronische Entzündung derselben, Muskelinsufficienz, Hysterie) sein.

Syphilitische Larynxaffectionen sind unter Lues erwähnt. **Fremdkörper** sind meist nur operativ (Tracheotomie) zu entfernen.
Laryngitis und Tracheïtis fibrinosa. Der fibrinöse oder echte Croup, die häutige Bräune, ist characterisirt durch die Bildung von Pseudomembranen, die primär im Kehlkopf bezw. dem Nasenrachenraum gebildet, sich fleckweise oder diffus auf Epiglottis, wahre und falsche Stimmbänder, die ganze Schleimhaut des Kehlkopfes, resp. in die Schleimhaut hineinlagern und sich die Trachea hinab bis in die Bronchien zweiter und dritter Ordnung erstrecken können, auf denen sie wie ein homogener Ueberzug aufsitzen. Die Membranen haften theils nur locker, so dass sie ohne Blutung abgezogen oder als röhrenförmige Abgüsse ausgehustet werden können, wobei die Schleimhaut fast intact erhalten bleibt, theils dringt die fibrinöse Exsudation auch in die tieferen Schichten der Schleimhaut, das Epithel, die Submucosa, die dann necrotisch exulceriren kann.

Während es schwer hält, in allen Fällen anatomisch scharf zu unterscheiden, ob der Process ein rein croupöser oder ein echt diphtheritischer ist, während wir anatomisch oft bei ein und demselben Individuum beide Processe nebeneinander constatieren, müssen wir klinisch scharf zwei Formen des echten Croups auseinanderhalten: den einfachen fibrinösen Croup und den diphtheritischen Croup.

Beim **fibrinösen Croup** vermisst man den spezifischen Löffler'schen Bacillus; er tritt idiopathisch, primär oder secundär im Anschluss an Masern, selten Typhus auf; er ist im Allgemeinen eine seltene Affection und nicht contagiös, wenngleich er endemisch auftreten kann. Zuzugeben ist, dass zwar experimentell ein fibrinöser Croup nicht infectiösen Ursprungs erzeugt werden kann, dass nach dem Verlust des Epithels die entzündete Schleimhaut ein fibrinöses Exsudat, eine Membran ablagern kann: doch muss es auf der andern Seite auffallen, dass in den daraufhin genau untersuchten neueren Fällen von sog. fibrinösem Croup, bei dem sich nirgends sonst ein diphtheritischer Heerd nachweisen liess, regelmässig die Löffler'schen Bacillen gefunden wurden; nach den Erfahrungen, die wir mit der Rhinitis pseudomembranacea gemacht, wird die Existenz einer nichtdiphtherischen Laryngitis pseudomembranacea immer zweifelhafter.

Der Croup befällt vorwiegend das Alter von 1—7 Jahren und ist in der kalten Jahreszeit häufiger, wie im Sommer.

Die Symptome des fibrinösen Croups sind im Beginn der Affection denen des einfachen katarrhalischen Croups durchaus gleich; hier wie dort nach unscheinbaren Erscheinungen eines

Katarrhs der oberen Luftwege, bei jedoch meist etwas bedeutenderer Temperatursteigerung, unter allgemeinem Unwohlsein ein Croupanfall mit allen Zeichen der Larynxstenose mit Crouphusten und -Athmung; jedoch entwickeln sich die Erscheinungen der Larynxstenose langsamer und gehen nicht wieder zurück. Hierin fusst zunächst die Differentialdiagnose gegenüber der katarrhalischen Stenose; statt rasch wieder zu schwinden, bleibt die Athembehinderung bestehen, ja sie verschlimmert sich mit höchstens vorübergehenden Remissionen fortwährend, von Stunde zu Stunde, unaufhaltsam und unheimlich; nur in einem Falle ist es mir vorgekommen, dass ein zartes, noch nicht 4jähriges Kind 8 Tage aushielt, bis die absolute Indikation zur Tracheotomie eintrat; in der Regel stellt sich nach Stunden, längstens 3—4 Tagen ein Zustand von Dyspnoë ein: zunehmende Cyanose, tiefe inspiratorische Einziehungen im Jugulum und Epigastrium, Aktion aller Hülfsathemmuskeln, Erweiterung der Naseneingänge, wobei das Kind durch die mühsamen, aber erfolglosen Anstrengungen, Luft zu bekommen, durch die Todesangst aufs Aeusserste ermattet, durch Kohlensäureintoxication schliesslich benommen, betäubt wird; zeitweise erreicht die Athemnoth in erneuten acuten Croupexacerbationen ihren Höhepunkt, und wenn der Tod nicht dabei plötzlich erfolgt, so erlöst er von dem qualvollen Leiden durch allmähliche Erschöpfung bez. Erlahmung des Respirationscentrums, im Collaps oder in einem eclamptischen Anfall. Vorübergehend vermag eine Besserung zu erfolgen, ganz ausnahmsweise kann selbst eine Heilung eintreten, wenn die, besonders die Rima glottidis verengenden Membranen gelöst und expectorirt werden. Gelang es vordem nicht bereits der laryngoscopischen Untersuchung, die Natur der Larynxstenose, die fibrinösen Auflagerungen, mit Sicherheit zu erkennen, auf welche der Verlauf bereits mit grösster Wahrscheinlichkeit hinwies, so können nunmehr diese fetzigen oder röhrenförmigen ausgehusteten Membranen keinen Zweifel mehr an Wesen, Sitz und Ausdehnung des Leidens aufkommen lassen.

Das Fieber hat keinen regelmässigen Typus, übersteigt mit morgendlichen Remissionen 40° nur selten.

Dass der Allgemeinzustand aufs Ernsteste in Mitleidenschaft gezogen wird, leuchtet ein; die Ernährung versagt bald ganz, die Diurese stockt, die venöse Stase in den Nieren kann Albuminurie erzeugen; das Herz kann den Schädigungen zwar lange Stand halten, doch führt die Circulationsbehinderung zu gefährlichen Stauungen in den Häuten und Höhlen des Gehirns, welche Oedem und seröse Transsudation, Sopor, Convulsionen, Tod zur Folge haben. Desgleichen kommt es in den Lungen zu atelectatischen und pneumonischen Heerden, auch wohl zu acutem Emphysem.

Die auskultatorische Untersuchung ergiebt bei dem starken Stenosengeräusch, Stridor und Stertor, nichts Typisches; pneumonische Heerde geben nur bei grösserer Ausdehnung Dämpfung, lassen sich nur aus der Respirationsbeschleunigung und dem höheren Fieber vermuthen.

Selbst nach scheinbaren Besserungen pflegt der Process zu recidiviren oder aber weiter den Bronchialbaum hinabzusteigen, Bronchialcroup zu erzeugen, Pneumonie hervorzurufen, welche jeden therapeutischen Eingriff illusorisch zu machen vermögen.

So ergiebt es sich, dass die Prognose des fibrinösen Croups stets sehr ernst gestellt werden muss; sie ist um so letaler, je jünger und schwächer das Kind, je später die Hülfe, speziell die Operation kommt.

Die Behandlung darf höchstens bei sehr kräftigen Kindern eine energische antiphlogistische sein; besonders mit örtlichen Blutentziehungen sei man sehr vorsichtig; von Merkurialien (Inunction) und Eis, Vesicantien verspreche man sich nicht allzu viel; und auch mit der Anwendung eines Brechmittels sei man vorsichtig; es versagt oft und wirkt stets schwächend, höchstens ist es von vorübergehendem Erfolg, keinesfalls darf es wiederholt angewendet werden. Wenn die Lösung der gebildeten Membranen durch fleissige Inhalationen, Zerstäuben von Salzwasserdämpfen nicht gelingt, versuche man auch keine internen Mittel als Pilocarpin, Apomorphin, sondern nehme frühzeitig, bevor das Kind durch stunden- und tagelange Orthopnoë erschöpft, durch Kohlensäureintoxication betäubt ist, bevor sich Lungenatelectasen und Pneumonie ausgebildet haben, die Tracheotomie vor; sie beseitigt mit einem Schlage die hauptsächlichste Ursache aller Störungen und verbessert die Prognose erheblich; nicht nur erholt sich bei freier Respiration das Kind rasch, gewinnt wieder Lust und die Möglichkeit, Nahrung aufzunehmen, nicht nur schwinden sofort die schweren Circulationsstörungen in Lungen, Nieren und Gehirn, sondern es gelingt auch, von der tracheotomischen Wunde aus eher, den Lokalprocess zu beeinflussen. Man trachtet durch Inhalation, durch Einträufeln von Papayotinlösung die Membranen zu erweichen, sie mit Pinzetten mechanisch zu entfernen; letzteres gelingt nicht bloss in dem oberen, sondern auch im untersten Theil der Trachea; mit geeigneten Instrumenten vermag man selbst aus den Bronchien erster und zweiter Ordnung die lebensbedrohenden Membranen herauszuholen und dadurch noch hie und da ein Leben zu retten.

Die Nachbehandlung besteht in möglichst nahrhafter und leicht verdaulicher Diät, Erhaltung der Kräfte, besonders durch Wein, Reinhalten der Wunde, regelmässigem Wechseln der Kanülen, Reinigung derselben, Entfernung des Sekrets, ev. Anregung der Expectoration durch Einführung von desinficirten Federposen durch die Kanüle in die Trachea, dauernde Inhalationen; laue Bäder, hydropathische Einpackungen nach besonderer Indikation.

Der Anwendung der Intubation stehen die Nachtheile im Wege, dass nicht dauernd Tag und Nacht ein mit ihr völlig vertrauter Arzt zur Stelle zu sein pflegt, der die hohe Gefahr einer Lösung der Tube sofort zu beseitigen vermag, sodann der ebenso wichtige, dass Kinder mit der Tube im Halse gewöhnlich die Nahrung verweigern; man begiebt sich ferner dabei des Vortheils, den Process an Ort und Stelle zu beeinflussen, auch ist die Expectoration etwa gelöster Membranen durch die enge Tube hindurch ungleich schwieriger, als durch die tracheotomische Wunde, ja fast unmöglich; man setzt die Kinder bei dem nothwendigen Instrumentenwechsel einer erneuten Erstickungsgefahr, jedenfalls einer wiederholten Todesangst aus; endlich liegt die Möglichkeit vor, dass man bei der Einführung eine Membran aus dem Larynx löst, in die Trachea hinabstösst und damit Asphyxie erzeugt.

Der **diphtheritische Croup** findet seine Besprechung bei dem Kapitel Diphtherie.

Eine besondere Unterart des Trachealkatarrhs findet sich ziemlich häufig bei Säuglingen, zwar auch gut entwickelten, sorgsam gepflegten und überwachten, doch vorwiegend häufig bei rachitischen, atrophischen oder unter schlechten hygienischen Verhältnissen lebenden Kindern, die nicht gehörig vor Erkältung geschützt werden; hie und da lässt sich dieser Katarrh auf die Zeit gleich nach der Geburt zurückführen; der von den Müttern aus dem Volke sehr treffend als „Vollsein auf der Brust" bezeichnete Katarrh, der sich ohne jede Störung des Allgemeinbefindens durch einen lauten, besonders im Schlaf hörbaren, meist auch über Sternum und Interscapularraum fühlbaren Stertor, ein schon auf Entfernung vernehmliches Rasseln, Schnarcheln verräth, ist stets von grosser Hartnäckigkeit. Dass sich auf ihn ein frischer und fortschreitender Katarrh, eine Bronchitis aufbaut, ist selten, aber möglich. Allen therapeutischen und besonders allen medicinellen Angriffen pflegt er zu trotzen; am meisten Erfolg erzielt ein langer Land- oder Waldaufenthalt, ein Soolbad, ein schöner Sommer; nützlich erweisen sich noch am meisten Vesicantien, die man abwechselnd auf das Brustbein oder zwischen die Schulterblätter applicirt (am Besten Collod. Cantharid.).

Laryngitis phlegmonosa et erysipelatosa ist selten, fast stets secundär, indem entzündliche Processe vom Pharynx oder der Umgebung des Larynx auf diesen übergreifen; die Erscheinungen sind schwer: neben den Zeichen ganz acuter Larynxstenose hohes Fieber, starkes allgemeines Ergriffensein, selbst septicämische Erscheinungen; lokal lebhafteste Entzündung, hochgradige Schwellung, Infiltration der Umgebung, des ganzen Halses, bes. der submaxillaren Drüsen. Die Behandlung kann energische Antiphlogose versuchen; meist aber wird man rasch zur Operation schreiten müssen.

Glottisödem kann entzündlich, also Theilerscheinung der Laryngitis phlegmonosa sein, bei Abscessen im Rachen, Verbrühungen sich einfinden; andererseits kann es bei Nephritis, selbst ganz acut auftreten. Meist erfordert es sofortige Tracheotomie.

Die Krankheiten der Bronchien und der Lunge

sind nächst den Verdauungskrankheiten die häufigsten Affectionen spez. der jüngeren und jüngsten Altersstufen.

Bronchitis und Bronchopneumonia acuta. Bronchitis und Bronchopneumonie haben so nahe Beziehungen zu einander, dass sie sehr wohl gemeinschaftlich abgehandelt werden können; nicht nur ist ihnen Aetiologie, Prognose und Therapie gemeinsam, sondern beide Processe gehen ungemein leicht und häufig in einander über, insofern, als die Entzündung in der Lunge sich in der Regel aus einer Entzündung der Bronchialschleimhaut herausbildet, als beide häufig nur verschiedene Grade desselben Processes darstellen, endlich sich fast stets mit einander compliciren; auch ihre klinischen Symptome sind einander sehr ähnlich oder gleich, und selbst bei der physikalischen Untersuchung fällt es meist schwer, eine scharfe Grenze zwischen beiden Affectionen zu ziehen.

Was ihre Entstehung anlangt, so spielt Erkältung zweifellos eine bedeutende, wenn auch nicht klar zu präcisirende Rolle. Wir sehen die Bronchitis- und Bronchopneumoniefälle besonders in der kalten Winterszeit und beinahe noch mehr in den Uebergangsjahreszeiten mit ihren jähen Temperaturwechseln, scharfen, besonders östlichen und nördlichen Winden sich häufen. Dabei kann es anfänglich erst zu einer katarrhalischen Entzündung in den oberen Luftwegen (Rhinitis, Angina, Laryngo-Tracheïtis) kommen, welche dann secundär Bronchien und Lungen in Mitleidenschaft zieht. Die Tendenz jeder Entzündung der Schleimhäute innerhalb des Respirationstractus, nach der Tiefe in die kleinsten Bronchien und in die Lungenalveolen hineinzudringen, ist im frühen Kindesalter ganz ausgesprochen vorhanden und birgt eine grosse Gefahr in sich. In anderen Fällen bleiben Nase, Trachea und Kehlkopf frei, und der Process etablirt sich von vorneherein in der Tiefe des Brustkorbs. Von entschiedener Bedeutung sind eine Reihe von Factoren, denen wir eine disponirende Rolle zuerkennen. So wissen wir, dass es besonders rachitische, scrophulöse, anämische, hereditär-luetische und atrophische Kinder sind, Kinder mit Thoraxverkrümmungen, mit schwach entwickelter Respirationsmuskulatur, die zu Bronchitis und Bronchopneumonie neigen, dass besonders auch ungünstige Wohnungs- und Lebensverhältnisse, feuchte, schlecht ventilirte, niedrige Wohnräume (Souterrain), Mangel an frei circulirender, regelmässig erneuter, reiner Luft (Hinterwohnungen, Industrieräume) das wiederholte Zustandekommen solcher Erkrankungen sehr begünstigen; etwas weniger bedeutungsvoll scheinen Rauch und Staub. Dass verweichlichte oder umgekehrt in unvernünftiger Weise jeder Witterung und Erkältungsgelegenheit ausgesetzte Kinder leicht erkranken, ist einleuchtend. Die modernen und bei zarten Kindern, jedenfalls in der ersten Lebensperiode wenig angebrachten Abhärtungsbestrebungen, die oft geradezu unsinnigen Zumuthungen, welche für sog. Naturheilmethode, Kneipp'sche Kur und dergleichen schwärmende Eltern kritiklos und fanatisch ihren Kindern manchmal auferlegen, liefern leider oft genug eclatante Belege für diese Auffassung. Andererseits dürften aber bei vielen der sog. Erkältungs-Bronchitiden und -Bronchopneumonien uns noch unbekannte, jedenfalls nicht genauer festgestellte Infectionserreger die Erkrankung anfachen. Zweifellos ist auf solche inficirende Keime die grosse Zahl von Bronchial- und Lungenentzündungen zurückzuführen, die so häufig im Gefolge der Influenza, der Morbilli, Pertussis, Tuberculose, des Typhus, seltener der Diphtherie und der Scarlatina auftreten (s die entsprechenden Kapitel).

Die Erscheinungen der Bronchitis und Bronchopneumonie treten entweder primär und für sich allein auf, oder sie gehen aus denen eines Katarrhs der oberen Luftwege hervor. Eines der ersten und ständigsten Krankheitszeichen ist der Husten; derselbe wird nur ausnahmsweise ganz vermisst; er ist je nach der Menge des producirten Entzündungssecrets locker oder trocken, je nach dem Grade der Hyperämie sehr reizend, häufig, selbst ununterbrochen anhaltend oder seltener; im Allgemeinen weist die rasche Entwickelung eines trockenen Reizhustens auf einen frischen Process in den Bronchien, einen neuen entzündlichen Nachschub in den Lungen hin; bei Secretüberladung wird der Husten voll, sogar röchelnd. Dass er unangenehme, ja schmerzhafte Empfindungen erregt, sei es an Ort und Stelle in der Schleimhaut, sei es mehr durch die oft krampfhaften Contractionen des Zwerchfells und der anderen Athemmuskeln, durch die Erschütterungen des Körpers, zeigen die Kinder durch Schreien oder Verziehen des Gesichtes an; öfters freilich sind die geäusserten Schmerzen auf pleuritische Reizung zu beziehen. Als ein übles Zeichen ist es anzusehen, wenn ein Kind bei reichlich vorhandenem Secret weniger, endlich kaum mehr hustet; es weist dies auf ein Nachlassen der allgemeinen Kräfte, besonders aber ein Erlahmen der Reflexcentren der exspiratorischen Muskeln hin, eine Erscheinung, die von verhängnissvollster Bedeutung ist. Dass Kinder bis gegen das 10.—12. Jahr hin und noch länger, bis zur Pubertät beim Husten nicht auswerfen, ist bekannt; die alleinige Ausnahme bilden Pertussis und die meisten Fälle von Lungengangrän resp. fötider Bronchitis und Bronchiectasen.

Das nächste Symptom pflegt frühzeitig eine objective und subjective Störung der Athmung zu sein. Die Zahl der Athemzüge nimmt ganz entsprechend der Ausbreitung des Processes, der Einengung der Respirationsfläche, ferner im Verhältniss zu der Höhe des Fiebers zu; sie erreicht ihre höchsten Grade bei einer rapid sich über den ganzen Bronchialbaum ausbreitenden Schleimhauthyperämie, bei dem Eindringen der Entzündung in alle kleinsten Bronchien (Bronchitis capillaris), sowie bei sehr zahlreichen, die ganze Lunge durchsetzenden bronchopneumonischen Infiltrationen. Fast regelmässig bildet sich eine Verschiebung des normalen Verhältnisses von $3^1/_2$—4 Pulsen auf einen Athemzug heraus; die Zahl der Athemzüge ist unproportioniert (zu Fieber und Pulsfrequenz) hoch. Die Athemzüge werden daneben auch oberflächlicher, gleichzeitig hörbar; bei schmerzhafter oder sehr mühsamer Athmung sind sie von einem geradezu pathognomonischen Stöhnen oder Aechzen begleitet. Als weiteres Zeichen der objectiven Dyspnoë sehen wir die Nasenflügel bei jeder Inspiration erweitert; Scaleni und Sternocleidomastoideï treten inspiratorisch in Aktion; die lebhafteren Bewegungen des Zwerchfells, der Intercostales kennzeichnen sich speziell bei sehr weichem oder rachitischem Thorax durch sog. respiratorisches Flankenschlagen, durch Einziehungen im Epigastrium und Jugulum. Sodann verräth das kranke Kind seine

Athemnoth durch Unruhe, häufiges Aufrichten, mühsames, abgesetztes Sprechen und Trinken, besonders an der Brust; es kann nicht kräftig, nicht anhaltend schreien, wird dabei vielmehr durch Hustenreiz, Schmerz und Zunahme der Athemnoth gestört und unterbrochen; ebenso ist der Schlaf sehr unruhig.

Bei der Untersuchung stellen wir fast immer Temperaturerhöhung fest; dieselbe kann unbedeutend sein, so bei leichten Graden der Bronchitis mit geringer Entzündung, besonders bei sog. Erkältungskatarrhen, ebenso in dem Abheilungsstadium von Bronchitis und Bronchopneumonie; bei isolirter Bronchialaffection hält sich das Fieber meist auf mittlerer Höhe; Temperaturen von über 39,5° weisen im Allgemeinen auf eine entzündliche Betheiligung der Lungen hin. Das Fieber ist remittirend, seltener intermittirend, hält keinen bestimmten Typus inne und ist entsprechend dem Verlauf der Krankheit oft überaus schwankend; jeder Temperaturabfall weist auf ein Nachlassen des entzündlichen Processes hin, während jede neue Exacerbation, besonders jede frische pneumonische Anschoppung von lebhafter Fiebersteigerung angekündigt und begleitet zu sein pflegt.

Die Pulsfrequenz geht im Ganzen Hand in Hand mit den Temperaturverhältnissen, bez. der Herzkraft.

Die Verdauung ist ebenfalls der Schwere des Grundleidens, besonders dem Fieber entsprechend betheiligt, doch braucht die Dyspepsie keinen hohen Grad zu erreichen. Das Durstgefühl ist in der Regel lebhaft gesteigert, der Stuhl gewöhnlich etwas obstipirt, doch Diarrhoe auch nicht selten. Der Harn weist alle Symptome des Fieberharns auf. Die Hautsecretion ist im Gegensatz zu vielen anderen Fiebern, im Speziellen zu dem Fieber der Pneumonia fibrinosa nicht vermindert; die Haut fühlt sich vielmehr wechselnd fiebertrocken und feucht an; besonders jede Remission des Entzündungsprocesses und des Fiebers kann mit allgemeinem Schweissausbruch vergesellschaftet sein; auch im Reconvalescenzstadium sind Schweisse, vorzüglich im Schlafe, häufig.

Die physikalischen Symptome sind ziemlich denen beim Erwachsenen gleich. Oefters vernimmt man, insbesondere bei reichlichem flüssigen, resp. spärlichem zähen Secret schon auf eine gewisse Entfernung gröberes, sogar fühlbares Rasseln, resp. feines Giemen und Pfeifen; mit dem Hörrohr gewahrt man bei Bronchitis je nach dem Sitze des Secretes in den grösseren oder kleineren Bronchien gross-, mittel- oder kleinblasiges Rasseln; das Athemgeräusch hört sich oft sehr rauh oder scharf an; bei bronchopneumonischen Heerden documentirt sich die Infiltration seltener durch auf umschriebene Stellen beschränktes Bronchialathmen, als durch consonirendes, klingendes, feinblasiges, oft Knisterrasseln. Als sehr wichtiges, manchmal erstes Symptom hört man über infiltrirten Stellen häufig Bronchophonie, die besonders bei schreienden und dadurch schwer zu untersuchenden Kindern von grossem diagnostischem Werthe ist; percussorisch findet sich oft wenig; nur ganz oberflächlich gelegene oder grössere Lungenentzündungsheerde werden bei sehr leiser, palpirender Percussion Dämpfung oder gedämpft-tympanitischen Schall geben; durch Zusammenfliessen einzelner kleiner Heerde können aber auch die Zeichen einer grösseren Hepatisation eintreten; die Prüfung des Stimmfremitus fällt meist aus. Dass sich die physikalischen Erscheinungen nicht über einem grösseren Bezirk, sondern der Natur des Leidens entsprechend disseminirt, bald hier, bald dort, nicht immer vorwiegend über den abhängigen hinteren Lungenparthien finden, ist bekannt.

Die Krankheit endet niemals kritisch (im Gegensatz zur Pneumonia fibrinosa).

Der gewöhnliche Verlauf einer Bronchitis catarrhalis ist der, dass nach rasch entstandenem, aber mässigem Fieber, lebhaftem Hustenreiz, entsprechender Schmerzäusserung, Dyspnoë und den begleitenden Allgemeinsymptomen die Entzündung der Bronchialschleimhaut zum fieberlosen Katarrh abklingt, beziehungsweise bei der Bronchopneumonie, dass unter höheren Temperaturen der Entzündungsprocess in den Lungen sich mit einem oder mehreren kleineren Heerden begnügt, die gleichzeitig oder successive erscheinen und bald wieder in Lösung übergehen, höchstens 8—14 Tage noch mit geringeren Erscheinungen, ohne Fieber und Dyspnoë bestehen bleiben. In schwereren Fällen entwickelt sich aus und neben einer Bronchitis sehr bald eine Bronchopneumonie mit vielfachen Heerden, die rasch an Zahl und Ausdehnung zunehmen, durch ständig wachsende Athemnoth, durch hohes, intermittirendes Fieber, Anorexie, die Kräfte verzehren, durch Verschmelzung ausgedehnte Infiltrationen in schliesslich dem grössten Theil der Lungen verursachen und das Kind unter den Erscheinungen einer langsamen, unaufhaltsamen Erstickung (Cheyne-Stokes'sches Phänomen, Cyanose, Oedeme, Sopor) tödten; ausnahmsweise können sich schon sehr frühzeitig durch starke Schleimhautwulstung, Verlegung des Lumens der kleinen Bronchien sehr ausgedehnte Atelectasen entwickeln, kann der Tod durch Kohlensäureintoxication bereits im Anfang des Leidens erfolgen. In anderen Fällen geht die acute Bronchitis in chronischen Katarrh über, der es bleiben die Anschoppungsheerde einer lobulären Lungenentzündung länger, oft Wochen und Monate lang unverändert bestehen, um endlich langsam wieder lufthaltig und respirationsfähig zu werden. Eine andere Möglichkeit ist die, dass sich unter wenn auch mässigem Fieber immer neue Heerde bilden, die alten nicht oder mangelhaft in Lösung übergehen; so führt auch eine subacute Entzündung schliesslich durch ihre lange Dauer, durch Aufzehren der Kräfte, ungenügende Ernährung zum Exitus letalis. Noch ein letzter Ausgang kommt vor: in den nicht gelösten, exsudatgefüllten Lungenheerden siedeln sich andere Entzündungserreger, z. B. Tuberkelbacillen, an, die eine käsige Nekrobiose hervorrufen, um so leichter, wenn es sich um ein sehr geschwächtes, von Hause aus disponirtes, scrophulöses, einer Infection ausgesetztes Kind handelt, wenn es nicht möglich ist, den hygienischen Anforderungen für die Reconvalescenz von Pneumonie zu genügen. Am seltensten kommt es zur Entstehung von dauerndem Emphysem, während Randemphysem, vorübergehende Lungenblähung etwas gewöhnliches ist. Kleine Lungenabscesse finden sich bei Sektionen häufiger; Bronchiectasenbildung ist ziemlich ungewöhnlich. Ganz plötzlicher, syncopaler Tod durch Herzverfettung und acute Herzlähmung wird beobachtet.

Aus der Schilderung der Symptome und des Verlaufs ergiebt sich, dass die Prognose niemals unbedingt günstig gestellt werden darf; sie richtet sich einmal nach der Disposition, der Constitution, dem Alter und Kräftezustand des erkrankten Kindes, sodann nach der Ursache der Bronchitis und Bronchopneumonie im speziellen Falle (Erkältung, Masern, Keuchhusten), ev. nach dem Charakter der Epidemie, in deren Gefolge der infectiöse Lungenprocess entsteht, endlich nicht zum wenigsten nach den getroffenen Massnahmen des behandelnden Arztes, nach den Hülfen, welche die materielle Lage der Eltern (Wohnung, Klima, Ernährung), ihre Sorgsamkeit und ihr Verständniss dem Patienten zu verschaffen im Stande sind. Bronchitis und Bronchopneumonie bei resp. nach Masern und Keuchhusten haben einen besonders schlechten Ruf; recidivirende Lungenkatarrhe und Pneumonien rachitischer, tuberculös belasteter Kinder sind sehr vorsichtig nach dem Grundleiden zu beurtheilen.

Die Behandlung ist stets eine mühevolle und erfordert viele Umsicht und Erfahrung. Auf den Entzündungsprocess in Bronchien und Lungen vermögen wir wohl kaum direct einzuwirken; wir können nur die erkrankten Organe unter die günstigsten Bedingungen zu bringen suchen. Dieser Forderung genügt in erster Linie eine möglichst reine, staubfreie, gleichmässig temperirte, nicht zu trockene Luft; wir verbringen die Kinder thunlichst in einen grossen, hellen, sonnigen Raum, der ordentlich erwärmt und ventilirt werden kann; die Lüftung ist bei höherer Aussentemperatur eine directe durch das Fenster, sonst eine indirecte durch ein Nebenzimmer; alle Teppiche, unnützen Vorhänge sind als Staubfänger verpönt; der Fussboden ist (wenn gestrichen oder parquettirt, also wenig wasseraufsaugend) täglich 1—2 mal feucht aufzuziehen; Staubfegen ist unbedingt zu verbieten. Für genügenden Wassergehalt der Luft sorgt man besonders bei Heizung und künstlicher Beleuchtung durch auf den Ofen gestellte Wasserschalen, durch aufgehängte nasse Laken, durch Sprayapparate. Die Zimmertemperatur wird auf 14^0 bis höchstens 15^0 R. erhalten. Um die Luft nicht unnütz zu verunreinigen, dürfen ausser der Pflegerin keine Personen sich im Zimmer längere Zeit aufhalten oder gar dort schlafen. Um eine Steigerung der Dyspnoë zu vermeiden, soll das Kind nicht zum Sprechen animirt, muss es am Weinen, Schreien verhindert werden. Durch ausgiebige Ventilation aller Lungentheile, besonders auch der bei Bettruhe vorwiegend gedrückten hinteren unteren Parthieen, ist den so sehr gefährlichen und die pneumonische Infiltration vorbereitenden Atelectasen vorzubeugen; man lasse die Patienten nie andauernd liegen, wenigstens nicht in ständiger Rückenlage; man nehme sie vielmehr des Oefteren und regelmässig auf, trage sie gut verpackt im Zimmer umher, mindestens wechsele man mit der Lage im Bette; auch richte man sie zum Trinken und Essen, zum Expectoriren resp. Abhusten auf, schon um Schluckpneumonien hintanzuhalten. Einen gewissen Einfluss auf den Lokalprocess verspricht man sich von hydropathischen Einpackungen des Thorax; dieselben sollen theils ableitend wirken, sodann die Respirationsluft feuchter machen; besser begründet ist die Einwirkung derselben, welche darin sich äussert, dass durch den Schreck, den Kältereiz im Moment des Auflegens tiefe Inspirationen ausgelöst werden, welche Atelectasenbildung verhüten können, expectorirend und im Ganzen anregend wirken; jedenfalls sind sie geeignet, das Fieber herabzumildern; in dieser Absicht darf man sie ja nicht zu lange liegen lassen, da sonst eine Wärmestauung direct erzeugt werden könnte; auf der anderen Seite bedarf ihre Anwendung bei sehr jungen, zarten und anämischen Kindern einer gewissen Vorsicht, sollen sie nicht durch zu grosse Wärmeentziehung schädigend und schwächend wirken. Man wird sich im Allgemeinen einmal nach dem Alter und Kräftezustand des Kindes, sodann nach der Höhe der Körpertemperatur richten; der erste Umschlag kann gewöhnlich schon bald, nach $1/2$—1 Stunde gewechselt werden; die späteren bei Fieber über 39,5 1—2 stündlich, bei niedrigerer Temperatur

3—4 stündlich. Man legt sich zweckmässig ein der Höhe des Kinderthorax entsprechend breites, mehrfaches Leinentuch auf einem dasselbe nach oben und unten um zwei Fingerbreiten überragendes Stück Guttapercha oder Wachspapier, Gummituch zurecht, legt das Kind, dessen Hemdchen und Jäckchen man über den Kopf in die Höhe geschlagen, so darauf, dass der Umschlag mit der Achselhöhle abschneidet, klappt ihn über der Brust zusammen und befestigt nun das Ganze, indem man eine breite Flanellbinde, ein wollenes Tuch darüber bindet oder steckt. Wünscht man eine energischere Wärmeentziehung, so kann man den wasser- und luftdichtabschliessenden Stoff weglassen, auch wohl den ganzen Körper bis zum Halse einpacken. Mit sinkendem Fieber wird die Temperatur des Wasserumschlags, die man erst stubenkalt oder noch etwas kühler nahm, höher gewählt; um die Resorption eines Lungenexsudats anzuregen, kann man später selbst heisse Umschläge appliziren.

Daneben ist das Wichtigste eine richtige Ernährung, denn schliesslich hängt vom Kräftezustand Alles ab; die Nahrung soll eine ausschliesslich, mindestens überwiegend flüssige sein, und zwar: Milch, bei stärkerer Dyspepsie etwas verdünnt, Bouillon, Beaftea (bei höherem Fieber ohne Ei), Milch- und Schleimsuppen; vor allem aber zur Erhaltung und Anregung der Herzkraft Wein: verdünnter süsser (Ungar, Malaga), Portwein oder Rothwein ganz nach dem Geschmack des Kindes, auch sehr stark verdünnter Cognac; man kann auch Eigelb zusammen mit Wein versuchen; als durststillende Getränke dienen Zucker-, Mineralwasser, Frucht-, Citronenlimonaden, Moselwein mit Wasser.

Für genügende Stuhlentleerung ist durch Lavements oder milde Abführmittel Sorge zu tragen.

Hohe Fiebertemperaturen bekämpfe man nicht mit Antipyreticis, sondern vermittelst der hydropathischen Umschläge, ev. durch laue Bäder von 27° R., abgekühlt auf 26°—25° R., Dauer 5—10 Minuten; ist eine Excitation, Anregung zu kräftiger Expectoration, tiefen Inspirationen nöthig, so nehme man im warmen Bade kalte Begiessungen auf Brust und Hinterkopf vor.

Zustände von Schwäche, Collaps bekämpfe man mit Alkohol, besonders Champagner, mit Kaffee und Thee, Aether, Kampher ev. zusammen mit Acid. benzoic., letztere Mittel besser subcutan, um den Magen nicht zu schädigen.

Medicinell braucht man nicht viel zu thun; anfänglich vielleicht Ipecacuanha im Infus oder bei Obstipation combinirt mit Calomel in Pulverform; bei Dyspepsie Acid. muriat. Bei mangelhafter Secretion suche man mit Ammon. muriat.,

Emser Wasser, Stib. sulfur. aurant. verflüssigend zu wirken; stockt die Expectoration, so greift man zu der kratzenden Senega im Infus oder Decoct, auch wohl in Verbindung mit Liquor Ammon. anisat., oder zu Acid. benzoic. mit Camphor. trit. Starken Reizhusten, besonders im ersten, hyperämischen Stadium, in dem es sich noch nicht um Expectoration eines Secretes handelt, lindert man in vorzüglicher Weise durch Codeïn (Knoll), das gleichzeitig secretlösend zu wirken scheint.

Die Reconvalescenz ist sehr sorgfältig zu überwachen. Durch Verbringen in recht reine, milde Luft, wenn möglich ein südliches Klima, in einen Gebirgs- und Höhencurort sucht man für recht ausgiebige Lungenventilation, möglichst andauernden Luftgenuss Sorge zu tragen; neue Erkältungen, Secundärinfectionen sind zu vermeiden. Eine zögernde Resorption ist durch heisse Umschläge, Jodpinselungen, Lungengymnastik, kalte Douchen, klimatische Curen besonders im Hochgebirge anzuregen.

Bronchitis chronica wird im Kindesalter nur ausnahmsweise beobachtet; sie schliesst sich am häufigsten noch an Pertussis an und führt dabei öfters zu Emphysem; ebenso ist sie eine häufige Begleiterscheinung von Herzklappenfehlern, Emphysem, Bronchiectasen, sowie aller tuberculösen Lungenprocesse. Ihre Prognose ist schlecht; die Behandlung muss eine vorwiegend klimatische und pneumatische sein; zeitweise erfordert sie Expectorantien, secretionsbeschränkende Mittel als Terpentin, Terpin. hydrat., Narcotica etc.

Bronchiectasen stellen eine noch seltenere Erkrankungsform dar; sie können sich durch Atrophie der Bronchialwand bei chronischem Bronchialkatarrh, in Folge der exspiratorischen Erweiterung durch den Husten bei Pertussis, sehr selten in Folge einer acuten Bronchitis und Bronchopneumonie entwickeln; ferner im Anschluss an interstitielle pneumonische Processe nach Diphtherie, Pleuritis und Empyem sich herausbilden.

Prognose und Therapie sind wohl ebenso schlecht resp. undankbar wie beim Erwachsenen.

Bronchitis fibrinosa s. crouposa schliesst sich bei Kindern nur an Croup und Diphtherie des Larynx und der Trachea an und hat keine Bedeutung als selbstständiges Leiden.

Bronchitis putrida kommt noch am ehesten bei Aspiration und Steckenbleiben von inficirenden Fremdkörpern innerhalb des Bronchialbaumes (Nahrung, Eiter aus Rachenabscessen etc.), hie und da bei der Phthise vor; sie führt in der Regel durch rasch entwickelte Pneumonie, durch Abscess oder Gangränbildung der Lunge zum tödtlichen Ende.

Asthma bronchiale beobachtet man im Ganzen recht selten bei Kindern, öfters auf der Basis der Scrophulose; als Reflexasthma kann es von einem Heerd in der Nase und dem Nasenrachenraum, dem Magen und Darm (Henoch'sches Asthma dyspepticum), durch einen äusseren Reiz ausgelöst werden. Auch bei der kindlichen Hysterie werden scheinbare asthmatische Anfälle beobachtet. Jede sehr acute und heftige und dabei ausgebreitete katarrhalisch-entzündliche Schleimhautschwellung vermag acutes Asthma zu erzeugen. Das Krankheitsbild ist dasselbe wie beim Erwachsenen. Husten und Auswurf fehlen jedoch bei Kindern häufig ganz.

Die Prognose ist nicht schlecht. Bei der Behandlung hätte man zunächst einen reflexerregenden Krankheitsheerd ausfindig zu machen und, wenn möglich, auszuschalten. Stets ist auf ein allgemeines diätetisches Verfahren, auf rationelle Lebensweise, auf die Hygiene der Wohnung, des Aufenthaltsortes, auf recht reichliche Zufuhr reiner Luft, wenn nöthig, eine vernünftige Abhärtung, regelmässige und ausgiebige Körperbewegung, Lungen- und Thoraxgymnastik das grösste Gewicht zu legen. Oefters ist Gebirgs- und Seeaufenthalt von grossem Nutzen.

Symptomatisch versucht man Jodkali, lange Zeit hindurch zu nehmen, im Anfall Chloral. hydrat. zusammen mit Jodkali, Codeïn, Morphium, Räuchern von Salpeterpapier, Stramonium.

Pneumonia fibrinosa ist nicht so selten, wie früher angenommen wurde, doch lange nicht so häufig wie die Bronchopneumonie; ihre Ursache ist die Infection mit dem Fränkel'schen Coccus; Mischinfectionen scheinen vorzukommen.

Die Krankheit bietet im Kindesalter wenig Besonderheiten. Sie hat denselben cyclischen Verlauf wie beim Erwachsenen mit dem Unterschied, dass ein initialer Schüttelfrost nur ausnahmsweise beobachtet wird; an seine Stelle tritt bei jüngeren und selbst älteren Kindern nicht selten ein eclamptischer Anfall, hie und da mit so schweren anderweitigen Hirnsymptomen, dass die Diagnose Anfangs zwischen Meningitis und Pneumonie schwanken, oder man an eine allgemeine schwere Infection (Scharlach) denken könnte; Erbrechen ist noch häufiger; stets treten alle äusseren und subjectiven Zeichen einer ernsten acuten Affection zu Tage. Das Fieber ist ein continuirliches mit geringen Morgenremissionen; das Krankheitsende wird zumeist durch eine Krise (am 5., 7., 9. Tage, selten später, auch Pseudokrisen), seltener durch Lyse eingeleitet. Der Lungenheerd ist fast immer lobär, gewöhnlich einseitig, im Gegensatz zu den häufiger beiderseitigen und stets lobulären Heerden der Bronchopneumonie. Die klinischen Erscheinungen sind die der Dyspnoë (beschleunigte, mühsame, oberflächliche, fliegende, ächzende und stöhnende, abgesetzte Athmung), meist kurzer, trockener Husten, Fieber (trockene Lippen, Durst, Fieberharn, Pulsfrequenz, öfters Herpes labialis, febrile Dyspepsie). Die Betheiligung der Pleura verräth sich durch lokalisirte Bruststiche oder allgemeine Schmerzäusserung. Die physikalischen Symptome sind die bekannten, doch ist die Diagnose öfters nicht leicht, da Heerderscheinungen ganz fehlen, resp. lange verborgen bleiben können, Husten ausnahmsweise, Sputum fast immer vermisst wird.

Die Abarten der Pneumonie als abortive, Wanderpneumonie, sog. gastrische und cerebrale Pneumonie kommen auch beim Kinde vor.

Complication mit Pleuritis ist gewöhnlich, solche mit Bronchitis, Empyem seltener; Icterus, Meningitis, Otitis, Nephritis, Endocarditis und Pericarditis kommen nur ausnahmsweise dabei vor; als Nachkrankheiten beobachtet man Aphasie, Hemiplegie, chronische Pneumonie, Abscess, Lungengangrän, Tuberculose.

Recidive sind sehr selten.

Die Prognose der genuinen Pneumonie ist durchweg gut. Ausgang in Abcessbildung oder Gangrän, interstitielle Pneumonie, Induration und Schrumpfung, Phthisis pulmonum ist ganz ungewöhnlich; sehr jugendliche, schwache, besonders rachitische, luetische, scrophulöse Kinder erliegen der Infection freilich um so leichter, je länger das Fieber dauert, je weiter der Entzündungsprocess um sich greift, je rascher der Herzmuskel erlahmt, je schwerere Complicationen hinzutreten.

Die Behandlung darf bei dem cyclischen Verlauf der Entzündung, der guten Prognose, und da die Hauptgefahr von Seiten des Herzens droht, keinenfalls eine eingreifende sein; Blutentziehungen sind geradezu contraindicirt, ebenso sehr energische Wärmeentziehungen durch Eisblase, kalte Bäder; das Fieber ist nur durch hydropathische Einpackungen des Thorax, auch des ganzen Körpers, durch sorgfältig überwachte laue Bäder (27° R. auf 26° bis höchstens 25° abgekühlt, Dauer 5—8 Minuten) zu bekämpfen. Von vorneherein ist ein roborirendes Verfahren am Platz: flüssige, leicht verdauliche, aber kräftigende Kost, und besonders Alkohol in jeder, doch stets stark verdünnter Form; von Medikamenten dürfte nächst einer Salzsäuremixtur höchstens ein Digitalisinfus in Frage kommen.

(Im Uebrigen vergleiche Bronchopneumonie; Complicationen sind entsprechend zu berücksichtigen.)

Pneumonia chronica kann ausnahmsweise aus einer fibrinösen, häufiger einer Broncho-Pneumonie entstehen, wenn die Lösung und Aufsaugung der Entzündungsproducte ausbleibt; ihr Ausgang ist entweder der in Heilung, die unter roborirender Diät, aller nur möglichen Pflege, hydropathischen Umschlägen, Lebertran, Eisen- und Jodpräparaten, am ehesten aber durch einen langen oder wiederholten Curaufenthalt im Gebirge, an der See, im Süden noch nach Jahren eintreten kann; oder aber es kommt in dem Lungenheerd durch Secundärinfection zur Verkäsung, zur tödtlichen Lungenphthise; eine dritte Möglichkeit giebt die Induration des befallenen Lungentheils in Folge interstitieller Wucherung und Schrumpfung mit nachfolgender Retraction des entsprechenden Thoraxabschnittes. In einem Theil der Fälle ist damit der Process abgeschlossen und ebenfalls eine Art Heilung herbeigeführt; in anderen bilden sich innerhalb der geschrumpften Parthie Bronchiectasen heraus.

Emphysema pulmonum. Während acute, einfache Lungenblähung, das Volumen pulmonum auctum Traube's, bei grosser Dyspnoë (Croup, Bronchitis, Pneumonie), nach heftigen Hustenstössen, nach starker exspiratorischer Spannung (Keuchhusten) nicht selten ist, zählt die zu Atrophie und Verlust von Alveolarwänden führende Blähung, das echte Emphysem, im Kindesalter zu den Seltenheiten. Physikalisch diagnosticirbar wird die acute Lungenblähung nur bei hohen Graden; bei längerer Dauer der Blähung kommt es zu Fassform des Thorax, Tiefstand der unteren Lungengrenzen, Einengung der Herzdämpfung, Stauung (in den Thoraxvenen, Lebertumor). Daneben finden sich dann meist die Zeichen der chronischen Bronchitis und vor allem der Athemnoth, die dauernd besteht, acut sich zu Asthmaanfällen verschlimmern kann. Hochgradige Circulationsstörungen sind sehr selten. Auf die Dauer leidet das Allgemeinbefinden, die Ernährung, die Körperentwickelung; Cyanose und Verbildung der Nagelglieder ist häufig zu bemerken; Bronchiectasenbildung kann die weitere Folge sein.

Die Prognose des Vol. pulmon. auct. ist günstig, die des echten Emphysems schlecht. Die Behandlung hat zumeist die Beseitigung des ätiologischen Uebels anzustreben, Complicationen durch Entzündungen, Herzschwäche hinanzuhalten; sodann erweisen sich klimatische Curen in mittleren Gebirgshöhen, an der See als Heilung befördernd, mindestens lindernd; wichtig ist ferner Abhärtung und Kräftigung.

Gangraena pulmonum bietet weder ätiologisch noch klinisch im Kindesalter Eigenheiten; sie ist nicht allzuselten und entsteht im Anschluss an septischen Zerfall eines fibrinösen Lungenentzündungsheerdes, häufiger durch Embolie septischen Materials (Otitis, Hautgangrän, Noma, Pericarditis, allgemeine Sepsis), durch Aspiration von solchem (Diphtherie, Pharynxabscess) oder von

Nahrungsbestandtheilen und anderen Fremdkörpern, ferner bei Bronchitis putrida und Bronchopneumonie sehr marastischer, zu Thrombosen neigender schwerkranker Kinder (Typhus, Ecthyma): das characteristische Sputum wird nicht immer expectorirt, so dass die Diagnose Schwierigkeiten machen kann.

Phthisis pulmonum. Wir begreifen unter diesem Namen nicht sowohl alle Lokalisirungen des Tuberkelbacillus, die in der Lunge beobachtet werden, also nicht die miliare Tuberculose der Lunge, wie sie meist Theilerscheinung der allgemeinen Miliartuberculose ist, nicht die kleinen Heerde, welche wir so häufig bei anderweitiger Organ- und allgemeiner Tuberculose auch in den Lungen finden, sondern die ausschliessliche oder überwiegende tuberculöse Erkrankung der Lungen. Anatomisch handelt es sich da gewöhnlich um zwei Formen: Entweder die bacilläre Invasion erfolgt ziemlich acut unter dem Bilde der käsigen Pneumonie, oder — und dies ist der seltenere Fall — die Affection stellt sich als ein chronisches, schleichendes Lungenleiden ein, welches mit Verdichtung und Katarrh, später mit cavernöser Einschmelzung und Zerfall des Lungengewebes einhergeht.

Die acute und subacute Pneumonia tuberculosa äussert sich anfänglich durch dieselben Erscheinungen wie eine nicht käsige Bronchopneumonie; sie beginnt mit meist hohem Fieber. Dyspnoë, pleuritischen Schmerzen, Husten, den physikalischen Zeichen der Infiltration und Exsudation; Sitz des Heerdes oder der multiplen Heerde sind nicht immer die Lungenspitzen, häufig auch die Unterlappen; das Fieber ist unregelmässig, von Remissionen unterbrochen, oft sehr hoch. Doch binnen Kurzem erregen gewisse andere Symptome Bedenken über die Natur der Lungenentzündung. Einmal hält das Fieber hartnäckig an; es stellt sich ungewöhnlich oft, vielleicht mit einer gewissen Regelmässigkeit Schweissausbruch ein, ohne dass man denselben stets auf einen raschen Temperaturabfall zurückführen könnte; in auffallendem Maasse und sehr frühzeitig leidet der Ernährungszustand; das Fettpolster schwindet rasch, die Musculatur wird schlaff, nimmt ab, die Kräfte sinken zusehends, es stellt sich eine bedrohliche Anämie, eine Dyspepsie und Anorexie ein, die alle Ernährungs- und Kräftigungsversuche scheitern lässt. Unter diesen Erscheinungen kann schon binnen 2—3 Wochen der Tod erfolgen. In weniger acuten Fällen geht zwar das Fieber herunter; ja es scheint sich eine Lysis, eine allmähliche Genesung anzubahnen; doch immer und immer wieder steigt die abendliche Temperatur, es treten hochfieberhafte Nachschübe auf, die befallenen Stellen in den Lungen zeigen keine Solution, sie vergrössern sich im Gegentheil, und so verzehren sich auf die Dauer langsam die Kräfte, wenn nicht eine Complication, der plötzliche Eintritt einer Meningitis tuberculosa ein rascheres Ende macht und die Situation mit einem Male klärt. Dieser eigenartige progressive und perniciöse Verlauf lässt den Ursprung, das Wesen der bronchopneumonischen Heerde meist früh genug errathen; doch kann bei dem Fehlen von Sputum und von hereditärer Belastung, von anamnestischen Anhaltspunkten, ohne den Nachweis einer Infectionsmöglichkeit die Diagnose längere Zeit, ja bis zur Section zweifelhaft sein; eine vorausgegangene Erkrankung an tuberculösen oder scrophulösen Affectionen, an Masern oder Keuchhusten, eine nachgewiesene Tuberculose bei Eltern, Geschwistern, Pflegern sind für die Beurtheilung von grösster Wichtigkeit; entscheidend wäre der Nachweis von Tuberkelbacillen im Stuhl. Andererseits kommen Fälle einfacher, sich lang hinziehender Bronchopneumonie vor, welche sehr leicht zu der irrthümlichen Annahme eines tuberculösen Ursprungs verleiten.

Ausnahmsweise werden Stillstände, Scheinheilungen beobachtet, denen über kurz oder lang eine recidivirende pneumonische Attacke, eine Meningitis tuberculosa folgt.

Die chronische Phthise findet sich im Allgemeinen mehr bei etwas älteren Kindern; bei jüngeren ist die acute Form resp. die allgemeine Tuberculose gewöhnlicher. Die Phthise verläuft jenseits der zweiten Dentition derjenigen der Erwachsenen sehr ähnlich; ganz allmählich kommt es zu einer in ihren Anfängen meist unbemerkt gebliebenen Verdichtung einer oder beider Lungenspitzen, zu der sich die Symptome des Katarrhs, des zunehmenden Gewebszerfalls gesellen; Hand in Hand damit geht eine unaufhaltsame, wenn auch oft langsame Abmagerung; auf die Dauer stellen sich Febris hectica, Nachtschweisse, allerhand dyspeptische Erscheinungen ein; unter Husten, Fieber, Appetitlosigkeit, Abzehrung erfolgt allmählich der Tod.

Was die Phthise der Kinder von der der Erwachsenen unterscheidet, ist einmal der im Ganzen weit raschere und fast ausnahmslos zum Tode führende Verlauf; sichere Heilungen sind extreme Seltenheiten. Sodann treten öfters zu ihr und zwar seltener zur chronischen Phthise als zu der tuberculösen Pneumonie Complicationen in Gestalt tuberculöser Meningitis, Peritonitis und Enteritis hinzu. Haemoptoë ist ungleich seltener; es fehlt meist jeder Auswurf, bei kleineren Kindern vermisst man sogar jeden Husten, überhaupt alle Lungenerscheinungen. Cavernenbildung kommt vor; die tuberculösen Heerde finden sich besonders bei jugendlichen Kindern nicht mit der bekannten

Vorliebe in den oberen Lungenpartbien, sondern vertheilt durch beide Lungen und oft vorwiegend in den Unterlappen. Sehr auffällig ist, wie wenig lokale und besonders physikalisch nachweisbare Symptome gerade bei jüngeren Kindern so häufig eine ausgedehnte Lungentuberculose macht; die Section bereitet in dieser Beziehung oft die merkwürdigsten Ueberraschungen.

Im Uebrigen cf. Tuberculose.

Aus allem ergiebt sich, dass die Prognose nur eine schlechte sein kann.

Die Behandlung muss einmal den armen Kindern ihre Beschwerden zu lindern, sodann die Kräfte zu erhalten, den Exitus möglichst hinauszuschieben suchen. Dabin gehört, dass man wenigstens älteren Kindern die Natur ihrer Krankbeit verheimlicht; es ist unglaublich, wie in dieser Beziehung seitens der jammernden, fassungslosen Eltern, aber auch von Seiten mancher Collegen gefehlt wird, welche das Verständniss heranwachsender Kinder für den Begriff der „Schwindsucht", ihre Todesfurcht oft unbegreiflich unterschätzen. Man wird durch hydropathische Umschläge, auch wohl Antifebrilia die Fieberbelästigungen, durch Acid. camphor., Waschungen und Pudern die Unannehmlichkeiten der Schweisse zu vermeiden trachten. Gegen den oft quälenden Hustenreiz, gegen Schmerzen erweist sich Codeïn, später Morphium als unschätzbare Wohlthat.

Die Therapie gleicht im Uebrigen der aus der Klinik der Erwachsenen bekannten. Zu einer Anstaltsbehandlung wird meist keine Veranlassung vorliegen, dagegen erfreuen sich auch im Kindesalter Hochgebirgscuren eines vorzüglichen Rufes (Arosa, Davos).

Die Hauptsache bleibt ein möglichst ausgedehnter Genuss reiner Luft, eine Freiluftcur; daneben eine leicht verdauliche, sehr reichliche und kräftigende, besonders eiweiss- und, wenn vertragen, auch fettreiche Kost, in der neben etwas Alkohol Milch oder Kefir eine Hauptrolle spielen müssen. Unterstützend wirken besonders der Leberthran, das Lipanin, die Kraftchocolade, Malzpräparate, hie und da Eisen und Arsenik.

Kreosot kann jüngeren Kindern nur in der flüssigen Form gegeben werden; ältere habe ich bäufig Capseln sehr gut nehmen gesehen; eine directe Heilwirkung kann ihm wenigstens im Kindesalter nicht zuerkannt werden, doch vermag es den Appetit anzuregen, die Verdauung zu unterstützen und, in grossen Dosen gegeben, das Allgemeinbefinden entschieden zu heben.

Pleuritis tritt wie beim Erwachsenen am häufigsten im Anschluss an entzündliche Lungenprocesse auf, sodann im Verlaufe von Infectionskrankheiten (besonders Scarlatina, auch Masern, Rheumatismus articularis), bei Nephritis, ausnahmsweise nach Traumen; auch kann sie durch Uebergreifen einer Entzündung der unmittelbaren Nachbarschaft oder selbst entfernterer Theile auf die Pleura entstehen, so bei Caries der Rippen, der Wirbel, bei Peritonitis, Perityphlitis, Leberabscess; seltener stellt die Brustfellentzündung ein idiopathisches Leiden dar. Sie ist keine seltene Krankheit und erscheint in ihren verschiedenen Stadien resp. Formen als Pleuritis sicca und exsudativa (serosa, sero-fibrinosa und purulenta, haemorrhagica). Ihr Verlauf schwankt zwischen dem acuten und ganz chronischen. Einseitige Pleuritis ist häufiger als doppelseitige. Die Krankheit zeigt im Kindesalter kaum Besonderheiten. Fieber ist wohl stets vorhanden, öfter geringfügig, manchmal hoch; am beträchtlichsten ist es in der Regel bei Empyem, bei dem es re- und intermittirenden Character aufweisen, doch auch völlig fehlen kann; hervorstechendes Symptom sind meist die Schmerzen; die Respirationsstörung kennzeichnet sich objectiv durch Dyspnoë, Zurück- oder Liegenbleiben, Schonen, der betroffenen Thoraxhälfte, Husten. Die physikalischen Symptome sind die bekannten. Das Allgemeinbefinden, Appetit und Verdauung leiden der Schwere der Affection, der Höhe des Fiebers entsprechend, am meisten und raschesten bei Empyem.

Der Ausgang ist entweder eine vollkommene oder relative Spontanheilung, wobei es zu Resorption des Exsudates, pleuritischen Verwachsungen mit und ohne Schwartenbildung und Thoraxverkrümmung, bei Empyem zum Durchbruch nach der Lungen der nach aussen kommen kann. Oder es tritt der Tod ganz plötzlich ein durch Herzlähmung, Embolie der Pulmonalarterie, oder langsam durch Dyspnoë und Erschöpfung, durch complicirende Pericarditis, beim Empyem durch die andauernde Eiterung, welche zu Amyloid führt, durch hohes und andauerndes Fieber.

Die Prognose ist am günstigsten bei einfach seröser oder trockener acuter Pleuritis mässiger Ausdehnung. Grosse Flüssigkeitsergüsse und besonders alle eiterigen verschlechtern die Vorhersage beträchtlich, wofern die Therapie nicht rechtzeitig eingreift. Als gefährlich gilt die Pleuritis scarlatinosa, wohl mehr wegen des Grundleidens; unheilbar ist die Pleuritis tuberculosa.

Die Therapie versetzt den Kranken unter die bei der Pneumonie angeführten günstigen äusseren Verhältnisse. Zu Anfang kann sie sich mit diätetischen Verordnungen, gelinder Antipyrese durch hydropathische Umschläge begnügen. Die pleuritischen Schmerzen lindern am zuverlässigsten Eisumschläge oder auch heisse Compressen (je nach dem persönlichen Empfinden des

Kranken), leichte Narcotica, bei schlimmen Graden eine ganz vorsichtige Morphiuminjection; auch lagere man die Kinder im ersten, entzündlichen Stadium auf die erkrankte Seite, um die respiratorische Thoraxverschiebung einzuschränken; doch wird diese Lage in schlimmen Fällen nicht immer vertragen.

Bei geringem Exsudat sucht man nach dem Abfall des Fiebers durch hydropathische oder heisse Einpackungen, durch Anregung der Diurese (Liqu. Kal. acetic., Calomel mit Digitalis, Digit. mit Coffein. natrobenzoic.), auch wohl Jodtincturpinselungen die Aufsaugung anzuregen. Sobald die frischen entzündlichen Erscheinungen resp. das Exsudat zurückgegangen sind, soll die befallene Thoraxhälfte wieder zur Athmung herangezogen werden, um die comprimirte Lunge wieder auszudehnen, lufthaltig zu machen. Man veranlasst in diesem Bestreben die Reconvalescenten mehr auf der gesunden Seite zu liegen, mit der kranken tief zu respiriren. Selbst eine directe Thoraxmassage ist neben dieser Gymnastik wohl zu versuchen. Zu lange Bettruhe ist schon aus diesem Grunde nicht rathsam.

Zögert ein grösseres seröses Exsudat über die 2.—3. Woche mit der Resorption, oder nimmt die Exsudatbildung durch Verdrängung des Herzens, durch starke Athembehinderung bedenklicheren Character an, so zögere man nicht mit der Entleerung. Man punctirt an der abhängigsten Stelle unter den bekannten Vorsichtsmaassregeln vermittelst des Aspirationsapparats nach Potain. Nie vergesse man eine vorhergeschickte Probepunction.

Ein eiteriges (rein- oder serös-purulentes) Entzündungsproduct, welches sich durch die Intensität der Dämpfung, die Schwere der Allgemeinerscheinungen, meist hohes Fieber zu verrathen pflegt, mit Sicherheit aber nur durch die Probepunction erkannt wird, erfordert ein sofortiges operatives Vorgehen. In vielen Fällen kann bei Kindern ein Empyem durch einfache Punction mit oder ohne nachfolgende Thoraxausspülung (Bor-, Salicyllösung) vollkommen zur Heilung gebracht werden; recidivirt das Exsudat, so versucht man es mit dem Bülau'schen Verfahren (Ausspülung und Drainage); hat man Ursache, jetzt oder von vornherein energischer vorzugehen, so operirt man vermittelst doppelten Schnittes und Thoraxdrainage (Küster), oder Incision und Rippenresection an 5.—7. Rippe.

Dass in allen schweren und besonders länger dauernden Erkrankungen auf das diätetische Regime, Kräftigung und Anregung, auf die Ueberwachung der Herzthätigkeit ein besonderes Gewicht zu legen ist, versteht sich von selbst.

Bei der Nachbehandlung sucht eine lange fortgeführte Thorax-

und Lungengymnastik, ein Gebirgs-, wenn nöthig Hochgebirgsaufenthalt die functionelle Leistung der betroffenen Lunge wieder herzustellen, einer Thoraxverbiegung vorzubeugen.

Die Krankheiten des Circulationsapparates.

Neben Dextrocardie, Medianlage, Ectopia cordis, Mangel des Herzbeutels finden sich **angeborene Herzanomalien**, welche zum grösseren Theil auf Entwickelungshemmungen, zum kleineren auf im Mutterleibe verlaufene endocarditische Processe zurückzuführen sind.

Man findet **Defecte der Scheidewände** des Herzens, meist combinirt mit anderen angeborenen Herzmissbildungen; für sich allein bestehend, brauchen dieselben die Lebensfähigkeit selbst bis in ein mittleres Alter hinein keineswegs zu beeinträchtigen; sie machen nicht einmal immer krankhafte Erscheinungen, ausser etwa Herzklopfen; auf die Dauer pflegen sich solchen Defecten aber entzündliche Processe am Rande derselben, wie an den benachbarten Ostien und Klappen anzuschliessen und meist früh den Tod herbeizuführen. Bei Defect im Septum ventriculorum treibt der überwiegende linke Ventrikel systolisch Blut in den rechten Ventrikel, der dilatirt und hypertrophisch geworden, die Circulation lange Zeit in normalem Gang erhalten kann; sobald er vorübergehend oder dauernd (z. B. bei Erschwerung der Athmung) erlahmt, tritt anfalls- oder zeitweise die Compensationsstörung mit Cyanose, stärkerer Dilatation des rechten Herzens, accentuirtem zweiten Pulmonalton ein. Physikalisch findet man, doch nicht constant, ein systolisches Geräusch über der Spitze oder an der Basis.

Die Vorhöfe können entweder durch echten Defect des Septum atriorum oder Offenbleiben des Foramen ovale mit einander communiciren (ein kleiner, schief verlaufender spaltförmiger Kanal persistirt ohne Erscheinungen zu machen bei einem hohen Procentsatz der Kinder). Letztere Anomalie kann ganz ohne Symptome, geschweige Störungen für das ganze Leben bestehen. Auch bei echter Defectbildung können Folgen völlig ausbleiben, wohl deshalb, weil ein Ueberwiegen des Blutdruckes in dem einen Vorhof zu Ungunsten des anderen kaum statthat; keinenfalls kommt es zu Cyanose oder zu Geräuschen, es sei denn, dass sich der Defectbildung endocarditische Complicationen zugesellen.

Die **Persistenz des Ductus arteriosus Botalli**, der normaler Weise in der Zeit vom ca. 7. bis 20. Tage durch Involution und Thrombosirung veröden soll, findet sich selten und dann meist combinirt mit anderen Entwickelungsstörungen. Da durch ihn hindurch der höhere Aortendruck auf die Pulmonalarterie und den rechten Ventrikel wirkt, so findet sich fast regelmässig Dilatation und Hypertrophie des rechten Ventrikels, besonders des Conus arteriosus, und Dilatation der Lungenarterie; physikalisch constatirt man Hypertrophie des Herzens, speziell des rechten, Voussure, besonders der oberen Herzgegend, epigastrische Pulsationen, meist ein systolisches, schwirrendes Geräusch im zweiten bis dritten linken Intercostalraum; eine schmale links am Sternum bis zum ersten Intercostalraum reichende Dämpfung entspricht der Lage der erweiterten Lungenarterie; der zweite Pulmonalton ist rein und sehr laut, auch fühlbar.

Die klinischen Symptome, als Dyspnoë, Cyanose, Erstickungsanfälle, Herzklopfen, kommen nicht gleich nach der Geburt, sondern erst allmählich zur Beobachtung, fehlen wohl auch im Kindesalter gänzlich. Der tödtliche Ausgang ist meist nicht sowohl Folge der Communication, als zufälliger Affectionen; die Mehrzahl der Patienten erreicht ein höheres Alter; (der spätere Eintritt von Cyanose unterscheidet diese Anomalie von der Stenose der Arteria pulmonalis).

Stenose und Atresie der Arteria pulmonalis beanspruchen das grösste Interesse; ihre klinischen Erscheinungen sind, obwohl sich anatomisch eine Anzahl von Unterarten (Conusstenose, Stenose des Ostiums und Stenose des Stammes bei defecter oder verschlossener Kammerscheidewand; Combination von Stenose mit vollständigem Defect der beiden Septa oder eines derselben, mit Affectionen anderer Klappen, mit Persistenz des Truncus arteriosus communis) differenziren lassen, beinahe typisch gleichmässig. Während geringe Stenosen durch Hypertrophie des rechten Ventrikels längere Zeit compensirt werden können, verrathen sich einigermaassen ausgesprochene Verengerungen des Lumens in der Regel gleich oder bald nach der Geburt durch Cyanose. Gehen die Kinder nicht sofort an Asphyxie zu Grunde, so bieten sie das ausserordentlich prägnante Bild des Morbus coeruleus: Haut und Schleimhäute sind blau, selbst tief- oder schwarzblau; mit der Zeit entwickeln sich beträchtliche kolbenförmige Anschwellungen der Finger- und Zehenspitzen aus; in leichteren Fällen tritt die Cyanose nur bei Körperanstrengung, seelischer Aufregung und sofort bei jeder Behinderung der

Respiration in die Erscheinung; die Kinder zeigen wenig Lebensenergie, träge und seltene Bewegungen, Schlafsucht; ihre Körperwärme sinkt leicht unter die Norm, jedenfalls werden Körperoberfläche und Extremitäten ungewöhnlich rasch kühl. Anfallsweise treten bei den ausgesprochenen Fällen Kopfschmerzen, Schwäche, Ohnmachten, Schwindel, Athemnoth, grosse Dyspnoë, eclamptische Krämpfe auf. Stets bleibt die Körperentwickelung im Ganzen zurück; entsprechend ist meist auch das Geistesleben ein schwächeres, trägeres. Es zeigt sich also, dass es nicht die Mischung von arteriellem und venösem Blut (bei offenem Foramen ovale und Ductus arteriosus, bei Kammerscheidewanddefect) ist, welche die Cyanosis cardiaca verursacht, sondern lediglich die venöse Stauung. Da die Compensation seitens des rechten Ventrikels nur zeitweise eine vollkommene zu sein pflegt, so treten in der Regel häufig Circulationsstörungen auf, bei denen unter Nachlassen der Herzkraft (Pulsus irregularis, parvus) jene oben erwähnten Anfälle sich einstellen. Nasenbluten, auch Blutspucken sind regelmässige Begleiterscheinungen des Leidens, Herzklopfen, Lufthunger, Unfähigkeit zu Körperbewegung, Angst die gewöhnlichen Klagen der armen Kinder, die meist nur ein kümmerliches Scheinleben führen; binnen Kurzem, ausnahmsweise erst nach einer längeren Lebensdauer erfolgt der tödtliche Ausgang entweder plötzlich oder nach längerem zunehmendem Siechthum, sehr häufig in Folge einer complicirenden Erkrankung, welche grössere Ansprüche an die Herzkraft überhaupt (Infectionskrankheiten) oder an den rechten Ventrikel (Lungenaffectionen) stellt, und zwar stets unter den Zeichen der Herzinsufficienz und Compensationsstörung. Erreichen die Individuen ein höheres Alter, so können sich in den Lungen secundäre Veränderungen entwickeln in Form von käsiger Pneumonie und Peribronchitis.

Anatomisch findet sich der rechte Vorhof bei geschlossenem Septum ventriculare regelmässig stark dilatirt, das Foramen ovale weit offen; die Tricuspidalis wird insufficient; die Kammerhöhle ist bei früherer Entwickelung von Atresie klein, ihre Wände dagegen sind immer stark hypertrophisch, da die Herzmuskulatur weiter wächst und auch noch immer bei der Regurgitation des spärlichen Blutes in den rechten Vorhof thätig ist; schliesslich kann das Lumen des rechten Ventrikels durch Thrombosirung schwinden. Bei später, gegen Ende des Fötallebens eintretender Atresie, sowie bei der Stenose bleibt die Höhle des rechten Ventrikels kleiner (bei gleichzeitiger Insufficienz der Lungenarterienklappe dagegen dilatirt), seine Muskulatur wird hypertrophisch.

Die physikalische Untersuchung stellt ziemlich constant eine

Dilatation (und Hypertrophie) des rechten Ventrikels, einen hebenden Herzstoss fest; rechts (Vorhof) und besonders am Sternalende des 4.—6. Rippenknorpels links (Ventrikel) fühlt man zuweilen Vibriren und ein systolisches oder continuirliches Schwirren; man hört ein systolisches Geräusch am lautesten über dem Conus der rechten Kammer und dem Pulmonalostium, hie und da über dem ganzen Thorax; der zweite Pulmonalton ist meist schwach, bei gleichzeitiger Insufficienz finden sich undeutlicher zweiter Ton oder diastolisches Geräusch.

Merkwürdiger Weise können Geräusche auch vollkommen fehlen. Complicirende Defecte des Kammerseptums, Offenbleiben des Ductus arteriosus sind nur sehr schwer zu diagnosticiren, ebenso Atresie des Pulmonalostiums (systolisches Geräusch und reiner diastolischer Ton über dem Ostium art. pulmon. bei offenem Ductus arteriosus, durch den die beiden Lungenarterienäste von der Aorta aus mit Blut versorgt werden, scil. bei insufficienter Tricuspidalis und offenem Foramen ovale).

Die Prognose der Pulmonalstenose ist schlecht, da nur 15 % der Kinder ein höheres Alter als 20 Jahre erreichen, etwa die Hälfte unter 10 Jahren, viele schon in den ersten Monaten sterben; Atresie der Pulmonalarterie hat meist raschen Tod zur Folge. Die Behandlung sucht eine Compensationsstörung zu verhüten, indem sie für eine ganz ruhige Lebensführung, gute aber reizlose Ernährung, Vermeidung aller körperlichen und gemüthlichen Anstrengungen und Aufregungen sorgt, besonders aber alle Respirationserkrankungen und Infectionen zu vermeiden sucht. Tritt eine Störung der Circulation ein, so trachten Bettruhe, Eis auf das Herz, ev. Digitalis mit oder ohne Calomel oder Coffeïn. natrobenzoicum, resp. Alkohol und Excitantien über die Gefahr der Herzinsufficienz hinauszuhelfen. Peribronchitis und Pneumonie sind entsprechend zu berücksichtigen.

Angeborene Stenose und Atresie des Ostium atrio-ventriculare dextrum und angeborene Insufficienz der Tricuspidalklappe. Die Stenosen sind seltener als die Atresieen, ebenso selten ist die angeborene Tricuspidalinsufficienz; die klinischen Erscheinungen sind denen der angeborenen Pulmonalarterienstenose sehr ähnlich, da es immer zu bedeutender venöser Stase und mangelhafter Blutversorgung der Lungenarterie kommt. Es fanden sich stets Cyanose seit oder bald nach der Geburt, Neigung zu Blutungen, Anfälle von Dyspnoë, Frösteln, Störung in der Entwickelung; ferner sind eclamptische Anfälle, Hemiplegie beobachtet; Folgezustand war öfters Phthise. Die Lebensdauer ist nicht selten länger; in Bezug auf die Prognose wie auf die Behandlung verweisen wir auf das Kapitel Atresie und Stenose der

Lungenarterie. Atresie ohne genügenden Defect in der Kammerscheidewand und bei verschlossenem Ductus arteriosus muss, da die Lungenarterie kein Blut bekommt, rasch durch venöse Stase tödten. — Bei Insufficienz der Tricuspidalis wird man Hypertrophie des rechten Ventrikels, systolisches Geräusch finden, bei Stenose muss der rechte und bei offenem Foramen ovale der linke Vorhof bedeutend dilatirt, der linke compensirende Ventrikel dilatirt und hypertrophirt sein (im Gegensatz zu Pulmonalstenose), die rechte Kammer dagegen klein, und man constatirt physikalisch Verbreiterung der Herzdämpfung nach links, systolisches Blasen über dem ganzen Herzen.

Angeborene Stenose und Atresie des Ostium atrioventriculare sinistrum finden sich als Complication bei Stenose und Atresie des Aortenostiums sowie der Lungenarterie, endlich mit Defect der Kammerscheidewand zusammen. Da das Blut aus dem linken Vorhof durch das Foramen ovale in den rechten Vorhof, von dort in den rechten Ventrikel fliesst, um durch die Lungenarterien, den Ductus arteriosus in die Aorta zu gelangen, so obliterirt meist der linke Ventrikel ganz, und es kommt zu schweren Stauungen im Lungenkreislauf, die sich durch gleich nach der Geburt auftretende Cyanose ausdrücken und ein längeres Leben in der Regel ausschliessen.

Angeborene Stenose und Atresie des Aortenostiums ist selten und wenig gekannt. Wie bei der Lungenarterie unterscheidet man Verengerungen an der Mündung oder dem Stamm, mit geschlossener und mit defecter Kammerscheidewand, sowie combinirte Anomalien; bei ersteren ist die Höhle des linken Ventrikels mehr weniger verengt, ebenso das linke Atrium (wenigstens Anfangs), während rechter Vorhof und rechter Ventrikel stark dilatirt und hypertrophisch werden, ebenso der Stamm der Lungenarterie. (Die Wände des linken Ventrikels wachsen weiter und erreichen oft beträchtliche Maasse, cf. Stenose der Lungenarterie). Der Druck im linken Ventrikel setzt sich durch den linken Vorhof und das Foramen ovale hindurch auf den rechten Vorhof fort. Das Blut wird mit zunehmender Stenose immer mehr dem rechten Ventrikel zufliessen (das linke Atrium dabei kleiner und schwächer werden), der es in die Lungenarterie befördert. Während des Fötallebens können so alle Störungen ausbleiben, obwohl bei vollkommener Aortenstenose schliesslich nur mehr ein mächtiges rechtes Herz mit einer Arterie (der Pulmonalis) besteht, dem das linke als Appendix aufsitzt. Nur in dem Falle, dass ein endocarditischer Process von dem Aortenostium auf die Mündungen der Coronararterien übergreift, dieselben verstopft, muss der sofortige Tod des Fötus erfolgen. Ebenso muss bei raschem Aortenverschluss die Anämie der Medulla oblongata wirken. Jedenfalls aber wird sich mit dem ersten Athemzug, bei dem eine Menge Blut mehr dem linken Vorhof zuströmt, das anfangs nur mühsam durch das kleine Foramen ovale nach rechts ausweichen kann, hierdurch sowie durch die grössere Belastung des rechten Ventrikels sehr rasch eine bedeutende Stauung im Lungenkreislauf mit starker Cyanose ausbilden. Nur bei mässiger Stenosirung der Aorta und weit offenem Foramen ovale können diese Folgen gemässigt werden, kann eine gewisse Compensation eintreten. — Bei Stenose mit offenem Septum ventriculare, die nicht wie jene auf Endocarditis, sondern auf Entwickelungshemmungen beruht, auf anomaler Theilung des Truncus arteriosus, bilden sich auf directerem Wege ähnliche Circulationsverhältnisse heraus.

Wie bei der Stenose des Ostium atrioventriculare sinistrum muss mit seltenen Ausnahmen (Lungenatelectase, grosse Anämie) gleich nach der Geburt schwere Cyanose und in weiterer Folge hämorrhagische und ödematöse Infiltration der Lunge und meist sehr bald schon der Tod an Erstickung eintreten.

Physikalisch constatirt man stets reine und laute Herztöne. Die Diagnose dürfte kaum eine Atresie von einer Transposition der grossen Arterienstämme zu unterscheiden vermögen. Ueber die Indicationen der Behandlung s. Stenose der Lungenarterie.

Eine besondere Abart stellt die **Stenose und Atresie der Aorta an oder nahe der Einmündungsstelle des Ductus arteriosus** dar; sie kann durch Hypertrophie des linken Ventrikels und Ausbildung eines Collateralkreislaufes vollkommen compensirt werden, indem zwischen Arcus Aortae und Aorta descendens Aeste der A. subclavia und der Brust- und Bauchaorta vermitteln; so können die Individuen selbst ein höheres Alter erreichen. Da aber mit der Zeit endocarditische Entzündungen im linken Ventrikel, Dilatation der Aorta ascendens, später Endarteriitis und Atherom sich ausbilden, so erfolgt schliesslich der Tod, wenn nicht an zufälligen Complicationen (Lungenaffectionen), an Herzinsufficienz, Apoplexie, Embolie, Aneurysma; die· Diagnose, die im Kindesalter noch kaum gestellt wurde, da es nicht zu dem klinischen Bilde der Aortenstenose kam, würde sich auf Hypertrophie des Herzens, spez. des linken, systolische und diastolische Geräusche über Herz, Aorta, Carotiden, Zeichen arterieller Hyperämie nach Hals und Kopf, Herzklopfen, palpable Aa. transversae colli, subscapulares, thoracicae longae, intercostales, mammariae, epigastricae, die pulsiren, geschlängelt, gespannt sind, stützen. Die

Behandlung hätte Schonung des linken Ventrikels, Beseitigung eintretender Herzinsufficienz anzustreben.

Im Allgemeinen befällt die **fötale Endocarditis** überwiegend das rechte Herz insofern, als Entwickelungsfehler, denen sie sich anschliesst, an diesem häufiger sind; als idiopathische Affection tritt sie gleichmässig an allen Ostien auf.

Transposition der grossen Gefässstämme, speziell als die wichtigste: Ursprung der Aorta aus dem rechten, der Pulmonalarterie aus dem linken Ventrikel, findet sich allein für sich oder combinirt mit Defecten der Septa, Stenose der Arteria pulmonalis und beruht auf Störungen in der Scheidung des Truncus arteriosus communis. Das hauptsächlichste klinische Symptom derselben ist angeborene Cyanose höchsten Grades; die bei Pulmonalstenose bekannten Anfälle von Dyspnoe bleiben meist aus; das Blut ist sehr dunkel und dünnflüssig, und zwar alles dies nicht sowohl in Folge von venöser Stauung, deren Bedingungen ja überhaupt fehlen, sondern auf Grund einer rapiden Sauerstoffverarmung des Blutes im grossen Kreislauf, welches ohne die Lungen zu passiren, immer von Neuem nach der Peripherie getrieben, seinen geringen Sauerstoff wieder einbüsst; dagegen wird das Lungenvenenblut aus dem linken Vorhof immer wieder durch die Lunge getrieben, arterialisirt, d. h. der kleine Kreislauf gewinnt immer höheren Sauerstoffgehalt; beide Kreisläufe gehen ganz unabhängig von einander neben einander her. Das Leben würde unter diesen Verhältnissen höchstens ganz kurze Zeit bestehen können, und wird auch in der That nur dadurch ermöglicht, dass im Capillargebiet der Bronchial- und Lungenarterien Anastomosen bestehen, die einen wenn auch noch so geringen Blut- und Gasaustausch gestatten. Da dieser natürlich nur sehr beschränkt sein kann, andere unterstützende Factoren (weit offenes Foramen ovale, reichere Ausbildung der bronchialen Capillaren) kaum in Frage kommen, so vermag das Kind nur bei weitgehender Anpassung an die geringe Sauerstoffzufuhr (Minimum von Bewegungen, Somnolenz) zu existiren; im günstigsten Falle dauerte das Leben bis zu 3 Jahren.

Die Herztöne sind normal, selten besteht ein systolisches Geräusch (Ursache?); Hypertrophie des rechten Herzens ist constant vorhanden.

Neben der sehr seltenen und einer sicheren Diagnose sich entziehenden **angeborenen Hypoplasie des Herzens und der Aorta**, die sich schon von früher Jugend auf durch Körperschwäche, Zartheit, schlechte Entwickelung, rasche Ermüdung, Neigung zu Dyspnoe und Angstzuständen, kleinen, intermittirenden, frequenten Puls, Herzklopfen, bei Aortenenge durch Dilatation und Hypertrophie des Herzens kennzeichnet, beobachtet man Erscheinungen der Herzinsufficienz als Folge einer Entwickelungshemmung und zwar vorwiegend der Arterien besonders beim weiblichen Geschlecht zusammen mit mangelhaftem Körperbau, verzögerter Gechlechtsreife und zwar bei der Chlorose sowie bei der hämorrhagischen Diathese (s. d.), insbesondere der Hämophilie.

Ausserdem kann es zur Zeit der Pubertätsentwickelung zu Circulationsstörungen kommen, die von Manchen unter der Bezeichnung der „Wachsthumsinsufficienz" des Herzens auf ein Missverhältniss zwischen Wachsthum des Herzens und Wachsthum des übrigen Körpers spez. bei Eintritt der Geschlechtsreife bezogen werden. Dass die Aufstellung dieser besonderen Form von Herzinsufficienz berechtigt ist, scheint mir nicht genügend erwiesen.

Myocarditis. Acute diffuse oder circumscripte Myocarditis ist im Kindesalter keine sehr seltene Erkrankung. Die interstitielle, eitrige Form, bei der es zur Bildung miliarer oder grösserer Abscesse mit oder ohne Ruptur kommt, und die auf Micrococcenembolie zurückgeführt wird (Pyämie und Sepsis, Endocarditis) ist viel ungewöhnlicher, wie die acute parenchymatöse und die einfache interstitielle Myocarditis, die sich im Gefolge schwerer Infectionskrankheiten leider zu häufig herausbilden, seltener auch sich bei Rheumatismus entwickeln. Der anatomische Process, um den es sich handelt, die trübe Schwellung, fettige Metamorphose, Zerfall (und Resorption) von Herzmuskulatur, die zellige Infiltration des Zwischenmuskelgewebes wird von Manchen nicht als ein entzündlicher, sondern als ein degenerativer aufgefasst. Sein Lieblingssitz ist das linke Herz und die Kammerscheidewand.

Die acute eitrige Myocarditis tritt aus dem Bilde der Allgemeininfection nicht mit besonderen Symptomen hervor.

Die acute parenchymatöse und einfache interstitielle Myocarditis verräth sich durch zunehmend frequenteren, unregelmässigen, an Spannung und Füllung abnehmenden Puls, alle Zeichen der Herzschwäche, Asthma cardiale, Stenocardie, Kühle und Cyanose der Extremitäten, allgemeine Cyanose, rasche Kräfteabnahme.

Die Prognose der acuten Myocarditis ist stets sehr ernst; die beste Ernährung, die Aufbietung von Excitantien und Herzmitteln aller Art (Alkohol, Campher, Kaffee und Thee, Digitalis, Strychnininjectionen) vermögen kaum jemals das versagende Herz über die kritische Zeit hinauszubringen, es so lange sufficient zu erhalten bis eine Wiederherstellung leistungsfähiger Muskulatur erfolgt sein könnte.

Die chronische interstitielle Myocarditis, bei der es zur Bildung sog. Herzschwielen, seltener chronischer Herzaneurysmen kommt, ist weit ungewöhnlicher und nur in einzelnen Fällen beobachtet. Ihr Folgezustand ist oft Dilatation (durch Schwächung der Muskulatur) oder Hypertrophie, die als Compensationszustand schwer erklärbar erscheint. Geräusche können theils in Folge von complicirender endocarditischer Erkrankung, theils durch relative Insufficienz von Klappen hervorgerufen auftreten. Die Erscheinungen der Myocarditis sind, wenn solche überhaupt diagnosticirt werden können, zunehmende Schwäche, Abmagerung, Auftreten von Oedemen, Ascites etc., Arhythmie, Nachlassen des Pulses; der Ausgang in Tod erfolgt meist plötzlich durch Embolie (Thromben, die sich an der erkrankten Herzwand ansetzen) oder Herzruptur in Syncope und unter apoplectischen Erscheinungen. Auch die chronische Myocarditis wird sich meist einer Behandlung unzugänglich zeigen; Digitalis pflegt (im Gegensatz zu Klappenfehlern) zu versagen.

Den syphilitischen Ursprung einer Myocarditis (einfache, nicht von der gewöhnlichen Form unterschiedene M. oder aber Gummabildung) dürfte man selten zu diagnosticiren im Stande sein; von einer spezifischen Behandlung kann man sich kaum etwas versprechen.

Die Endocarditis, sowohl die einfache rheumatische als die infectiöse und septische, bietet im Kindesalter keine Besonderheiten. Gerade für das jugendliche Alter erweist sich der rheumatische Process in dieser Richtung besonders verhängnissvoll, indem er sehr häufig endocarditische Veränderungen mit sich bringt.

Einen Unterschied gegenüber dem Erwachsenen könnte man darin finden, dass die Endocarditis unter günstigen Umständen beim Kinde leichter, ohne Folgen zu hinterlassen, ausheilen kann.

Jedenfalls ist es geboten, bei jeder Art rheumatischer Affection, bei Chorea (s. d.), sowie bei sämmtlichen Infectionskrankheiten (Pertussis, Morbilli, besonders aber Scarlatina und Variola, Typhus), dauernd das Herz zu überwachen und bei etwa auftretenden endocarditischen Symptomen eine strenge und consequente Behandlung einzuleiten, die zu bestehen hätte in: stricter Bettruhe, Eisblase resp. kalten Umschlägen, der Herzflasche, ganz blander Diät (Milch), ev. Strophantus, Digitalis (Vorsicht!) allein oder zusammen mit Coffeïn. natro-benzoicum oder Calomel. In der Nachbehandlung kämen Bäder (Nauheim) und ein noch lange Zeit innezuhaltendes, entsprechendes Regime in Betracht. Die maligne Form erfordert ein roborirendes, nöthigenfalls excitirendes Verfahren, Antiphlogose, Fieberbehandlung etc.

Die aus endocarditischen Processen hervorgegangenen **Herzklappenfehler** bieten ebenfalls im Kindesalter keine besonderen Eigenschaften oder Indicationen.

Von den **Herzneurosen** kommt bei Kindern das sogenannte nervöse Herzklopfen nicht selten zur Beobachtung und zwar besonders bei schon etwas älteren Kindern (vom 6. Jahre ab), am häufigsten gegen und um die Pubertät; es betrifft häufig reizbare, leidenschaftliche und schwächliche Individuen, bei denen die Erziehung die Selbstbeherrschung zu üben vernachlässigt hat; ein sehr rasches Körperwachsthum, Anämie, erschöpfende Krankheiten oder Hysterie geben in der Regel die Disposition ab; mangelnde Hygiene und fehlende Bewegung im Freien wirken als schädliche Momente. Auch Erregungen aller Art, die dem Kindesalter fern bleiben müssten, beängstigende Erzählungen, aufregende Lectüre, unmässige Bedrohungen und Züchtigungen, Angst vor der Schule, Kaffee-, Thee- und Alkoholmissbrauch, vorzeitige Rauchversuche, Onanie müssen als die näheren Veranlassungsmöglichkeiten genannt werden. Eine heftige psychische Alteration, wie starker Schreck, kann plötzlich einmaliges und vorübergehendes, aber auch dauerndes Herzklopfen zur Folge haben. Die Palpitatio cordis nervosa tritt meist anfallsweise auf und kann sich bis zu Angstzuständen, Beklemmung, Herzschmerz, selbst Dyspnoe und Orthopnoe steigern. Man findet objectiv am Circulationsapparat meist nichts Abnormes, ausser sehr frequentem, hie und da etwas unregelmässigem, hebendem, seltener schwachem Puls. Das Herzklopfen ist gewöhnlich unabhängig von körperlicher Bewegung und stellt sich meist ohne alle nachweisbare Veranlassung, seltener auf körperliche Anstrengung und gemüthliche Erregung hin ein.

Die Diagnose wird organische Herzveränderungen, Chlorose, Wachsthumsinsufficienz, Basedow'sche Krankheit u. dgl. auszuschliessen haben. Die Prognose ist günstig, wenn auch das Leiden hartnäckig sein kann. Die Behandlung muss möglichst eine ätiologische sein; symptomatisch versucht man die Herzflasche, Eisblase, Brompräparate, nur ganz ausnahmsweise Digitalis.

Morbus Basedowii, jener Complex von Herzpalpitationen, Struma, Exophthalmus, meist mit Tremor, seltenem Lidschlag verbunden, der bisher als eine Neurose angesprochen wurde, findet sich bei Kindern sehr selten, wurde aber schon im frühesten Alter ($2\frac{1}{2}$ Jahre) beobachtet; die Krankheit betrifft meist anämische Individuen und verläuft chronisch; Heilung ist selten; dennoch ist die Prognose quoad vitam günstiger wie beim Erwachsenen. Eine Besserung soll durch consequente Galvanisirung des Halssympathicus erzielt werden können. Stets werden Eisen und Chinin unterstützend günstig wirken; geistige und körperliche Ruhe, Land- und Seeaufenthalt, eine milde Hydrotherapie können das ihrige thun, um das Allgemeinbefinden und die Blutarmuth zu heben; operative Eingriffe (Unterbindung der Arterien oder Exstirpation der Struma) sind beim Kinde noch nicht versucht.

Auch die **Pericarditis** des Kindesalters hat vor der des Erwachsenen kaum etwas voraus. Die gewöhnlichere diffuse Pericarditis ist selten eine idiopathische, meist eine secundäre Erkrankung im Gefolge von acutem Gelenkrheumatismus, viel seltener von Septicämie und Pyämie, von Tuberculose; auch chronische Nephritis, ferner acute Exantheme, besonders Scharlach, sowie Blutfleckenkrankheit können Herzbeutelentzündung nach sich ziehen; per contiguitatem kann sich ein Entzündungsprocess von der Lunge (Pneumonie) oder dem Brustfell (Pleuritis) auf das Pericard fortsetzen; speziell linksseitiges Empyem, ferner Rippencaries, Entzündungen aller Art in der Nachbarschaft (Mediastinum, Bronchialdrüsen, Wirbel, endlich Peritonitis, Milzabscess, Perihepatitis u. dergl.) können das Pericard in Mitleidenschaft ziehen. Myocarditis, Endocarditis haben sehr gewöhnlich Pericarditis zur Folge. Primäre Pericarditis kann durch Contusion der Herzgegend, Stichwunden etc. entstehen. In seltenen Fällen lässt sich eine deutliche Ursache überhaupt nicht nachweisen. Die physikalische Diagnostik basirt auf: Fieber, pericarditischen, selbst fühlbaren Reibegeräuschen, am deutlichsten über der Basis, später Vergrösserung der Herzdämpfung in dreieckiger Form; ev. Verschwinden des Spitzenstosses. Die subjectiven Symptome sind Herzklopfen, Athemnoth. Der Verlauf kann acut oder chronisch sein. Die Prognose ist im Allgemeinen nicht ungünstig, richtet sich nach der Grundkrankheit, dem Alter, der Constitution des Patienten. Die Therapie ist Anfangs eine antiphlogistische, strebt später Resorption des Exsudates, gegebenenfalls Entleerung desselben an.

Verwachsungen des Herzbeutels mit dem Herzen (bis zur Obliteration) als Folge acuter und besonders chronischer Pericarditis (sehr selten auch von tuberculöser Pericarditis, die von einer Tuberculose der Bronchial- oder Mediastinaldrüsen ausgegangen) kommen allein für sich oder zusammen mit Verwachsungen der Pleura pulmonalis mit der Pleura pericardiaca, jedoch sehr selten vor; das Herz zeigt sich bei ausgedehnter Verwachsung in der Regel mitbetheiligt in Form von Myocarditis, fettiger oder schwieliger Degeneration, Atrophie, auch Dilatation und secundärer Hypertrophie, welche letztere beiden die Folge von mangelhafter Entleerung resp. erhöhter Widerstände sind. Die Affection braucht keine Symptome zu machen; in anderen Fällen treten Störungen der Herzfunction, Herzklopfen, Dyspnoe bei Anstrengung, Präcordialschmerz, Neigung zu Cyanose, zeitweise Unregelmässigkeit und Schwäche des Pulses, endlich alle Zeichen der Herzinsufficienz auf; da diese Symptome sämmtlich nur auf eine Alteration des Herzmuskels weisen, so bedarf es zur Diagnose noch der mehr weniger characteristischen physikalischen Erscheinungen, als welche Schwäche oder Fehlen des Spitzenstosses, besonders aber systolische Einziehung, diastolischer Halsvenencollaps gelten können; pathognomonisch ist keines von ihnen; stets ist die Diagnose schwierig, meist zweifelhaft; häufig bleibt die Unterscheidung von Degeneration des Herzmuskels aus anderen Ursachen unmöglich. Die Prognose hängt davon ab, ob und wie weit der Herzmuskel mit ergriffen, an seiner Thätigkeit behindert ist, ob sich secundäre Degeneration früher oder später ausbildet. Dieser Herzinsufficienz muss die Behandlung vorzubeugen, ev. sie zu beheben suchen, da die Adhäsionen kaum zu lösen sein dürften.

Die Krankheiten des Urogenitalapparates.

Von den Krankheiten der **Nebennieren** hat lediglich der **Morbus Addisonii** eine klinische Bedeutung, bei dem es unter käsiger oder fibröser Degeneration (Tuberculose?) fast stets nur des einen Organs zu Ablagerung von Pigment in den Hautdecken, besonders in den Achselhöhlen, an den Genitalien, auf der Innenfläche der Oberschenkel, an Gesicht und Händen, sowie zu allgemeinem Kräfteverfall kommt.

Die Krankheit ist beim Kinde sehr selten. Ihre Anfangserscheinungen sind die einer schweren Anämie, bei der später die diffuse und streifige Pigmentirung besonders absticht, zunehmende Schwäche und Abmagerung, auch Rücken- und Seitenschmerzen. Bald stellen sich Anorexie, Dyspepsie, hartnäckiges Erbrechen, auch Durchfälle ein, vorübergehend wohl auch Polyurie; gleichzeitig damit macht sich das Melasma bemerklich; danach kommt es unter progressiver Muskelschwäche und Abmagerung zu Kopfschmerz, Schwindel- und Ohnmachtsanfällen, Sopor und sehr gewöhnlich auch zu Krämpfen, theils einzelner Muskeln, theils allgemeinen; der Ausgang ist binnen $1/4$—4 Jahren der Tod unter den Zeichen äusserster Erschöpfung, an Tuberculose anderer Organe, Eclampsie. Die Behandlung kann lediglich durch roborirende Ernährung, Excitantien das Leben zu verlängern trachten.

Von **angeborenen Abnormitäten der Nieren** kommen Mangel eines oder beider Organe, Hufeisenniere, sowie verkehrte Lage zur Beobachtung; Wanderniere kann angeboren und ausnahmsweise auch erworben sein; Cystenniere vermag ein Geburtshinderniss abzugeben, führt meist Frühgeburt herbei und endet stets letal; sie findet sich auch gleichzeitig mit Hydrocephalus und anderen Missbildungen. Auch Hydronephrose ist öfter congenital als erworben.

Von **Geschwülsten** treten primär besonders Sarkome in Niere und Nierenbecken auf, zuweilen schon in sehr jugendlichem Alter, sogar congenital. Die Diagnose, die Anfangs sehr schwierig sein kann, stützt sich auf die Beobachtung eines zunehmenden Tumors; der Urin braucht gar keine Besonderheiten zu bieten (Hämaturie); Circulations- und Ernährungsstörungen melden sich erst später; der Ausgang in Tod erfolgt meist rasch. Seltener ist Carcinom, das in der Regel Blutharnen verursacht. Tuberkel sind klinisch ohne Bedeutung, obwohl bei Sectionen häufig angetroffen.

Unter den **Parasiten** überwiegt der an sich seltene **Echinococcus**, dem allein klinisches Interesse zukommt; er verursacht Tumor mit Fluctuation, hie und da Hydatidenschwirren und alterirt das Allgemeinbefinden nur bei grosser Ausdehnung, besonders aber bei traumatischer Vereiterung (Schüttelfröste und Fieber); berstet die Cyste, so kann unter den Symptomen der Nierenkolik, selbst acuter Hydronephrose anfallsweise eine Entleerung von Blut und Eiter, Echinococcenhaken, Membranfetzen, Blasen statthaben; Durchbruch in die Lungen macht Dyspnoë, Husten, Fieber, Auswurf. Die Behandlung kann nur eine chirurgische sein.

Die überwiegend häufigste und wichtigste Nierenaffection des Kindesalters ist die

Nephritis in ihren verschiedenen Formen. Die Krankheit gehört im Kindesalter zu den häufigen, so dass zu einer gründlichen Untersuchung auch beim jüngsten Kinde stets eine Untersuchung des Urins gehört.

Die acute diffuse Nephritis tritt zwar gelegentlich auch primär, unendlich viel häufiger aber, speziell im Kindesalter secundär auf; primär nennen wir sie, wenn sich ausser der nicht immer ganz fraglosen Erkältung, einem Nierentrauma (?) keine

Ursachen eruiren lassen. Unter den Urhebern einer secundären acuten Nephritis spielen die acuten Infectionskrankheiten die wichtigste Rolle, von ihnen wieder, alle anderen überragend, der Scharlach; etwas seltener schliesst sich eine acute Nierenentzündung an Diphtherie, viel seltener an Morbilli, Typhus, Varicellen, Erysipelas, Pneumonie an; nur ausnahmsweise ist sie Nachkrankheit oder Complication von Rubeolen, Gelenkrheumatismus, Parotitis, von ausgebreiteten nicht infectiösen Exanthemen als Eczem, Impetigo, von Hautverbrennungen; ob Fieber an sich Nephritis erzeugen kann, bleibt fraglich.

Auch bei chronischen Infectionskrankheiten, Syphilis, Tuberculose, kann es zu acuter Nephritis kommen. Eine toxische Nierenentzündung beobachtet man in Folge von Vergiftung mit Mineralsäuren, Carbolsäure, Sublimat, Kantharriden, Kali chloricum, Theer, Jodoform, Pyrogallussäure; der Alkohol dürfte für das Kind kaum in Frage kommen.

Der Typus der anatomischen Veränderung bei acuter Nephritis ist bekanntlich die vergrösserte rothe oder bunte Niere, seltener die blasse; makroskopische Befunde können speziell bei der Nephritis nach Infectionskrankheiten und hier besonders bei Diphtherie ganz fehlen.

Die Krankheit beginnt meist mit Allgemeinerscheinungen, oft zu Anfang ganz unscheinbarer Art. Eröffnet werden kann das Krankheitsbild besonders bei sogenannter Erkältungsnephritis mit einem Schüttelfrost; eine Temperatursteigerung kann vollkommen fehlen, kann, wenn nachgewiesen, keineswegs mit Bestimmtheit auf den Eintritt der Nephritis bezogen werden; hohes Fieber erklärt sich aus ihr allein niemals, so dass der Temperaturmessung kein diagnostischer Werth bezüglich der Nierenaffection beigemessen werden darf. Wichtiger sind Störungen des subjectiven Befindens als Kopfschmerz, Uebelkeit, Appetitlosigkeit, Harndrang, objectiv bleiches Aussehen, besonders aber Oedeme des Gesichts; alle diese Erscheinungen können aber bei leichter Erkrankung fehlen (latente Nephritis). Spontane oder Druckempfindlichkeit der Nierengegend ist nicht constant.

Die Symptome, welche entscheidend auf den Krankheitssitz hindeuten, erweisen sich bei der Beobachtung der Nierensecretion und der Untersuchung des Urins. Mehr weniger plötzlich nimmt fast ausnahmslos die Harnmenge ab; der Harn erscheint dunkler, trübe, wolkig, auch wohl roth, bluthaltig; seine Reaction ist sauer, das specifische Gewicht erhöht; chemisch finden sich meist reichliches Albumen, vermehrte Harnsäure und harnsaure Salze, mikroskopisch Blutkörperchen, Lymphzellen, Epithelien, Cylinder.

Weniger regelmässig ist Hydrops; am constantesten tritt er bei Scharlachnephritis ein, sehr selten nach Diphtherie. Das Oedem erscheint bei Bettlage zuerst besonders an Augenlidern und Wangen, bald auch an Knöcheln, Beinen, Genitalien, Händen. Von den Wasseransammlungen in den Körperhöhlen ist Ascites am häufigsten, Hydrothorax seltener, noch seltener Hydropericard (am ehesten noch bei Scharlach). Auftreten, Ausdehnung und Dauer des Hydrops sind sehr verschieden; er kann das erste erkannte Symptom der Nephritis bilden (sogar ganz acute Larynxstenose durch Glottisödem verursachen) oder aber später oder gar nicht sich einstellen, oder endlich dauernd fehlen. Die Wassersucht an sich bringt nur in beschränktem Sinne Gefahren mit sich, steht auch nicht immer im geraden Verhältniss zur Intensität der Nierenentzündung.

Eine unendlich viel ernstere Folgeerscheinung der Nephritis ist die Urämie; sie kann mit leichteren Erscheinungen einsetzen als Kopfschmerz, Uebelkeit, Erbrechen, Dyspnoë und Angst, Schlaflosigkeit oder Schlafsucht; dabei kann es bleiben, oder die Symptome können sich steigern zu eclamptischen Anfällen, Sopor, Coma, Amaurose, auch Delirien, unstillbarem Erbrechen und Singultus, Diarrhoe und Kolik, Asthma; der Puls ist stets von characteristischer Härte, voll und langsam. In seltenen Fällen kann der Ausbruch eines urämischen Anfalls das allererste Zeichen einer acuten, bis dahin unbemerkten Nephritis sein.

Ebenso wie beim Erwachsenen gesellen sich einer acuten Nephritis leicht Katarrh der Lungen, Pneumonie, Pleuritis zu.

Der Krankheitsverlauf gestaltet sich im Allgemeinen der Art, dass eine acute Nephritis leichten Grades unter ganz geringer oder fehlender Betheiligung des Allgemeinbefindens, etwas verminderter Diurese, geringem Eiweiss-, Epithel- und Cylindergehalt des Urins, höchstens vorübergehender Hämaturie, ohne oder mit ganz geringem Hydrops in 1—3 Wochen in volle Heilung übergeht.

Die schwerere Erkrankungsform kennzeichnet sich durch stärkeren Blut- und Eiweissgehalt, reichliche organische Sedimente, bedeutende Verminderung der Harnmenge, etwas stärkere Oedeme; die Patienten werden rasch anämisch, klagen über Kopfschmerz, Mattigkeit, leiden an Appetitlosigkeit und magern ab. Die Heilung braucht unter allmählichem Abklingen aller Symptome 4—6 Wochen.

Bei schwerer Nephritis sinkt die Harnmenge bis zur Anurie; Albumen und Blut sind sehr reichlich; rasch bilden sich Oedeme und hydropische Ergüsse, gewöhnlich kommt es zur Urämie. Der Ausgang ist sehr oft der in Tod; erfolgt derselbe nicht gleich zu Beginn des Leidens durch Urämie, so fallen die Kranken doch frühzeitig und beträchtlich ab; die Anämie erreicht die höchsten Grade, die Kräfte schwinden; Ascites und Hydrothorax rufen zunehmende Dyspnoe hervor, das Herz erlahmt, besonders rasch bei complicirendem Hydropericard; entzündliche Affectionen der Respirationsorgane beschleunigen den Eintritt von Lungenödem; oft erfolgt der Tod in einem urämischen Anfall, im urämischen Coma, in Folge einer Gehirnblutung. Heilung tritt viel seltener ein; die wichtigste Erscheinung, mit der sie sich einleitet, ist eine zunehmende Diurese; dann schwinden allmählich Blut, Eiweiss, Cylinder und Epithelien aus dem Harn; Hydrops und Oedeme gehen rasch zurück, Appetit findet sich ein, der Kopfschmerz hört auf, die Ernährung hebt sich, die Kräfte nehmen zu; nur die Blutarmuth pflegt noch für lange zurückzubleiben.

Der endgültige Ausgang einer acuten Nephritis ist meistens der in volle Genesung binnen 2—8 Wochen; ausnahmsweise kann nach monatelangem und selbst jahrelangem Bestand noch Heilung erfolgen; sehr selten geht eine acute Nephritis in die chronische Form über. Die Prognose ist demnach im Allgemeinen nicht ungünstig; sie richtet sich ganz nach der Schwere der Erscheinungen, der Schwere und Ausdehnung der Complicationen und besonders nach der etwaigen primären Affection, wie nach der Constitution, dem Kräftezustand des Kindes, nicht zuletzt nach der rechtzeitigen und richtigen Behandlung. Recidive kommen vor.

Die Behandlung der Krankheit ist im Allgemeinen dankbar. Prophylactisch vermeide man die Nieren reizende Medikamente, besonders während Infectionskrankheiten, zu kalte Bäder; man lasse Reconvalescenten, spez. von Scharlach und Diphtherie, nicht zu früh aufstehen.

Die Hauptsache der Therapie ist das diätetische Regime; die Kranken müssen nicht bloss auf der Höhe der Krankheit, sondern dauernd, auch noch längere Zeit nach dem Schwinden aller Krankheitserscheinungen liegen und zwar möglichst ruhig liegen; neben der Körperruhe ist die gleichmässige Körperwärme, die Vermeidung von Abkühlung und Erkältung und damit von Nierenhyperämie von grösster Bedeutung. Die Ernährung sei ganz reizlos, in einigermaassen ausgesprochenen Fällen eine ausschliessliche, bei leichten Graden eine wenigstens überwiegende Milchdiät. Bei dyspeptischen Erscheinungen kann man die Milch mit Wasser, Mineralwasser (s. u.), bei Diarrhoe mit schleimigen Decocten verdünnt geben; man kann auch abgerahmte Milch, Buttermilch, Kefir reichen, falls reine Milch zu mächtig ist, zu stark verstopfend wirkt. Mit zunehmender Besserung füge man

Albert-Cakes, Zwieback, Weissbrot zu, reiche Milchspeisen aller Art (Milchsuppen, Milchreis, auch Thee mit Milch), Schleimsuppen; ein Ei kann man schon ziemlich frühzeitig zulegen; vermehrte Fettzufuhr ist meist direct erwünscht (Butter, Sahne), Zucker und ganz leicht verdauliches Obst (Apfelsinen, Trauben) bei angebahnter Heilung erlaubt. Erst später gehe man zu leichten Brühen (auch Fischsuppe), dann zu weissem Fleisch (Fisch, Geflügel, Kalb), zu Wild, Rind-, Hammelfleisch über. Getränk muss von Anfang an ziemlich reichlich gegeben werden, theils zur Erhaltung der Kräfte, Stillung des gesteigerten Durstes, theils zur Anregung der Diurese, Durchspülung der Nieren; neben Milch, abgekochtem Wasser empfehlen sich direct diuretisch wirkende, leicht kohlensäurehaltige Mineralwässer: Selterser, Apollinaris, Biliner, Giesshübler, Fachinger, Vichy, Wildunger. Bei der Indikation, anzuregen, kann man ihnen Rothwein in kleinen Dosen beimischen.

Sofern keine Contraindication besteht (starke Lungenaffection, grosse Schwäche, Herzerkrankung), lasse man die Patienten täglich warm, resp. lau baden, um die Nieren durch die Hautthätigkeit zu entlasten; auch Hautpflege und Anregung der Hautfunction durch Abreibungen mit Menthol. 5,0 Spirit. Calam. 95,0 ein Theelöffel auf eine Schüssel Wasser wirken günstig und werden angenehm empfunden.

Was die symptomatische Behandlung anlangt, so kann es bei heftigeren lokalen Reizerscheinungen, bei Nierenschmerz, sowie bei stärkerer Blutung geboten erscheinen, Eiscompressen, die Eisblase auf die Lenden aufzulegen, selbst blutige Schröpfköpfe zu setzen.

Gegen Uebelkeit, Erbrechen, Singultus versucht man Eispillen, Eismilch, im Nothfall Cocaïn; gegen Kopfschmerz erweist sich meist die Eisblase wirksam.

Bei stärkeren Oedemen und Hydrops kann man, guten Kräftezustand, besonders ungestörte Leistungsfähigkeit des Herzens vorausgesetzt, eine mässige Diaphorese einleiten (s. u.), auch wohl eine Ableitung auf den Darm (s. Urämie) versuchen.

Zeigt sich Hämaturie oder stockt gar die Harnsecretion ganz, so ist entschieden von einem energischen diuretischen Verfahren, das ohne Nierenreizung nicht zu erwirken ist, abzurathen. Wenn Milchdiät, Mineralwässer, Saturationen nicht genügend wirken, so trachte man, die Hautabscheidung anzuregen; man beginne besonders bei bestehendem Fieber mit hydropathischen Einpackungen, in denen man die Patienten eine bis mehrere Stunden liegen lässt; dann gehe man zu heissen Bädern über; man fängt jedes Bad mit 28—29° R. an und fügt dann heisses

Wasser zu bis auf höchstens 32° R.; treten Kopfcongestionen im Bade auf, so bedeckt man den Kopf mit kalten Compressen, einem nassen Schwamm; nach 5—15 Minuten Dauer, je nach dem es vertragen wird, kommen die Kinder in's Bett zurück, um in wollene Decken und Federbetten bis auf Nase und Mund verpackt, $1/_2$ bis 1 Stunde zu schwitzen; man unterstützt das Transpiriren durch reichliche Einfuhr heissen Getränks, Milch, Citronenlimonade, Thee von Species diaphoreticae. Pilocarpin ist ein wirksames, aber gefährliches (herzlähmendes) Mittel und wird desshalb besser nicht angewendet.

Gleichzeitig können Laxantien gegeben werden; die diarrhöischen Entleerungen (Harnstoff im Stuhl) treten ebenfalls in gewissem Sinne für die Nierenfunction ein.

Scheinen die hydropischen Ergüsse nicht sowohl von mangelhafter Nierenthätigkeit, als vielmehr ganz oder zum Theil von einem Nachlassen der Herzkraft herzurühren, so greift man zu Analepticis und Herzmitteln (Digitalis).

In Fällen von hochgradigem, direct das Leben, die Function von Lungen, Herz, Verdauungsorganen bedrohendem Hydrops kann man gezwungen sein, durch einige wenige, aber tiefe und nicht zu kurze Incisionen an Fussrücken und Unterschenkeln dem Serum Abfluss zu verschaffen; ebenso schreitet man gegebenen Falls zur Punction von Thorax, Abdomen etc.

Bei Urämie lege man sofort eine Eisblase auf den Kopf und führe energisch ab vermittelst Infus. Sennae composit. c. Natr. sulfur.; Blutentziehung durch Schröpfköpfe, Blutegel hinter den Ohren oder Aderlass wird man nur an sehr kräftigen Kindern, bei sehr gespanntem Puls, starker Cyanose anwenden. Bei heftigen Convulsionen kommen Aether, Chloroforminhalationen, bei Sopor und Coma laue Bäder mit kalter Begiessung in Frage. Gegen die urämischen Kopfschmerzen, Schlaflosigkeit ist Chloralhydrat (per rectum) meist vorzüglich wirksam; Morphiuminjectionen vermeide man möglichst. Auch Wärmeentziehung durch kalte Waschungen, angeblich auch die Compression der Carotiden (15—20 Minuten lang) können die Convulsionen rasch beseitigen. Nach beendetem Anfall sucht man durch energische Diaphorese die Nieren zu entlasten und Harnstoff durch die Haut auszuscheiden, durch Senna reichliche wässerige Entleerungen herbeizuführen. Gegen urämische Diarrhoe (Enteritis und Diphtherie) giebt man Citronensäure, Salzsäure, Ol. ricin.

Complicationen von Seiten der Lungen, des Brustfells sind, wie bekannt, zu behandeln. Bei quälender Dyspnoe und Asthma wirkt allein Morphium.

Gegen die rückbleibende Anämie, besonders in der Reconvalescenz, giebt man Eisen, combinirt mit Arsenik. Ein längerer Aufenthalt in einem milden, trockenen, warmen Klima mit gleichmässiger Temperatur (im Winter also z. B. Süditalien, Aegypten oder südliche Seebäder, besonders Abbazzia, im Sommer Wald- und Gebirgsorte unter mittlerer Höhe) ist zur Nachcur sehr zu empfehlen; ebenso hat man noch lange Zeit jede diätetische Schädlichkeit, Erkältungen und, soweit möglich, Infectionskrankheiten zu verhüten, Wolle tragen zu lassen und für eine ausgiebige Hautpflege Sorge zu tragen. Von Zeit zu Zeit wiederholte Urinuntersuchung darf ebenfalls nicht verabsäumt werden.

Subacute und chronische diffuse Nephritis, d. h. parenchymatöse und interstitielle Entzündung gemischt in Gestalt der grossen rothen oder bunten und der grossen weissen oder gelben Niere, ist viel seltener. Sie geht ausnahmsweise, am ehesten noch nach Scharlach, aus einer acuten Nephritis hervor, die nicht zur Abheilung kam; viel häufiger entsteht sie aus nicht bekannten, jedenfalls nicht mit Bestimmtheit festgestellten Anfängen heraus, scheinbar ohne directe Ursache. Sicheres über ihre Aetiologie wissen wir nicht; wir nehmen mit mehr weniger Berechtigung chronische Infectionskrankheiten und Dyscrasieen, wie Lues, Tuberculose, Scrophulose, ferner chronische Affectionen der Verdauungsorgane, chronische Hauterkrankungen und Eiterungen, langwierige rheumatische und endocarditische Processe als ursächliche Momente an; öfters ist eine zweifellose Veranlassung überhaupt nicht aufzufinden.

Die Erscheinungen dieser Nephritisform weisen häufig nicht mit Deutlichkeit auf die Nieren hin; es fällt dann bei den erkrankten Kindern nur eine grosse Anämie auf; auch lässt ihr Ernährungszustand zu wünschen übrig, sie entwickeln sich nicht entsprechend, erbrechen hie und da, leiden an schlechtem, unregelmässigem Appetit, an häufigem Kopfschmerz, fühlen sich matt; nur eine genaue Untersuchung erweist als Ursache dieser vieldeutigen Klagen und Störungen die Nephritis. In anderen Fällen leiten Oedeme, hydropische Höhlenergüsse, Palpitationen und Hypertrophie des Herzens, gespannter Puls die Diagnose auf das Nierenleiden hin; im weiteren Verlauf kann es dann zu allen den schweren Symptomen kommen, wie sie von der acuten Nephritis und aus der Pathologie des Erwachsenen bekannt sind, zu chronischer Urämie mit Anfällen, zu bedeutender Herzhypertrophie, zu Entzündungen der serösen Häute, Bronchitis, Pneumonie, Augenaffection (Retinitis), chronischer Dyspepsie, schwerer Anämie.

Der meist nicht sehr spärlich gelassene Urin von erhöhtem specifischem Gewicht zeigt einen reichlichen Eiweissgehalt, wenig Cylinder und Epithelien.

Acute Exacerbationen können eine frische Nierenentzündung vortäuschen.

Die Prognose der chronischen und subacuten Form kann naturgemäss keine gute sein; sie wird getrübt durch die Häufigkeit und den Ernst der Complicationen, durch die mangelhafte Tendenz des Processes zur Abheilung; auch ist es nicht ausgeschlossen, dass die chronische Entzündung in secundärer Nierenschrumpfung endet.

Dennoch braucht man nicht ganz zu resigniren; bei einer mit äusserster Consequenz wochen- und monatelang streng durchgeführten Ruhecur im Bett oder Ruhebett, mindestens Vermeidung aller stärkeren Muskelthätigkeit, besonders unter günstigen klimatischen Verhältnissen, bei einer ebenso gewissenhaft und ausdauernd aufrecht erhaltenen Diät (vorwiegend Milchernährung, viel Fett, weniger Eiweiss), Hautpflege, Bädern gelingt es, selbst in scheinbar verzweifelten Fällen noch Erfolge zu erzielen. Unterstützende Trinkcuren mit Marienbader, Karlsbader, Kissinger können von günstigstem Einfluss sein.

Chronische Nephritis interstitialis, Granularatrophie und genuine Schrumpfniere ist bei Kindern sehr selten; in ihrer Aetiologie kommt in jugendlichem Alter hauptsächlich wohl Syphilis in Betracht.

Die Schrumpfniere kann sich aus einer acuten oder chronischen Nephritis entwickeln (secundäre Schrumpfniere) oder genuin sein.

Ihr Symptomencomplex ist ganz analog dem beim Erwachsenen; auch im Kindesalter bilden sehr reichlicher, heller, an geformten Elementen und Eiweiss armer Urin, Herzhypertrophie, Retinitis haemorrhagica, daneben Polyurie und Pollakurie (auch Nachts) die typischen Erscheinungen; selbst Hämorrhagia cerebri ist beobachtet; Hydrops fehlt, so lange der Herzmuskel leistungsfähig bleibt. Die subjectiven Beschwerden sind: Herzklopfen, Schwindel, Kopfschmerz, besonders Hemicranie, Anorexie, Dyspepsie, Sehstörungen.

Die Prognose ist schlecht, noch ungünstiger wie beim Erwachsenen; ein apoplectischer, gewöhnlicher ein urämischer Anfall bereitet oft ein rasches Ende. Die Behandlung sucht Oedeme, Höhlenergüsse zu beseitigen, mit Eisen, Diät etc. das Leben zu verlängern.

Nierenamyloid wird bei langwierigen Eiterungen, besonders tuberculösen Abscessen und Knochencaries, auch bei durchgebrochenem Empyem, sodann, aber viel seltener, bei Lungentuberculose (Cavernen), Lupus, Peritonitis tuberculosa und Tuberculosis abdominalis beobachtet. Lues congenita und acquisita haben nur bei schwerer Alteration innerer Organe oder ausgedehnten Ulcerationen Nierenamyloid zur Folge; ausnahmsweise kann sich Nierenamyloid auch bei Rachitis finden. Die Symptome sind Anämie und Cachexie, ein Urin von normaler oder verringerter, meist aber und besonders zu Anfang vermehrter Menge, blasser Farbe, wechselndem Eiweissgehalt (auch Globulin), fehlendem oder geringem Sediment von hyalinen Cylindern und verfetteten Epithelien; später tritt Hydrops auf; Diarrhoe ist häufig, Erbrechen seltener. Daneben finden sich gewöhnlich die Erscheinungen von Leber-, Darm- und Milzamyloid. Heilung kann nur mit Beseitigung des ursächlichen Moments erfolgen; häufiger ist der Tod durch Erschöpfung. Die Behandlung muss, wenn möglich, eine ätiologische sein, im Uebrigen roborirend (Diät, Eisen, Arsenik, Leberthran) vorgehen.

Nephritis suppurativa, apostematosa in Folge von Embolie septischen Materials, von Pyelitis, Peri- und Paranephritis, nach Trauma ist sehr selten und bietet im Kindesalter keine Eigenheiten.

Dasselbe gilt für die

Pyelonephritis, die ausser durch Nierenstein, Entzündung in der Harnröhre (Vulvovaginitis gonorrhoïca), in der Blase, den Harnleitern, in der Umgebung der Niere, in Folge von Infectionskrankheiten und auch ohne nachweisbare Ursache entstehen kann; einen in Heilung ausgehenden Fall habe ich im Anschluss an Influenza beobachtet. Ihre Symptome sind: grosse Unruhe, heftige Schmerzen, die ausgesprochen kolikartig auftreten können, hohes Fieber, sogar Schüttelfröste, mit Schweiss und niederen Temperaturen wechselnd, Tumor der Nierengegend, Eiweiss, Eiter, Schleim, Blut im Urin, Kräfteverfall, Anämie.

Die Behandlung ist vorsichtig antifebril, in der Hauptsache symptomatisch; man giebt Milch und Fachinger Wasser, nur wenn durch den Kräftezustand geboten, Alkohol; lokal applicirt man kalte, später Breiumschläge; der Gedanke an einen chirurgischen Eingriff ist naheliegend.

Hydronephrose kommt erworben als Folge von stenosirenden Nierenconcretionen, Bauchtumoren, besonders retroperitonealen, von Erkrankung der Ureteren vor. Ihre Diagnose wird durch eine Probepunction gesichert, ihre Behandlung ist chirurgisch.

Nephrolithiasis. Abgesehen von dem Harnsäureinfarct bei Neugeborenen und dem Niederschlag harnsaurer Salze bei schweren Digestionskrankheiten ist die Bildung harnsaurer Concremente ziemlich selten; immerhin kommt sie besonders bis zum 7. Jahre hie und da zur Beobachtung; ihre Erscheinungen, sofern solche anfallsweise zur Geltung kommen, sind die der Nierenkolik mit Harndrang, zeitweiser Harnretention, auch Blut und Schleim im Urin, mit Dysurie, Abgang von Steinen oder Gries, von pulverförmigem Sediment und Sand; es kann im Verlauf der Affection zu Pyelitis, Pyelonephrose kommen; Prognose und Therapie sind dieselben wie beim Erwachsenen.

Hämaturie nach Trauma der Blasengegend, Verletzung der Blasenschleimhaut durch Instrumente, Steine, besonders Oxalatsteine, geringfügige Blutung bei Cystitis, ferner bei Hämophilie, Morbus maculosus, hämorrhagischem Scharlach, Typhus, sehr selten bei Peritonitis purulenta, ist gekennzeichnet durch rothe bis braunschwarze Farbe des Urins, der einen Blutkuchen absetzt, durch Beimengung von Blutgerinnseln oder flüssigem Blut zum Urin, durch den mikroscopischen Befund von rothen Blutzellen.

Die Hämaturie ist nach chirurgischen Regeln zu behandeln.

Hämoglobinurie, wie sie bei Malaria inveterata, Morbus Winckelii, nach starken Erkältungen, im Scharlach, bei Syphilis, nach manchen Vergiftungen, sowie anfallsweise ohne nachweisbare Ursache vorkommt, wird aus dem spectroscopischen und chemischen Nachweis von gelöstem Hämoglobin in dem dunkelen, selbst schwarzen Harne erwiesen.

Von Blasenkrankheiten

kommen angeboren Harnblasenspalte (Ectopia vesicae), angeboren und erworben Vorfall und Inversion der Blase vor.

Die **Cystitis** ist, wie überhaupt mehr weniger alle Blasenerkrankungen, sehr selten; idiopathischer Blasenkatarrh dürfte beim Kinde kaum vorkommen; er kann in Folge von Cantharidcn-, Perubalsamintoxication, bei Blasenstein, Pyelitis, nach Katheterismus mit inficirenden Instrumenten, Lithotripsie und Lithotomie, durch in die Blase eingeführte Fremdkörper, nach Urethritis (bei Vulvovaginitis) auftreten. Symptome, Diagnose, Prognose und Behandlung sind bekannt.

Blasensteine stellen die wichtigste Erkrankung der Blase dar; sie sind relativ häufige Befunde und bilden sich selbst schon bei ganz jugendlichen Kindern, am häufigsten um das vierte Jahr. Sie verrathen sich durch Dysurie, Tenesmus, der zu Prolapsus ani führen kann, Blasenkatarrh, Harnblutungen; gesichert wird ihre Diagnose durch die Untersuchung mit der Sonde. Die Prognose war zweifelhaft; durch die neueren Operationsmethoden gestaltet sie sich günstiger.

Spasmus vesicae, Blasenkrampf, ist der Ausdruck einer Reizung der sensiblen Blasenschleimhautnerven und einer pathologisch starken oder pathologisch empfundenen Contraction der Blasenmuskulatur. Er stellt sich bei jedem ungewohnten Reiz ein, der die Blase trifft, sowie in Folge pathologisch gesteigerter Sensibilität selbst bei einfacher, stärkerer Harnansammlung; in diesem Fall gilt er als idiopathisches Leiden. Der Blasenkrampf kann schon bei Neugeborenen durch den Eintritt der physiologischen Harnsecretion und -Ansammlung, sowie durch die herausgespülten Krystalle des Harnsäureinfarctes angeregt werden; man findet dann häufig in den Windeln, an der Harnröhrenmündung das characteristische Sediment; der reichlicher fliessende Harn verdünnt und spült diese Niederschläge aus und beendigt damit den Reizzustand. Bei etwas älteren Kindern wird der Blasenkrampf unter Anderem dann ausgelöst, wenn durch hohe Fiebertemperaturen, bei Respirations- und Digestionserkrankungen der Harn spärlicher, concentrirter wird, durch stärker sauere Reaction chemisch irritirt, analog bei Harngries und Harnstein. Im späteren Kindesalter kann eine rasche Abkühlung (ein kaltes Flussbad), können Drastica ausnahmsweise Cystospasmus bewirken. Rein symptomatisch finden wir die Erscheinungen des Blasenkrampfs bei Entzündungen in der Umgebung der Blase (Caries der Lumbalwirbel, Psoasabscess, Coxitis, Peritonitis, auch Perityphlitis, ebenso bei Proctitis, Dysenterie, Analfissuren), ähnlich bei Entzündung und Katarrh der Urethra, Vagina, sowie bei acuten Exanthemen, speziell beim Scharlach, endlich als erstes Zeichen zu erwartender Nephritis. Die Symptome des Blasenkrampfs sind die einer Kolik überhaupt, und es kostet oft grosse Mühe, längere oder wiederholte Beobachtung, um gerade die Blase als Sitz des Krampfes zu erkennen; neben starker Unruhe, lebhafter Schmerzäusserung, Winden, sich Krümmen, Stossen mit den Beinen, ringenden Bewegungen der Arme, allen Zeichen hochgradiger Aufregung, Röthung des Gesichts, auch Schweissausbruch müsste zeitweise Urinverhaltung, bez. Auftreten aller obiger Zeichen während und kurz vor einer tropfenweise oder mit Unterbrechungen erfolgenden Urinentleerung, der Befund von harnsauren Sedimenten in den Windeln etc. auf Blasenkrampf hinweisen. Selbst ältere Kinder wissen den Ursprung ihrer

Schmerzen nicht immer genau anzugeben; sie verlegen ihn in die Harnröhre, besonders deren Mündung, in den Darm, Oberschenkel, Hoden oder den Unterleib überhaupt. Sich häufiger wiederholende Anfälle von Blasenkrampf würden im Allgemeinen mehr für symptomatische Form sprechen.

Die Prognose ist durchweg günstig, da der Verlauf bei idiopathischem Leiden meist rasch und gut ist, höchstens wenige Rückfälle eintreten; bei secundärem Blasenkrampf richtet sie sich nach dem Grundleiden.

Einen idiopathischen Blasenkrampf sucht man, wie jede Kolik. um augenblickliche Linderung zu verschaffen, durch feuchtwarme Umschläge von heissem Wasser, Kamillenthee, durch protrahirte laue Bäder, welche die Blasenentleerung am besten fördern, sodann durch Opium per Clysma oder Suppositorium zu mässigen oder beendigen; bei krampfhafter Harnverhaltung muss man katheterisiren. Nach Beendigung des Anfalls wird man etwa anzunehmende Sedimente durch diuretische Getränke hinauszuschwemmen suchen, durch laue Bäder eine leichtere und reichlichere Diurese zu fördern trachten. — Aehnlich verfährt man bei einem Anfall von symptomatischem Blasenkrampf, dessen Wiederholung nur durch Beseitigung des primären Leidens verhütet werden kann.

Im Gegensatz zu der nur bei eingeklemmten Blasen- oder Nierensteinen, Blutgerinnseln, bei Pyelitis, sodann bei tiefem Sopor, bei Gehirn- und Rückenmarksaffectionen, sehr selten als Ausdruck einer Atonie der Blase vorkommenden Retentio urinae, Ischuria paralytica und paradoxa ist die Incontinentia urinae in Gestalt der

Enuresis nocturna (et diurna) ein recht häufiges und lästiges Leiden; demselben liegen keine pathologisch-anatomischen Veränderungen zu Grunde, es ist vielmehr nur eine functionelle Störung, deren Entstehung man sich verschieden gedeutet hat. Am einfachsten und richtigsten erklärt man diese Harnincontinenz mit einer Störung des Gleichgewichts der einander entgegengesetzt wirkenden Blasenmuskeln, des Musc. detrusor und Musc. sphincter vesicae; der mit zunehmender Füllung der Blase reflectorisch in Thätigkeit getretene Schliessmuskel wird von dem Detrusor überwunden, ohne dass der Harndrang im tiefen Schlaf dem Kinde zum Bewusstsein gekommen, oder die Thätigkeit des Sphincter durch den Willen genügend lange aufrecht erhalten worden wäre. Dabei sollen die im Wachsthum gegenüber der Blase zurückbleibende Prostata sowie der von Geburt an schwache Sphincter internus dem stark entwickelten Detrusor keinen genügenden Widerstand zu leisten vermögen. Der bei ausschliesslich oder überwiegend flüssiger Ernährung ständig und reichlich producirte Urin stellt für den Detrusor einen sich immer wiederholenden Anreiz zur Contraction dar. Eine mangelhafte Innervation des Sphincter gegenüber dem Detrusor kann für andere Fälle angenommen werden, ausnahmsweise wohl auch einmal eine Hyperästhesie der Blase.

Jede anderweitige Affection der Blase, welche die Incontinentia urinae erzeugen könnte, muss natürlich ausgeschlossen werden (Cystitis, Pyelitis, Stein, Tumor der Blase, deren Vorläufersymptom die Enuresis sein kann). Das bei Epilepsia nocturna, auch bei Pavor nocturnus erfolgende Bettnässen ist natürlich ebenso wenig hierher zu rechnen.

Die Enuresis tritt gewöhnlich Nachts, selten auch des Tags auf, viel seltener bei Mädchen als bei Knaben, deren Blasencapacität geringer ist. Jenseits der Pubertät ist sie selten, findet sich jedoch noch öfters bei Mädchen gerade in der Zeit vor Eintritt der Menstruation.

Die Störung besteht darin, dass die sonst ganz gesunden Kinder im tiefen Schlaf, meist schon in den ersten Stunden desselben oder wiederholt in der Nacht unwillkürlich ihren Harn in das Bett entleeren; zum Bewusstsein kommt ihnen dieser Vorgang nur dunkel und undeutlich, meist gar nicht; manchmal träumen sie, das Nachtgeschirr unter sich gehabt zu haben. Dies wiederholt sich mit Unterbrechungen Tage, Wochen und Monate hindurch; ist das Uebel eingerissen, so zeigt sich der Sphincter wohl auch bei Tage, besonders in der Schule functionsschwach, und die Kinder benetzen die Kleider. Jedenfalls ist der Verlauf meist chronisch, das Uebel hartnäckig, indem es, scheinbar geheilt, recidivirt. Wenn die Enuresis nocturna auch im Allgemeinen mit zunehmenden Jahren, spätestens gegen die Zeit der Pubertät von selber schwindet, so ist sie doch meist zum Gegenstande einer Behandlung zu machen, da sie aus naheliegenden Gründen sehr unangenehm empfunden wird.

Die Therapie kann mit inneren Arzneimitteln versuchsweise beginnen. Am nützlichsten erscheint noch, wenigstens für manche Fälle, die Belladonna in Form von Pillen, die 0,005 bis 0,01 Extract enthalten, und mit denen man bis zur zehnfachen Dosis steigt (Abends 1 Pille zu nehmen) und consequent fortfährt. Eine Combination der Belladonna mit dem Extract. nucis vomicae āā soll die Incontinenz des Sphincter noch besser beheben. Von Anderen ist der subcutanen Strychnin- oder Ergotin-Injection in die Kreuzbeingegend der Vorzug gegeben. — Bei Hyperästhesie der Blase käme etwa Chloralhydrat in Frage. — Am zuverlässigsten schien mir noch immer die electrische Behandlung zu wirken, und zwar ein starker faradischer Strom, welcher die Blase von vorn und hinten resp. oben und unten durchströmt, wenn man eine breite Unterbrechungselectrode über der Symphyse, eine zweite Platte auf das Perineum setzt oder besser eine Mastdarmelectrode bis zur Höhe des Sphincter einführt, dessen Kräftigung man anstrebt. Unfehlbar ist der Erfolg freilich auch nicht. — Unter den mechanischen Behandlungsmethoden wird man die Compression der Harnröhre durch besondere Apparate, Schlingen und dergl. höchstens bei älteren Knaben anwenden dürfen, die, wenn der Drang durch das Hinderniss verstärkt wird, erwachen. Hie und da wirkt eine besondere Lagerung der Art, dass man das Becken durch unter die Fusspfosten des Bettes geschobene 10—20 cm hohe Klötzchen erhöht.

Auch hydropathische Proceduren, Sitzbäder und Douchen hat man gerühmt.

Symptomatisch reicht man Abends keine Getränke mehr und weckt die Kinder des öfteren.

Durch körperliche Züchtigungen, Strafen überhaupt gegen die schuldlosen Kinder vorzugehen, ist sinnlos und darum grausam.

Vulvovaginitis ist die einzige speziell den Kinderarzt interessirende Erkrankung der Genitalien. Sie ist keineswegs selten und kommt besonders bei jüngeren Mädchen zur Beobachtung. Sie hat verschiedene entzündungserregende Ursachen, denen entsprechend die Vulvovaginitis als eine einfache katarrhalische oder eine rein eitrige und spezifische auftreten kann. Die leichteren Grade stellen sich nach mechanischer, traumatischer Reizung, geringfügiger Infection der Vulva oder Vagina ein, so bei onanistischen Manipulationen, bei der im kindlichen Spiel versuchten Einführung von Fremdkörpern (selbst ein „Pantöffelchen" figurirt in einer der mir bekannt gewordenen Anamnesen); zu den Fremdkörpern hat man auch Oxyuren zu rechnen, die hie und da einmal vom Anus in die Vagina überwandern. — Scheinbar ohne nachweisbare örtliche Ursachen tritt katarrhalische Vulvovaginitis auch bei sehr anämischen, chlorotischen, scrophulösen Kindern auf.

Viel häufiger beobachtet man die eitrige Entzündung und zwar constatirt man bei der mikroscopischen Untersuchung (Färbung mit Fuchsin) in den allermeisten Fällen als deren Ursache den Gonococcus. Die betrübende Thatsache, dass selbst schon ganz kleine Kinder, öfter etwas ältere, in erschreckend grosser Zahl gonorrhoïsch inficirt werden, macht sich besonders in der Praxis pauperum immer wieder und mehr geltend. Die Ansteckung erfolgt entweder — und dies ist der häufigere Modus — durch directe Uebertragung des Vaginalsecretes der Mutter, einer bei der Familie in Schlafstelle wohnenden Person oder indirect beim Gebrauch gemeinschaftlicher Nachtgeschirre, Schwämme, Handtücher; seltener werden Gonococcen bei einem Stuprum (Aberglaube, dass der Coitus bei einer Virgo intacta die Gonorrhoe heile), oder vorzeitigen Coitusversuchen übertragen; in dieser Beziehung liefert das Land nicht viel weniger wie die Grossstadt die schlimmsten Illustrationen. Auch förmliche Epidemieen gonorrhoïscher Entzündung, verbreitet durch ein Volksbad, in Pensionen, sind beschrieben.

Die Erscheinungen der Entzündung sind Juckreiz, Brennen, Röthung und Schwellung der Schleimhaut und Absonderung eines bloss serös-schleimigen oder schleimig-eiterigen oder rein eiterigen Secrets; dasselbe bedeckt grosse und kleine Schamlippen, den Scheideneingang und quillt aus der Vagina, meist auch aus der Urethra heraus; die heftig entzündete Schleimhaut blutet leicht spontan und bei Berührung. Die Urethritis hat Dysurie und Harndrang zur Folge. Mässiges Fieber begleitet die Entzündung in der Regel; Lymphdrüsenschwellungen werden nicht beobachtet. Dagegen kann der entzündliche Process, speziell der gonorrhoïsche, hinauf nach dem Uterus, den Tuben wandern, selbst Peri- und Parametritis, Perioophoritis, Peritonitis erzeugen.

Bei infectiöser Entzündung ist das Uebel stets sehr hartnäckig, prognostisch, was volle Abheilung anlangt, nicht unbedingt gutartig.

Die Behandlung besteht bei leichten Fällen in fleissiger Reinigung mit schwach antiseptischen Mitteln und Ruhelage, bei Gonorrhoe in energischer, täglich dreimaliger Desinfection durch Sublimatausspülungen und Einführung von Jodoformstäbchen oder Thallinantrophoren; sind die acuten Entzündungssymptome zurückgegangen, so geht man zu Adstringentien und Aetzmitteln über: Zinc. sulfo-carbol., Resorcin-Tannin; sehr wirksam, aber sehr schmerzhaft sind Einspritzungen von starken Höllensteinlösungen 10—50 %/₀ (vorher Cocaïn).

Man verhüte die Uebertragung von Vaginalsecret in die Augen, in den After.

Vulvovaginitis diphtherica kommt bei Diphtherie, Scharlach, auch bei Typhus vor (s. d.).

Die Krankheiten des Nervensystems.

Pachymeningitis ist nicht häufig; sie schliesst sich sehr selten nur als P. externa an Trauma, Fractur, Fissuren der Kopfknochen, viel eher an Caries, besonders Eiterung im Mittelohr und Warzenfortsatz an oder entsteht durch das Eindringen eines äusseren Entzündungsprocesses (Erysipelas, Abscess) durch die knöcherne Schädelkapsel hindurch; schliesslich betheiligt sich die Innenfläche der Dura an jeder Leptomeningitis: P. interna. Eine besondere Form stellt das ganz ungewöhnliche Hämatom der Dura und die Pachymeningitis hämorrhagica dar, bei der es neben Entzündung zu blutigen Ergüssen auf der Innenseite der Dura kommt, und die Heubner mit Lues congen. in Zusammenhang gebracht hat. Da klinische Erscheinungen ganz fehlen können oder von denen des Grundleidens verdeckt sind, ist die Diagnose meist schwer; bei der acuten Pachymeningitis gelten Kopfschmerz, Spannung der Fontanelle. weniger constant Fieber, Eclampsie, Sopor, Coma, Contracturen, bei chronischer Pachymeningitis Hydrocephalus externus, seltener Krämpfe als Symptome; Lähmungen fehlen fast stets. ebenso Pulsveränderungen (Gegensatz zu Meningit. tuberc., Tumor. Encephalitis); Erbrechen und heftigere Erscheinungen, ev. Hemiplegie weisen auf Eiteransammlung oder Leptomeningitis hin. Der Ausgang ist der in Tod oder in psychischen Defect, vorzeitige Schädelverknöcherung.

Eine Heilung wäre mit Eiskappe, Einreibung von Jodoform-, grauer Quecksilbersalbe, Ableitung auf den Darm zu versuchen; bei Lues ist eine spezifische Behandlung indicirt; symptomatisch verordnet man nöthigenfalls Chloral. Bei einem hydrocephalischen Exsudat käme die Punction, bei Abscess kämen chirurgische Eingriffe (Trepanation) in Frage.

Meningitis simplex, Leptomeningitis, Entzündung der Pia und Arachnoidea, ist ziemlich selten; die Ursachen einer idiopathischen Meningitis sind häufig nicht festzustellen (Bacterien? wahrscheinlich fallen die sporadischen Fälle primärer Meningitis simplex der epidemischen Cerebrospinalmeningitis zu); öfters entsteht sie secundär im Gefolge von Infectionskrankheiten (Pneumon. croup., acute Exantheme, besonders Scharlach, Typhus, Rheumatismus, Endocarditis, Septicämie) oder durch Uebergreifen einer Entzündung in der Nachbarschaft, so bei Schädelfractur, Erysipelas capitis, Otitis med., Hirnabscess, Tumor, Naseneiterung.

Die Entzündung lokalisirt sich vorwiegend an der Convexität des Gehirns und verläuft acut, meist sogar stürmisch;

beides unterscheidet sie von der Basilarmeningitis. Prodrome fehlen gewöhnlich; der Beginn ist durch Erbrechen, einen eclamptischen Anfall gegeben, dem Delirien, Sopor, Nackencontractur, Einziehung des Leibes, hohes Fieber folgen; die Krämpfe wiederholen sich, es bilden sich rasch Contracturen und Lähmungen aus (Strabismus, Pupillendifferenz, Facialislähmung, Mono-, Hemiplegie). In anderen Fällen eröffnen und beherrschen heftigster Kopfschmerz, Delirien, Jactation, Hyperästhesie der Haut, plötzliches gellendes Geschrei, Zähneknirschen, abwechselnd mit Somnolenz, die Situation. Meist erfolgt bald, nach 1—2 Tagen, ausnahmsweise erst später (nach 8—14 Tagen) der Tod im Coma. Genesung ist selten, indem das Fieber schwindet, die Convulsionen aufhören, das Sensorium wiederkehrt, die Spasmen bez. Lähmungen zurückgehen.

Die Diagnose ist oft sehr schwierig, besonders wenn sich die meningitischen Symptome einer bestehenden hochfieberhaften Infectionskrankheit (Typhus, Pneumonie, Miliartuberculose, Sepsis) zugesellen; der Verlauf entscheidet über diagnostische Bedenken in Bezug auf Encephalitis, Embolie, Tumor, Hysterie. Stets fahnde man auf Otitis media. Die Prognose ist zweifelhaft, meist ungünstig.

Die Behandlung besteht in lokaler Kälteanwendung, vorsichtiger Blutentziehung (Blutegel hinter den Ohren), Calomel in grosser Dose, absoluter Ruhe; im weiteren Verlauf giebt man nach Bedarf Chloral, laue Bäder, mache Einreibungen mit Ungt. ciner., Jodoformsalbe; bei Nachlass der acuten Symptome will man durch Jodkali die Resorption fördern. Die Ernährung, welche ganz reizlos (Milch) sein muss, ist im Coma nur per Clysma oder Schlundsonde zu ermöglichen. Gegebenen Falls kann die Paracentese des Trommelfells und Aufmeisselung des Process. mastoid. therapeutische Wunder wirken.

Hydrocephalus acutus, anatomisch Meningitis ventriculorum, spez. Entzündung der Plexus chorioidei, zum Theil auch des Ependyms, ist keine selbstständige Krankheit; sie entwickelt sich am häufigsten bei Entzündungen der Basis des Gehirns resp. der Pia basilaris, die desshalb fast immer betheiligt erscheint, im Gefolge von Nephritis, acuter Miliartuberculose und besonders bei tuberculöser Meningitis. Der viel seltenere idiopathische Hydrocephalus acutus beginnt gewöhnlich subacut und verläuft unter geringem Fieber, langsam (Gegensatz zu Meningitis simplex); die klinischen Symptome sind allgemeine (Abmagerung, schlechte Stimmung, Verdauungsstörungen, Fieber) und cerebrale: Zähneknirschen, Erbrechen, Obstipation, Pulsverlangsamung und -unregelmässigkeit, Strabismus, Pupillendifferenz,

Tremor, Benommenheit, Convulsionen, Lähmungen und Contraction. Bei jüngeren Kindern gibt sich die Exsudation durch Spannung der Fontanellen, Klaffen der Nähte, Zunahme des Schädelumfanges kund. Der Ausgang in Tod in einem eclamptischen Anfall oder in Sopor ist die Regel; Heilungen sind sehr selten, die Prognose wird auch dadurch noch sehr getrübt, dass Epilepsie, Demenz, chronischer Hydrocephalus, Taubstummheit und dergl. als Folge bleiben. Die Unterscheidung von Mening. tuberc. ist oft, die des secundären Hydrocephalus acutus von Oedem der Pia und des Gehirns fast immer erst bei der Section möglich. Die Therapie ist die der Meningitis simplex.

Hydrocephalus chronicus ist entweder und zwar sehr selten angeboren oder, überwiegend häufiger, in frühester Jugend (erstes Halbjahr) erworben. Die Ursachen des angeborenen H. chron. sind völlig unbekannt; erwiesen ist nur hie und da eine Familiendisposition. Der erworbene H. chron. kann primär das Product leichter Entzündung in den Ventrikeln (Plexus, Ependym) sein, doch lassen sich öfters keinerlei Ursachen nachweisen (mechanische Congestion durch Husten, anämische Transsudation?); secundär entsteht er in Folge von Verschluss der Vena magna Galeni (durch den Druck eines Tumors) mit und ohne entzündliche Verstopfung des Foramen Monroi, ausnahmsweise auch im Anschluss an eine acute Meningitis. Als Ursache chronisch entzündlicher Processe hat man natürlich auch hier die Syphilis beschuldigt. Endlich könnten Stauungen in den Venen des Gehirns die Folge von Herzfehler, comprimirenden Halstumoren sein.

Je nach der Lokalisirung unterscheidet man einen äusseren Hydrocephalus, den H. externus s. intrameningealis (Flüssigkeitsansammlung in den Maschen der Arachnoidea, im subduralen Raum) und einen inneren, den H. internus s. ventricularis (Ansammlung vorwiegend in dem Seiten-, weniger in dem dritten und vierten Ventrikel). Folge ist in beiden Fällen eine Drucksteigerung, welcher die Schädelkapsel um so stärker nachgiebt, je jünger das Kind ist, je mehr die Ventrikel Hauptsitz der Flüssigkeit sind. Die Fontanellen, alle Knochennähte erweitern sich, der Kopf bekommt eine characteristische Gestalt dadurch, dass der Schädel an Umfang oft enorm vergrössert, gegen das kleine Gesicht unverhältnissmässig absticht. Weitere Folgen des erhöhten intracraniellen Druckes sind Abwärtsdrängung des Orbitaldachs, Heraustreten und Senkung der Bulbi, die dann von dem unteren Lid zum Theil bedeckt erscheinen, Verdünnung der Hinterhauptschuppe und der Seitenwandbeine, Erweiterung aller Schädel-, weniger der Gesichtsvenen.

Sind die Nähte bereits mehr verknöchert, die Fontanellen geschlossen, so können die äusseren Schädelveränderungen nicht mehr so prägnant sein; jedenfalls erfolgt die Zunahme des Kopfvolumens dann nur langsam und in beschränktem Maasse, der Exophthalmus ist nur angedeutet. Die Druckwirkung auf die Hirnsubstanz als solche äussert sich bei Hydrocephalus externus in einer mässigen Abflachung der Gyri und Anämie der Corticalis; bei Hydrocephalus internus ist die ganze Markmasse, Gyri wie Hirnganglien plattgedrückt, anämisch und verdünnt. Klinisch kommt diese Beeinträchtigung des Gehirns merkwürdiger Weise oft kaum oder gar nicht zum Ausdruck; das Sensorium ist intact, die Psyche entwickelt sich normal, ja hydrocephalische Kinder zeigen sogar hie und da eine ganz ungewöhnliche und frühzeitige Intelligenz (ein 4 jähriger Patient von mir mit kolossalem Hydrocephalus internus, der über zwanzig mal punctirt werden musste, sprach perfect Deutsch und Französisch). Oefters freilich bleiben sie geistig zurück, werden vollkommen idiotisch oder zeigen doch wenigstens Ausfälle in ihrer Gehirnfunction (Sprachstörung). Cerebrale Defecte werden begreiflicher Weise um so eher und um so hochgradiger eintreten müssen, je höher einmal der intracranielle Druck steigt (Hydrocephalus internus) und je weniger ihm der Schädel nachzugeben im Stande ist (frühe Verknöcherung). Häufig findet man bei Hydrocephalus chronicus Erscheinungen spastischer Paralyse, Muskelschwäche, Lähmungen, besonders Paraplegie, Contracturen, Convulsionen, Spasmen, Nystagmus; an den Sinnesorganen Erblindung, Hemianopsie (Retinitis, Atrophie der Papille durch Druck des dritten Ventrikels auf das Chiasma), Taubheit. Die Kinder vermögen ihren schweren Kopf nicht oder nur mit Mühe aufrecht zu tragen, sie müssen ihn gewissermaassen balanciren. Oefters oder zeitweise klagen sie über Druckerscheinungen, als Kopfschmerz, Schwindel, sind deprimirt, schlaflos; intercurrent kommen comatöse, somnolente Zustände und Convulsionen vor.

Die Diagnose kann nur irren, wenn die Vergrösserung des Schädels ausbleibt; bei rachitischem Schädel fehlen schwerere Hirnsymptome, die Senkung der Bulbi; die Kopfform ist viereckig, nicht rundlich, die Fontanelle nicht vorgetrieben; die Unterscheidung von Hydrocephalus internus und externus ergiebt sich aus oben Gesagtem.

Die Prognose ist ziemlich ungünstig; die Kinder können ausnahmsweise ein höheres Alter erreichen; die längste Lebensdauer hat freilich nur einige 20 Jahre betragen. Gewöhnlich erliegen schon nach Monaten, längstens Jahren die Patienten einer intercurrenten Krankheit, oder sie sterben in einem Anfall von Coma, von Eclampsie. Stillstände und sogar Besserungen kommen vor. Nur bei Hydrocephalus externus in Folge von Pachymeningitis kann vollkommene Heilung eintreten.

Die Therapie hat sich bis jetzt als machtlos erwiesen. Ein naheliegendes actives Vorgehen durch Punction und Ablassen des drückenden Fluidums hat, von den Gefahren einer infectiösen Entzündung, eines Collapses, eines eclamptischen Anfalls abgesehen, bis jetzt keine nachhaltigen Erfolge erzielt. Alle Versuche, resorptionsanregend zu wirken (Jodkali, Quecksilber), den entzündlichen Process zu hemmen (Einspritzung von Jod, Compression des Schädels) sind gescheitert. Gewöhnlich wird man sich mit einer symptomatischen und exspectativen Behandlung begnügen, nur bei Eintritt von Druckerscheinungen seine Zuflucht zu einer Punction oder Incision nehmen.

Die **Meningitis basilaris (tuberculosa)** ist wohl die practisch wichtigste, die häufigste Hirnerkrankung des Kindes besonders in der Zeit vom zweiten bis zehnten Jahre. Sie ist in der grossen Mehrzahl der Fälle auf eine tuberculöse Infection zurückzuführen, weshalb man unter Basilarmeningitis fast nur die tuberculöse begreift. Und zwar pflegt die Tuberculose der Pia und Arachnoidea sehr selten die einzige, meist nur die in den klinischen Erscheinungen überwiegende Localisation der Tuberkel zu sein; fast immer finden sich primäre, ältere Tuberculoseheerde in dem erkrankten Organismus, von denen aus die Tuberkelbacillen sich diffus mit Bildung miliarer Knötchen ausgesät haben, oder allgemeine Tuberculose.

Pathologisch-anatomisch und, dem genau entsprechend, klinisch finden wir theils die Symptome der Tuberculose der basilaren Meningen, theils die der Entzündung mehr ausgesprochen.

Die Krankheit beginnt mit anfänglich meist unscheinbaren, ja leicht zu übersehenden, jedenfalls von dem Anfänger sehr leicht unterschätzten Symptomen; dieselben sind, kurz gesagt, gewöhnlich die einer Dyspepsia gastrica subacuta, weshalb man das erste Stadium wohl auch als das gastrische bezeichnet hat. Anamnestisch erfahren wir von prädisponirenden oder ursächlichen Krankheiten in der Regel nicht viel; bei genauerem Nachfragen stellen sich freilich meist Umstände heraus, welche das Eingedrungensein von Tuberkelbacillen wohl vermuthen lassen, sei es, dass eines der Eltern, eine Pflegerin, eine Verwandte an Tuberculose leiden, sei es, dass Keuchhusten, Masern, eine Lungenentzündung, eine Bronchitis, wiederholte Darmkatarrhe vorausgingen, deren Bedeutung für das Zustandekommen der tuberculösen Infection ja fraglos ist; seltener sind direct tuberculöse Processe vorhergegangen oder lassen sich gleichzeitig nachweisen. — Der klinische Verlauf ist meist der, dass das Kind seit Tagen oder Wochen, selbst Monaten ein leichtes Unwohlsein bekundet; es ist bleicher wie sonst, etwas abgemagert, der Appetit lässt nach, ist unregelmässig wechselnd, der Stuhl obstipirt; Erbrechen ist um diese Zeit seltener schon eingetreten. Im Verhältniss zu den geringfügigen objectiv nachweisbaren Störungen in Gestalt eines unregelmässigen, schwachen Fiebers, einer belegten Zunge fällt das schwere Ergriffensein des ganzen Organismus auf: das Kind ist unerklärlich matt, ja hinfällig, es ist in seinem Wesen verändert, vielleicht ganz gegen die Gewohnheit still, ernst, ja trübe gestimmt oder aber sehr reizbar, ruhelos; stets fehlt die Lust zum Spielen; zu ungewohnten Stunden verlangt es, zu schlafen; es legt öfters das Köpfchen an die Schulter der Mutter und schlummert wohl auch zeitweise zu unruhigem Schlafe ein. Alle gegen die Dyspepsie gerichteten Maassnahmen erweisen sich nutzlos; im Gegentheil treten oft plötzlich gastrische Erscheinungen, speziell eruptives, ganz und gar nicht nach den Mahlzeiten sich richtendes Erbrechen ein, dem kein längeres Uebelsein oder Würgen voranzugehen pflegt; die Obstipation erweist sich als hartnäckig. Doch nun, nach 7—10-, höchstens 14-tägiger Dauer, ausnahmsweise erst später, können dem aufmerksamen Beobachter Symptome nicht entgehen, die auf den Sitz des Leidens deutlicher hinweisen: das Kind klagt, wenn älter, spontan über Kopfschmerz, jüngere, die noch nicht sprechen können, lehnen das Köpfchen an, halten es nicht mehr gerade aufrecht, fassen auch wohl instinctiv nach demselben; das Kind gähnt auffallend häufig, es inspirirt hie und da tief, scheinbar dyspnoïsch oder seufzt zum Erschrecken der Umgebung tief auf, es fährt aus dem Schlaf jäh schreiend empor, es knirscht auch wohl mit den Zähnen. Zweifellose Zeichen seitens der Gehirnnerven treten auf; mit das erste, diagnostisch wichtigste ist die bei vorhandenem Fieber besonders auffällige, jedenfalls zu dem Alter des Kindes nicht im Verhältniss stehende Verlangsamung des Pulses (durch Vagusreizung); derselbe ist gleichzeitig deutlich unregelmässig; seltener macht sich schon eine Pupillendifferenz bemerklich; der Leib ist flach, oft deutlich eingezogen, die Bauchdecken gespannt; es besteht Opisthotonus. Das Kind ist apathisch, selbst somnolent. In den meisten Fällen bleiben von Anfang und Mitte der zweiten Krankheitswoche an auch schwere Gehirnreizerscheinungen nicht aus: es bricht entweder plötzlich ein eclamptischer Anfall herein, es folgen sich eine

Reihe solcher manchmal von grösster Heftigkeit unter entsetzlichem Schreien. Nach denselben zeigen sich meist ausgesprochene Lähmungen einzelner Gehirnnerven, besonders des Facialis, der Augennerven (Ptosis, Strabismus, Ungleichheit und träge Reaction der Pupillen), seltener eine Mono-, eine Hemiplegie, oder die Gehirnnervenlähmung tritt für sich allein auf ohne allgemeine Convulsionen. Aphasie ist manchmal ein frühes Symptom. Das während der Krämpfe tief benommene Sensorium bleibt meist dauernd gestört: das Auge blickt ausdruckslos, ohne zu fixiren, in's Weite; die Gesichtsfarbe wechselt unmotivirt von fleckiger oder diffuser Röthung bis zur tiefen Bleiche; die Haut besonders am Kopfe transpirirt; dabei kann Hyperästhesie bestehen; die Extremitäten werden rigide. Zeitweise erwacht das Kind aus seinem unruhigen Halbschlaf zu augenblicksweiser Klarheit; ja es kann scheinbar eine wunderbare Besserung eintreten, indem das Kind wieder Erinnerung und Interesse verräth, sich aufrichtet, isst und trinkt.

Doch der unregelmässige, sich etwa von der Mitte der zweiten Woche ab allmählich beschleunigende und regelmässiger werdende Puls, die erfahrungsgemäss mit so viel Recht gefürchteten anderen Gehirnerscheinungen können beim Arzt eine Täuschung nicht aufkommen lassen, und erneut ausbrechende Convulsionen, Lähmungen rauben auch den Eltern die Hoffnung; allmählich nach weiteren 2 bis längstens 8 (also nach Krankheitsbeginn ca. 14 Tagen) treten Lähmungserscheinungen aller Art immer mehr hervor: die Sensibilität erlischt, die Mobilität der Glieder ebenfalls; die Athmung wird unregelmässig, aussetzend, endlich tritt durch Ermüdung, Lähmung des Respirationscentrums Cheyne-Stokes'sches Phänomen ein, der Puls wird immer frequenter und schwächer; die Schweisse sind profus; der Corneareflex ist erloschen, die Conjuncten und Cornea entzünden sich bei dem mangelnden Lidschlag. Unter rapider Abmagerung, in tiefem Sopor, unter lautem Stertor, raschem Abfall, zuweilen hohem Anstieg der Temperatur tritt endlich nach 2—3 Wochen der Tod ein.

Abweichungen von diesem, dem klassischen Bilde der Mening. tuberc. sind nicht selten; es können zu Anfang eine Woche und länger typhöse Erscheinungen (selbst Roseola) bestehen, Hirnsymptome, von der characteristischen Ungleichheit, Unregelmässigkeit des Pulses abzusehen, können lange Zeit beinahe fehlen, und nur hartnäckiges, unstillbares Erbrechen bestehen.

Es lassen sich Erbrechen, Obstipation, Kopfschmerz auf cerebrale Reizung, die Pulsverlangsamung auf Vagusreizung, die Alteration der Respiration auf Störung des Athemcentrums zurückführen; die Krämpfe und Lähmungen der Gehirnnerven entstehen durch directe Reizung, Entzündung, Zerstörung der basalen Stämme, zum Theil wohl auch wie die allgemeinen Convulsionen und Hemiplegien durch entzündlichen Hydrocephalus und Hirnanämie; die terminalen Zustände resultiren aus dem Erlöschen, dem Absterben der Centren.

Die Diagnose ist bei einiger Erfahrung und genauer Beobachtung meist nur im allerersten Anfang zu verfehlen, sie kann allerdings auch in complicirten Fällen recht schwer werden; entscheidend wäre der Nachweis von Choroidaltuberkeln.

Die Prognose ist absolut infaust, wenn Tuberculose der Basilarmeningitis zu Grunde liegt, zumal die Tuberculose nicht auf die Meningen beschränkt, lediglich terminale Ausdrucksform eine Miliartuberculose zu sein pflegt. Eine Therapie muss immer wieder versucht werden, schon um der Angehörigen willen; einigermaassen indicirt wären: kalte Uebergiessungen im warmen Bade, Eisblase, Blutegel hinters Ohr, Einreibungen von Ungt. Hydrarg. cin., Jodoformsalbe, Jodkali intern, als Laxans Calomel, ev. künstliche Ernährung.

Eine sich vorzugsweise an der Hirnbasis entwickelte **Meningitis basilaris simplex** ist ungleich seltener; sie verläuft unter denselben Symptomen, doch weniger schleppend, im Anfang wenigstens acuter und heftiger. Auftreten von Herpes labialis gilt dabei der tuberculösen Form gegenüber als weiterer differentialdiagnostischer Anhaltspunkt; die Krankheit giebt eine etwas bessere Prognose.

Embolie und Thrombose kommen sehr selten zur Beobachtung, ihre Ursachen sind Endocarditis (Rheumatismus, Scarlatina, Diphtherie, Sepsis) resp. Herzschwäche, Marasmus; ihre Erscheinungen sind plötzlich eintretende resp. ganz allmählich sich entwickelnde allgemeine Cerebral- und Heerdsymptome; bei der Thrombose bleiben die Zeichen des Insultes aus. Die Folgen spez. einer Embolie in Gestalt von motorischen Lähmungen, Apolexie können bestehen bleiben; ferner mögliche Ausgänge sind Tod im Insult oder Hirnabscess.

Die Behandlung ist eine symptomatische.

Phlebitis der Sinus schliesst sich am häufigsten an Otitis med. purulenta an; ihre Erscheinungen sind sehr schwere (hohes Fieber, Schüttelfröste, Delirien oder Sopor und Coma). Die frühzeitige chirurgische Behandlung erzielt hie und da einen glänzenden Erfolg; dennoch ist die Prognose im Allgemeinen sehr schlecht.

Hämorrhagia cerebri ist, von der traumatischen abgesehen, sehr selten, da Hirngefässerkrankungen beim Kinde fast gar nicht vorkommen; kleine Blutungen aus Capillaren oder Venen können ausnahmsweise bei schweren Pertussisanfällen entstehen und sind nur, wenn sie neben allgemeinen cerebralen auch Heerdsymptome machen, zu diagnostiziren; seltener ist eine Hirnblutung Symptom einer hämorrhagischen Diathese, der perniciösen Anämie, der Leukocythämie, am ehesten noch Folge einer spezifischen Arteriitis; secundär schliesst sie sich an Embolie und Thrombose von Hirngefässen, Encephalitis hämorrhagica an.

Die Hämorrhag. cerebr. unterscheidet sich im Kindesalter von der des Erwachsenen dadurch, dass die Symptome des apoplectischen Insultes seltener in die Erscheinung treten; die Unterscheidung von Embolie, der sie sonst durchaus gleicht, ist dadurch gegeben, dass die Insulterscheinungen bei der letzteren plötzlicher eintreten und rascher zurückgehen. Ihr Ausgang ist der Tod, spastische Paralyse (mit geringer Inactivitätsatrophie) oder Heilung.

Die Differentialdiagnose spez. gegenüber Tumor kann eine Zeit lang schwierig sein.

Encephalitis purulenta, Hirnabscess, entwickelt sich selten in Folge von Embolie septischen Materials bei Pyämie oder gar bei Oïdium albicans schweren Grades, durch Inficirung eines hämorrhagischen Heerdes, dagegen viel eher im Anschluss an Trauma, Phlebitis Sinus (Otitis), Panophthalmitis, Nasenerkrankung, Caries, Meningitis, Vereiterung eines Gehirntumors (Tuberkel), sowie ohne den Nachweis eines directen Zusammenhangs bei Infectionskrankheiten; im Ganzen zählt sie zu den seltenen Affectionen.

Ihre Erscheinungen sind mannigfach, Anfangs vieldeutig: Fieber (kann fehlen), Schüttelfröste, besonders aber Kopfschmerz, Heerdsymptome (Paresen, Aphasie), Somnolenz und Sopor, Coma; der Verlauf kann sehr stürmisch sein, binnen Tagen zum Tode führen, oder langsam, selbst chronisch (mit Remissionen, acuten Nachschüben). Die Diagnose ist meist schwierig. Die Prognose ist schlecht; nur ein glücklicher operativer Eingriff, spez. bei traumatischem Abscess, bei Otitis media kann trotz des Verlustes beträchtlicher Gehirntheile zu voller Heilung führen. Die übrige Behandlung ist eine symptomatische.

Mit dem Namen **Spastische Cerebrallähmung** (cerebrale Kinderlähmung, Polioencephalitis) umfasst man eine seltener angeborene, öfter erworbene, theils acut, theils subacut und chronisch einsetzende Erkrankung des Gehirns und zwar weitaus häufiger der Rinde wie centraler Theile, die weder eine einheitliche ätiologische Basis hat, noch einen übereinstimmenden pathologisch-anatomischen Befund aufweist. Was die verschiedenen Formen verbindet, ist das allen mehr weniger gemeinsame klinische Bild.

Die **angeborene cerebrale Kinderlähmung**, von Gowers als **infantile Meningealhaemorrhagie** bezeichnet, entsteht in Folge einer Geburtsverletzung; auch ohne dass ein directes Geburtshinderniss (Beckenenge), ein operativer Eingriff vorausgegangen zu sein braucht, kommt es zu einer meningealen Blutung, die sich theils aus einer Läsion, in anderen Fällen aus dem längeren Bestehen einer stärkeren Stauung erklärt. Es bildet sich ein Bluterguss und zwar bald an der Convexität, bald an der Basis des Gehirns. Das Convexitätsextravasat findet sich in der Regel doppelseitig und am ausgedehntesten nahe der Mittellinie, über dem motorischen Rindengebiet. Der Bluterguss comprimirt nicht bloss, sondern zertrümmert, wo er stärker auftritt, die corticalen Parthieen. So erklärt es sich, dass auch, nachdem das Blut resorbirt worden ist, eine Atrophie und Induration der betroffenen Windungen zurückbleibt. Dieser Vorgang begründet die klinischen Erscheinungen. Die Kinder, welche zum Theil asphyctisch geboren wurden, weisen und zwar seltener direct nach der Geburt Krämpfe, Spasmen und Lähmungen auf, unter denen sie zu Grunde gehen können, oder diese Erscheinungen treten erst nach Tagen und Wochen auf, was für die Mehrzahl der Fälle zutrifft. Die Motilitätsstörung besteht nur in einer Schwäche, Incoordination oder in Parese und Paralyse: congenitale spastische Lähmung, oder es treten motorische Reizsymptome auf, Rigidität, allgemeine und lokalisirte Convulsionen, choreatische und athetotische Bewegungen: congenitale Chorea. — Die Lähmungs- wie die Krampferscheinungen finden sich nur an einer oder an mehreren oder gar allen Extremitäten; dem Sitz der Convexitätsblutung entsprechend, kommt am häufigsten Lähmung aller vier Extremitäten, seltener nur Hemiplegia oder Paraplegia spast. congen. vor. Die Convulsionen hören gewöhnlich bald wieder auf, können freilich auch erst später, nachträglich auftreten oder rückfällig werden; dagegen pflegen die Lähmungssymptome mit Spasmen und Spontanbewegungen in den beiden ersten Lebensjahren zuzunehmen. Hie und da wird die Lähmung erst im 4.—5. Monate oder erst, wenn das Kind gehen lernen sollte, bemerkt, auch wohl zusammen mit Spasmus oder Chorea, welche gewollte und versuchte Bewegungen sehr stören oder unmöglich machen. Auch Rumpf- und Halsmuskulatur ist zuweilen von der Lähmung betroffen; Nackenparese und Bulbärsymptome wären aus einer Blutung an Pons und Medulla zu erklären. Bei der Mehrzahl der Fälle gesellt sich dazu ein psychischer Defect, geistige Schwäche, Sprachstörung, ausnahmsweise Sehdefect.

Die Diagnose der infantilen Meningealhämorrhagie stützt sich auf das Auftreten der Symptome einige Wochen oder Monate nach der Geburt; vor allem aber sind die Erscheinungen stationär und nicht progressiv (Gegensatz zu Tumor; acuter Beginn bei acuter Cerebrallähmung). Die früher oft diagnosticirte spastische Spinallähmung bei Kindern ist, wenn keine Wirbelerkrankung vorliegt, fast immer centralen Ursprungs.

Die Prognose ist quoad vitam gut, quoad functionem um so besser, je geringer der geistige Defect ist, weil mit der Entwickelung des Willens die Kinder zunehmend besser die die activen Bewegungen störenden Spasmen unterdrücken lernen; so lernen sie, wenn auch oft sehr spät, meistens doch gehen.

Die Behandlung suche durch Bewegungsübungen (besonders Gehversuche mit Hülfe von Maschinen, Gehstuhl und dergleichen) eine Ausbildung, functionelle Erziehung der erhaltenen oder weniger afficirten cerebralen Elemente herbeizuführen, sobald dies die Entwickelung der Willenskraft gestattet. Der Gang behält oft für Lebenszeiten einen spastischen Character.

Die Krämpfe reagiren leider auf Narcotica schlecht.

Bei der acuten Form der spastischen Gehirnlähmung treten meist in vollem Wohlbefinden ohne Prodrome unter Fieber heftige Cerebralsymptome ein: Erbrechen, schwere Benommenheit des Sensoriums bis zu vollkommener Bewusstlosigkeit, epileptiforme Krämpfe; letztere sind im Gegensatz zur spinalen Kinderlähmung meist das vorherrschende und schwerste Symptom, sie dauern oft Stunden, ja können Tage und Wochen mit Unterbrechungen anhalten und sind gewöhnlich einseitig. Erwachen die Kinder aus dem bewusstlosen Zustande bez. der Eclampsie, so constatirt man fast immer eine hemiplegische Lähmung, sehr selten doppelseitig (in Folge von bilateraler Läsion), meist mit Betheiligung von Gehirnnerven; der Facialis ist in seinem unteren Ast paralytisch, häufig besteht Strabismus, Lähmung im Gebiet des Oculomotorius; in Fällen von rechtsseitiger Hemiplegie findet sich auch wohl Aphasie.

Im weiteren Verlauf schwindet das Fieber, die Hemiplegie bleibt aber zunächst bestehen; dabei zeigt sich der Arm meist mehr ergriffen wie das Bein; die Lähmung beider kann allmählich sich bessern, indem die gesunde Hemisphäre compensirend eintritt; eine unvollständige Hemiplegie kann selbst nahezu schwinden bis auf eine leichte Incoordination; fast immer bleibt die Lähmung aber theilweise dauernd bestehen. Stets zeigt sie das Characteristische der Cerebrallähmung, also neben hemiplegischer Form

Erhaltenbleiben der Reflexe bis zur Steigerung derselben, Spannung der gelähmten Muskeln, Spasmen, die sich bis zu Contracturen ausbilden können; die electrische Erregbarkeit ist normal; die gelähmten Glieder erleiden eine mässige Inactivitätsabmagerung, niemals in dem Grade wie bei der spinalen Lähmung; ebenso fehlen schwere Circulationsstörungen, dagegen bleiben die Extremitäten meist im Wachsthum zurück; die dem Krankheitssitz entsprechende Schädelhälfte erweist sich öfters etwas kleiner. Der Arm bleibt in der Mehrzahl der Fälle hochgradig gelähmt, während die Paralyse des Beines sich sehr zu bessern pflegt, ebenso die Facialislähmung; Hinken oder Pes equinus, equino-varus sind freilich häufige Folgezustände. Im Laufe der Zeit können posthemiplegische Chorea und Athetose, Rindenepilepsie auftreten. Ernste Folgen des Krankheitsprocesses sind häufig von Seiten der Psyche zu verzeichnen. Die Störung der Sprache zwar pflegt sich in den meisten Fällen spontan allmählich zurückzubilden. Dagegen bleibt der Intellect gewöhnlich bedenklich beeinträchtigt, ja es kann vollkommene Imbecillität resultiren. In einzelnen Fällen treten von Zeit zu Zeit wieder epileptiforme, und zwar fast stets einseitige Krämpfe (in der gelähmten Extremität) auf. Das Kind hat seinen Character verändert, ist störrisch, eigenwillig und boshaft geworden.

Das gleiche traurige Endstadium wird bei der chronischen Cerebrallähmung mehr allmählich erreicht und entwickelt sich manchmal aus den unscheinbarsten Anfängen heraus. Den Beginn können Lähmungen, Zuckungen einzelner Cerebralnerven machen (Strabismus, Nystagmus, Facialiskrämpfe und -Paresen), Störungen der Motilität der Extremitäten, Ataxie, Zittern; plötzlich kann ein eclamptischer Anfall hereinbrechen, das Bild einer Apoplexie auftreten, und beide hinterlassen eine Hemiplegie. Solche Anfälle mit Intervallen leidlich normalen Befindens wiederholen sich, und schliesslich kann unter Alteration des Seh- und Hörvermögens, der Intelligenz überhaupt, unter Bulbärerscheinungen, Schwindel und Ohnmachten die Krankheit in Epilepsie, völliger Idiotie enden; in einem Krampfanfall, unter Sopor oder an einer zufälligen Complication kann in noch jugendlichem Alter der erlösende Tod einzutreten.

Die Prognose der acuten und chronischen Cerebrallähmung ist demnach stets zweifelhaft bis schlecht. Nur wo die anatomischen Gewebsläsionen sehr geringfügig sind, ist eine volle Genesung möglich; das Leben kann freilich lange bestehen bleiben.

Eine Verwechselung selbst auch nur der acuten Form mit einer spinalen Paralyse ist bei der Art der Lähmung (Hemiplegie, Spasmen, erhaltene resp. gesteigerte Reflexe, geringe Atrophie, normales electrisches Verhalten, Betheiligung des Sensoriums, der Psyche, der Gehirnnerven) kaum möglich, dagegen kann die Unterscheidung von Tumor zeitweise schwierig sein, speziell bei langsam auftretender Hemiplegie.

Die Aetiologie der Krankheit ist nicht genau bekannt; die Affection befällt häufig gesunde Kinder ähnlich einer Infectionskrankheit. Beschuldigt werden noch Blutsverwandtschaft der Eltern und wohl mit mehr Recht die Lues. Eine bedeutungsvolle Rolle spielen jedenfalls Infectionen, da man im Anschluss besonders an Scharlach, Masern, weniger Diphtherie die Encephalitis sich öfters entwickeln sieht, als deren Ursache man gerade hier Thrombose einer Vene mit Extravasation in der entsprechenden Gehirnparthie gefunden hat.

Anatomische Veränderungen können vollkommen fehlen; in einer Reihe von Fällen soll es sich um eine acute oder subacute Entzündung der grauen Hirnrinde (Polioencephalitis?), um die Folgezustände einer Embolia Arter. Fossae Sylvii, einer Thrombose (Sinus), einer Hämorrhagia cerebri (Atrophie und Sklerose der Hirnsubstanz) handeln; es finden sich Sklerosen durch interstitielle entzündliche Wucherung, Narben und Cysten (Porencephalie) im Gehirn (Rinde wie Vierhügeln, Kleinhirn, Pons, Medulla oblong., Thalami optici etc.), Verkleinerung einiger Windungen oder einer ganzen Hemisphäre.

Die Therapie hat bei acutem Auftreten in der Bekämpfung der entzündlichen Cerebralsymptome einen deutlichen Angriffspunkt (Eisblase, Blutentziehung, Ableitung); bei Verdacht auf Venen- und Sinusthrombose sei das Verfahren excitirend und roborirend. Später will man durch Electricität und Massiren die hemiplegisch gelähmte Muskelthätigkeit anregen, ein Zurückbleiben im Wachsthum verhüten.

Jod (Jodkali, Jodeisen) soll auf die Entzündungsproducte resorbirend wirken.

Nöthigenfalls bekämpfe man epileptiforme Anfälle mit Brompräparaten, Chloral. hydr., Chloroform.

Contracturen sind orthopädisch zu behandeln.

Hirntumoren. Von den pathologisch-anatomisch bekannten, zahlreichen Arten von Tumoren des Gehirns kommen im Kindesalter ganz überwiegend häufig Solitärtuberkel, seltener Sarcome, Carcinome, Gliome, sehr selten nur Syphilome und Echinococcen zur Beobachtung. Die Sarcome entwickeln sich aus der Gehirnmasse selber heraus oder wachsen vom Knochen, der Augenhöhle, der Dura in die Hirnsubstanz hinein.

Das weitaus grösste Contingent liefert die Tuberculose, und zwar in dem Maasse, dass, obwohl klinisch die Natur eines Tumors sich wohl selten auch nur errathen lässt, man im Allgemeinen nicht fehl geht, wenn man in dubio immer Tuberkel annimmt. Die Erscheinungsform ist die des Solitärtuberkels, also eines oder mehrfacher erbsen- bis wallnuss-, ja selbst apfelgrosser, rundlicher oder unregelmässig höckeriger Tumoren, die aus dem Zusammenfliessen mehrerer kleiner Tuberkel entstehen und dadurch wachsen, dass sie an ihrer Peripherie immer neue miliare Tuberkel aussenden, während das Centrum verkäst oder eitrig einschmilzt; seltener findet sich im Inneren ein festeres Gewebe. Tuberkel können schon angeboren sein, treten jedenfalls oft im frühesten Kindesalter auf. Heredität, scrophulöse oder ausgesprochen tuberculöse Affectionen, auch frühere, scheinbar ganz abgeheilte, weisen auf tuberculösen Tumor hin. Wichtig ist, dass Gehirntuberkel selbst multipel auftretend, lange Zeit, seltener dauernd vollkommen latent verlaufen können.

Die Symptome, die ein Hirntumor macht, setzen sich bekanntlich aus den Allgemein- und den Heerdsymptomen zusammen. Die Allgemeinerscheinungen pflegen den Anfang zu machen und rühren von dem Reiz des Wachsthums des Tumors als eines Fremdkörpers, von Circulationsstörungen, die er zur Folge hat, her; sie entwickeln sich meist ganz schleichend und langsam; häufig ist eine Aenderung des psychischen Verhaltens der Kinder das erste, was beunruhigend auffällt; sie verlieren ihre frühere Munterkeit, ihre Spiellust; besonders wird auch bemerkt, dass sie zu ungewohnter Zeit schlafen, aus unruhigem Schlafe aufschrecken.

Bald treten noch ausgesprochenere Zeichen von Hirndruck auf, deren typischstes die Stauungspapille ist; anfallsweise oder zunehmende Amblyopie bis zur Amaurose weisen auf eine Störung im Bereich des Opticus, Pupillendifferenz, schlechte Reaction auf Lichteinfall auf eine solche des Oculomotorius hin. Die Mitbetheiligung der sensibelen Nerven kennzeichnet am deutlichsten und meist am frühesten der Kopfschmerz, der bei jugendlichen Kindern immer ein sehr alarmirendes Symptom ist; er kann beständig andauern oder intermittirend und remittirend auftreten, sich auf den ganzen Kopf oder auch nur auf die Gegend des Tumors erstrecken; auch auf Percussion kann letztere empfindlich erscheinen. Zu den sensibelen Allgemeinstörungen zählen auch der Schwindel und die Ataxie, die oft sehr ausgesprochen sind. Die motorischen Nerven betheiligen sich öfters durch Lähmungen oder Krämpfe, halbseitige oder doppelseitige, oder solche in einzelnen Gliedern. Fieberbewegungen sind selten, Pulsverlangsamung, Erbrechen, Obstipation fast die Regel.

In anderen Fällen kann ein epileptiformer Anfall, ein apoplectiformer Insult, eine tiefe Ohnmacht (die Folgen einer plötzlichen Blutstauung oder einer Blutung innerhalb des Tumors), eine allmählich entstehende, halbseitige Parese, oft mit Contraction, mit Tremor verbunden, kann Strabismus, Aphasie, ein ganz lokalisirter Krampf zu allererst das Cerebralleiden offenbaren.

Meist aber geschieht es, dass erst, nachdem sich ganz allmählich von unscheinbaren Anfängen bis zu dem vollen Krankheitsbilde solche Allgemeinsymptome entwickelt haben, unter denen localisirter Kopfschmerz und die Stauungspapille den grössten diagnostischen Werth besitzen, bestimmte sog. Heerdsymptome mehr weniger deutlich auch auf den Sitz der Krankheit hinweisen. Welcher Art diese Heerdsymptome sind, hängt natürlich ganz von der Art, der Ausdehnung und der Localisation des Tumors ab; er kann sehr marcante Heerdsymptome bieten, aber auch solche vollkommen vermissen lassen, sei es nun, dass die Allgemeinsymptome das Krankheitsbild ganz beherrschen, Zeichen von Entzündung dasselbe verwischen, sei es, dass die Geschwulst nur verdrängend, nicht zerstörend, Centren und Leitungsbahnen vernichtend wirkt, oder, was nicht selten ist, überhaupt gar keine örtlichen Wirkungen hervorruft.

Ueber die Erscheinungen, welche ein Tumor bei bestimmtem Sitze macht, wäre kurz Folgendes zu bemerken:

Tumoren der Schädeldecke, der Hirnrinde an der Convexität verursachen meist heftige, örtliche, begrenzte Schmerzen, Jacksonsche Rindenepilepsie, Monocontracturen, monoplegische Lähmungen, Aphasie, die sich schubweise, entsprechend der Localisation der Rindencentren, folgen können.

Tumoren des Kleinhirns sind oft von Hinterhauptschmerz, Schwindel und taumelndem Gang begleitet. Besonders hervorstechend und schwer sind die Coordinationsstörungen (Gang wie der eines Betrunkenen). Drückt der Tumor, wie häufig, wenn er im Mittelwurm oder zwischen diesem und dem Tentorium Cerebelli gelegen ist, auf die Vena magna Galeni oder deren Hauptäste, so kommt es zu serösen Ergüssen in die Ventrikel, die das Bild eines Hydrocephalus chron. hervorrufen, sowie zu anfallsweiser Erblindung, zu Stauungspapille und Sehnervenatrophie führen; dazu kommen unter Umständen Lähmungen der hinteren Hirnnerven (V—XII).

Auf einen Heerd im Pons weisen in der Regel typische, wenn auch oft sehr mannigfache Symptome hin (grobe diagnostische Täuschungen kommen vor). Liegt der Tumor rein halbseitig, stört er die Function der motorischen Bahnen nach abwärts, so ist die Folge eine Parese oder Paralyse der Rumpf- und Extremitätenmuskeln sowie des Facialis der entgegengesetzten Seite, genau ebenso wie bei weiter oben im Grosshirn, speziell im Streifenhügel gelegenem Heerd; dagegen ist für Pons-Erkrankung ganz characteristisch die sog. alternirende Lähmung, bei der die Extremitäten und eventuell auch die Zunge der gegenüberliegenden, dagegen der Facialis in allen seinen Aesten auf derselben Seite gelähmt sind.

Bei dem häufigsten Sitz in der inneren Kapsel treten contralaterale Hemiplegie, auch Facialis- und Hypoglossuslähmung auf; der Facialis ist meist nur in seinen Mund- und Wangenästen betroffen; die Hypoglossuslähmung lässt die Zunge nach der erkrankten Seite abweichen. — Die halbseitig gelähmten Glieder pflegen nach längerer Dauer contracturirt zu werden, zeigen viel seltener choreatische oder athetotische Bewegungen. Sensibele Störungen (Hemianästhesie) sind selten nachweisbar, die Hautreflexe der gelähmten Seite herabgesetzt oder erloschen, der Patellarreflex erhöht.

Zu einer genauen Localisirung gelangt man desshalb selten, weil das gleichzeitige Bestehen mehrfacher Tumoren (speziell Tuberkel) eindeutige Heerdsymptome nicht aufkommen lässt, andererseits grosse Tumoren, die in wichtigen Theilen des Gehirns sitzend, eigentlich Heerdsymptome machen müssten, solche manchmal völlig vermissen lassen; endlich ist eine einigermaassen sichere Localisirung nur dann angängig, wenn die Heerdsymptome zweifellos sind, wenn sie nicht durch stärkere Allgemeinsymptome, durch den Eintritt entzündlicher Processe, wie sie im Gefolge von Tumoren und besonders Tuberkeln nicht allzuselten sind, verändert und überwuchert werden.

Die Differentialdiagnose hat Embolie, Encephalitis und Meningitis, Hämorrhagia cerebri auszuschliessen und ist manchmal recht schwierig.

Die Prognose ist natürlich fast immer ungünstig; die Therapie wird nur bei syphilitischen Tumoren Erfolge erzielen können. In dubio kann man bei jedem Tumor einen Versuch mit einer energischen Inunctionscur machen und gleichzeitig Jodkali in grösseren Gaben reichen, das selbst gegen Tuberkel als wirksam empfohlen wurde; gegen Sarcom versuche man es mit Arsenik. Den Chirurgen wird man nur in den seltensten Fällen durch den genauen Nachweis des Sitzes eines zugänglichen Tumors zu einem Eingriff ermuthigen können.

Meningitis spinalis. Isolirte Pachymeningitis wird kaum beobachtet (Pachymeningit. hypertrophica). Leptomeningitis kommt als Theilerscheinung der Meningitis cerebro-spinalis, als Folgezustand bei Trauma und Caries, Tumor der Wirbelsäule vor. Ihre schwierige Diagnose ist gegeben durch heftige Schmerzen in allen Gliedern, in der Wirbelsäule, active Rückenlage, Vermeidung von Bewegungen des Rückens, Opisthotonus, Störungen der Sensibilität in Form von Parästhesien, Hyperästhesie, durch Steigerung der Reflexe, Fieber; im weiteren Verlauf kommt es zu sensibeler und motorischer Lähmung, hohem Fieber, Cheyne-Stokes'scher Athmung, Incontinentia alvi, Convulsionen, Collaps, Tod. Complicationen sind Decubitus, Pneumonie.

Der Verlauf ist acut oder subacut und selbst chronisch; dabei wechseln acute Exacerbationen mit Remissionen, sogar Intermissionen.

Der Ausgang ist gewöhnlich der in Tod, vollkommene Heilung ist selten.

Die Prognose richtet sich nach Ursprung, Sitz (Medulla) und Character der Entzündung, ist noch am besten bei traumatischer Meningitis.

Die Behandlung besteht in Kälteapplication auf die Wirbelsäule, Ruhiglagerung, eventuell auf Kühlmatrazze, Verhütung von Decubitus; innerlich Calomel, Chloral, Morphium.

Die **Myelitis** entsteht ausschliesslich als Compressionsmyelitis bei Fractur, Tumor und besonders bei Caries der Wirbelsäule. Ihre Symptome treten entsprechend acut oder schleichend auf und sind: Spontane und Druckschmerzhaftigkeit der erkrankten Wirbelparthie, Unfähigkeit zu aufrechter Haltung und besonders zur Beugung, zunehmende Parese und Paralyse der unterhalb belegenen Muskeln, Tremor, Zuckungen, später Contractur in den gelähmten Gliedern, Blasen- und Mastdarmlähmung, Steigerung der Reflexe, bei weiterem Fortschreiten epileptische Krämpfe, Decubitus. Complicationen treten ein in Gestalt von Pneumonie, Senkungsabscess (Amyloid), Cystitis. Die Prognose ist zweifelhaft. Die Behandlung richtet sich gegen das Grundleiden und sucht Druck sowie Uebergreifen des Entzündungsprocesses auf das Rückenmark zu verhüten.

Poliomyelitis (infantile, essentielle Kinderlähmung) ist eine der häufigsten und folgenschwersten Nervenkrankheiten des Kindesalters. Sie befällt vorwiegend Kinder über 1 und unter 4 Jahren und zwar etwas häufiger das männliche Geschlecht. Ueber disponirende Momente wissen wir nichts Bestimmtes; die Krankheit macht vielmehr in der Mehrzahl der Fälle den Eindruck einer acuten Infectionskrankheit, obwohl von einer Uebertragung nichts bekannt ist, epidemische Ausbreitung nur ganz vereinzelt beschrieben wurde. Sie befällt ihre Opfer meist in voller Gesundheit, auffallend oft gerade gut entwickelte, blühende Kinder. Sie beginnt überwiegend häufig ganz acut. Ohne deutliche, wenigstens ohne typische Prodrome erkranken die Kinder über Nacht mit hohem Fieber und Erscheinungen, die meist eine ernste Betheiligung des Nervensystems erkennen lassen: Kopfschmerz, Aufregung, Unruhe, Delirien, Schlaflosigkeit oder Somnolenz, Apathie, Sopor, daneben häufig Erbrechen, hie und da auch eclamptische Convulsionenen. Ohne dass die Untersuchung eine Organerkrankung nachzuweisen vermöchte, gehen unter Fieber und den genannten Allgemeinerscheinungen, sowie Anorexie, Dyspepsie einige Tage dahin; und jetzt, nachdem das unregelmässige Fieber nachgelassen, das Kind scheinbar von einer unerkannten Krankheit zu genesen beginnt, stellt sich heraus, dass ein oder mehrere Extremitäten gelähmt sind. Die Lähmung ist und bleibt eine schlaffe, sie ist mehr weniger vollständig und beweist neben den angegebenen Zeichen ihren spinalen Ursprung dadurch, dass sie ausnahmsweise nur hemiplegisch, meist gekreuzt oder para-, auch monoplegisch ist oder gar alle vier Extremitäten betrifft; die Reflexe sind erloschen, die Sensibilität ist selten gestört.

Damit hat der Krankheitsprocess in der Regel seinen Höhepunkt erreicht: nach kurzer Zeit findet sich in dem einen oder anderen betroffenen Gliede wieder Motilität anfangs gelähmter Muskelgruppen; ja die Beweglichkeit der ganzen Extremität stellt sich wieder ein. Die Lähmung hat also so gut wie nie progressiven Character, geht vielmehr fast immer theilweise spontan zurück. Andererseits stellen sich an den gelähmt bleibenden Gliedern die Symptome einer schweren Ernährungsstörung ein, wie sie nur Folge der Verletzung, Zerstörung des trophischen Centrums sein kann; die paralysirten Muskeln magern rapide, oft binnen Tagen, gewöhnlich Wochen ab; die Glieder werden kalt und cyanotisch; die faradische Erregbarkeit der Muskulatur nimmt in eben dem Maasse bis zum Verschwinden ab mit der auffallenden Erscheinung, dass mitten unter paralysirten Muskeln einzelne normal in Ernährungszustand und faradischer Erregbarbleiben. So finden sich häufig Deltoides und Oberarmmuskulatur paralytisch, die des Vorderarms und der Hand nicht, die Muskeln des Peroneusgebiets und der Musc. quadric. femor. gelähmt, die anderen Muskeln der Unterextremität frei. Die faradisch nicht mehr erregbaren Muskeln zeigen bald Entartungsreaction. Weitere, meist unausbleibliche Folgen sind Contracturen der gelähmten Glieder (theils durch mechanische Schwerewirkung, theils durch das Ueberwiegen nicht gelähmter Antagonisten) und zwar hauptsächlich an der Unterextremität (Pes equino-varus und -valgus, Pes calcaneus), sowie Verbildungen an den Gelenkenden, Schlottergelenke, hie und da Zurückbleiben der gelähmten Glieder im gesammten Wachsthum.

Mastdarm und Blase bleiben fast ausnahmslos frei.

Das Sensorium und die Psyche zeigen sich im weiteren Verlauf ebenso unbetheiligt wie die Gehirnnerven. Sehr selten lässt eine Lähmung im Gebiete des Facialis, Abducens, Oculormotorius auf eine Combination von spinalen mit encephalitischen Heerden schliessen.

Viel seltener entwickelt sich die spinale Lähmung mehr subacut unter geringerem Fieber, mässigem Ergriffensein des Körpers, sehr selten ausgesprochen chronisch.

Die klinischen Erscheinungen entsprechen genau den pathologisch-anatomischen Veränderungen, multiplen, disseminirten Heerden in den grauen Vorderhörnern des Rückenmarkes, besonders an der Cervical- und Lumbalanschwellung, die ihre Entstehung entweder Unterbrechungen des Blutkreislaufes oder einer echten Entzündung verdanken und in Degeneration der Nervenelemente enden (Schwund der multipolaren Ganglienzellen, Anhäufung von Körnchenzellen), und denen sich Atrophie der Vorderseitenstränge, der vorderen Wurzeln, der peripheren Nerven bis in die Muskelverzweigungen, endlich Schwund, theilweise Verfettung der Muskelzellen anschliessen.

Die Prognose ist nur auf der Höhe der Krankheit, d. h. nur in dem Sinne günstig, als erfahrungsgemäss die Lähmungen meist theilweise zurückgehen. Dagegen pflegen die restirenden Paralysen um so hartnäckiger, meist irreparabel zu sein. Nur einer frühzeitigen Behandlung gelingt es, die Vorhersage etwas zu verbessern.

Die Behandlung ist im ersten Stadium symptomatisch: Eisblase auf den Kopf, laue Bäder suchen die cerebralen Reizerscheinungen zu mildern, Eisblasen, Kühlröhren auf das Rückgrat, blutige Schröpfköpfe, Calomel die Entzündung im Rückenmark zu bekämpfen und abzuleiten; daneben Fieberdiät, Narcotica bei epileptiformen Krämpfen. Sobald die Lähmungen in die Erscheinung getreten sind, kann man durch vorsichtige Application der galvanischen Anoden auf die Rückenmarksheerde resorbirend, umstimmend einzuwirken suchen; vor Allem aber trachtet man durch galvanische Anodeubehandlung und Massage der gelähmten Muskeln der Atrophie derselben vorzubeugen. In späteren Stadien kann man daneben auch die noch reagirenden Muskeln durch faradische Ströme energisch reizen. Regelmässige orthopädische Uebungen beugen der Entstehung von Contracturen vor. Roborirende Diät, Sool-, Fichtennadelbäder sind altempfohlene Unterstützungsmittel.

Was eine einjährige, consequente, speziell electrische Behandlung nicht besserte, ist meist verloren.

Ausgebildete paralytische Contracturen fallen dem orthopädischen Chirurgen zu.

Die **Eclampsie** ist der Krampf κατ' ἐξοχὴν des Kindesalters. Er unterscheidet sich in seinen Erscheinungen in keiner Weise von einem echten epileptischen Anfall; hier wie dort sehen wir, hie und da nach einer Art von Aura, unter Verlust des Bewusstseins (weite reactionslose Pupillen, Erlöschen der Sensibilität, psychische Taubheit, keine Erinnerung) die Körpermuskulatur in ihrer Gesammtheit oder einzelne Extremitäten oder nur gewisse Muskelgruppen von tonischen und clonischen Zuckungen befallen. Dabei kommt es in der Regel rasch zu Störungen der Circulation; nach einem anfänglichen oder vorausgegangenen Erblassen des Gesichts stellt sich rasch eine tiefrothe bis cyanotisch-blaue Färbung desselben ein. Die Athmung wird unregelmässig, krampfhaft-zuckend, stöhnend, aussetzend. Nachdem der Anfall seinen Höhepunkt überschritten, hören die Contractionen allmählich auf, vereinzelt folgt noch eine Zuckung, die Stauung lässt nach, die Athmung wird ruhiger, regelmässig, die gespannte Muskulatur weich, schlaff; es tritt unter Schweissausbruch völlige Ruhe, selbst tiefer, soporöser Schlaf ein; erwacht das Kind, so hat es keine Ahnung von dem, was mit ihm vorgegangen, zeigt sich wohl auch erstaunt über die Umgebung, die Situation; fast immer ist es müde, sogar erschöpft und verfällt bald wieder in Schlaf. Während des Anfalles können Urin und Stuhl unwillkürlich abgehen.

Von den einzelnen Krampferscheinungen wären noch namhaft zu machen: starrer Blick, Schielen, Rollen der Bulbi, Zuckungen im Facialisgebiet, Krämpfe der Kaumuskulatur (Trismus, auch Kaubewegung, Knirschen mit den Zähnen), Zungenbewegungen, wobei Schaum vor die Lippen tritt, Verletzungen der Mundschleimhaut und Zunge erfolgen können, Opisthotonus oder clonische Krämpfe in Nacken-, Rücken- und Schultermuskeln; Convulsionen der Extremitäten oder tetanische Starre derselben; die Hände sind meist geballt, die Daumen eingeschlagen.

Neben diesem schweren Anfall sieht man ein anderes Mal nur halbseitige, auch monoplegische Krämpfe, oder der Anfall beginnt mit Zuckungen im Gesicht und greift successive auf Arme, Rumpf, Beine über.

Die Dauer des Anfalls kann wenige Secunden bis Minuten, ja mit Remissionen, vorübergehenden Intermissionen Stunden und selbst Tage betragen.

Gewöhnlich bleibt es nicht bei einem isolirten Anfall, sondern es folgen einander mehrere von verschiedener Stärke und Dauer.

Der Veranlassungen zu dem Ausbruche eines oder gehäufter eclamptischer Anfälle giebt es viele. Wenn der Krampf Ausdruck einer centralen Neurose ist, so reden wir nicht mehr von Eclampsie, sondern von echter Epilepsie. Ebensowenig gehören die Krämpfe, welche Folge einer materiellen Gehirnerkrankung (Tumor, Meningitis, Encephalitis), eines Schädeltraumas sind, zu der Eclampsie im engeren Sinn. Der sog. eclamptische Krampf ist stets Symptom; seine Voraussetzung sind Veränderungen im Centralnervensystem, die nicht in anatomischen Läsionen, sondern in vorübergehenden Circulations- und Ernährungsstörungen, in toxischen Reizungen, reflectorischer Erregung bestehen. Unter den Circulationsstörungen ist schon die Anaemia cerebri zu nennen, die, wenn sie auch in praxi die geringste Rolle spielen dürfte, am ehesten noch nach starken Blutverlusten, nach schwächenden Krankheiten durch Inanition auftritt. Ebenso wirkt umgekehrt Stauung, venöse Hyperämie bei Erschwerung der Respiration (Spasmus glottidis, Tussis convulsiva, Croup und dergl.). Ob active Hirnhyperämie allein für sich im Stande ist, Eclampsie zu erzeugen, ist fraglich; die Gelegenheiten, bei denen sie diese Wirkung haben sollte (Fieber), lassen vielmehr die bessere Deutung zu, dass der krampfauslösende Effect auf Toxine zurückzuführen sei. Unter diese das Gehirn direct treffenden und die motorischen Rindencentren erregenden Stoffe fallen alle die toxischen Substanzen, die wir als Stoffwechselproducte der septischen und spezifischen Mikroorganismen kennen gelernt haben oder bei den bacteriologisch noch nicht genauer gekannten Infectionskrankheiten annehmen müssen; ferner Toxalbumine und Ptomaine, die bei abnormen chemischen und microparasitären Umsetzungen im Verdauungskanal entstehen und resorbirt werden können. So erklären wir uns den eclamptischen Anfall, mit dem sich manche Infectionskrankheiten, speziell Scharlach, auch Angina tonsillaris, Dyspepsieen einleiten, der im Verlaufe aller hochfieberhaften Affectionen auftreten kann. Diesen Giften ähnlich wirken auch der Alcohol, Opiate, Belladonna und dergl. in toxischer Dose, endlich die bei Urämie im Blute kreisenden Körper. Schliesslich kann auf rein reflectorischem Wege Eclampsie ausgelöst werden durch heftige Reize, welche periphere Nerven treffen; so nimmt man an, dass die heftigen Schmerzen bei einer Darmkolik, bei der Zahnung, starke Ueberladung des Magens, Verbrennungen, der Reiz von Würmern, Nieren-, Blasensteinen, Einklemmungen von Eingeweiden, endlich Schreck, heftige psychische Erregung einen Krampfanfall zur Folge haben können.

Neben den angeführten ätiologischen Factoren ist aber noch die Prädisposition des kindlichen Organismus zu Krämpfen überhaupt von grösster Bedeutung; nicht bloss ist die Erregbarkeit der peripheren Nerven höher, sondern die Entwickelung der Hemmungscentren ist speziell in der ersten Lebensperiode so weit zurück, dass schon ein Reiz schwächerer Art zur Entfaltung eines krampferregenden Einflusses gelangen kann. Nur dieser Umstand macht es verständlich, warum wir bei den verschiedensten Erkrankungen des Kindes Eclampsie auftreten sehen, die mit zunehmendem Alter immer seltener wird; jenseits der Pubertät scheint diese Disposition vollkommen verschwunden.

Abgesehen von dieser sämmtlichen Kindern der jüngsten und jüngeren Altersstufen zukommenden specifischen Neigung zu eclamptischen Krämpfen, ist es die in diesen Lebensperioden so verbreitete Rachitis, welche jene verhängnissvolle Disposition noch verstärkt (s. d.).

So einfach die Diagnose der Eclampsie an sich ist, so schwierig wird es oft, eine echte functionelle Krampfform von den symptomatischen Krämpfen zu sondern, sodann die im speziellen Falle zu Grunde liegende Ursache des Anfalls herauszufinden. Die Unterscheidung von der Epilepsie ergiebt sich im weiteren Verlauf. Bei organischer Gehirnaffection localisiren sich häufig die Krämpfe in auffallender Weise (z. B. halbseitig), auch pflegen anderweitige cerebrale Allgemein- und Heerdsymptome nicht auf sich warten zu lassen.

Die Prognose der Eclampsie ist einmal abhängig von der Gelegenheitsursache, der Basis, welche dieselbe in der Constitution, in Allgemeinerkrankungen des Kindes hat, sodann von der Häufigkeit und der Schwere der Anfälle. Da in einem Anfall sofort durch Asphyxie, Herzlähmung der Tod erfolgen oder durch hochgradige Stauung in allerdings seltenen Fällen eine Blutung innerhalb der Schädelkapsel und ein rasches Lungenödem die Folge sein kann, so ist die Vorhersage stets vorsichtig zu stellen. Alle Complicationen, besonders mit Herzfehler, Herzschwäche, Krankheiten der Athmungsorgane sind verhängnissvoll. Ebenso wird die Prognose durch das Bestehen hochgradiger Rachitis sehr getrübt.

Die Behandlung scheidet sich in die des augenblicklichen Anfalls und die der gegebenen Ursachen desselben.

Der einzelne Anfall gibt nur bei längerer Dauer oder wiederholtem Auftreten, das Verhaltungsmaassregeln für Eltern und Pfleger erheischt, Anlass zu therapeutischen Eingriffen. Im grossen Ganzen wird man zunächst nichts thun, als das in Krämpfen liegende Kind auf ein Bett lagern und vor Verletzungen während der Zuckungen schützen; daneben wird man sein Augenmerk auf die Respiration richten, darauf achten, dass nicht durch Rückwärtslagern der Zunge, durch Aspiration von Speisen, bei deren Aufnahme das Kind vielleicht von dem Krampfe überrascht wurde, Asphyxie eintritt. Sehr hochgradigen Blutandrang zum Gehirn kann man durch Eiscompressen, Eisblase, endlich Compression der Carotiden zu mässigen trachten.

Dauert der eclamptische Anfall sehr lange oder nimmt er gefahrdrohende Gestalt an, so greift man zu der am raschesten wirkenden Chloroform- oder Aethernarcose; Morphiuminjectionen muss man möglichst vermeiden; Chloralhydrat, eventuell mit Bromsalzen combinirt, das während des Anfalls nicht per os genommen werden kann, wäre im Clysma zu versuchen; bei der bestehenden Bewusstlosigkeit muss freilich durch Verschliessen der Analöffnung einer unwillkürlichen Entleerung der Lösung vorgebeugt werden. Hält ein Anfall lange an, und stehen Rückfälle zu befürchten, so wird man stets zu dem Chloralhydrat greifen.

Nach Beendigung des Anfalls hat, soweit dies möglich, eine ätiologische Behandlung Platz zu greifen. Man würde also bei Magenüberladung, Dyspepsie, Kolik ein Brechmittel verordnen, eine Magenausspülung vornehmen, Oleum Ricini, Calomel geben, Eiscompressen auf das Abdomen, Clystiere machen. Bei hohem Fieber erweist die Wärmeentziehung (Eisblase, laues Bad, Einpackungen), wie weit die hohe Temperatur als solche an der Erzeugung der Eclampsie betheiligt ist.

Bei Rachitis ist eine entsprechende Allgemeinbehandlung einzuleiten, die Erregbarkeit der motorischen Centren durch längeren Gebrauch von Brompräparaten mit Chloral zusammen abzustumpfen und Rückfällen vorzubeugen.

In jedem Fall von Eclampsie ist ein im Ganzen beruhigendes Verfahren, Vermeidung von Alcohol, Thee, Kaffee, Aufregungen etc. am Platz.

Die **Epilepsie** beansprucht insofern das Interesse des Kinderarztes, als sie einmal, wenn auch selten, angeboren vorkommt, sodann vielfach schon in früher Kindheit ihre ersten Anfänge nimmt und einer Behandlung ebenso bedürftig wie zugänglich ist. Ihre Aetiologie ist die bekannte; die grösste Rolle spielt die Heredität (Epilepsie resp. psychopathische Constitution, daneben Alkoholismus der Eltern), sodann Schädel- und Nervenverletzungen. Ausgangspunkt sind wohl die motorischen Rindencentren. Der pathologisch-anatomische Befund ist bekanntlich sehr mannigfaltig. Den Anfällen geht auch bei Kindern häufig eine typische Aura voraus. Der Anfall selbst erfolgt genau wie beim Erwachsenen; im ersten Entstehen zeigen sich die Krämpfe manchmal in ganz milder, in- und extensiv beschränkter Form, um mit der Zeit erst ihren echten, furchtbaren Character anzunehmen.

Diagnostisch hat man Eclampsie auszuschliessen (s. d.); sodann muss unterschieden werden, ob es sich um idiopathische oder symptomatische Epilepsie (bei Tumor, Encephalitis) handelt; Hysterie wird sich nicht immer sofort ausschliessen lassen, speziell nicht bei leichten, ganz rasch vorübergehenden Anfällen epileptiformer Krämpfe und Fehlen typischer, anderweitiger hysterischer Symptome.

Die Prognose ist zweifelhaft bis schlecht, da volle und dauernde Heilungen sehr selten, Recidive scheinbar geheilter Erkrankungen die Regel sind. Bei schweren Fällen leidet stets die Intelligenz, auch die körperliche Entwickelung. Der Ausgang in Idiotie, epileptisches Irresein, Marasmus, Tod durch Tuberculose, Encephalorrhagie ist gewöhnlich.

Die Behandlung sei die bewährte Bromtherapie; sie giebt in manchen Fällen bei consequenter Anwendung grosser Dosen (am besten Bromwasser) gute Erfolge; daneben sorge man für entsprechendes Regime, ruhiges Leben ohne jede körperliche und geistige Anstrengung, Abhalten von gemüthlichen Erregungen, ganz reizlose und alcoholfreie Kost; bei Häufung der Anfälle bleibt nur die Ueberweisung in eine Anstalt übrig. Selten wird man in einem Residuum von Schädeltrauma, Verletzung peripherer Nerven, Neuritis u. dgl. einen präciseren Anhaltspunkt für eine causale Therapie finden.

Die **Tetanie (idiopathische Contracturen Henoch's)** ist eine der selteneren Krampfformen des Kindesalters, die mangels einer nachgewiesenen und auch unwahrscheinlichen anatomischen Grundlage zu den Neurosen zu zählen ist. Bekanntlich stellt das jugendliche und besonders das frühe Kindesalter das Hauptcontingent aller Tetaniefälle; das Leiden befällt überwiegend häufig Individuen der unteren Stände und öfters Knaben als Mädchen.

Die Aetiologie der Tetanie ist nicht ganz klargestellt, jedenfalls nicht einheitlich. Eine neuropathische Familienbelastung lässt sich nur ausnahmsweise auffinden. Sicher ist, dass Tetanie während und nach Infectionskrankheiten (besonders beim Typhus, seltener bei Cholera, Gelenkrheumatismus, Masern und Pneumonie), sowie auch bei Nephritis auftreten kann; sodann scheinen Verdauungsstörungen, speziell Diarrhoeen gerade bei Kindern einen ätiologischen Factor abzugeben, vielleicht auch Erkältungen. Da förmliche Epidemieen von Tetanie beobachtet werden, namentlich in der kalten Jahreszeit, so muss man wohl auch an derzeit unbekannte epidemische Einflüsse denken. Feststehend und für die Genese aller kindlichen Krampfformen von grossem Interesse ist die Thatsache, dass rachitische Veränderungen bei den befallenen Kindern nur ausnahmsweise vermisst werden, sehr oft Stimmritzen- und allgemeine eclamptische Krämpfe sich mit den tetanischen compliciren, ihnen folgen oder vorausgegangen sind; so wird durch alle neuesten Beobachtungen und Untersuchungen die Auffassung Henochs bestätigt, wonach die von ihm als idiopathische Contracturen bezeichneten Spasmen eine Art von Abortivform der Eclampsie sind. Zeichen von Anämie, Dystrophie finden wir neben denen der Rachitis bei tetanischen Kindern häufig. Ob Eingeweidewürmer, die Dentition, Nierenkolik und dergl. eine Reflex auslösende Wirkung üben, ist für den einzelnen Fall noch zu erweisen.

Characterisirt ist die Tetanie durch eine typische Form von Muskelspasmen, die, auf bestimmte Muskelgruppen beschränkt, in den Extremitäten beginnen und ausnahmslos symmetrisch auftreten.

Ohne nachweisbare Prodrome, nach höchstens allgemeinen Schmerzäusserungen setzt fast immer plötzlich und zwar bei ganz freiem Sensorium ein tetanischer Krampf an den Extremitäten, gewöhnlich erst den Händen, dann auch den Füssen ein; es kommt dabei zu ganz eigenartigen Contracturen und zwar in der Gestalt, dass die Finger und Hände in der Hauptsache in Folge von Spasmus der Interossei eine Schreibhaltung, dass die Füsse die Stellung des Pes equino-varus annehmen. Dabei pflegt das Hand- und Fussgelenk leicht flectirt zu sein, ebenso das Ellbogengelenk; die Zehen sind ebenfalls gebeugt, das Kniegelenk gestreckt, der Oberschenkel und meist auch der Oberarm leicht adducirt. Die Schultermuskulatur bleibt gewöhnlich frei; in schweren Fällen betheiligen sich auch Rumpf und Kopf. Der Beginn ist, wie gesagt, fast immer anfallsweise; der Krampf ist bei kleinen Kindern in der Regel länger, viele Stunden, bis zu Tagen und Wochen andauernd, öfters aber auch intermittirend; letzteres ist häufiger bei älteren Kindern der Fall. Bei intermittirender Tetanie sind die Anfälle wechselnd von kürzerer oder längerer Dauer, um binnen Tagen, Wochen, spätestens einigen Monaten ganz und spurlos zu schwinden. Die anhaltende Form der Tetanie dauert selten so lange, höchstens wenige Wochen. Dass der Krampf öfters mit Schmerzen verbunden ist, lässt sich aus dem hie und da unablässigen Schreien der Kinder folgern. Circulationsstörungen in den contracturirten Theilen als Cyanose, Kühle, Oedeme verstehen sich bei etwas längerer Dauer von selbst. Das Allgemeinbefinden wird durch die Tetanie als solche wohl nicht alterirt. In den krampffreien Pausen relativen Wohlbefindens lässt sich öfters gesteigerte Erregbarkeit von Nerven und Muskeln nachweisen; bei Schlag auf den Muskel und Nerven, besonders ausgesprochen am Facialis, erfolgt eine deutliche Zuckung; Compression einer Arterie, Druck auf einen Nerven kann nach wenigen Minuten einen Spasmusanfall der entsprechenden Muskeln auslösen. Ebenso ist die electrische Erregbarkeit für beide Ströme gesteigert, die Zuckung dabei verändert. Doch werden alle diese Erscheinungen gesteigerter Erregbarkeit zuweilen vermisst; sie sollen bei Kindern fast stets im Gesicht, nicht aber an den Extremitäten hervorgerufen werden können.

Die Tetanie neigt zu Rückfällen.

Trotzdem ist ihre Prognose im Allgemeinen gut. Die Behandlung richtet sich gegen bestehende Anämie, Dystrophie, gegen dyspeptische Erkrankungen und vor allem gegen die fast immer vorhandene Rachitis. Gegen den Anfall erweist sich, wie beim Erwachsenen, Bromkali in grossen Dosen, sodann Chloralhydrat, im Nothfall Morphium wirksam; Phosphor scheint einen fast spezifischen Einfluss auf die Krämpfe zu üben.

Daneben sind meist Tonica (Ferrum etc.) am Platz.

Die **Chorea minor** ist die häufigste Neurose des späteren Kindesalters; als Neurose ist dieselbe zu betrachten, da einheitliche und typische anatomische Veränderungen vermisst werden, wie denn auch bei der folgenfreien Abheilung der allermeisten Fälle, der Labilität der Symptome materielle Gewebsalterationen nicht wahrscheinlich sein können.

Das Krankheitsbild ist in der Hauptsache gegeben durch die als choreatisch bekannten, unwillkürlichen und ungeordneten Bewegungen der dem Willen unterworfenen Muskulatur. Nachdem nur selten Abgeschlagenheit, krankhaft gereizte oder deprimirte Stimmung auf eine entstehende Krankheit hingewiesen, treten meist ziemlich plötzlich diese Muskelzuckungen auf. Dieselben unterscheiden sich zwar von den coordinirten Muskelactionen sehr deutlich, besonders auch noch dadurch, dass sie die gewollten Muskelbewegungen unregelmässig und fehlerhaft machen, ihre ruhige Ausführung verhindern, indem ihnen plötzlich und stossweise ein Uebermaass von Kraft, eine von der gewollten abweichende Richtung gegeben wird; dennoch werden diese choreatischen Bewegungen leider in ihrem Entstehen recht häufig selbst von Lehrern als Ausfluss einer Ungezogenheit angesehen und womöglich bestraft. Beobachtet man das erkrankte Kind, so findet man besonders bei etwas älteren, dass sie die abnormen Zuckungen im Anfang der Beobachtung zu beherrschen vermögen. Bald aber bemerkt man, dass der Patient halb- oder beiderseitig plötzlich ruckweise, schleudernde, zappelnde oder zuckende Bewegungen mit seinen Extremitäten macht, dass die mimische Gesichtsmuskulatur unwillkürlich bald da, bald dort arbeitet, vom Zwinkern mit den Augenlidern, Zucken eines Mundwinkels bis zum ausgebildeten Grimassenschneiden. Aufgefordert, sich ganz ruhig zu verhalten, vermag dies das Kind nur kurze Zeit; ja häufig sieht man bei angestrengterem Bemühen, die Bewegungen zu unterdrücken, dieselben im Gegentheil an Stärke und Umfang zunehmen. Ebenso pflegt jede seelische Erregung stärkerer Art, die Choreazuckungen zu verschlimmern. Sehr deutlich tritt auch die Störung der Muskelinnervation zu Tage, wenn man feinere coordinirte Actionen auszuführen befiehlt; beim Stossen mit der Spitze des ausgestreckten Zeigefingers nach einem bestimmten Punkte schiesst der Finger meist weit am Ziel vorbei und beschreibt statt einer geraden Linie Zickzack- oder Wellenbewegungen in der Luft; das Ergreifen einer Nadel, das Aufheben derselben vom Boden, das Zuknöpfen eines kleinen Knopfes ist meist ganz unmöglich, mindestens durch starke, nicht gewollte Ruck- und Bogenbewegungen gestört; ebenso vermögen die Kinder mit den Essgeräthen den Mund schlecht zu finden, verschütten aus Löffel und Glas die Getränke, lassen sie aus dem Munde wieder ausfliessen, lassen Messer und Gabel fallen, ja schleudern erfasste Gegenstände oft plötzlich und heftig auf den Boden. Auch die Sprache erscheint alterirt, indem die Lautbildung durch Lippen- und fibrilläre Zungenzuckungen gestört wird.

In ausgesprochenem Gegensatz dazu hören alle Bewegungen im tiefen Schlafe fast ausnahmslos vollkommen auf.

Die choreatischen Zuckungen können von ganz verschiedener Stärke sein; hie und da treten sie bei gewissen complicirten Bewegungen nur in schwachem Maasse auf, so dass sie der oberflächlichen Beobachtung entgehen; in den schlimmsten Fällen kommt beinahe die ganze willkürliche Muskulatur, kommen selbst die Augenmuskeln kaum eine Sekunde zur Ruhe, der Körper, die Extremitäten werden fortwährend geschleudert, erschüttert, dermaassen, dass das Stehen und Gehen unmöglich, der Patient selbst im Bett umher-, ja aus demselben herausgeworfen wird. Diese Zuckungen können dann Tag und Nacht, Tage- bis Wochenlang in derselben Heftigkeit andauern, das Kind aufs Aeusserste erschöpfend.

Oefters treten die choreatischen Bewegungen ganz streng oder wenigstens vorwiegend halbseitig auf, ohne die ominöse Bedeutung der Halbseitigkeit zu haben, wie sie für andere Krampfformen bekannt ist.

Im Allgemeinen wechseln Heftigkeit und Ausdehnung der Zuckungen am selben Tage und in verschiedenen Krankheitsperioden.

Daneben fällt meist eine gewisse Alteration der Psyche auf. Fast stets ist das Kind ungemein launisch und vorherrschend deprimirt; jedenfalls kommen jähe Stimmungswechsel vor, und besonders die Thränen pflegen locker zu sitzen. Zu geistiger Anstrengung, z. B. Schulbesuch, sind die Kinder meist ganz unfähig. Echte Psychosen, Delirien sind dagegen sehr selten.

Der Verlauf ist stets langwierig; nach einem 4—5 wöchentlichen Entwickelungsstadium erreicht die Chorea ihren Höhepunkt, um gewöhnlich in einigen Wochen bis zwei Monaten langsam abzuklingen. Recidive sind sehr häufig, ja fast die Regel.

Die Chorea minor befällt vorwiegend die Jahre vom 6. bis 15., seltener das 4.—6., sehr selten noch jüngere Kinder; die Mädchen liefern einen bedeutend höheren Procentsatz zu der Erkrankung.

Die Aetiologie ist weder einheitlich noch völlig klargestellt. Directe Erblichkeit ist selten, häufig eine ererbte allgemeine sog. nervöse Disposition. Auf anämischer Basis entwickelt sich Chorea mit Vorliebe. Zweifellos kann ein heftiger Schreck, grosse Angst sofort Chorea erzeugen; ebenso wissen wir, dass sie sich gerne Infectionskrankheiten anschliesst; schon zweifelhafter ist die Annahme, dass geistige Ueberanstrengung, Masturbation, periphere, reflectorisch wirkende Reize (Würmer) Chorea zur Folge haben, oder dass dieselbe durch Imitation ansteckend wirken sollte, was sicher nur bei Hysterischen zutrifft. Am wichtigsten erscheint aber der thatsächlich bestehende Zusammenhang der Chorea mit dem Rheumatismus. In einem nicht ganz kleinen Procentsatz der Fälle finden wir in der Anamnese angegeben, dass mehr weniger lang vorher rheumatische Erkrankung der Gelenke oder Muskeln bestanden (auch nach Purp. rheumat. habe ich heftige Chorea in einem Falle beobachtet); selbst leichte und rasch vorübergehende derartige Erkrankungen scheinen zu Chorea Anlass geben zu können; seltener folgen rheumatoïde Affectionen der Chorea. Die Verwandtschaft beider Krankheiten zeigt sich auch darin, dass ihnen das Auftreten von Veränderungen an den Herzklappen, Endocarditis gemeinsam ist, deren Ursache wir freilich nicht sowohl in dem Nervenleiden, als vielmehr dem Rheumatismus suchen müssen. Wie das rheumatische Virus zur Entstehung der Chorea beiträgt, wissen wir nicht. Dagegen ist es nöthig, stets auf einen möglichen Zusammenhang beider Leiden zu fahnden und das Herz auf endocarditische Erkrankung zu beobachten.

Die Diagnose ist leicht; mit den bei Cerebralaffectionen (z. B. Tuberculose, Hemiplegie) vorkommenden choreatischen Krämpfen, mit den seltenen Fällen von angeborener und chronischer progressiver Chorea hat die Chorea minor nichts gemein.

Die Prognose ist im Allgemeinen günstig, freilich durch die Complication mit Rheumatismus und besonders Endocarditis getrübt. Bei heftigen und sehr lange anhaltenden Zuckungen können die Kinder körperlich, auch geistig sehr herunterkommen, doch ist ein tödtlicher Ausgang nur in den schwersten Fällen beobachtet. Endlich drohen Recidive.

Die Therapie ist in der Hauptsache eine diätetische. Vor allem befreie man Schulkinder von jedem Unterricht; auch jede anderweitige geistige Anstrengung, Arbeit überhaupt ist absolut zu untersagen. Man halte alle Erregungen gemüthlicher Art von den Kindern ebenso fern wie körperliche Uebermüdung und sorge für eine recht ruhige, gleichmässige Behandlung, fast monotone Lebensweise. Neben reichlicher Körperruhe (9—12-stündigem Nachtschlaf und Mittagsruhe) sorge man für regelmässige, genügende Bewegung im Freien. Die Ernährung sei ganz reizlos, leicht verdaulich, aber kräftigend. In schlimmeren Fällen führt nur eine wochenlang dauernde Bettruhe zur Besserung. Bei starken Zuckungen schütze man die Kinder vor Verletzungen im Bett durch Polstern der Seitenwände.

Die Erregbarkeit der nervösen Centralorgane herabzusetzen, versucht man vermittelst lauer, langdauernder Bäder, 3—4 mal wöchentlich, ev. Priessnitz'scher Einpackungen. Unter den Kaltwasserproceduren wählt man kalte Berieselungen des Rückgrats.

Von Medikamenten hat sich nur der Arsenik bewährt in der Form des Liqu. arsen. Fowler. mit Aqu. Menth., resp. Aqu. amygd. amar., ev. Tct. Thebaic. zusammen, in der bekannten an- und absteigenden Dosirung.

Zu Chloralhydrat ist man nur in schweren Fällen zu greifen genöthigt.

Strychnin und Brom sind nicht zu empfehlen; dagegen wird Eisen meist am Platze sein.

Spasmus glottidis, Laryngismus stridulus ist eine der gewöhnlichsten Krampfformen bei Kindern. Er wird vorwiegend in dem Alter von einigen Monaten bis zu 1—2 Jahren und öfter bei Knaben beobachtet. Was seine Aetiologie anlangt, so beweist er aufs Neue und ganz besonders die Disposition, welche die Rachitis für alle Krampfformen überhaupt abgibt; gerade beim Spasmus glottidis finden wir fast ausnahmslos rachitische Erscheinungen. Wenn wir auch bei kerngesunden Säuglingen, seltener bei älteren Kindern in Folge überstarken und anhaltenden Schreiens Anfälle ganz wie beim Stimmritzenkrampf, auch bei acuter Laryngitis z. B. im Beginn der Morbillen echten Stimmritzenkrampf auftreten sehen, so wird dadurch die Bedeutung der Rachitis als disponirenden Factors nicht vermindert. Auf der Basis der Rachitis können dann allerhand Reize, als Dentition, Verstopfung oder Diarrhoe, kalte, den Kehlkopf treffende Luft, Larynxkatarrhe als Gelegenheitsmomente reflectorisch reizend wirken und den Krampf zum Ausbruch bringen.

Der Stimmritzenkrampf ist in seinen letzten Ursachen zu einem Theil auf eine Reizung der centripetalen Vagusfasern durch Druck seitens der V. jugul. interna im Foram. jugul. zurückgeführt worden, häufiger dürfte diese Vagusreizung innerhalb des Larynx und auch des Magens erfolgen, und diese Erregung den Reflexkrampf, in schweren Fällen gleichzeitig auch allgemeine, wohl als Erstickungserscheinung aufzufassende Convulsionen auslösen. Auch aus centralen Ursachen muss der Glottiskrampf entstehen können. Es handelt sich nicht bloss um Krampf der die Stimmritze verengenden M. arytaen., sondern meist gleichzeitig um einen solchen des Zwerchfells und der Brustmuskeln.

So schwierig und unklar die Deutung der Entstehung, so typisch und eindeutig sind die Erscheinungen des Spasmus glottidis. Man sieht plötzlich ohne Vorläufererscheinungen die Athmung stille stehen, das Kind bleibt, wie das Volk sehr richtig sagt, weg; dann macht es, anfänglich vergeblich, lebhafte Inspirationsanstrengungen, bis endlich unter hell giemendem oder pfeifendem inspiratorischem Geräusch die Luft eindringt, und damit der Anfall beendet ist. In schweren Fällen kommt es jedoch zuvor zu dem Bilde hoher Athemnoth: das Gesicht zeigt einen ängstlichen, ja von Todesangst erfüllten Ausdruck, der Mund ist krampfhaft geöffnet, die Gesichtsmuskulatur verräth angestrengte, zuckende Bemühungen zu inspiriren, Haut und Schleimhäute verfärben sich roth, dann cyanotisch, der Kopf wird gewaltsam nach hinten geworfen, der ganze Körper geräth in Erregung, die Extremitäten zucken, Finger und Zehen zeigen Contracturen; der Puls wird langsam, er setzt aus, ja es tritt Bewusstlosigkeit, in noch schwereren Anfällen ein allgemeiner eclamptischer Anfall ein. In anderen Fällen macht das Kind momentan den Eindruck eines erstickten, todten Körpers; es reagirt nicht mehr auf Hautreize, die Reflexe sind erloschen; schlaff, bleich, puls- und athemlos liegt es da; schliesslich auf der Höhe der Gefahr nach vielen Sekunden, selbst 1—2 Minuten, erfolgt wieder unter pfeifendem Giemen absatzweise eine langgezogene krampfhafte Inspiration, eine zweite und dritte, die Todtenblässe resp. Cyanose weicht, das Bewusstsein kehrt wieder, das Kind liegt ruhig athmend, aber blass, ganz erschöpft, oft schweissgebadet da. Zwischen dem Bilde dieses schwersten und dem eines ganz leichten Stimmritzenkrampfes liegt eine ganze Reihe von Abstufungen.

Der Stimmritzenkrampf pflegt bei jeder respiratorischen Anstrengung, bei stärkerer seelischer Erregung, Schreck, Aerger, Wuth einzusetzen, lässt sich z. B. durch Druck auf Larynx und Trachea jederzeit künstlich erzeugen, kann aber auch in der Ruhe, im Schlaf, beim Erwachen erfolgen; dass kalte, rauhe Luft und Verdauungsstörungen begünstigend auf seine Entstehung wirken, wurde erwähnt.

Die Erkennung des Spasmus glottidis ist nicht zu verfehlen. Die Prognose ist stets vorsichtig zu stellen; ganz plötzlich kann vielleicht nach vielen vorausgegangenen leichten Anfällen in einem schweren der Tod durch Erstickung erfolgen, oder ein schwerer eclamptischer Anfall vollendet das Werk; in andern Fällen ermüden und erschöpfen die sich zahllos häufenden Anfälle das Kind aufs Aeusserste, und dasselbe stirbt im Collaps. Pertussis gilt als eine besonders üble Complication, mehr weniger jede Erkrankung der Respirationsorgane; ebenso ist die öftere Combination mit Eclampsie bedenklich.

Die Behandlung des einzelnen Anfalls besteht darin, dass man die Eltern anweist, zunächst durch Hineingreifen mit dem Zeigefinger in den Mund des Kindes sich zu überzeugen, dass die Zunge nicht, wie dies vorkommen kann, aspirirt und aufwärtsgerollt wie ein Fremdkörper den Luftzutritt verhindert, in diesem wie in jedem Fall den Zungengrund mit dem hakenförmig gekrümmten Finger nach vorne zu ziehen, sodann durch Anspritzen, Uebergiessen mit kaltem Wasser die Inspiration anzuregen; ev. ist bei lang andauernder Apnoe künstliche Athmung, faradische Reizung des Phrenicus, im Nothfall die Tracheotomie zu machen.

Als Reflexreiz wirkende Erkältungen und Digestionsstörungen sind thunlichst zu vermeiden. Gegen die Erregbarkeit der Nerven giebt man mit anfänglich wenigstens meist gutem Erfolg Chloralhydrat mit Bromkali, wenn nöthig ohne Bedenken Morphium; auch Tct. Moschi wäre zu versuchen. Der bei Rachitis vielgerühmte Phosphor scheint gegen die Krampferscheinungen derselben öfters von guter Wirkung.

Sehr wichtig ist die Inangriffnahme einer disponirenden Rachitis; bei leichten Fällen von Spasmus glottidis kommt man mit antirachitischer Behandlung ganz allein aus.

Spasmus nutans, Salaamkrämpfe, nennt man eine eigenthümliche und harmlose Krampferscheinung, die im frühen Kindesalter, am häufigsten etwa zwischen 5. und 15. Monat, nicht so selten beobachtet wird und durch fast ständige, nur für ganz kurze Zeit sowie im Schlaf pausirende nickende und gleichzeitig mehr weniger rotirende oder schüttelnde Bewegungen des Kopfes gegeben wird. Es handelt sich also um klonische Krämpfe in den vom Nerv. access. Willisii beherrschten Muskeln, den M. sternocleidomast. oder M. cucullares; die Krämpfe treten fast immer nur halbseitig auf, alteriren das Allgemeinbefinden, das Wesen der Kinder meist gar nicht. Interessanter Weise vergesellschaften sie sich häufig mit Nystagmus, der manchmal deutlicher hervortritt, wenn man den Kopf fixirt, und dessen Auftreten auf einen Zusammenhang der Wurzeln von Accessorius und Oculomotorius hindeutet. Seltener treten neben Spasmus nutans auch Facialisoder allgemeine Krämpfe auf, hie und da combinirt er sich mit pagodenartigen Nick- und Beugebewegungen des ganzen Oberkörpers.

Zurückgeführt wird der Spasmus nutans wie alle Krampfformen auf die geringere Entwickelung der Hemmungscentren. Als Gelegenheitsursache spielt der Reiz der durchbrechenden Zähne zweifellos eine bedeutsame Rolle, da man häufig nach erfolgtem Zahndurchbruch den Nickkrampf schwinden sieht; ebenso Wurmreiz; in anderen Fällen lässt sich eine Ursache mit Sicherheit nicht nachweisen.

Die Prognose ist durchaus gut, eine Behandlung kaum am Platz; man beruhige die Mutter und warte das spontane Aufhören ab.

Von diesem idiopathischen Spasmus nutans zu unterscheiden sind Nickkrämpfe von Kopf und Oberkörper, wie sie gleichzeitig mit epileptischen Krämpfen, Störung der Intelligenz bei Idiotie, schweren centralen Erkrankungen vorkommen.

Pavor nocturnus ist eine ziemlich häufige und die Angehörigen meist eigenthümlich berührende und erschreckende Affection. Das nächtliche Aufschrecken besteht darin, dass die Kinder gesund und munter des Abends ins Bett gelegt, nach beliebig langer Zeit, meist schon in den ersten Stunden, aus ruhigem Schlaf plötzlich unter Zeichen grosser Erregung und Angst, oft mit einem lauten Geschrei emporfahren, alle Geberden der Furcht, der Verfolgungsangst, machen, sich instinctiv an die Mutter anklammern, den Kopf an ihrer Schulter oder auch tief in den Kissen bergen; sie zeigen sich dabei offenbar über ihre Umgebung erst gar nicht oder nur mangelhaft orientirt, sehen planlos, wie geistesabwesend in die Ferne, schauen scheu umher, vermögen Anfangs nur unverständliche und undeutliche Worte von sich zu geben, aus denen man meist die Bestätigung des Eindrucks entnehmen kann, den das Ganze macht, nämlich dass die Kinder sich noch in dem Banne eines beängstigenden Traumes befinden, der sie geweckt hat und sich für ganz kurze Zeit noch in Gehörs- und Gesichtshallucinationen furchterregender Art fortsetzen kann. Ferner spricht dafür, dass das Bewusstsein in diesen Zufällen getrübt ist, die Erfahrung, dass die Kinder sich des ganzen Anfalls, wohl auch des Erscheinens des Arztes am nächsten Morgen oft gar nicht entsinnen. Mühsam lassen sie sich allmählich beruhigen, erkennen die Situation und pflegen dann auch meist wieder einzuschlafen. Oefters aber wiederholen sich in derselben Stunde oder der gleichen Nacht noch ein- oder mehrmals solche Anfälle; ebenso können sie mehrere oder viele Nächte hintereinander auftreten.

Wir erklären uns den Zustand mit der Annahme, dass die Kinder unruhig, beängstigend geträumt haben, nach Art des bekannten Alpdrückens. Zur Entstehung solcher Träume mögen psychische Erregungen und Ueberreizungen des kindlichen Gehirns durch Erlebnisse, Bedrohungen seitens Menschen oder Thieren, die sie einmal bei Tage erfahren, vor Schlafengehen noch erzählte Märchen und Schauergeschichten, ferner heisse, erregende und alkoholische Getränke, welche eine Hirncongestion zur Folge haben, Fieberzustände bedeutsam beitragen; in anderen Fällen lassen sich die Anfälle auf eine mechanische Behinderung des Athmens im Schlaf zurückführen, so z. B. durch hypertrophische Tonsillen, durch acute Coryza, vielleicht auch auf cardialgische und enteralgische Beschwerden bei Verdauungsstörungen.

Ererbte nervöse Disposition ist hie und da nachweisbar.
Dass ein Anfall im Schlafe bei Tage eintritt, ist sehr selten.
Die Prognose ist absolut gut, wenn sich auch in seltenen Ausnahmen die Anfälle monatelang wiederholen können.

Die Behandlung soll ev. causale Momente, soweit als möglich, beseitigen; man lasse die Kinder unter Tag ordentlich körperlich müde werden, gebe die Abendmahlzeit nicht zu spät und nicht zu voluminös und bette die Patienten kühl; im Nothfall verordnet man Brom oder Chloralhydrat.

Die **Hysterie** kommt im Kindesalter keineswegs selten zur Beobachtung; zum Unterschied von derjenigen der Erwachsenen befällt sie auffallend häufig auch Kinder männlichen Geschlechts. Ihr wichtigstes ätiologisches Moment ist die Heredität; untersucht man daraufhin, so constatirt man fast ausnahmslos bei den Eltern oder wenigstens in der Familie hysterische Symptome. Eine Disposition giebt für das weibliche Geschlecht die Pubertätszeit ab, sodann kann man wohl noch die Onanie, mit mehr Recht meistens eine fehlerhafte, verweichlichende und verwöhnende, energielose Erziehung beschuldigen.

Die Erscheinungsformen der kindlichen Hysterie sind sehr mannigfach. Im Gebiete der Sensibilität findet man recht häufig örtliche Störungen in Gestalt von mehr weniger bestimmt lokalisirten Schmerzen, für die sich natürlich keinerlei pathologisch-anatomische Ursache eruiren lässt; so kommen Gelenkneurosen, Hyperästhesie der Haut und oberflächlichen Theile vor; Ovarie habe ich nie beobachtet; dagegen ist Globus häufig; er tritt spontan und wohl auch auf Druck in das Epigastrium, auf die Vorderhalsgegend auf; die Kinder bezeichnen ihn oft mit dem Unvermögen, schlucken zu können (Oesophagismus). Der bekannte Clavus wird als genau lokalisirte, ganz beschränkte Schmerzhaftigkeit einer Stelle des Schädels, z. B. der Stirn häufig geklagt. Druck auf die Spinae dorsal. wird sehr oft als empfindlich bezeichnet.

Endlich entsinne ich mich eines Falles typisch-hysterischen Blasenkrampfes mit Polydipsie, Poly- und Pollakurie.

Auf der anderen Seite ist Anästhesie leichteren Grades der Haut und tieferen Theile sehr gewöhnlich; vollkommene Anästhesie und Analgesie oder Anästhesie mit Hyperalgesie ist mir noch nicht vorgekommen.

In der motorischen Sphäre sind die Abnormitäten sehr zahlreich. Ganz gewöhnlich findet sich eine gesteigerte Reflexerregbarkeit (Sehnen-, Haut-, Cremaster-, Bauchmuskelreflex). Krämpfe treten theils partiell auf, theils in Anfällen allgemein; die partiellen Krämpfe gehen ganz ohne Störung der Psyche einher; sie sind theils klonisch und dann oft symmetrisch und beschränken sich ebenso wie die tonischen meist auf ein kleineres Muskelgebiet; letztere imponiren in Form von Contracturen als Gelenkcontracturen, Torticollis, Augenmuskelkrampf. Spastische Zustände verbinden sich häufig mit Schmerzen.

Ganz eigenthümliche weder klonische noch tonische krampfartige Bewegungen kommen ferner zur Beobachtung; so z. B. ausgiebige, mit Grimassenschneiden verbundene Kaubewegungen, windende Bewegungen, unter denen die Finger der Reihe nach in den Mund gesteckt werden, heftiges Aufschlagen der Fingerknöchel und Fäuste auf Tischkanten, der Füsse auf den Boden und dergl. mehr.

Neben Krämpfen kommen Lähmungen vor; dieselben entstehen seltener unvermittelt, als auf eine heftige Gemüthserregung hin plötzlich (Schrecklähmung), im Anschluss an ein Trauma, an eine Erkrankung, z. B. Influenza, oder andere Krankheiten, welche das Kind eine Zeit lang an das Bett fesselten; sie entstehen dann wohl in der Weise, dass die Patienten erst durch Schmerzen, dann durch Schwächegefühl scheinbar an dem Gebrauch der Glieder behindert, sich gewissermaassen die Paralyse selbst suggeriren; ein ganz auffallender und characteristischer Widerspruch stellt sich dabei oft in der Weise heraus, dass das Kind zwar im Bett die Glieder, z. B. die beiden Beine, nach allen Richtungen anstandslos und auch mit Kraft zu bewegen vermag, selbst mit den Beinen auf dem Boden umherrutscht, wie ich einmal sah, virtuosenhaft rasch über das Bettgestell hinüber in's Bett klettert, sobald es aber, auf die Beine gestellt, stehen und gehen soll, zusammenknickt. Gleichzeitig kann dann Anästhesie, Spasmus und Contractur sowie Tremor bestehen; die Lähmung kann ganz verschieden, hemi-, para-, monoplegisch sein, am häufigsten ist die erste Form. Als sehr selten ist ein beim Aufstellen einsetzender, statischer Reflexschüttelkrampf der Beine beschrieben. Die Lähmungen sind selten langanhaltend, verschwinden allmählich spontan, auf therapeutische Eingriffe oft plötzlich; freilich recidiviren sie hie und da.

Eigenthümliche Störungen der Sprache und Lautbildung kommen vor. Entweder es tritt plötzlich hysterische Stimmbandlähmung (Aphonie), seltener Zungenlähmung (Mutismus) ein, oder ein verschiedenartiges Stammeln, Fehlen von Worten und Buchstaben, lallendes, lispelndes, flüsterndes, geradezu affectirtes Sprechen. — Hysterische Taubheit ist etwas zweifelhafter Natur;

Sehstörungen zeigen sich als Einschränkung des Gesichtsfeldes (sehr schwer nachweisbar), schlechtes Sehen.

Sehr häufig ist krampfhafte Tonbildung als Lach-, Wein-, Schrei-, Schluchzkrämpfe, manchmal ganz undefinirbare Lautgebung, die durch Krampf der Athem- und Stimmmuskulatur erzeugt wird. Es kann dabei zu pseudoasthmatischen Anfällen, Palpit. cord. kommen.

Vasomotorische und secretorische Störungen habe ich bei Kindern nie beobachtet, doch ist Bluthrechen, Bluthusten beschrieben.

Die Psyche erweist sich wohl ausnahmslos afficirt. Die Kinder sind launisch, auch wohl verdriesslich, ja hypochondrisch; es kommen Zustände von Schlafsucht, Somnambulismus vor, Ohnmachtsanwandlungen, Pavor nocturnus, sogar Hallucinationen, Katalepsie mit und ohne Krampferscheinungen.

Das Allgemeinbefinden ist auch häufig kein normales; man findet Anämie, schlechte körperliche Entwickelung, zarte Constitution.

Die auffallendsten und diagnostisch manchmal nicht gleich richtig anzusprechenden Erscheinungen sind die hysterischen Anfälle. Dieselben treten (manchmal nach einer Art von Aura, von Globus, Neuralgie, Singultus) meist ganz ähnlich den eclamptischen oder epileptischen Anfällen in Krampfform auf; doch ist das Bewusstsein stets erhalten, die Pupillen reagiren prompt, und die Art der Krämpfe, ihr steter Wechsel, ein gewisses Moment von Willkürlichkeit in denselben, das Ausbleiben von ernsteren Verletzungen während derselben unterscheiden sie von jenen; man beobachtet manchmal ganz complicirte Bewegungen, so z. B. Wälzen, in die Höheschnellen, Laufen, Klettern (Clownismus), die Patienten scheinen manchmal ordentlich eine Pantomime aufzuführen; sehr selten dürften wohl die Ars de cercle, die Attitudes passionelles sein; dagegen habe ich wohl starken Opisthotonus, der Art, dass der Körper nur auf Fersen und Hinterkopf ruhte, gesehen.

Characteristisch für Hysterie ist der Wechsel der Ausdrucksform bei den verschiedenen Anfällen desselben Individuums; doch können dieselben auch sich stereotyp gleich bleiben.

Die Prognose ist quoad vitam gut, was die völlige Heilung anlangt, zweifelhaft. Die meist vorliegende ererbte neuropathische Disposition ist nicht zu beseitigen, und wenn ein Symptom der Hysterie geschwunden, so recidivirt es leicht oder wird von einem anderen abgelöst.

Die Behandlung muss in erster Linie eine diätetische und erzieherische sein. Bei auch nur einigermassen ausgesprochenen

Fällen erreicht man nur durch Herausnehmen des Patienten aus der Häuslichkeit, der gewohnten Umgebung und Lebensweise einen guten Erfolg; die Ueberführung in eine Anstalt genügt ganz allein meist schon vollkommen, um die hysterischen Symptome wenigstens für eine gewisse Zeit aufhören zu lassen. Das Verfahren besteht im grossen Ganzen in der Durchführung einer möglichst naturgemässen und vernünftigen Lebensweise; der Tag muss Stunde für Stunde mit leichter, aber Körper und Geist voll beschäftigender Thätigkeit und den nöthigen Erholungspausen ausgefüllt sein; eine reizlose kräftigende Ernährung ist wohl immer am Platz. Durch ruhige aber, wenn nöthig, energische Erziehung, dauernde Ueberwachung und Anleitung sucht man die Willenskraft der Kinder zu stärken, jede Launenhaftigkeit, Leidenschaftlichkeit zu unterdrücken, eine gleichmässig heitere Stimmung, Freude am Leben und an der Arbeit zu erwecken.

Schonende, dem Kräftezustand angemessene Kaltwasserproceduren sind sehr nutzbringend, unter Umständen auch Sool-, Stahl- und electrische Bäder. Auch kann eine Mastcur indicirt sein.

Von unterstützenden Medicamenten kämen Eisen, Arsenik, Chinin, Malz und Leberthran in Frage. Valeriana hat mir bei Kindern keinen Nutzen gebracht.

Zur Nachcur empfiehlt sich ein langer Land-, See- oder Gebirgsaufenthalt.

Die hysterischen Anfälle verschwinden bei Isolirung in einer Anstalt meist ganz von selbst. Den einzelnen Anfall kann man durch eine ganz kalte Uebergiessung, den Strahl eines Syphons, energische Faradisation, auch wohl blosses Anschreien und Verbot sofort coupiren. Weiteren Anfällen kann man dann noch durch Suggestion in der anfallsfreien Zeit vorbeugen. Hysterische An- und Hyperästhesie weichen dem faradischen Pinsel oder aufgelegten Magneten, Contracturen und Lähmungen der Suggestion neben Faradisation und systematischer Anweisung und Uebung. Mit Anwendung der Hypnose sei man mindestens sehr vorsichtig; meist kann sie wohl entbehrt werden.

Die Krankheiten der Haut.

Erythem, einfache Dermatitis, entsteht bei der Zartheit, Leichtverletzlichkeit der Kinderhaut sehr leicht und oft, und zwar in Folge aller Reize, welche die Haut treffen, am häufigsten bei Säuglingen; so durch die dauernde Durchfeuchtung, den chemischen Reiz von Urin und Fäces; aus diesem Grunde finden wir am After, auf den Nates, der Hinterfläche der Ober- und selbst Unterschenkel, an den Fersen die Erscheinungen der Hautentzündung bei der häufigen Entleerung gährenden, zersetzten Darminhalts, bei Dyspeps. und Catarrh. intest., Choler. nostr. besonders chronischen Verlaufs. Von da kann sich die Dermatitis weiter hinauf über die ganze Rückenfläche ausbreiten, selbst Abdominal- und Brusthaut befallen.

Bei sehr fetten Kindern entwickelt sich auch in Achselhöhle, Inguinalbeugen, Halsfalten, wo grössere Hautflächen dauernd in inniger Berührung stehen und leicht eine Stagnation von Schweiss und Talg Statt hat, eine erythematöse Entzündung, um so mehr je schwieriger die Reinigung solcher Gegenden ist.

Am Nabel und seiner Umgebung kann durch längere Secretion bei mangelhafter Pflege der Wunde, in Folge von Granulom sich ein Erythem herausbilden

An der Vorderfläche des Scrotums, und von da sich ausbreitend, entsteht Erythem durch Harnträufeln, wie es öfter Folge von Phimose ist.

Bei Coryza bildet sich Erythem der Oberlippe, des Naseneingangs, bei Speichelfluss (Dentition, Stomatitis) Erythem der Mundwinkel, des Kinns, der Vorderseite des Halses. Die klinischen Erscheinungen sind: Röthung, Schwellung, seröse Secretion, Abschilferung, oberflächlicher Verlust der Epidermis (Wundsein) mit stärkerer Exsudation, Neigung zu Blutung, Juckreiz, Brennen, Schmerz, dadurch Unruhe, gestörter Schlaf, vieles Schreien, selbst leichtes Fieber, Ernährungsstörung.

Die beste Behandlung ist die mit entzündungslindernden Umschlägen (Bleiwasser, essigsaure Thonerde, bei schlimmeren Graden Thymol-, Höllensteinlösung 1 $^0/_{00}$), ein bis einige Male am Tage, und Pudern; man bevorzuge anorganische Mittel, besonders Talcum in verschiedener Stärke gemischt mit Zinc. oxydat., Bismut. subnitr., Dermatol. — Acid. salicyl. wirkt zu stark ätzend, wenigstens für Säuglinge. Salben haben sich weniger bewährt, wenn sie auch den Vortheil haben, die betroffenen Parthien vor neuer Berührung und Durchnässung zu schützen.

Auf einander liegende, einander scheuernde Hautflächen trennt man durch Puder und Charpiezwischenlage.

Seife vermeide man, an die entzündete Haut zu bringen. während in leichten Fällen einfache Wasserbäder weiter gegeben werden können.

Seborrhoea wird gebildet durch Ansammlung von erstarrtem Secret der Talgdrüsen, deren während des Uterinlebens gesteigerte Secretion öfters noch nach der Geburt länger andauert; diesem Sebum mischen sich Epidermisschuppen bei, das Ganze nimmt durch Verunreinigung statt der normalen gelblichen Farbe öfters eine etwas dunklere an; findet eine Zersetzung, ein Ranzigwerden des Talges statt, so reizen die gebildeten Fettsäuren die darunter liegende Haut; so kann Eczem der behaarten Haut entstehen, Pustelbildung, Eitersecretion, um so leichter, als sich aus der Luft Microorganismen niederschlagen. — Die Secretborken sind durch Fett oder Oel zu erweichen, allmählig durch regelmässige Seifenwaschungen und mechanisch durch Ablösen zu entfernen.

Eczem in seinen verschiedenen Formen ist neben dem Erythem die häufigste Erkrankung der Haut des Kindes. Es entwickelt sich aus einer einfachen Dermatitis heraus oder es tritt von vorneherein als der Ausdruck einer stärkeren Entzündung auf.

Seine Entstehung ist auf alle die mannigfachen Arten von Hautreizen zurückzuführen, physiologische und pathologische Secrete (cf. Erythem), auf die Einwirkung von Fetten, Salben (Ungt. ciner.), von Pflastern, Wasser- und Breiumschlägen, von juckenden, zum Kratzen reizenden Haut- und Haarparasiten (Pediculi capitis, vestimenti), Medicamenten (Theer, Jodoform, grüne Seife), Hitze (Ecz. caloricum).

Häufig bilden sich hartnäckige Eczeme, ohne dass wir die Ursache in einem äusseren Reiz entdecken können (Fettsucht?); es scheint da öfters eine individuelle oder Familiendisposition vorzuliegen.

Bekannt ist, dass die Scrophulose einen Boden abgiebt, auf dem sich eczematöse Hautausschläge mit Vorliebe entwickeln.

Endlich kann sich irradiirt Eczem an Impfpusteln, an Hautverletzungen, Geschwürsbildung anschliessen.

Die Formen des Eczems sind die bekannten: squamöse, papulöse, vesiculöse und pustulöse; letztere ist die gewöhnliche; Mischformen sind dabei häufig (Ecz. impetiginodes).

Während das Eczem ganz acut auftreten und unter geeigneter Behandlung rasch abheilen kann, ist es in vielen anderen Fällen äusserst hartnäckig, von ausgesprochen chronischem Verlauf und trotzt allen therapeutischen Bestrebungen.

Das acute Eczem behandelt man am besten trocken mit Puder; bei lebhafter Entzündung unterstützen Umschläge die Rückbildung der Haut sehr (s. Erythem); Fette werden oft gar nicht vertragen, regen im Gegentheil neue Bläschen- und Pustelbildung an; bei längerem Bestande erweist sich dagegen die Lassar'sche Paste oft sehr nützlich.

Bei chronischem Eczem kommt es darauf an, einmal alle die oft dicken, angesammelten Borken und Krusten schonend zu entfernen, Secretverhaltungen unter denselben, die zu einer Arrodirung der Haut, Geschwürsbildung führen, zu verhindern; es geschieht dies am zweckmässigsten durch mild antiseptische Umschläge: Thymol, Sublimat in starker Verdünnung, essigsaure Thonerde; gleichzeitig antiseptisch und die erkrankte Haut leicht ätzend wirkt eine schwache Höllensteinlösung zu Umschlägen (1 $^0/_{00}$) oder Pinselungen (1—3 $^0/_0$); diese besonders von Henoch empfohlene Argentum nitricum-Behandlung hat sich vorzüglich bewährt. Hat die Secretion, die Borkenbildung abgenommen, so können die Krusten da, wo sie ganz trocken sind, keine Secretverhaltung bewirken (probeweise drücken.) und deshalb sitzen bleiben; sie bilden dann den besten Schutz für die eben verheilte oder neugebildete Epidermis.

Daneben bewährte sich mir bei vesiculösem und pustulösem Eczem die Puderbehandlung immer wieder am besten; ich verwende mit Vorliebe Dermatol, auch Talcum und Zinkblüthe, bei stärkerer Eiterung, Verdacht auf infectiösen Character abwechselnd Sublimatumschläge mit Jodoform-Dermatol (10—50 $^0/_0$), auch Thiol. liquid. in Lösung (10 $^0/_0$) und Salbenform.

Später kann man dann die Krusten mit schwacher Zink-, Präcipitatsalbe, einfachem Paraffin. flav. (das ich stets als Salbenconstituens benutze) erweichen und ablösen.

Bei schuppendem Eczem kann man auf die hie und da wieder nässenden Stellen Argentum nitricum-Lösung pinseln; an den ganz trockenen Parthieen versucht man eine schwache Theersalbe (Pic. liquid., Zinc. oxyd. ā̄ā 5—10 $^0/_0$); bei ganz chronischem Eczem lässt man ein Theergemisch (Ol. Rusci, Ol. Fagi, Pix liquid. āā) in öliger Emulsion (Olivenöl) auf die erkrankten Stellen pinseln, einige Minuten einwirken und dann im Seifenbade abwaschen. Im Gesicht vermeide man den Theer.

Ein Hauptgewicht lege man stets darauf, dass die Kinder nicht, dem Juckreiz folgend, den Ausschlag durch Kratzen reizen, inficiren, dass die kranke Haut vor Hitze- und Kälteeinwirkung, Staub und Schmutz durch Verbände geschützt sei.

Bei Adipositas kann man eine Diätänderung versuchen; bei Scrophulose muss man vorwiegend das Allgemeinleiden behandeln.

Miliaria (Sudamina alba und rubra) sind im Kindesalter sehr häufige Befunde, namentlich bei unvernünftig warm gehaltenen Säuglingen, bei mangelhafter Hautpflege und ganz besonders bei den zu Schweissen so sehr neigenden rachitischen Kindern.

Da bei starker und ausgebreiteter Miliaria rubra in der That ein dem Scharlachexanthem ähnliches Bild entstehen kann, hat man hie und da die Eltern über dieses Aussehen zu beruhigen (Euphorie, Fehlen von Fieber und Angina).

Bei kühlen Waschungen, Bädern, leichter Bedeckung, unter austrocknendem Puder heilt der Ausschlag rasch wieder ab, öfters unter leichter Desquamation.

Impetigo, d. h. grössere, eitergefüllte Blasen ohne Randinfiltration (Ecthyma), tritt als Impet. contagiosa mit Vorliebe bei Kindern auf, befällt das Gesicht, bildet oberflächlich sitzende, zu Krusten eintrocknende und binnen Tagen abheilende Blasen; sie ist sehr übertragbar und heilt bei indifferenter Behandlung. Die zweite Form, Impet. herpetiformis beginnt mit kreisförmig sitzenden Eiterpusteln; dieselben breiten sich peripher aus, heilen central ab, sind mit Fieber verbunden und stellen eine ernste Erkrankung dar.

Ecthyma ist characterisirt durch die Bildung grösserer, isolirt oder in Gruppen vertheilt stehender Pusteln mit leicht infiltrirtem Wall; bei längerem Bestand wandeln sich dieselben in mehr weniger tiefe Geschwüre um, die sich noch etwas vergrössern können; sie kommen idiopathisch vor besonders bei cachectischen, atrophischen Kindern, können aber auch inmitten anderer Hautausschläge besonders bei Eczem, in Folge von Infection durch Kratzen, Unreinlichkeit (bei Scabies, Pedicul.) entstehen.

Man beseitigt sie durch tägliche Reinigung (Seifenbäder) und Desinfection der Haut (Sublimat-, Thiolumschläge, Pudern mit Jodoform, Dermatol, Salben).

Dermatitis bullosa, Pemphigus. Neben dem unter der Bezeichnung Pemphig. acut. contagios. neonat. bereits aufgeführten Blasenausschlag, finden wir bei Kindern noch eine zweite Form von acuter Blasenbildung, die Febris bullosa, bei der unter Fieberbewegungen überall auf dem Körper vertheilt juckende, unter Bädern und Pudern rasch abheilende Blasen aufschiessen. Die chronische Form, der Pemphigus chron. ist prognostisch bedenklicher; man sieht ihn zwar als P. benignus, ohne das Allgemeinbefinden zu alteriren, ohne dass die Blasen sich über weite Flächen ausgebreitet haben, abheilen, doch führt er als P. malignus zum Tode, indem immer neue sich folgende Blasennachschübe immer weitere Hautflächen excoriiren, oder indem sich der Blasengrund diphtheritisch belegt oder starke, zu Blutung neigende Granulationswucherungen bildet.

Herpes tritt als H. labialis bei vielen fieberhaften Krankheiten, besonders Pneumonie, Cat. gastr. auf, als neuritische Dermatose in der Form des H. zoster (halbseitig); seine Behandlung ist bekannt. — H. tonsurans befällt den Kopf (vesiculosus) und auch den Stamm (maculosus, squamosus und Eczema marginatum) und erfordert Chrysarobin, Ungt. Wilkinson.

Urticaria entsteht unter denselben Verhältnissen wie bei Erwachsenen, nur noch häufiger; sie ist oft ein hartnäckiges, chronisches Uebel, dessen Beseitigung nur gelingt, wenn man ihre Ursachen auffinden und entfernen kann.

Eine besondere und bei ihrer grossen Verbreitung sehr wichtige Abart der Urticaria ist der

Lichen urticatus s. strophulus; er ist characterisirt durch das Auftreten von etwa linsengrossen, hellrothen, starkjuckenden Roseolen oder Urticaria ähnlichen Quaddeln, aus deren Mitte sich sehr bald ein Knötchen mit bläschenartiger Kuppe entwickelt; während dessen Umgebung rasch abblasst, bleibt die Papel bestehen; der Inhalt des Bläschens trocknet ein, durch Kratzen bildet sich häufig an der Spitze des Knötchens ein kleiner Schorf; stets stösst sich diese Spitze ab, und es restirt noch lange Zeit ein körnig sich anfühlendes, abgeblasstes, schliesslich weissliches Knötchen in der Haut.

Solche Quaddeln mit centralen Knötchen schiessen meist am Abend im Bett, weniger bei Tage mehrfach in acuter Eruption auf, sie stehen einzeln oder in Gruppen zusammen; bei ihrem Entstehen und in der ersten Zeit ihres Bestandes verursachen sie einen heftigen Juckreiz, der die Nachtruhe sehr zu stören im Stande ist und eczematöse und pustulöse Complicationen zur Folge hat; ferner kann es danach zu Drüsenschwellungen und zwar besonders in den Leisten kommen.

Mit Vorliebe befallen werden der Rumpf, speziell die Nates, dann auch die Unterextremitäten, deren Streckseiten bevorzugt sind; auch an den Fusssohlen schiessen die Efflorescenzen auf, am Gesicht nur selten, nie am behaarten Kopf.

Es lassen sich meist periodische Attacken erkennen, in denen der L. str. erscheint; nur in schweren Fällen entstehen in ununterbrochener Reihenfolge immer neue Knötchen. Stets findet man an demselben Individuum die verschiedenen Entwickelungsstadien neben einander, ihrer längeren Dauer entsprechend natürlich vorwiegend die älteren, abgeblassten Papeln. Zwischendrein sieht man wohl auch scharf begrenzte echte Urticariaquaddeln ohne centrales Knötchen.

Die Affection dauert Wochen bis Monate; dass sie mit Vorliebe in der heissen Jahreszeit auftrete, konnte ich nicht finden.

Befallen sind in der Regel junge Kinder im Alter von 3 bis 12 Monaten; im zweiten Jahre ist das Leiden schon etwas seltener, jenseits des zweiten kommt es wenig zur Beobachtung.

Das Allgemeinbefinden ist nur durch den lebhaften Juckreiz, den unruhigen Schlaf beeinträchtigt; Fieber besteht nie; dass diese Angioneurose mit der Zahnung im Zusammenhang stehe (was das Volk mit dem Namen Zahnpocken andeutet), kann ich nicht ganz von der Hand weisen.

Die Prognose ist günstig, da das Leiden durchaus gutartig ist und mit der Zeit von selbst aufhört.

Die Behandlung kann nur symptomatisch sein. Stets wird man gut thun, warme Bäder zur Zeit der acuten Eruption aussetzen zu lassen, da sie, wie die Wärme überhaupt, die Exanthembildung zu begünstigen scheinen. Man ersetzt sie durch kalte Waschungen, die auch den Juckreiz lindern. Noch besser wirken Waschungen und Umschläge mit Carbolwasser, besonders vor dem Zubettgehen; man kleide und bedecke die Kinder kühl und versuche noch als die Sensibilität herabsetzend Antipyrin, Lactophenin des Abends.

Prurigo verdient die Berücksichtigung des Kinderarztes, da die Juckblattern meist schon in frühster Kindheit in Gestalt kleiner, unter der Epidermis gelegener, heftig juckender Knötchen an den Streckseiten der Unter-, später auch Oberextremitäten beginnen; Prurigo combinirt sich oft mit Urticaria, erregt Kratzeczem und Lymphdrüsenschwellungen. Nur in leichteren Fällen hat man mit Schmierseifenbädern, Naphtholsalben, Antipyrin Heilerfolge.

Psoriasis ist insofern eine Kinderkrankheit, als sie direct vererbbar (resp. übertragbar?) ist; die Behandlung mit Chrysarobin, Naphthol, Ungt. Wilkinson äusserlich, Arsenik und Jodkali innerlich hat die Prognose wesentlich verbessert.

Acne, Erythema nodosum und Erythema exsudativum multiforme, Sycosis, Ichthyosis, Lupus, Scabies, Favus, Pityriasis versicolor bieten beim Kinde keine spezifischen Eigenheiten oder

Abweichungen von dem bekannten Krankheitsbild oder -verlauf. Ein recht häufiges Leiden stellt im Kindesalter die **Furunculosis** dar, die unter Bildung entweder nur weniger, weit zerstreuter, oder häufiger ausserordentlich zahlreicher, kleinerer und etwas grösserer Zellgewebsabscesse in Furunkelform verläuft; sie findet sich vorwiegend bei heruntergekommen, elenden Kindern, deren Hauternährung zudem noch durch mangelhafte Hautpflege gelitten hat, öfter aber auch bei sonst ganz gesunden und wohl gedeihenden Kindern; die Patienten stehen in der Regel noch im Säuglingsalter. Die Ursache der Krankheit muss man wohl in einer Infection der Haut und des Unterhautzellgewebes durch eiterbildende Staphylococcen suchen, die wahrscheinlich mit Vorliebe in Talg- und Schweissdrüsen eindringen.

Die Behandlung besteht einmal in allgemeiner Pflege, bester Ernährung, Kräftigung, sodann in Reinigung, Desinficirung der Haut, der Hautabscesse in Seifen (Schmierseifen)-, Sublimatbädern sowie in Spaltung und Auskratzen jedes einzelnen Abscesses, von denen man, um grössere Blutverluste zu vermeiden, nicht mehr wie etwa sechs auf ein Mal vornehmen darf.

Acute allgemeine Infectionskrankheiten.

Morbilli treten weniger sporadisch als fast ausschliesslich in grösseren Epidemieen und Endemieen auf, und zwar folgen sich diese gewöhnlich in Zwischenräumen von einigen Jahren, nachdem in den jüngsten und jüngeren Altersstufen gewissermaassen wieder neues, noch nicht durchseuchtes Material herangewachsen ist. Die Disposition des Kindesalters für Masern, ausgenommen vielleicht die allererste Säuglingsperiode, ist so ausgesprochen, die Ansteckungskraft so stark, dass der Krankheit kaum ein Kind zu entgehen pflegt. — Wiederholte Erkrankung an Morbilli gehört zu den grössten Seltenheiten. — Uebertragen werden die Masern in der Regel nur von Person zu Person, viel weniger, wie der Scharlach, durch dritte Personen und Gegenstände.

Die Masern haben eine ganz constante Incubationszeit von 10, nur ausnahmsweise 12—14 Tagen, und typische Prodrome. Die Vorläufersymptome, welche in den meisten Fällen wenigstens einer aufmerksamen Beobachtung nicht entgehen, bestehen in den Erscheinungen eines Katarrhs der Conjunctiven, der oberen Luftwege (Schnupfen, Nasenbluten, Husten), Zeichen von Dyspepsie und Störung des Allgemeinbefindens, wie sie einem meist acut einsetzenden und ziemlich hohen Fieber entsprechen. Herrschen nicht bereits die Masern, oder liegt der Verdacht auf diese mangels einer Infectionsgelegenheit ferne, so wird man in diesem Stadium gewöhnlich über die Diagnose „Grippe", „Schnupfenfieber" nicht hinauskommen; ja man könnte, da die Temperatur am 2., 3. Tage hie und da bis zur Norm abfällt, die Affection für beendet halten. Den Kundigen macht freilich frühzeitig schon das Auftreten eines ganz characteristischen Schleimhautexanthems, einer Angina morbillosa, auf das Kommende aufmerksam; meist schon am zweiten Tage des Prodromalstadiums bemerkt man am harten und weichen Gaumen eine diffuse, leichte Röthung, aus der sich mehr weniger deutlich unregelmässige, rundliche, kleine, punktförmige bis linsengrosse, dunkelrothe Flecke abheben. Am 3., 4. Tage, viel seltener noch später, erscheint nun unter raschem Anstieg der Körpertemperatur zu beträchtlicher Höhe (an und über 40° C.) das Hautexanthem und eröffnet damit das Stadium eruptionis. Das Exanthem beginnt beinahe ausnahmslos im Gesicht, um von dort rasch, binnen 24—36 Stunden hinab steigend, den ganzen Körper zu bedecken. Es zeigt die Merkmale der Roseola und noch mehr die der Hautpapel, da es sich nicht bloss um eine Hyperämie, sondern auch um Exsudation in der Haut handelt, der Ausschlag für den Finger noch deutlicher als für das Auge über das Niveau der gesunden Haut prominirt; weitere Merkmale des Masernexanthems sind hell- bis dunkelrothe Farbe, unregelmässig rundliche, auch zackige, sternförmige Gestalt; die Flecke scheinen in den Haarbälgen zu beginnen und vergrössern sich rasch peripherisch. Im Gegensatz zum Scharlach, bei dem, besonders aus einiger Entfernung gesehen, die gesammte Haut gleichmässig roth erscheint, bei dem das Exanthem erst bei naher Betrachtung sich in kleinste, punktförmige, wie gespritzt aussehende Fleckchen, auflöst, lassen die Papeln der Masern sehr deutlich ganz normale, höchstens leicht hyperämische Hautparthieen zwischen sich; zwar können die Masernflecke auch an einzelnen Stellen zu grösseren Flatschen, zu Streifen, bogenförmigen Figuren verschmelzen; immer wird man aber zwischendrein Hautstellen von gesundem Aussehen finden, die durch ihre Blässe abstechen, und auf denen jede Erhöhung fehlt. Dabei erscheint speziell das Gesicht stark gedunsen, wozu allerdings die in Folge der Conjunctivitis ödematösen Augenlider, die in Folge der Coryza geschwollene Nase beitragen. Die katarrhalischen Symptome,

Conjunctivitis, Coryza, Catarrh. laryngo-trach. sind gleichzeitig noch stärker hervorgetreten. Das hohe Fieber, das Abends die 40⁰ übersteigt, Morgens nicht unter 39⁰ hinabfällt, macht die Kinder apathisch, somnolent; seltener sind sie sehr unruhig, erregt; es besteht meist absolute Anorexie; die Zunge wird dick belegt; dafür ist das Durstgefühl lebhaft gesteigert. Der Harn ist dunkeler, lässt Urate und Phosphate ausfallen. Der Schlaf ist unruhig; die Kinder leiden unter Hautjucken. So vergehen 1—2 Tage; jetzt, nachdem das Exanthem sich über den gesammten Körper ausgebreitet hat und noch in voller Blüthe steht, fällt das Fieber kritisch ab (Gegensatz zu Scharlach), und nun erfolgt ziemlich rasch unter Abblassen des Ausschlages, Zurückgehen der katarrhalischen Erscheinungen die Genesung; die Zunge reinigt sich, bald meldet sich wieder der Appetit; das subjective Befinden bessert sich, Laune, Spiellust kehren wieder, die Diurese nimmt zu, der Harn wird heller, klar. Am Ende der ersten Krankheitswoche, vom Ausbruch der Prodrome gerechnet, pflegen von dem Exanthem nur mehr gelbliche und bräunliche Flecke sichtbar zu sein, und gleichzeitig beginnt im Gesicht und am Hals eine Desquamation, welche successive am ganzen Körper sich einstellt und die, weil sie kleinste Schuppen bildet, als kleienförmig bezeichnet wird; die Abstossung der Haut in grossen Fetzen, speziell an den Fingern und Zehen, wie beim Scharlach, wird nie beobachtet. Die Abschuppung pflegt in weiteren 5—7 Tagen beendet, Conjunctivitis und Katarrh vollends geschwunden zu sein, so dass in normalen Fällen Ende der zweiten Woche nichts mehr an die Krankheit erinnert.

Abweichungen von diesem Bilde der gewöhnlichen und mittelschweren Masern kommen vor: so giebt es sehr leichte Erkrankungen, in denen das Prodromalstadium fast unbemerklich, das Stadium exanthemat. unter ganz mässigem Fieber, leichtem Katarrh, geringer Beeinträchtigung des Allgemeinbefindens verläuft. In anderen Fällen erreicht das Fieber dauernd sehr hohe Grade und hält auch über die normale Zeit an (4—5 Tage), oder es fällt wohl langsam, lytisch ab. — Das Exanthem ist manchmal nur schwach ausgebildet, fast nur angedeutet, erscheint auch ausnahmsweise gegen die Regel zuerst auf der Brust, dem Rücken, lässt einzelne Theile frei. Hie und da bilden sich inmitten vieler Papeln kleinste Bläschen mit serösem Inhalt; der Ausschlag kann auch sehr hartnäckig andauern bis zu 2 und 3 Wochen, besonders dann, wenn die Exsudation eine mehr hämorrhagische gewesen ist, ohne dass dies etwas zu bedeuten hätte. — Störungen stärkerer Art seitens der Digestionsorgane werden

öfters beobachtet; so Erbrechen im Beginn, noch häufiger Diarrhoe.
— Am häufigsten nehmen die katarrhalischen Symptome einen
heftigeren Character an; so kann es zu sehr starker Conjunctival-
secretion mit Verklebung der Augenlider, erheblicher Lidschwellung,
Thränenfluss, lebhafter Lichtscheu kommen; der Katarrh der
oberen Luftwege kann hinabsteigen, eine katarrhalische Bronchitis
anfachen; dabei kommt es dann leicht und schon frühzeitig zur
Bildung von atelectatischen und bronchopneumonischen Heerden.

Die **Nachkrankheiten** und **Complicationen** der
Masern sind etwas weniger häufig, jedenfalls nie so tückisch,
unerwartet hereinbrechend, wie beim Scharlach, haben jedoch
eine grosse Bedeutung. Als leichteste Nachkrankheit wäre der
Uebergang der acuten Blepharo-Conjunctivitis in eine chronische
Form zu nennen. — Ernster gestaltet sich die Sache, wenn sich
eine Otitis media einstellt; doch heilt sie unter zweckentsprechender
Behandlung gewöhnlich aus, ohne die Zerstörungen anzurichten,
welche die scarlatinöse und die diphtherische Erkrankung characterisirt. — Stärkere Stomatitis ist selten, ebenso Angina tonsillaris;
häufiger giebt eine anhaltendere und stärkere Diarrhoe, die selbst
zu dysenterischen Entleerungen führen kann, Anlass zum Einschreiten. — Die häufigsten und wichtigsten Störungen pflegen
von den Respirationsorganen auszugehen; während ein Pseudocroup im Prodromal- oder Initialstadium nichts auf sich hat,
Laryngitis mit Heiserkeit, Halsschmerz gewöhnlich gut abläuft, stellt der Croup nach Masern eine zwar seltenere, aber
ernste Complication dar. Die meisten Gefahren drohen jedoch
von einer Bronchitis descendens, da sie die Neigung zeigt, sich
mit Bronchopneumonie zu vergesellschaften. Dass an solchen
besonders peripheren Lungenentzündungsheerden die Pleura gerne
Theil nimmt, ist natürlich; Pleuritis sicca ist gewöhnlich, Pl.
serosa seltener, Empyem bildet eine Ausnahme; ebenso Pyopneu-
mothorax, Emphysem. Eine Bronchopneumonie verräth sich äusserlich manchmal schon durch livide Färbung des Exanthems. Eclampsie als Initialsymptom oder in hohem Fieber kommt vor.

Der typische Krankheits- und besonders Fieberverlauf bietet
die beste diagnostische Handhabe zur Erkennung aller Compli-
cationen; sobald die bereits zur Norm abgefallene Temperatur
sich von Neuem erhebt, oder aber das Fieber über die vollendete
Eruption hinaus andauert, muss dies stets zu einer wiederholten
Beobachtung und Untersuchung speziell der Lungen und der
Ohren auffordern; gerade im Abheilungsstadium stellt sich eine
Bronchopneumonie mit Vorliebe ein.

Auch andere Infectionskrankheiten können sich mit den

Masern compliciren, so besonders der Keuchhusten, der den Verlauf der Masern viel ernster gestaltet, seltener die Diphtherie, welche die Prognose ganz infaust macht (wir vermochten in einer grossen Masern-Diphtherieepidemie in Strassburg auch nicht ein einziges Kind am Leben zu erhalten). Die Complication mit Varicellen und Pemphigus acutus ist ganz ungewöhnlich.

Als echte Nachkrankheit figurirt neben Otitis med. hauptsächlich wiederum die Bronchopneumonie, welche in der Regel als Complication acut begann und, chronisch werdend, Wochen und Monate anhalten, in käsige Pneumonie übergehen kann. Eczeme, Hautabscesse schliessen sich den Masern öfters an; nicht allzu selten ist in ihrem Gefolge die Gangrän (Noma, Lungenbrand); Nephritis und Endocarditis sind recht selten, ebenso Purpura.

Masernrecidive wurden nur ganz ausnahmsweise beobachtet.

Die Prognose der Masern ist sehr verschieden, je nachdem die Krankheit ältere (über 2 Jahre), kräftige, gesunde, gut gepflegte Kinder befällt oder sehr jugendliche, anderweitig erkrankte Kinder der unbemittelten, schlecht wohnenden und lebenden Volksklassen. Bei sorgsamer Behandlung wird ein Kind der ersten Kategorie, wenn es in gutem Ernährungszustand an die Krankheit herantrat, keine schweren Complicationen, besonders von Seiten der Lungen erlitt, gewöhnlich ungefährdet erscheinen. Ganz anders gestalten sich die Dinge, wenn die Masern einen jungen Säugling, ein von Hause aus schwächliches, zartes Kind betreffen, ebenso wenn der Patient schlecht ernährt, ein wenig widerstandsfähiges Herz oder gar erkrankte Lungen, einen Herzfehler hat; die ungünstigste Basis geben Rachitis, Atrophie, Scrophulose und Tuberculose für die Masern ab; solche Kinder werden besonders in der Hospitalpraxis in der Regel von einer Masernpneumonie hinweggerafft. Dass eine länger bestehende postmorbillöse Lungeninfiltration der tuberculösen Secundärinfection einen günstigen Boden bereitet, wurde erwähnt.

Die Behandlung ist eine symptomatische. Das Hauptgewicht wird man auf einen thunlichst grossen, luftigen Krankenraum legen; die Verdunkelung desselben sei mässig, da anderen Falls die Kinder zu sehr des Lichts entwöhnt und übermässig empfindlich werden. Warum man nach alter Regel die Masernkranken warm halten soll, ist auf Grund unserer neuen Anschauungen nicht recht einzusehen; keinesfalls packe man die fiebernden und in der Reconvalescenz zu Schweissen neigenden Kinder in Federbetten. Die Kost sei während des Fiebers flüssig; später geht man zu einer leichtverdaulichen, aber kräftigenden

Nahrung über; durststillende Getränke und Wein sind besonders Anfangs am Platz.

Gegen die Blepharo-Conjunctivitis wendet man neben leichter Verdunkelung des Krankenzimmers kühlende Compressen (Bleiwasser, Borsäurelösung) an; hält dieselbe zu lange an, droht sie chronisch zu werden, so geht man zu Umschlägen mit Zinc., sulfur.-, Argent. nitr.-Lösungen (1 $^0/_{00}$), zu Instillationen ($^1/_4\,^0/_0$ bis 1 $^0/_0$) über. Den oft und besonders zu Beginn heftigen Hustenreiz bekämpft man mit Codeïn oder Syrup. Morph., Syrup. Alth. aa, auch mit warmen oder hydropathischen Umschlägen um den Hals. Bei hohem Fieber scheue man sich weder vor kalten Einpackungen, noch vor lauen Bädern, kühlen Waschungen. Um einer Ausbreitung des Katarrhs, der Entstehung von Lungenatelectase und Pneumonie entgegenzuarbeiten, wechsele man besonders bei benommenen Kindern öfters die Körperlage, nehme oder setze sie regelmässig auf; das Wichtigste ist jedoch, durch feuchtes Aufwischen des Fussbodens, Lüften, für eine recht reine, staubfreie, feuchte Luft Sorge zu tragen. Bei zu starker Diarrhoe hat man Stopfdiät, Wismuth, Rothwein etc. zu verordnen; ein Mittelohrexsudat wäre rechtzeitig zu entleeren.

Mit Beginn der Desquamation lasse man erst täglich, später einen um den andern Tag warm baden; das Bett dürfen Masernreconvalescenten erst vom 6.—8. Tage nach Auftreten des Exanthems, das Zimmer im Sommer in der zweiten Woche, in rauhen Jahreszeiten nur mit grosser Vorsicht und erst viel später verlassen.

Eine Isolirung der gesunden Geschwister ist nur dann nöthig resp. zu versuchen, wenn es sich um sehr junge oder sonst gefährdete Individuen handelt, und hat nur Sinn, wenn sie bereits beim Eintritt der ersten Prodromalerscheinung erfolgt.

Rubeola stellt eine nicht eben häufige und dabei wohl die leichteste aller acuten exanthematischen Krankheiten dar. Ihrer Erscheinung nach haben die Rötheln die grösste Aehnlichkeit mit einer ausserordentlich milden Form von Masern. Die Krankheit beansprucht eine zweifellose Selbstständigkeit, wie mehrfach und genau beobachtete grosse Epidemieen der neuesten Zeit beweisen. Das Virus ist gar nicht, die Incubationsdauer nicht genau bekannt. Ohne Prodrome tritt unter leichtem Fieber, bei mässigen Allgemeinerscheinungen (Unruhe, schlechterer Appetit, etwas Dyspepsie, Durst, Kopfschmerz, Müdigkeit) ein characteristisches Exanthem und gleichzeitig eine leichte katarrhalische Affection der Augenbindehaut, der Nasen-, Rachen-, Kehlkopf- und Trachealschleimhaut auf Das Exanthem erinnert am meisten an einen kleinfleckigen, wenig erhabenen Masernausschlag von blasserer Färbung; zum Unterschied von diesem confluirt es nicht zu grösseren Papeln und Quaddeln; gleich ihm befällt es zuerst und am stärksten Gesicht und Hals, dann absteigend den übrigen Körper; auch im Rachen, auf dem harten Gaumen ist es deutlich zu sehen. Die Erscheinungen der Conjunctivitis, Rhinitis etc. sind geringfügig. Als weiteres, mehr weniger typisches Symptom lassen sich in der Regel multiple, kleine Lymphdrüsenschwellungen am Nacken, Hals und besonders hinter den Ohren nachweisen. Binnen 3—4 Tagen schwinden mit dem Exanthem alle Erscheinungen; eine schwache Desquamation kann sich anschliessen. Complicationen und Nachkrankheiten (Bronchitis, Bronchopneumonie?) sind kaum erwähnenswerth. Behandlung: Bettruhe für einige Tage, restringirte Diät; ev. Bäder, Augenumschläge; Acid. muriat.

Scarlatina ist neben Diphtherie die mit Recht am meisten gefürchtete Kinderkrankheit. Der ihr zu Grunde liegende Krankheitserreger ist noch nicht bekannt. Der Scharlach ist eminent ansteckend, jedoch die Empfänglichkeit für die Infection lange nicht so verbreitet, wie etwa die für Masern, Varicellen. Uebertragen wird der Scharlach nicht bloss direct, sondern sehr leicht auch durch dritte Personen, Gegenstände, Wäsche, Briefe, Bücher, Nahrungsmittel, die mit einem Kranken in Berührung gekommen sind. Das Contagium bewahrt seine Wirksamkeit sehr hartnäckig. Der Scharlach scheint immer mehr zuzunehmen, leider in den letzten Decennien auch einen progressiv schlimmeren Character zu gewinnen. Eine Abhängigkeit des Scharlachs von der Jahreszeit, dem Klima ist nicht nachweisbar, ebensowenig die grössere Disposition eines Geschlechtes. Am häufigsten befallen werden die Kinder vom 1.—10. Jahre, etwas seltener jenseits des zehnten, viel seltener vor Ende des ersten Lebensjahres.

Wenn wir bei der Schilderung von einem mittelschweren Scharlachfalle, ohne besondere Complicationen und Nachkrankheiten, ohne die häufigen Abweichungen von dem sogenannten typischen Verlaufe ausgehen, so wäre der Krankheitsgang etwa folgender. Nach der wahrscheinlich meist nur 2 bis 4 bis höchstens 7 Tage betragenden Incubation erfolgt der Krankheitsausbruch in der Regel ziemlich plötzlich: Ueblichkeit oder Erbrechen, ganz acutes allgemeines Krankheitsgefühl, Erblassen, Müdigkeit, Schlafsucht, Frösteln, seltener Schüttelfrost, auch wohl eine Ohnmacht, ein eclamptischer Anfall künden meist zweifellos den Beginn einer ernsten, einer infectiösen Krankheit an. Das Thermometer ergiebt sehr früh schon eine beträchtliche Temperatursteigerung, die sich bald auch durch Hitze der Haut, Röthe des Gesichts, glänzende Augen, Kopfschmerz, Benommenheit oder Delirien, Durst, Anorexie, Puls- und Respirationsbeschleunigung verräth. Aeltere, verständige Kinder geben schon jetzt als erstes und specifisches Krankheitssymptom Halsschmerzen, Schluckbeschwerden an; jedenfalls constatirt die Untersuchung in allen Fällen schon gleich zu Beginn eine lebhafte Angina, die sich für das Auge des Geübten als der Ausbruch des Scharlachexanthems auf Gaumensegeln, hartem Gaumen, Rachenwand darstellt: man sieht eine parenchymatöse Entzündung, eine weniger gleichmässige, als feingepunktete Röthung. Die Tonsillen sind geschwollen, stark entzündet, die Submaxillardrüsen werden fühlbar, druckempfindlich; die Zunge zeigt sich schon frühzeitig grau belegt, trocken. Nach 12, längstens 24 Stunden, nur ausnahmsweise einmal später, tritt das characteristische Scharlachexanthem auch auf der äusseren Haut in die Erscheinung. Dasselbe stellt sich als eine erythematöse Entzündung, Schwellung, leichte Infiltration der Haut dar, welche eine lebhaft-, oft krebsrothe Farbe annimmt; bei näherer Besichtigung stellt sich heraus, dass diese „Scharlach"-Farbe hauptsächlich dadurch hervorgerufen wird, dass die Haut mit Millionen feinster, tiefrother Pünktchen, Tüpfelchen bedeckt ist, sodass man ganz richtig die Bezeichnung „gespritzt" angewendet hat. Die dunkelrothen Punkte entsprechen gewöhnlich den Haarbälgen und treten wohl auch als leichte Erhabenheiten fühlbar hervor. Diese Röthung ist von wechselnder Intensität, sie nimmt bei hoher Fiebertemperatur, auf gedrückten Hautstellen zu, zeitweise erscheint sie blasser; gewöhnlich wird sie besser auf eine gewisse Entfernung wahrgenommen. Das Exanthem beginnt meist auf dem Halse und der Brust und greift dann mehr weniger rasch auf den Rumpf, die Ober- und Unterextremitäten über; am wenigsten befallen ist das Gesicht; am deutlichsten noch prägen sich die Flecken auf den Theilen hinter und vor den Ohren aus; Stirn und Wangen sind kaum oder nur wenig betroffen, gewöhnlich nur diffus geröthet; in ganz auffallendem Gegensatz dazu hebt sich die Umgebung des Mundes, die Nase, das Kinn von dieser Röthung ab, indem sie bleich erscheinen. Das Exanthem braucht von seinem ersten Auftreten bis zu seiner völligen Ausbreitung über den ganzen Körper verschieden lange Zeit, in der Regel nur einen bis zwei Tage. Während seiner Ausbreitung besteht dauerndes, hohes Fieber, das des Abends sich um die 40° hält, nur geringe Morgenremissionen aufweist; es hält an, so lange das Exanthem besteht, und sinkt unter Abblassen des Ausschlages mit langsam abfallender Kurve bis gegen Ende der ersten Krankheitswoche (4—6—8 Tage) zur Norm. Dem Fieber parallel gehen im Allgemeinen die Erscheinungen seitens des Herzens, der Athmung, des Urins, wie sie jede febrile Erkrankung mit sich bringt; nur der Puls ist gewöhnlich unverhältnissmässig beschleunigt. Die Psyche ist bei hohen Temperaturen meist etwas benommen, in anderen Fällen zeigt sich eine febrile Erregung; Delirien, selbst Tobsucht ist nicht so selten. Geklagt wird, abgesehen von den Halsschmerzen, über Kopfschmerz, Hitze, Prickeln und Jucken in der Haut, Durst. Neben den Störungen der Digestion, Anorexie, hie und da Uebelkeit, seltener Verstopfung oder Diarrhoe, wie sie bei jeder Infectionskrankheit beobachtet werden, lässt sich eine für den Scharlach characteristische Veränderung an der Zunge verfolgen. Die Anfangs dick belegte Zunge lässt schon nach 1—2 Tagen aus ihrem grauweissen Belage stark geschwellte und geröthete Papillae filiformes auftauchen; die Ränder, die Spitze reinigen sich, es stösst sich der ganze Zungenbelag ab, und es erscheint nach dem dritten Tage die characteristische Himbeer- oder Katzenzunge. Die Angina geht Hand in Hand mit dem Fieber, dem Hautexanthem allmählich zurück, so dass die typische Röthung Ende der Woche mit den übrigen Krankheitssymptomen geschwunden zu sein pflegt; ebenso blasst die rothe Zunge langsam ab; die Lymphdrüsenschwellung bildet sich zurück; der Fieberharn macht einer reichlicheren Entleerung helleren, klaren Urins Platz; es stellt sich subjectives Wohlbefinden, Appetit ein.

Mit Beginn der zweiten Krankheitswoche tritt eine characteristische Desquamation auf. An dem Halse, Nacken, an der Innenfläche der Oberschenkel, den Nates, in den Kniekehlen beginnend und am deutlichsten stösst sich die Haut in trockenen kleinen Schuppen und in grösseren Blättchen ab; nach kurzer Zeit pflegt sich auch am übrigen Körper, an Fingern und Zehen, den Handtellern und Fusssohlen die Haut abzulösen und zwar hier meist in grossen Lamellen, die sich die Reconvalescenten mit Vorliebe abzupfen. In 5—14 Tagen ist auch dieser Process bei ungestörtem Allgemeinbefinden beendet, und damit bei glücklichem Verlauf die ganze Krankheit abgeschlossen.

Von diesem, sozusagen normalen Verlauf kommen mancherlei Abweichungen vor. So kann das Exanthem nur sehr flüchtiger Natur sein, es kann statt allgemein ausgebreitet zu sein, nur stellenweise auftreten, z. B. die Extremitäten freilassen, wohl auch in Form an einander gereihter Flecken (Sc. variegata) erscheinen. Kleinste, punktförmige Ecchymosen, die dann das

Exanthem überdauern, können sich aus der einfachen Hyperämie herausbilden.

In besonders leichten Fällen besteht das Exanthem manchmal nur ganz kurze Zeit, nur Stunden; auch das Fieber kann beinahe ganz fehlen, so dass es dem Arzt schwer fällt, die Diagnose den Eltern gegenüber aufrecht zu erhalten. Dabei ist nicht ausgeschlossen, dass in der Folge vielleicht ein anderes Kind derselben Familie mit starkem Exanthem, hohem Fieber sehr schwer erkrankt. Auch kann nach raschem und hohem Anstieg das Fieber ebenso rasch wieder abfallen, diesen Sprung in der Kurve vielleicht an den folgenden Tagen wiederholen. Ausnahmsweise erhebt sich die Temperatur nicht acut, sondern in langsamem, sich über 2 und 3 Tage erstreckendem Anstieg auf das Fastigium; endlich wurde ganz regelloser Fieberverlauf beobachtet. Im Allgemeinen kann man aber sagen, dass ebenso wie neuer Temperaturanstieg nach dem Fieberabfall bei Masern, so ein länger andauerndes oder sich wieder von Neuem erhebendes Fieber auf eine Abnormität, eine Complication des Scharlachs hinweist.

Neben Ecchymosen kommen kleinste Bläschenbildung (Sc. miliaris), kleinere Hämorrhagieen, Pusteln, Papeln vor; ob das Exanthem ganz fehlen kann (Sc. sine exanthemate) ist fraglich; oft wird es, besonders bei flüchtigem Auftreten, übersehen, ja es kann ein tödtlicher Ausgang erfolgen, bevor es überhaupt zum Ausbruch des Exanthems kam. Alle anderen Erscheinungen rechnet man besser nicht mehr zu den Symptomen, sondern zu den Complicationen des Scharlachs. Da wäre in erster Linie die Steigerung der einfachen Scharlachangina zur Scharlachnecrose (Henoch), der Pharyngitis diphtheroidea zu erwähnen; es bilden sich bei ihr auf der entzündeten Schleimhaut der Tonsillen, dem Velum, der Uvula, der hinteren Rachenwand grauweisse oder graugelbe, schmierige Beläge, die diphteritischen Membranen täuschend ähnlich sehen und anatomisch ähnlich sein können, bei denen es sich aber nicht um eine Infection mit Löffler'schen Diphtheriebacillen, sondern mit Staphylo- und Streptococcen (vielleicht spezifischer Art) handelt; der Process geht meist mit höherem Fieber, gesteigerten Schluckschmerzen und Schluckbehinderung einher; er greift höchst selten auf Epiglottis und Larynx über, hinterlässt keine Muskellähmungen. Dagegen ist ein gangränöser Zerfall nicht so ungewöhnlich; ferner kann es zu parenchymatöser Eiterung im Gewebe der Mandeln, des Rachens kommen. Auch ist nicht zu bezweifeln, dass jeder solche Process und besonders, wenn er sich durch Gangrän als hervorragend infectiös erweist, Veranlassung zu beträchtlichen entzündlichen Schwellungen des benachbarten Zellgewebes und der Drüsen geben kann, zu der ziemlich häufig zu beobachtenden Lymphadenitis und Phlegmone submaxillaris. Es kommt dabei manchmal zu colossalen Drüsenpacketen am Halse, selbst zu dem Bilde der hochgefährlichen Cynanche Ludovici, in der Folge zu bösartigen Eiterungen, Verjauchungen, allgemeiner Sepsis. Wandern die Entzündungserreger vom Rachen, Nasenrachenraum in die Tube, das Mittelohr, so regen sie dort eine Otitis media purulenta an, die sich meist als sehr perniciös erweist, indem sie die Gehörknöchelchen zerstört, auch wohl zu Caries des Felsenbeins, des Processus mastoideus führt, mindestens langdauernde Ohreiterungen mit starker Beeinträchtigung oder Verlust des Gehörs mit sich bringt.

Auf ein nicht bloss örtlich fortschreitendes, sondern im Blut circulirendes, wohl spezifisches Virus müssen alle folgenden complicirenden Affectionen zurückgeführt werden, deren unschuldigste der sog. Scharlachrheumatismus zu sein pflegt. Er verräth sich durch eine dem Gelenkrheumatismus ganz gleiche, meist nur mässige, spontane, sowie Druck- und Bewegungsschmerzhaftigkeit der kleineren und mittleren Gelenke; dieselbe stellt sich in der Regel gegen Ende der ersten Woche ein und geht mit geringer Gelenkschwellung, -entzündung einher. Ganz anderer Natur sind die schweren, gefährlichen Vereiterungen einzelner oder vielfacher Gelenke, die stets auf eine Art von Sepsis oder Pyämie hinweisen, vielleicht auf Embolieen, jedenfalls auf Infection mit dem Staphylococcus pyogenes zurückzuführen und zu den prognostisch ernstesten Scharlachcomplicationen zu rechnen sind.

Auch an den Respirationsorganen localisiren sich nicht selten complicirende Entzündungen, als deren häufigste Pleuritis exsudativa, fast stets sogar purulenta, selbst duplex zu nennen ist. Etwas ungewöhnlicher sind Bronchitis und Bronchopneumonie; ganz ausnahmsweise wurden acutes Glottisödem und Croup beobachtet.

Auch das Pericardium und seltener das Endocard betheiligen sich an solchen scarlatinösen Entzündungen, am häufigsten bei gleichzeitiger Gelenkaffection und Nephritis. Peri- und Endocarditis stellen sehr bedrohliche Erkrankungen dar, die durch Herzlähmung resp. Embolie, pyämische Metastasen rasch zu tödten vermögen.

Purpura als Nachkrankheit ist selten; ebenso Hautgangrän.

Am geringsten zeigt sich in der Regel der Digestionsapparat betheiligt; Obstipation, auch heftigere Diarrhoeen sind zwar nicht selten, auch Hepatitis mit Icterus kommt vor; doch pflegen keine schweren Störungen beobachtet zu werden. In selteneren Fällen treten auch auf der Mundschleimhaut pseudodiphtherische Beläge (Stomatitis scarlatinosa) auf, die exulceriren und schwere Blutungen hervorrufen können. Dieselben Plaques finden sich dann wohl auch auf Vulva und äusserer Haut.

Am Centralnervensystem werden embolische Encephalitis, Meningitis beobachtet, und es kann zu Geistesstörungen, ferner zu Chorea, Tetanie, Aphasie, Ataxie im Gefolge des Scharlachs kommen. Am Auge sah man centrale (Hirnödem) Amaurose entstehen, doch nur in Begleitung der Nephritis.

Wohl die häufigste, und jedenfalls practisch wichtigste Complication oder besser Nachkrankheit des Scharlachs ist die Nephritis. Eine mässige, wohl fälschlich febril genannte Albuminurie stellen wir oft schon in den ersten Tagen des Scharlachs fest; dieselbe wird auf einen desquamativen Katarrh bezogen und schwindet meist mit dem Fieber und dem Nachlass der übrigen Symptome. Die echte Scharlachnephritis tritt gewöhnlich erst Ende der zweiten, Anfang der dritten Woche in die Erscheinung; ihre Anfänge sind bald ziemlich gelinde, so dass das Leiden sogar längere Zeit übersehen werden kann; in anderen Fällen eröffnen von vorneherein schwere Symptome (Urämie) eine gefährliche Scene. Die Veränderungen des Urins (Harndrang, Abnahme der Harnmenge bis zur Anurie, spärlicher, trüber Urin von hochgestellter Farbe, mit Albumen und mehr weniger reichlichem Sediment- und Blutgehalt), die Erscheinungen seitens der Verdauungsorgane (Anorexie, Dyspepsie, Erbrechen), des Gehirns (Apathie, Schlafsucht, Sopor, Kopfschmerz, Delirien, Amaurose und Aphasie), die Zeichen der Anämie und Hydrämie (Oedeme) sind die bekannten.

Die Scharlachnephritis ist ausgezeichnet durch ihre Neigung, sich mit Bronchitis, Lungenödem, Pneumonie zu compliciren, regelmässig starke Oedeme und hydropische Ergüsse zu machen, leicht zu Urämie zu führen; sie kann binnen Wochen in Heilung enden, aber auch Monate und Jahre dauern, das heisst in die chronische Form übergehen.

Wie der Scharlach nur ausnahmsweise nach längerer Zeit zum zweiten, zu wiederholten Malen dasselbe Individuum befallen kann, so ist als sehr seltenes Vorkommniss ein Scharlachrückfall schon nach Wochen (in der vierten) beobachtet.

Endlich kann sich Scharlach mit anderen Infectionskrankheiten combiniren.

Die Diagnose macht nur selten grössere Schwierigkeiten (echte Diphtherie mit septischem Exanthem, Arzneiexanthem).

Stets ist der Scharlach als eine hochernste Kinderkrankheit aufzufassen, da auch bei scheinbar gutartiger Infection die schwersten Complicationen und Nachkrankheiten auftreten können, und die Krankheit mit einem Male ganz ihren Character zu verändern im Stande ist. Die Prognose richtet sich zum geringeren Theil nach dem Alter, dem Kräftezustand des Kindes, in der Hauptsache nach der Schwere der Infection, der Dauer, der Höhe des Fiebers, nach Grad und Ausdehnung der Complicationen. Die Mortalität kann ziffernmässig belegt werden; die Statistik lässt aber natürlich für den Ablauf des einzelnen Falles gar keine Rückschlüsse zu.

Die Behandlung ist, da wir kein specifisches Mittel gegen den unbekannten Krankheitskeim kennen oder anerkennen, eine symptomatische. Es kommt Alles auf Erhaltung der Widerstandsfähigkeit, besonders der Herzkraft an. So müssen alle eingreifenden, schwächenden Maassnahmen vermieden werden; dahin rechnet die Fieberbehandlung mit Antipyreticis, mit kalten Bädern.

Man verbringe den streng isolirten Kranken in ein grosses, luftiges, helles, staubfreies Zimmer, dessen Temperatur 14—15° R. nicht überschreiten darf; dauernde Ventilirung ist von grosser Bedeutung, ebenso ein glattes, stets reines Lager, Hautpflege, grösste Reinlichkeit. Um Hypostasen, Druck zu vermeiden, sorge man für regelmässigen Lagewechsel, Aufrichten beim Trinken.

Die Ernährung sei dem Fieber entsprechend eine ausschliesslich flüssige, vorwiegend Milchkost; daneben versucht man gute Brühen und vor allem giebt man neben durststillenden Getränken von vorneherein reichlich Alkohol: also Citronenlimonade oder kohlensaures Wasser mit etwas Cognac, Wein mit Wasser, löffelweise Portwein u. dergl. Stellt sich Diarrhoe ein, so bevorzugt man schleimige Suppen (mit Fleischbrühe gekocht), Rothwein, Cacao. Auf regelmässige, fleissige Reinigung von Mund und Zunge, Benetzen der Lippen ist zu achten.

Gegen hohes Fieber gehe man mit kalten Waschungen und lauen Bädern (27—25°) vor; besonders erstere werden bei dem Hitzegefühl, dem Juckreiz in der Haut angenehm empfunden, auch letztere meist gerne genommen. Ferner wirken kühle Zimmerluft, die Eisblase auf den meist schmerzenden Kopf, Eisblase oder Eiscompressen auf das in der Regel heftig arbeitende Herz, um den Hals, ebenso die kühle Nahrung, die kalten Getränke Temperatur herabsetzend. Hydropathische Einpackungen müssten wenigstens Anfangs bei den hohen und höchsten Temperaturen öfter gewechselt werden, als es sich mit der Rücksicht auf die nöthige Ruhe und Schonung des Kranken verträgt.

Gegen die einzelnen Symptome und Complicationen wird man ebenfalls nur in beschränktem Maasse vorzugehen vermögen.

Gegen Gehirnerscheinungen verordne man Eisblase, eventuell Chloral. Die Angina, resp. den pseudodiphtherischen Process im Pharynx behandele man mit antiseptischen Gurgelungen, bei jüngeren Kindern mit Salzwasserausspritzungen; am besten schmerzlindernd wirken Eispillen, die die Kinder an Ort und Stelle zergehen lassen. Aeusserlich applicire man ebenfalls Kälte: Eiscompressen, die Eiscravatte, um so eher und energischer, je mehr sich die Lymphdrüsen, das submaxillare Zellgewebe an der Entzündung betheiligen. Damit wird man in leichteren Fällen auskommen. Zeigt der entzündliche Process im Rachen einen schlimmeren Character, greift er auf die Nase, den Mund über, tritt Gangrän ein, so muss man sich wohl auch zu einer energischeren örtlichen Desinfection entschliessen, die Theile mit Sublimatlösung, Sol. Ferr. sesquichlorat. 50%, Solut. alcohol. acid. carbol. 5% betupfen; man kann parenchymatöse Injectionen von 3% Carbollösung machen, ebenso vorsichtige Naseneingiessungen. Abscesse, Phlegmonen sind chirurgisch anzugreifen.

Treten rheumatische Schmerzen und Schwellungen auf, so bewickele man die betroffenen Gelenke mit Watte und Wolle und stelle sie ruhig.

Weisen Fieberanstieg, Ohrschmerz, Schwellung unter und hinter dem Ohr, der Spiegelbefund auf ein grösseres Paukenhöhlenexsudat hin, so ist die Paracentese indicirt, um weitergehenden Zerstörungen im Mittelohr, Facialislähmung, Ostitis des Warzenfortsatzes, Meningitis, Sinusthrombose, Encephalitis, wenn möglich, vorzubeugen. Darauf folgt die bekannte Localbehandlung.

Die entzündlichen Erkrankungen der Lunge und Pleura sind entsprechend zu berücksichtigen.

Regelmässige Ueberwachung erfordert auch das Herz, der Puls. Gegen Herzschwäche, Collaps vermögen meist alle Mittel (Alcohol, Kaffee, Campher, Aether, Strychnin) nichts.

Stellen sich Diarrhoeen ein, welche ein zulässiges Maass überschreiten, so modificire man entsprechend die Diät, gebe Calomel, Wismuth und dergleichen. Bei Obstipation lasse man Clystiere machen.

Ob eine von Anfang an eingeleitete reine Milchdiät, regelmässige laue Bäder, später in der Reconvalescenz Speckeinreibungen und warme Bäder eine Nephritis postscarlatinosa in der That hintanzuhalten vermögen, bleibt fraglich. Dagegen ist es gerade mit Rücksicht auf die Möglichkeit einer Nieren-affection absolut nöthig, noch lange die Kinder in gleichmässiger Bettruhe und -wärme zu belassen, jede Erkältung, stärkere Muskelthätigkeit zu vermeiden. Die Nierenentzündung behandele man mit Milch, diuretischem Wasser, Bädern mit Nachschwitzen; über das Weitere cf. Nephritis.

Nach Abfall des Fiebers, Schwinden der Krankheitserscheinungen lasse man die Kinder noch strenge Bettruhe halten und täglich warm baden; die Kost erweitert man allmählich durch Zusatz von Weissbrot, Ei, leichten Fleischspeisen, Puréekartoffeln, etwas Compot, selbst leichten Gemüsen; das Hauptgewicht lege man aber noch während der ganzen Reconvalescenz auf Zuführung von recht viel bester, steriler Milch; auch erlaube man diuretische Mineralwässer nach Belieben. Die Desquamation kann man durch Fetteinreibungen unterstützen. Von Mitte der zweiten Woche ab beobachte man täglich den Urin, untersuche regelmässig auf Albumen, um nicht von einer Nephritis überrascht zu werden.

Aufstehen lasse man die Reconvalescenten im Sommer nicht vor Mitte der dritten, im Winter erst nach der dritten Woche, entsprechend das Zimmer erst in der vierten resp. nach der sechsten bis achten Woche verlassen. Eisenpräparate, Leberthran, Lipanin, ein Erholungsaufenthalt in südlichem Klima, in mittlerer Waldeshöhe können sich für die definitive Genesung sehr werthvoll erweisen.

Wohl die leichteste der acuten exanthematischen Krankheiten ist die **Varicella.** Die Wind- oder Wasserpocken sind recht eigentlich eine Kinderkrankheit, da sie bei Erwachsenen fast nie beobachtet werden. Die Varicella hat, obwohl ihr Name anzudeuten scheint, sie stelle eine milde Abart, die leichteste Form der Variola dar, mit den echten Pocken absolut nichts gemein (Impfung, Erkrankung an Variola schützt nicht vor Varicella etc.).

Die Windpocken treten meist in Form kleiner Epidemieen auf; jedenfalls sind sie hochgradig infectiös. Die Erkrankung gestaltet sich der Art, dass nach 13—14 tägiger Incubation, nach unbemerkten oder fehlenden Prodromen unter mässigem Fieber, geringen Allgemeinerscheinungen (Unruhe, Juckreiz, leichte Dyspepsie, gestörter Schlaf, Kopfschmerz) unregelmässig vertheilt über die Haut des ganzen Körpers kleine rothe Flecke, Roseolen (nicht Papeln oder höchstens ganz dünne) auftreten, aus deren Mitte sich sehr rasch rundliche, stecknadelkopf- bis linsengrosse

Bläschen entwickeln. Der Bläscheninhalt ist Anfangs wasserklares, dann sich leicht trübendes Serum; ein Theil der Bläschen zeigt eine kleine Delle. Das Exanthem schiesst nicht gleichzeitig an allen Stellen auf, sondern erscheint meist in deutlichen Schüben, die sich nach Stunden oder Tagen folgen. Unterdessen machen die älteren, länger bestehenden Efflorescenzen schon einen Rückbildungsprocess durch, der in einer Eintrocknung der Bläschen besteht; auch können durch mechanische Verletzung einzelne Bläschen platzen, ihren Inhalt entleeren und zusammenfallen. So kommt es, dass man in der Regel bei dem betroffenen Kinde das Exanthem in allen seinen Stadien zugleich zu sehen bekommt. Lieblingssitze der Efflorescenzen sind der Rumpf, das Gesicht, der behaarte Kopf; spärlicher stellen sie sich auf der Haut der Extremitäten ein; in ausgesprochenen Fällen findet man sie auch auf der Schleimhaut des Mundes, des Rachens, selbst auf Conjunctiva und Vulva. Die Eruption erstreckt sich über ein bis höchstens einige Tage; zur Eintrocknung bedarf es ebenfalls mehrerer Tage, so dass die ganze Krankheitsdauer bis zu einer Woche beträgt. Als Complicationen wären anzusehen: die Entwickelung eines etwas grösseren Ulcus aus einer Schleimhautvesikel im Munde, Pustelbildung, Ausartung der Blasen in kleine Abscesse. Erythematöse und furunculöse Entzündung durch Kratzinfection der Bläschen ist nicht selten; in einem Falle sah ich eine ganz colossale und lebensgefährliche Gangrän sich entwickeln. Nachkrankheiten sind nicht bekannt mit Ausnahme von Nephritis, die sich, wie an jede Infectionskrankheit, so auch in seltenen Fällen nach 3—20 Tagen an Varicella anschliessen kann (Henoch).

Die Prognose ist demnach im Allgemeinen entschieden gut zu stellen.

Die Behandlung besteht bei Fieber und für kleinere Kinder wenigstens in den ersten Tagen in Bettruhe, leichter Kost. Den Juckreiz, das Hitzegefühl in der Haut lindern zweckmässig tägliche laue Bäder; die Eintrocknung der Bläschen befördert man durch Pudern, die Abstossung der gebildeten Krusten und Borken durch Einfetten mit Vaseline etc. und folgende Bäder. Stets wird man Kratzen zu verhüten suchen und auf die Entstehung einer Nephritis achten. Isolirung ist nicht nöthig.

Die wenigsten Besonderheiten weist im Kindesalter der **Typhus abdominalis** auf; Aetiologie und Pathologie sind genau dieselben, wie beim Erwachsenen, nur dass die typischen anatomischen Veränderungen weniger ausgesprochen sind, selbst fast ganz fehlen können. Was sein Vorkommen anlangt, so ist der Kindertyphus nicht so selten, wie früher angenommen wurde, wenn er auch im Säuglingsalter nur ausnahmsweise, bis zu fünf Jahren noch ziemlich selten beobachtet wird. Der Beginn und Verlauf der Krankheit ist im Allgemeinen ähnlich dem aus der Klinik der Erwachsenen bekannten; ihr Anfang ist öfter subacut, schleichend, seltener acut, selbst stürmisch. Diarrhoe mit mehr weniger characteristischen Stühlen ist häufiger wie Verstopfung; die entscheidenden Merkmale bilden auch hier die Fiebercurve, Roseola, Milztumor, Gurren und Druckempfindlichkeit des Ileocoecums, dyspeptische Erscheinungen, Typhuszunge, Katarrh oder seltener hypostatische Pneumonie, weniger Cerebralsymptome (Schlafsucht, seltener Erregung, Delirien), Abmagerung, Diazoreaction, Dicrotie des Pulses.

Was dem Typhus des Kindes eigen ist, wäre einmal ein gewöhnlich milderer, gutartiger Verlauf, eine kürzere Fieberperiode, so dass die bekannte Curve, die Typhusstadien gewissermassen zusammengedrängt erscheinen; so beträgt die ganze Krankheitsdauer statt 3—4 oft nur 2 Wochen; meist fällt die Temperatur sogar schon Ende der zweiten Woche lytisch zur Norm herab; in anderen, weniger zahlreichen Fällen dauert die Krankheit bis zu drei Wochen, ausnahmsweise auch länger. Doch pflegt das Fieber dieselben hohen Grade zu erreichen, die Curve denselben characteristischen Anstieg, das Fastigium und den Abfall zu geben. Es geht zu weit, den Kindertyphus nun als eine relativ ungefährliche Affection zu betrachten; denn es fehlt nicht an Fällen sehr schweren und tödtlichen Verlaufs. Darmblutungen treten, entsprechend den seltener vorkommenden und jedenfalls weniger zahlreichen, seichteren und kleineren Geschwüren, recht selten auf, ebenso ist Perforation eine grosse Ausnahme; der beim Erwachsenen so sehr gefürchtete Decubitus kommt beim Kinde kaum in Frage.

Wenn auch die Nervensymptome während der Krankheit selber weniger schwer und manigfach zu sein pflegen, wie beim Erwachsenen, ja häufig ganz fehlen, so kommen bei Kindern andererseits gewisse Cerebralstörungen öfter vor, und zwar bezieht sich dies insbesondere auf die Aphasie, die relativ häufig sich im Stadium intermittens oder in der Reconvalescenz einstellt und 8—14 Tage anzudauern pflegt. Ferner kommen Tobsuchtsanfälle, sowie sogenannte nervöse Formen (Baginsky) des Typhus vor, die eine Verwechselung mit Meningitis tuberculosa möglich machen können.

Zu Recidiven neigen Kinder entschieden mehr wie Erwachsene. Lungengangrän, Empyem, Otitis media ist nicht so selten nach Typhus beobachtet worden; Peri- und Endocarditis, Parotitis,

Noma, Larynxulcerationen, Hämatom des Rectus abdominis, Synovitis sind dagegen ganz ungewöhnlich.

Miliartuberculose kann sehr wohl eine Zeit lang Typhus vortäuschen.

Von Nachkrankheiten wären Psychosen, Chorea, Aphasie zu erwähnen; auch Hydrops (ohne Albuminurie), Ascites wurde beobachtet; mässige Anämie und Abmagerung ist nichts Ungewöhnliches; Apathie, Inanitionsdelirien sind seltene Vorkommnisse. Im Allgemeinen pflegen sich die Patienten überraschend schnell von ihrer Krankheit zu erholen; die enorme Entkräftung, langsame und mühselige Reconvalescenz, wie sie Erwachsene meist durchmachen müssen, wird in der Regel vermisst. Häufig constatirt man ein lebhaftes Längenwachsthum während und nach der Krankheit.

Die Behandlung ist eine diätetische und symptomatische; die Bekämpfung des Fiebers darf beim Kinde erfahrungsgemäss nicht, oder höchstens bei heranwachsenden, sehr kräftigen Individuen in der Kaltwasserbehandlung bestehen, muss sich vielmehr mit hydropathischem Umschlägen und Einpackungen oder lauen Bädern begnügen, die auch vollkommen ausreichend die vorzügliche, Herz, Respiration und Appetit anregende Wirkung der kalten Bäder erreichen, für Hautpflege, Reinlichkeit sorgen. Für medicinelle Antipyretica kann ich mich nicht erwärmen. Die Nahrung sei eine streng flüssige: Milch, am besten verdünnt, Bouillon, Schleimsuppen; als Nahrungsmittel, wie als Roborans und Analepticum, zugleich Durst stillend wirkt der Wein, der Alcohol überhaupt; bei der Neigung zu Diarrhoe wird man gewöhnlich alten, stark verdünnten Rothwein bevorzugen. Die Sorge für kühle Temperatur des Krankenzimmers (14^0-13^0 R.), ausgiebige Ventilation, gutes, glattes, nicht zu weiches Lager, sodann Mundpflege, tägliche Waschung von Gesicht und Händen, peinliche Säuberung der mit den Excrementen in Berührung kommenden Theile ist ja nicht zu vernachlässigen.

Symptomatisch bekämpft man profuse Diarrhoeen mit schleimigen Decocten, Wismuth, ganz kleinen Dosen Opium; Cerebralsymptome mit der Eisblase, Chloralhydrat.

Von Medicinen wird man nur die Salzsäure consequent während der ganzen Krankheit reichen lassen, vielleicht in einem Chinadecoct.

Den Lungencomplicationen als Katarrh, Atelectase und Pneumonie, beugen reichliche Zufuhr recht reiner, kühler Luft, regelmässiger Lagewechsel, Aufrichten zum Trinken, Anregung tiefer

Inspirationen durch die kalten Einpackungen, wenn nöthig kalte Begiessungen im lauen Bade vor.

Isolirung des Ruhe bedürftigen Kranken, Desinfection der Sedes, später der Wohnung versteht sich von selbst.

Ungeheuer vorsichtig verfahre man in der Reconvalescenz und bei der Ueberleitung zur gewöhnlichen Kost.

Diphtherie. Die Aetiologie der Diphtherie ist seit den ausgezeichneten Untersuchungen Löfflers, deren Richtigkeit von allen Seiten bestätigt und ergänzt wurde, so klar gestellt wie die weniger anderer unter den acuten Infectionskrankheiten.

Der Krankheitserreger, der (Klebs-)Löffler'sche Diphtheriebacillus, ist ein gewöhnlich leicht gekrümmtes Stäbchen, ebenso lang, doppelt so breit wie der Tuberkelbacillus.

Der Diphtheriebacillus wird in keinem Falle von echter Diphtherie vermisst, wenn er sich auch häufig in den ersten Tagen der Erkrankung noch nicht nachweisen lässt und nicht in allen Theilen der Pseudomembranen; er kommt nur bei der echten Diphtherie vor (extrem seltene Befunde im Munde Gesunder beweisen nichts dagegen) und zeigt typische Züchtungsmöglichkeit. Der Löffler'sche Bacillus verursacht, sobald er sich an einer Stelle des Körpers, gewöhnlich im Rachen, festgesetzt hat, zunächst meist rein locale Symptome; er erzeugt nach seinem Eindringen, bei seinem Wachsthum, seiner weiteren Ausbreitung die characteristischen dipththerischen Pseudomembranen. Er findet sich so lange, als Beläge vorhanden sind, und auch noch einige Tage nach dem Verschwinden derselben in Mund- und Rachenhöhle. Während in nicht zu seltenen Fällen seine Thätigkeit eine örtlich beschränkte bleibt, Erscheinungen einer Allgemeininfection, Fieber etc., vollkommen fehlen können, treten bei der Mehrzahl der Erkrankungen verschieden rasch, manchmal erst nach Wochen, öfters gleich nach der Infection Zeichen ein, welche auf ein Ergriffensein des ganzen Körpers, des Blutes, des Centralnervensystems schliessen lassen. Da die Bacillen gewöhnlich*) nicht in Blut und Lymphe eindringen, nicht in den Körper verschleppt werden, sich vielmehr nur ganz ausnahmsweise innerhalb der Blutbahn, in inneren Organen, in Exsudaten finden, ist mit Sicherheit anzunehmen, dass es Stoffwechselproducte des Diphtheriebacillus sein müssen, welche resorbirt, toxisch wirken. In der That ist dieses Gift isolirt und als ein Toxalbumin noch nicht ganz sicherer Zusammensetzung nachgewiesen worden; es wirkt entweder sofort, indem es

---

*) Die hie und da in inneren Organen gefundenen Bacillen scheinen rasch zu Grunde zu gehen und deshalb bedeutungslos zu sein.

Fieber, Dyspepsie, Convulsionen oder Sopor, Collaps, Nieren- und Nebennierenerkrankung, Pleuraentzündung, Herzmuskeldegeneration erzeugt, oder es macht wunderbarerweise erst nach Wochen, ja Monaten unter Abmagerung des inficirten Individuums Lähmungserscheinungen und führt selbst zum Tode.

Neben dem Löffler'schen Bacillus werden bei Diphtheriekranken noch andere Mikroorganismen gefunden, welche eine bedeutsame, wenn auch stets nur secundäre Rolle spielen können; die vorkommenden Parasiten sind hauptsächlich Streptococcen und Staphylococcen; sie dringen in die durch den necrotisirenden diphtheritischen Process eröffnete Rachenschleimhaut, die Tonsillen ein, vermehren sich und erzeugen von der Diphtherie unabhängige Krankheitserscheinungen, welche das Bild der Diphtherie auf das Ernsteste compliciren können. Im Gegensatz zum Diphtheriebacillus finden sie sich aber nicht bloss örtlich, sondern auch im Blute, in den inneren Organen (Herz, Milz, Lungen) und vermögen septicämische Erkrankungen, jedenfalls Eiterung herbeizuführen. Diphtheriebacillus und Strepto- und Staphylococcen stören sich in ihrer Entwickelung gegenseitig nicht, entfalten vielmehr bei ihrem Zusammenwirken erfahrungsgemäss ganz besonders bösartige Eigenschaften. Solche Mischinfectionen sind in nahezu der Hälfte der tödtlich verlaufenen Fälle nachgewiesen.

Aufgenommen wird der Diphtheriebacillus durch directe Uebertragung im menschlichen Verkehr, ausnahmsweise durch Nahrungsmittel (Milch). Die Diphtherie ist ausserordentlich ansteckend; sie befällt vorwiegend die ersten zehn Lebensjahre, ist beim Säugling sehr selten, findet sich aber noch bis zur Pubertät und länger ziemlich häufig; einmaliges Ueberstehen schützt nicht vor wiederholter Erkrankung. In grossen Städten pflegt die Diphtherie endemisch zu sein und zeitweise, ebenso wie auf dem Lande, epidemisch um sich zu greifen. — Ihr anatomisches Localproduct ist fibrinöse (exsudative) und echt diphtherische (necrotisirende) Entzündung. — Betroffen wird überwiegend häufig der Rachen, danach Nase, Mund, Kehlkopf, Bronchien; ausnahmsweise siedelt sich die Erkrankung primär auch in dem Conjunctivalsack, den Genitalien an. Ihre Incubation soll 2—7 Tage betragen (an mir selbst stellte ich bei directer Infection durch aspirirte Membranen mit zweifelloser Sicherheit zweimal eine nur 24 stündige fest).

Der Krankheitsverlauf gestaltet sich nach der Schwere der Infection (Virulenz des Bacillus), nach dem Alter, dem Kräftezustand, der Widerstandskraft des betroffenen Kindes, nach der Dauer der Krankheit, nach Art und Entwickelung von Complicationen, endlich nicht zum kleinsten Theil auch nach der eingeschlagenen Therapie, der Pflege, die dem Kranken gewidmet wird, sehr verschieden.

In leichten Fällen erkrankt ein bis dahin gesundes und genügend kräftiges Kind subacut unter allgemeinen Unwohlseinserscheinungen. Der Appetit ist schlecht oder wechselnd, die Zunge etwas belegt; die Laune ist krankhaft gereizt oder deprimirt; das Kind ist müde, unlustig und unfähig zur Arbeit und zum Spiel; es schläft unruhig und mehr wie sonst; es besteht leichtes Fieber. Auf den Rachen als Sitz der Affection deutet gewöhnlich im Anfang nichts hin; selbst ältere und verständige Kinder klagen nicht über den Hals; oft machen erst retromaxillare Lymphdrüsenschwellungen die Umgebung auf die Natur des Uebels aufmerksam; dann pflegen auch gewöhnlich Schluckbeschwerden bemerkt zu werden. Bei der Untersuchung des Rachens — und diese darf bei keinem Kinde, es kann vorliegen, was wolle, versäumt werden — findet man neben den Zeichen einer mässigen Angina entweder nur auf einer oder beiden Mandeln oder bereits auch auf der Schleimhaut des Rachens, der Uvula, der Gaumenbögen diphtherische Beläge. Dieselben sind theils fleck-, punktförmig, so dass sie ungemein an die Pfröpfe einer Tonsillitis follicularis zu erinnern vermögen, oder aber membranartig, unregelmässig, fetzig; ihre Farbe wechselt von einem ziemlich reinen Weiss oder Silbergrau (bei dünner Schicht) bis zu Gelbweiss, Schmutzigweiss, selbst Bräunlich. Die Beläge sitzen der Schleimhaut bald ziemlich locker auf (Pseudomembranen), bald haften sie fester, infiltriren förmlich die Unterlage, so dass sie einmal leicht abgehoben, ein andermal oder an einer anderen Stelle selbst mit Gewalt nicht entfernt werden können, wenigstens nicht, ohne dass es zu einer Blutung, einem Substanzverlust kommt.

Behält die Erkrankung ihren gutartigen Character, so breiten sich diese diphtheritischen Beläge nur wenig oder gar nicht aus, können auch wohl ganz auf die Tonsillenoberfläche beschränkt bleiben (sog. Mandeldiphtherie); Zeichen einer nennenswerthen Allgemeininfection bleiben nach wie vor aus, und die Beläge stossen sich allmählich ab, die Drüsengeschwulst geht zurück, Appetit, normale Stimmung kehren wieder; ebenso unscheinbar, wie die Krankheit gekommen, geht sie binnen einer Woche in volle Genesung über. Ausnahmsweise kann die Affection, ohne ihre Erscheinungen wesentlich zu ändern, mit grosser Hartnäckigkeit viele Tage, selbst Wochen anhalten; nicht zu selten verändert sie aber auch ihr Anfangs gutartiges Wesen und geht in eine schwere, selbst tödtliche Diphtherieform über.

Die **mittelschwere Diphtherie** ist vor allem dadurch gekennzeichnet, dass neben den localen Erscheinungen die Symptome der diphtherischen Allgemeininfection auftreten. Sie beginnt in der Regel acut mit hohem Fieber, selbst Schüttelfrost und ausgesprochenem Krankheitsgefühl; die Patienten klagen über Kopfschmerz, meist auch Halsschmerz, sind schlafsüchtig, müde, apathisch, seltener erregt, machen Alles in Allem einen ernstlich kranken Eindruck. Auch die örtlichen Erscheinungen sind viel ausgesprochener: die Beläge bedecken mehr weniger beide Mandeln, breiten sich jedenfalls sehr rasch über den ganzen Rachen aus; die Lymphdrüsen, manchmal auch das ganze Zellgewebe unter den Kieferwinkeln, den Hals hinab sind geschwollen, infiltrirt resp. ödematös; frühzeitig verräth schon ein eigenartiger, seröser oder serös-schleimiger, röthlich-gelber Ausfluss aus der Nase, der bald Rhagaden an Naseneingang, Oberlippe zur Folge hat, dass die Entzündung nach dem Nasenrachenraum, der Nase übergegriffen hat. Durch Nasenobstruction, Mandelschwellung, Secretansammlung wird die Athmung behindert, erfolgt bei offenem Munde, manchmal unter einem gewissen Stertor.

Die Allgemeinsymptome dauern an oder verstärken sich. Das Fieber ist wechselnd, meist von mittlerer Höhe, unregelmässig remittirend. Die Athmung ist entsprechend, der Puls oft unverhältnissmässig stark beschleunigt (120 und mehr); die Pulsspannung lässt nach. Ganz auffällig leidet in der Regel der Appetit; nicht einmal Durst wird bei dem Fieber geäussert; häufig besteht eine geradezu unüberwindliche Anorexie, directer Widerwille gegen Nahrung, die sich aus der Schluckbehinderung allein nicht annähernd erklärt. Das Wesen des Kindes ist ganz verändert, gewöhnlich besteht Apathie, manchmal förmliche Somnolenz. Die Harnsecretion ist dabei natürlich vermindert, es erscheinen Blut, Albumen, Sedimente von Epithelien, weissen Blutzellen, hyalinen Cylindern im Urin; der Stuhl ist in der Regel etwas angehalten, kann aber auch diarrhoisch werden. Rasch leidet gewöhnlich der Ernährungs- und Kräftezustand; die Kinder verfallen sichtlich unter unseren Augen, magern ab, werden schwer anämisch, selbst hydrämisch. Nimmt nun die Krankheit einen glücklichen Verlauf, so lassen unter Temperaturabfall, unter Abstossung der diphtherischen Beläge, Schwinden des Nasenausflusses, Zurückgehen der Drüsenschwellungen auch die Zeichen des allgemeinen Ergriffenseins langsam nach; die Stimmung des Reconvalescenten wird besser, Spiellaune und Lebenslust kehren zurück, es stellt sich Appetit, Heisshunger ein, und es erfolgt ziemlich rasch die Genesung, wenn keine Complicationen sich anschliessen, keine Nachkrankheiten folgen. Diese Fälle haben im Allgemeinen eine Dauer von 10—14 Tagen, auch länger.

Nur zu häufig ist der Ausgang ein anderer; nachdem der Zustand unter mässig rascher Ausbreitung der Localaffection, bei mittelschwerer Betheiligung des Allgemeinbefindens 3—5, auch 8 Tage bestanden, vielleicht durch eine gewisse Remission Hoffnung auf Heilung gemacht, tritt, oft ziemlich plötzlich, eine wesentliche Verschlechterung ein. Dieselbe kann von der örtlichen Manifestation der Diphtherie ausgehen; man sieht entweder langsam, aber unaufhaltsam die Beläge sich den Rachen hinab, auf Epiglottis und Larynx ausdehnen; oder aber es stellen sich, ohne dass eine Continuität zu erkennen wäre, ja hie und da, obwohl die Rachenbeläge bereits in voller Abstossung sich begriffen zeigten, manchmal selbst bei ganz geringfügigen Mandel- oder Rachenbelägen die unverkennbaren Symptome einer Larynxdiphtherie, eines diphtherischen Croups ein; die Stimme wird rauh, belegt, heiser, aphonisch; es meldet sich ein trockener, allmählich bellender Husten, und auch die Zeichen der Larynxstenose lassen dann nicht mehr lange auf sich warten: es treten Suffocationsanfälle ein, die zur Vornahme der Tracheotomie zwingen. Aber auch dann lässt die Tendenz des Processes, den Bronchialbaum hinabzusteigen, nicht nach; unter den Qualen einer Stenose der mittleren und kleinen Bronchien tritt fast ausnahmslos nach Tagen der Tod ein. Seltener macht die Membranbildung nicht zu weit unterhalb des Kehlkopfs Halt, die Wuth der Krankheit scheint sich erschöpft zu haben, auf dem ganzen von der Krankheit begangenen Wege stossen sich die membranösen Producte unter schleimig-eitriger Secretion, minimaler Blutung ab, und es erfolgt, wenn auch langsam, später die definitive Heilung.

In anderen Fällen treten Blutungen aus Mund und Nase auf, die selbst tödtlich werden können, oder aber es geht das Verderben nicht von dem Localprocess, sondern von der Vergiftung des Blutes, des ganzen Organismus aus. Das Fieber lässt nicht nach, es erreicht hohe und höchste Grade: unter absoluter Nahrungsverweigerung, Apathie, Somnolenz, Schwinden des Pulses geben die Kinder an Herzschwäche mehr oder weniger rasch, manchmal syncopal zu Grunde.

Und doch sind dies noch lange nicht die schlimmsten Fälle. Die schwerste Erkrankung, die septische Diphtherie, liefert ein noch grausigeres, trostloseres Krankheitsbild. Manchmal auf Grund einer mittelschweren Diphtherie, öfter von vorneherein treten an der Rachenaffection gangränöse Erscheinungen auf; die Beläge sind nicht weisslich, sondern stellen eine grünliche oder bräunliche oder blutig imbibirte, schwärzliche Masse dar, der ein intensiver Geruch, oft geradezu aashafter Gestank entströmt; die Drüsenschwellung nimmt beträchtliche Ausdebnung an; der Hals, die Parotisgegend, die Umgebung der Nase und diese selbst, ja das ganze Gesicht erscheinen ödematös geschwollen. Die Patienten bieten geradezu das Bild der Sepsis: sie liegen stumpf im Sopor da, sind zu keiner Reaction, geschweige denn zur Nahrungsaufnahme zu bewegen; seltener zeigen sie Jactation und Delirien. Die Herzkraft lässt rapid nach; die Extremitäten werden kühl, die Lippen und Nägel blau, die Athmung dyspnoisch, der Puls immer kleiner, schwächer und frequenter. Es können Hämorrhagien auftreten, Diarrhoe, Endocarditis, Pneumonie sich einstellen und den unabwendbaren Tod beschleunigen.

Wie schon gesagt, können die leichteren Formen in schwerere übergehen, kann eine anscheinend in ihren klinischen Symptomen gutartige Diphtherie rasch tödtlich werden, so dass diese Eintheilung keine scharfe, allgemeingültige ist.

Der Complicationen hat die Diphtherie ziemlich viele. Auf der Haut beobachtet man hie und da Herpes, ausnahmsweise auch echte diphtherische Erkrankung und zwar dann nur an vordem bereits erkrankten Stellen (Eczem); erythematöse und andere Exantheme sind selten; öfter schon findet man diphtherische Vulvovaginitis; ziemlich häufig ist Stomatitis diphth. Stets ist der Digestionsapparat auch im Ganzen betheiligt; dass regelmässig der Appetit sehr darnieder liegt, wurde schon betont; hie und da kommt es zu Erbrechen; der Stuhl ist öfter obstipirt wie diarrhoisch; eine Leberanschwellung (Hepatitis? Stauung!) ist nicht gerade häufig; der Milztumor ist der bei allen Infectionskrankheiten bekannte. Bei schwerer Diphtberie ist Albuminurie und Nephritis ziemlich gewöhnlich. Dass die Herzkraft rasch leidet, wurde ebenfalls erwähnt; myocarditische, seltener endocarditische Veränderungen sind eine wohl gekannte Folge schwerer diphtherischer Infection (cf. Nachkrankheiten). Neben der Nase und dem Kehlkopf, die per continuitatem ergriffen werden, betheiligen sich bei etwas längerer Dauer und schwerer Infection Lungen (und Pleuren) ziemlich oft mit Broncbitis capillaris und Bronchopneumonieen (und Pleuritis). Gelenkaffectionen (Synovitis simplex und purulenta) sind ungewöhnlich. Am Nervensystem constatiren wir depressive, seltener excitative Gehirnsymptome, Prostration; Convulsionen bilden seltene Ausnahmen. Die Lymphdrüsenentzündungen wurden erwähnt. Otitis media entsteht durch Eindringen der Entzündung in Tube und

Paukenhöhle und richtet meist grosse Zerstörungen in dieser an. Conjunctivitis diphther. (durch directe Uebertragung von Secret ins Auge oder Ueberwandern der Bacillen aus der Nase in den Thränennasencanal) kommt nicht selten zu Stande und gefährdet den Bestand der Augen auf das Schwerste.

Die Nachkrankheiten der Diphtherie sind lange nicht so zahlreich, wie etwa die des Scharlach, aber von grösster Bedeutung. Die Nephritis postdiphtherica (N. desquamativa, Glomerulonephritis, seltener hämorrhagische Nephritis) ist, so häufig Albuminurie im Beginn und auf der Höhe der Krankheit gefunden wird, recht selten, Urämie eine avis rarissima. Etwas häufiger ist die ganz ominöse diphtherische Herzparalyse; dieselbe kann schon während der Blüthe des örtlichen Processes auftreten, wie überhaupt zu jeder Zeit während und nach der Diphtherie; gewöhnlich bildet sie sich aber erst nach seiner Beendigung, manchmal erst spät (noch nach zwei Monaten), in voller Reconvalescenz heraus. Ihre pathologisch-anatomische Grundlage ist nicht immer acute Herzmuskeldegeneration (Myocarditis interstitialis, noch öfter parenchymatosa, fettige Metamorphose), hie und da findet man das Herz makro- und mikroscopisch ziemlich intact, so dass man die Herzerscheinungen auf eine toxische Affection der Herzganglien und des Vagus zurückführen muss. Klinisch kommt sie theils ganz acut, ja rapid, syncopal, theils langsamer zum Ausdruck; im ersten Fall kann man scheinbar genesende, ja schon wieder gesunde Kinder plötzlich zurückfallen, im Collaps sterben sehen; in anderen Fällen nimmt langsam, aber unaufhaltsam die Herzkraft ab, der Puls wird leicht unregelmässig, frequenter, dabei schwächer, ganz arhythmisch, aussetzend, er schwindet vollkommen; es stellt sich Cyanose, Dyspnoe, Erbrechen, Apathie, Kühle der Extremitäten, der Nase und Ohren ein; die Herztöne sind dumpf, matt, erfolgen im Galopprhythmus; das Herz zeigt sich acut dilatirt; im Sopor tritt der Tod an Herzinsufficienz ein. Seltener erlahmt das Herz zur Zeit des Auftretens diphtherischer Lähmungen an peripheren Nerven (s. u.) in weniger gefährlicher Weise und erholt sich allmählich wieder. Gewöhnlich ist die Prognose ganz infaust zu stellen. Alle Excitantien, Herzmittel erweisen sich machtlos.

Ungleich gutartiger sind die toxischen Lähmungen, welche sich an verschiedenen Muskeln und Muskelgruppen als Nachkrankheit entwickeln, die diphtherischen Paralysen. Sie kommen ausnahmsweise schon frühzeitig, in der Regel erst in der dritten bis vierten Woche nach Abheilung des örtlichen Processes zur Beobachtung. Die häufigste und in der Regel zuerst auftretende Form ist die Gaumensegellähmung, halb- oder doppelseitig mit den bekannten Symptomen (näselnde Sprache, Verschlucken, Austreten von flüssiger Nahrung aus der Nase, Schiefstand oder schlaffes Hängenbleiben des weichen Gaumens, der Uvula bei der Intonation). Etwas seltener sind Augen-, speziell Oculomotoriuslähmung, gleichzeitig damit oder allein für sich Accomodations- (Ciliarnerven)lähmung (speziell beim Lesen bemerklich), ausnahmsweise auch Amblyopie. Ferner kann sich eine Stimmbandparalyse, eine Schwäche bis zu vollkommener Lähmung der Extremitäten- und Rückenmuskeln einstellen. Bedenklicherer Art ist eine Zwerchfellslähmung, Lähmung der Athemmuskulatur überhaupt. Die sensibelen Nerven zeigen sich nur ausnahmsweise ergriffen (Par-, Anästhesie). Ataxie mit und ohne Parese ist eine häufige Folge. — Vaguslähmung (Erbrechen, Kolik, Herzsymptome, Dyspnoe, Respirationstörung) ist ungewöhnlich. Stets findet man, wie nach Angabe mancher Autoren während der Krankheit selber, so auch zur Zeit diphtherischer Paralysen und noch lange nachher den Patellarreflex erloschen. Entsprechend ist die faradische und galvanische Erregbarkeit herabgesetzt oder fehlt ganz; es tritt Atrophie ein; Entartungsreaction ist selten. Was den Lähmungen anatomisch zu Grunde liegt, ist bekanntlich meistens Polyneuritis, Hyperämie und capillare Blutungen in den Nervenscheiden, weniger auch im Rückenmark.

Die Diagnose der Diphtherie kann mit Sicherheit wenigstens im Anfang nur durch eine bacteriologische Untersuchung festgestellt werden. Dabei genügt die mikroscopische Untersuchung eines dem Rachen entnommenen Membranpartikels nicht; zwar färben sich mit Methylenblau die echten Bacillen sofort sehr gut; doch vermag volle Sicherheit erst das relativ einfache Culturverfahren zu geben, da der Diphtheriebacillus nicht, wie z. B. der Tuberkelbacillus, ein spezifisches Verhalten gegen den Anilinfarbstoff zeigt.

Man wäscht das mit einer aseptischen Pincette gewonnene Theilchen des diphtherischen Belages einige Minuten in 2% Borsäurelösung, um die im Rachen stets vorhandenen andersartigen Mikroorganismen in ihrer Entwicklung zu stören, und streicht dasselbe in mehreren breiten Reagenzröhren oder auf Platten mit Löffler'schem Blutserum oder auch Agar-Fleischpepton aus. Im Brutofen bei 37° C. wachsen binnen 24 Stunden Culturen aus; in den erstgeimpften Nährböden finden sich manchmal nur die gewöhnlichen Speichelbacterien und Streptococcen; daneben oder erst in den letztinfizirten Nährböden wachsen die characteristischen Culturen des Diphtheriebacillus gewöhnlich ziemlich rein.

Finden sich die typischen Culturen des Löffler'schen Bacillus nicht, so handelt es sich um eine Cocceninfection, die täuschend das Bild der Diphtherie bieten, auch sehr ernste Krankheitserscheinungen (hohes Fieber, Drüsenabscesse, Otitis, Empyem etc.) machen kann, doch in der Regel ohne directe Bedrohung des Lebens abläuft. Mit dem zweifellosen Nachweis, dass die Rachenbeläge den echten Diphtheriebacillus enthalten, ist die Diagnose noch nicht erschöpft; es ist von Wichtigkeit festzustellen, ob sich neben dem specifischen Krankheitserreger noch andere Mikroorganismen, speciell Staphylo- und Streptococcen in stärkerer Entwickelung betheiligen; von ihrem Verhalten kann der Krankheitsverlauf ausserordentlich beeinflusst, die Prognose durch den Nachweis einer solchen Mischinfection noch mehr getrübt werden. Ferner hätte es grossen Werth, zu Anfang und dann wieder von Zeit zu Zeit den Grad der Virulenz des Diphtheriebacillus, die bekanntlich sehr wechseln kann (Pseudodiphtheriebacillus?), in dem speciellen Falle festzustellen. Zu betonen ist hier freilich, dass die bacteriologische Untersuchung nur dann den diagnostischen und damit prognostischen Werth hat, den sie beanspruchen kann, wenn sie von einem schulgerecht Geübten vorgenommen wird.

In der Praxis ist nun aber aus inneren und äusseren Gründen eine exacte bacteriologische Untersuchung jedes verdächtigen Falles von Rachenaffection nicht wohl durchzuführen, es sei denn, dass gut eingerichtete bacteriologische Laboratorien dieselbe übernehmen, wozu die Grossstadt ja reichlich Gelegenheit bietet. Glücklicherweise lässt sich die Diagnose der Diphtherie aber auch rein klinisch mit annähernder Sicherheit stellen; im allerersten Anfang freilich kann sie zweifelhaft, ja unmöglich sein; es empfiehlt sich deshalb, wenn die gutartige Natur der Mandelbeläge nicht absolut fest zu stehen scheint, sich die definitive Diagnose auf die nochmalige Besichtigung nach 12 oder 24 Stunden vorzubehalten, sich aber bezüglich Isolirung und Therapie genau so zu verhalten, als ob es sich um echte Diphtherie handele.

Eine jedenfalls sehr bemerkenswerthe Thatsache ist es, dass das Bild der Diphtherie sehr wechselvoll sein kann; nicht allein kann die Rachenaffection bei einer Cocceninfection der Mandeln (der Pseudodiphtherie, Diphtheroïd der Franzosen) den Belägen der echten Diphtherie sehr ähnlich, ja gleich sein (Membranbildung, Beginn auf der Rachenwand), sondern ich habe mich mehrfach überzeugt, dass eine echte Löffler'sche Infection in ihrem Beginn genau wie eine Tonsillitis follicularis aussehen kann; in anderen Fällen entdeckt man bei wiederholter und gründlicher Untersuchung im Rachen keine Spur von Belägen, während Nase oder Larynx Sitz der specifischen Infection geworden sind.

In der Regel pflegt sich aber die echte Diphtherie sehr bald schon zweifellos kenntlich zu machen, indem ihre Beläge von den Mandeln auf Rachenwand, Uvula übergreifen; der practisch Erfahrene wird selten länger wie 24 Stunden in seiner Diagnose schwanken und sich bei aller und jeder Belagbildung im Rachen sehr vorsichtig äussern und verhalten.

Ist die echte Diphtherie constatirt, so wird man die Prognose nie anders als zweifelhaft, je nach Alter, Constitution des Kindes mehr weniger ad malum vergens stellen; im Allgemeinen kann man nie von vorneherein eine definitive Vorhersage machen, wird vielmehr gut thun, sich stets nur von einem Tag für den anderen zu äussern; die Krankheit vermag die allerunliebsamsten Ueberraschungen zu machen, kann binnen 24 Stunden und noch rascher völlig ihren Character ändern; starke Albuminurie, Lungencomplicationen, absteigender Croup, Zeichen von allgemeiner Intoxication und besonders von Nachlassen der Herzkraft machen die Prognose ganz schlecht.

Therapie: Trotz der genauen Erkenntniss des Infectionserregers, trotz der aus dem Studium seiner Lebensbedingungen, seines Verhaltens im menschlichen Körper sich klar ergebenden therapeutischen Indicationen, ist es um die Behandlung der Diphtherie zur Stunde noch recht schlecht bestellt.

Die therapeutischen Angriffe haben sich auf Grund theoretischer Erwägungen auf drei Punkte zu richten: Erstens sollen die Löffler'schen Bacillen örtlich mit unschädlichen Mitteln womöglich vernichtet, mindestens in ihrem weiteren Gedeihen gestört und gehemmt und damit die Production der spezifischen Toxine verhindert werden. Die Localbehandlung ist gerechtfertigt und nöthig, weil die Infection zunächst und hauptsächlich eine örtliche ist. Zweitens hätte die Therapie die Einwirkung des Giftes, welches bereits in den Körper eingedrungen ist, oder dessen fortgesetzte Bildung und Resorption die localen Maassnahmen nicht zu verhindern vermögen, zu paralysiren. Drittens wäre für eine Desinfection der von den Diphtheriebacillen gesetzten necrotischen Ulcerationen zu sorgen, eine secundäre Invasion von Coccen, die sich auf dem von jenen geschaffenen Boden zu entwickeln drohen, zu verhindern.

Das Bemühen, diesen drei Indicationen zu genügen, ist theils, wie sich schon von vorneherein annehmen lässt, ganz aussichtslos, theils ist der Erfolg nur sehr zweifelhaft. Ein Mittel, den verderblichen, fiebererregenden, herzlähmenden Einfluss des Diphtheriegiftes aufzuheben oder auch nur zu hemmen, kennen wir nicht, wenn wir auch für die Zukunft ein solches von der immer fortschreitenden Bacteriologie erhoffen. Was wir thun können, ist einmal durch eine geeignete Localbehandlung die immer neue Bildung und Aufsaugung des Giftes zu verhüten, sodann den Organismus durch eine roborirende Ernährung, durch die Einfuhr von reichlichem Alcohol widerstandsfähiger zu machen.

Mehr dürfen wir uns von einer örtlichen Behandlung des diphtherischen Heerdes versprechen; sie giebt wenigstens, wenn frühzeitig begonnen und energisch durchgeführt, in nicht zu schweren (septischen) Fällen einigermaassen bessere Aussichten. Dazu rechnet freilich die früher öfters geübte, rohe und sinnlose, brüske Entfernung der Beläge mit der Pincette, durch Abkratzen mit den Nägeln nicht; wie denn erste Bedingung der Localbehandlung ist, dass bei ihr nicht durch Erzeugung von Schleimhautwunden den Diphtheriebacillen, Staphylo- und Streptococcen neue Eingangspforten geschaffen, denselben direct die Blut- und Lymphbahnen eröffnet werden. Aus diesem Grunde verwerfen wir auch eine starke Aetzung (Chlorzink), die Verschorfung der erkrankten Theile mit dem Glüheisen, da, auch wenn der Bacillenheerd vollkommen zerstört wurde, sofort wieder eine Neuansiedelung der in Mund und Rachen befindlichen Löffler'schen Bacillen in und unter dem Schorf zu erwarten steht; practisch bewährt hat sich dieses Verfahren jedenfalls nicht.

Die früher empfohlenen Localmittel, deren Zahl Legion ist, auch nur namentlich anzuführen, kann nicht interessiren; sie haben sich sämmtlich werthlos erwiesen, und ihre oft enthusiastische Anpreisung ist theils auf Mangel an Kritik, theils auf ihre Anwendung bei Tonsillitis follicularis und Cocceninfection zurückzuführen.

Bei der Prüfung verschiedenster Antiseptica auf ihre Wirksamkeit gegenüber Culturen von Diphtheriebacillen erschienen Löffler als die sichersten Mittel vor Allem die Carbolsäure allein oder in Verbindung mit Terpentin und Alcohol und das Quecksilber, besonders das Sublimat; seine Verordnungsformel ist: Acid. carbol. 3,0—5,0, Ol. Terebinth. rect. 40,0, Alcoh. absol. 60,0 M. D. S. mit Wattebausch auf die betroffenen Stellen leicht anzudrücken und einzureiben; sodann: Sol. aquos. Hydrarg. bichlor. corr. oder Hydrarg. cyan. 1 $^0/_{00}$. Bei nicht zu häufiger Anwendung, wenn besonders bei einer durch die Ausdehnung der Beläge bedingten Application des Mittels auf grössere resorbirende Flächen die nöthige Vorsicht waltet, wird sich eine Intoxication leicht verhüten lassen; natürlich hat man regelmässig auf Carbolreaction des Urins (Liqu. Ferr. sesquichlor.), auf toxische

Albuminurie, Erscheinungen von Darmkatarrh und Stomatitis zu untersuchen.

Bereits vor vielen Jahren angewendet und neuerdings wieder empfohlen ist der Liqu. Ferr. sesquichlor.; derselbe erwies sich der Carbolsäure und den Quecksilbersalzen als gleichwerthig, da er die Löffler'schen Bacillen noch in einer Verdünnung von 1:5 sofort tödtet; überlegen ist er jenen Antisepticis durch seine absolute Ungiftigkeit und die Eigenschaft, beim Betupfen etwa entstandene Wunden und Blutungen sofort unschädlich zu machen. Ich habe nach vieljährigen Versuchen den Liqu. Ferr. sesquichlor. als ein eben so wirksames wie in seiner Application am wenigsten unangenehmes und ganz unschädliches Mittel erkannt, dass ich ihn jetzt fast ausschliesslich anwende.

Andere empfehlen wieder das Chinolin, das mit dem Liqu. Ferr. sesquichlor. den Vorzug theilt, die gesunde Schleimhaut so gut wie gar nicht zu afficiren und ungiftig zu sein, ferner die Essigsäure (5—10 %), die Salzsäure (10 %). Ueber den Erfolg von Jodoforminsufflationen (auch Zucker?), die den Vortheil eines sehr schonenden Verfahrens haben, liegen zuverlässige Beobachtungen nicht vor.

Was die Art und Weise der Anwendung der örtlichen Mittel anbetrifft, so ziehe ich dem Betupfen und Andrücken mit Wattebäuschen das Bepinseln als das schonendere und dabei nicht weniger wirksame Mittel vor; da durch den reflectorischen Würgeact Tonsillen und Rachenwände fest an den feuchten Pinsel angedrückt zu werden pflegen, so scheint es mir vollkommen ausreichend zu wirken. Um den Kindern eine unnöthige Belästigung zu ersparen und das Erbrechen sowohl von Speisen, als der Pinselflüssigkeit zu vermeiden, unterlasse man alles Umherwischen, halte vielmehr den Pinsel ruhig angedrückt an die erkrankten Stellen, wiederhole lieber, wenn sie nicht sämmtlich gleichzeitig erreicht werden können, die Pinselung gleich noch 1—2 mal. Immer überzeuge man sich, dass auch nicht das kleinste Theilchen des Krankheitsheerdes, besonders nicht tief unten nach der Epiglottis zu und in den Nischen der Tonsillen, hinter denselben, ev. auch im Munde sitzende Beläge von der Flüssigkeit unerreicht blieben (am deutlichsten lässt sich dies bei dem Liqu. Ferr. sesquichlor. durch die eintretende Schwarz- oder Braunfärbung der Membranen erkennen). Man vermeide peinlich jede Verletzung der Rachenschleimhaut und Tonsillen; nur wenn es die äusseren Verhältnisse gebieten, überlasse man die Localbehandlung technisch geschickter Assistenz, einer Pflegerin; das einzig Richtige ist es, das Pinseln keinenfalls von den Angehörigen vornehmen zu lassen, da Alles auf seine gute und energische Ausführung ankommt. Nur bei sehr widerspänstigen Kindern, bei unmässiger Unruhe und Aufgeregtheit wird man ausnahmsweise von einer örtlichen Rachenbehandlung Abstand nehmen müssen. Wie oft die Pinselungen vorzunehmen sind, hängt von dem Grade und der Ausdehnung des Localprocesses ab; im Anfang wird man besonders energisch vorgehen müssen, d. h. etwa 2—4-, später 8-stündlich pinseln; da Fieber und Allgemeinerscheinungen gar kein sicheres Kriterium dafür abgeben, ob noch virulente Bacillen vorhanden sind, ob nicht nach beginnender Abstossung oder Stehenbleiben der Beläge plötzlich ein erneutes Wachsthum der Mikroorganismen, neue Production von Toxinen stattfindet, darf man mit der örtlichen Behandlung nicht eher aufhören, als bis alle Membranen völlig geschwunden, die Ulcerationen verheilt sind.

Die Vorsicht erfordert es, um dem Arzte eine Infection zu ersparen, einer Verschleppung des Infectionsstoffes vorzubeugen, dass Arzt wie Pfleger nur in besonderen Leinwand- oder Gummischürzen, besser -Anzügen das Krankenzimmer betreten, sich bei der Pinselung einer Schutzbrille bedienen und sich vor dem Weggang sorgfältig desinficiren (auch Haare und Bart).

Was die Resultate der Pinselungen anlangt, so sind solche nur dann zu erwarten, wenn der örtliche Process möglichst frühzeitig in Angriff genommen wurde, bevor er eine grosse Ausbreitung erlangt, septische Allgemeinerscheinungen verursacht hat, jedenfalls nur dann, wenn er durch das Mittel noch überall mit Sicherheit erreichbar ist. Haben sich die Beläge erst über den ganzen Pharynx, in alle Nischen und Taschen der Tonsillen, in die Nase, tief hinab neben den Zungengrund, auf die Epiglottis, in den Kehlkopf verbreitet, so nimmt man besser von jeder örtlichen Beeinflussung Abstand, desgleichen wenn bereits eine deletäre Wirkung der Toxine auf Herz und Centralnervensystem erkennbar ist. Dagegen hat eine energische und consequente Localbehandlung gleich von den ersten Krankheitstagen an selbst in schweren Fällen zweifellose Heilerfolge zu verzeichnen, vermag jedenfalls sehr oft eine bedrohliche örtliche Verbreitung des Processes zu verhindern. Diese Erwägung lässt eine möglichst frühzeitige Erkennung der Diphtherie in ihren allerersten, vollkommen localisirten und beschränkten Anfängen von der grössten Wichtigkeit erscheinen.

Weniger intensiv wie die Pinselung oder Einreibung dieser Mittel wirkt ihre Verwendung in Gurgelwässern und in Form der Inhalation. Sie dienen in erster Linie der Reinigung, nur in beschränkterem Maasse der Desinfection von Mund- und Rachenhöhle, da sie ja nur oberflächlich und nur kurze Zeit einwirken. Die Carbolsäure und Quecksilberpräparate sind, letztere nur in starker Verdünnung, stets erst dann erlaubt, wenn man sich durch ein Probegurgeln mit Wasser überzeugt hat, dass das Kind dabei nicht nennenswerthe Mengen verschluckt. Auf Vergiftungssymptome ist dabei besonders sorgfältig zu achten. Nicht angewendet werden können alle Gargarismen bei Kindern unter 4—6 Jahren, die nicht zu gurgeln verstehen. Man verwendet 2—3% Carbollösungen (Ac. carbol. 3,0, Alcohol. absol. 30,0, Aqu. dest. 70,0), das Quecksilber am besten nur in Gestalt des weniger gefährlichen Hydrarg. cyan. 0,1 : 1000,0 bis 0,1 : 500,0. — Aqu. calc. und Sol. Kal. chlor., Acid. boric. haben nur als Reinigungsmittel einen gewissen Werth, antibacteriellen Einfluss dürften sie kaum geltend machen. Die Gurgelungen wären Anfangs halbstündlich, bei Abnahme der Beläge noch ein- bis zweistündlich vorzunehmen und selbst dann noch fortzusetzen, wenn alle sichtbaren diphtherischen Heerde aus Mund und Rachen verschwunden sind, da nachgewiesener Maassen sich die Löfflerschen Bacillen noch viele Tage vorfinden. Bei Kindern, die nicht zu gurgeln verstehen, versucht man durch kräftige Mund- und Rachenhöhlenausspritzung mit Wasser, Kalkwasser, Borwasser den gewünschten Reinigungszweck zu erreichen.

Alle diese Proceduren genügen gleichzeitig der dritten Indication, einer gleichzeitigen oder secundären Infection mit Staphylo- und Streptococcen entgegenzuarbeiten; vergleichende Versuche bei der reinen Cocceninfection der sog. Scharlachdiphtherie haben die Carbolsäure als das wirksamste Antisepticum erwiesen. Gegen die septische Infection des Blutes, die metastatischen, pyämischen Erkrankungen der Organe im Verlaufe einer solchen Secundär- oder Mischinfection sind innere Mittel ebenso ohnmächtig, wie gegen die Vergiftung mit Diphtheritistoxin.

Von der Verabreichung innerer Mittel kann man sich nichts versprechen, da sie gegen Toxine ebenso wirkungslos sind als sie gegenüber den nur local und nur in den oberflächlichen Schleimhautschichten, in den Membranen sich aufhaltenden Diphtheriebacillen unangebracht erscheinen. Obwohl sich noch keines derselben auch nur annähernd bewährt hat, werden sie immer wieder von Neuem empfohlen; so das Kal. chlor., welches in den Speichel übergehend, dauernd örtlich einwirken soll; in kleinen Dosen ist es ganz unwirksam, in grossen gefährlich. Etwas besser begründet ist durch die Löffler'schen Untersuchungen das Hydrarg. cyan. (0,02:200,0, stündlich, halb-, selbst viertelstündlich 1 Theelöffel, je nach dem Alter); seiner Empfehlung als eines Specificums hat es sich nicht würdig erwiesen, zumal es toxisch wirken kann. Ueberhaupt verstossen die genannten Mittel gegen die erste Forderung der Diphtheriebehandlung, alles zu vermeiden, was irgend den Organismus schwächen, schädigen könnte. Von dem Terpentin innerlich habe ich nie etwas gesehen; es ist sehr widerlich zu nehmen und schon wegen der Gefahr einer Nierenreizung zu verwerfen.

Die Hauptsache bleibt neben der Localbehandlung die Versetzung des Patienten unter möglichst günstige Lebensbedingungen, eine richtige, Kräfte erhaltende und zuführende Ernährung, die Fernhaltung aller schwächenden Momente.

Das Krankenzimmer sei ein luftiger, heller, grosser Raum; regelmässige Reinigungen (Lysol) sollen jede Ansammlung von Infectionsstoff verhindern. Für eine absolute Reinhaltung der Luft ist durch vorsichtige, aber ununterbrochene Ventilation Sorge zu tragen. Das Bett muss bequem sein, die Unterlagen (Matratze und Leintuch) wie das Hemd sollen glatt liegen; das Krankenlager soll vor Zug und gegen directe grelle Beleuchtung geschützt, aber von allen Seiten dem Pflegepersonal zugänglich sein. Es kann sich empfehlen, zwischen zwei Betten zu wechseln, um das gebrauchte gründlich lüften und aufschütteln zu können.

Von grosser Wichtigkeit ist es, den Patienten nicht durch Unruhe, Zuvielthun in der Pflege, Unterhaltung, gutgemeintes Zureden und Aufmuntern, durch um diese Zeit schlecht angebrachte Erziehungsversuche aufzuregen und seine Kräfte anzustrengen; der Kranke darf zur Defäcation und zum Urinlassen das Bett nicht selbstständig verlassen. Es herrsche grösste Ruhe; die Pflege geschehe zart, liebevoll, wenn auch nöthigenfalls unter Anwendung eines gewissen Nachdruckes zur Erreichung von absolut Nothwendigem.

Se- und Excrete sind sofort aus dem Krankenzimmer zu entfernen, Körper des Kranken und Bettwäsche peinlich sauber zu halten. Man lasse nicht, wie man so oft sehen kann, alle möglichen Medicamentgläser und -schachteln, die verschiedensten Gefässe mit Nahrungsmitteln und Getränken umherstehen; die in Gebrauch befindlichen Gläser und Tassen schütze man vor dem Hineinfallen von Staub und dergl. durch aufgelegte Papierblätter.

Die Temperatur der Zimmerluft sei 14^0 R., bei hohem Fieber eher niedriger; der Feuchtigkeitsgehalt der Luft, die durch Heizung und Beleuchtung meist stark austrocknet, ist durch aufgehängte nasse Laken normal zu erhalten.

Von beherrschendem Einfluss ist die Ernährung; sie soll den Schluckbeschwerden, dem Fieber angemessen vorwiegend eine flüssige sein: beste Milch, der bei Abneigung etwas Thee, Kaffee, Kakao zuzusetzen ist, oder an ihrer Stelle Kefir; 1—2 mal täglich gute Fleischbrühe, womöglich Beaftea, ev. mit Zusatz von Pepton, besonders dem wohlschmeckenden Denayer'schen, von Schleim, Gries, Reis, Nudeln und dergl.; Ei, weich gekocht oder in die Suppe, die Milch gequirlt, oder roh mit Zucker oder süssem Wein. Bei Appetit, guter Verdauung sind wohl auch Schabefleisch, geschabter roher Schinken, Tauben- und Hühnerfleisch in die Suppe gerieben, Kalbshirn und Kalbsmilcher, Caviar, Austern gestattet; von Amylaceen Albert-Cakes, sog. Cracknels, Biskuits, alle eingeweicht, ferner Bouillonreis, Milchreis. Die Mahlzeiten müssen mit kleinen Portionen, in kürzeren Intervallen, aber regelmässig innegehalten werden, etwa 2—3 stündlich; zwischendrein reicht man durststillende, anregende Getränke.

Mehr als Genuss- und Erfrischungsmittel denn als Nahrung dienen Fruchtgelée, Weingelée, Fruchteis, Apfelsinen.

Von durststillenden Getränken reiche man Fruchtlimonaden, besonders Citronenlimonade mit Zusatz von etwas Cognac, kohlensäurehaltige Wässer, Salzsäurewasser, Roth- oder Weisswein mit Wasser verdünnt.

Ueberhaupt ist der Alkohol in jeder Form, in der er dem Alter, den Verdauungsorganen des Kindes entspricht und genommen wird, von grösster Bedeutung, jedenfalls die beste innere Medicin: ganz nach Geschmack des Kindes wechsele man mit schweren süssen (Ungar, Madeira) oder herben Weinen (herber Ungar, Marsala), mit starken Roth- und Weissweinen; gewöhnlich wird Portwein am besten genommen; die Dose wäre stündlich 1 Theelöffel bis 1 Esslöffel; man sieht bei schwerer Erkrankung ganz colossale Mengen ($^1/_2$ Fl. Portwein pro Tag bei Kindern von wenigen Jahren) nicht nur gut vertragen werden, sondern auch von bestem Einfluss auf das Herz. Cognac reicht man verdünnt mit Wasser, Citronenlimonade, Milch, Thee oder auf Eisstückchen; Champagner behalte man sich für den Nothfall vor. Abwechselnd kann man zur Excitation starken Kaffee, Thee geben.

Die Durchführung einer zweckentsprechenden Ernährung stösst freilich in den allermeisten Fällen auf mehr oder minder grosse Schwierigkeiten, da sich zu bald, oft von Beginn an ein unüberwindlicher Widerwille gegen Nahrung, absolute Anorexie und dabei Dyspepsie einzustellen pflegt. Der Widerstand, auf den die rationelle Ernährung stösst, ist in manchen Fällen so gross, dass man, da von der Erhaltung der Kräfte alles abhängt, nicht anstehen darf, wenn nöthig, von vornherein die künstliche Fütterung vermittelst des Magenschlauches durchzuführen, die ausgezeichnete Erfolge verzeichnen kann, jedenfalls viel mehr Aussicht auf Erfolg bietet, wie die Ernährung mittelst Nährclystieren, die an und für sich mangelhaft resorbirt werden und durch eine sehr bald eintretende Darmreizung sich verbieten.

Für regelmässige Stuhlentleerung ist durch Lavements zu sorgen, der Urin in seiner Menge und auf das Auftreten von Albumen sorgfältig zu überwachen.

Die Kinder müssen dahin unterwiesen und überwacht werden, dass sie nicht durch ihre Finger, vermittelst Taschentücher und dergl. diphtherisches Secret aus Mund und Nase in den Conjunctivalsack, an die Genitalien bringen; für Auge und Nase sind streng gesonderte Wischtücher zu halten.

Die Localbehandlung der Rachenaffection vermittelst Pinselung resp. Abwischen, vermittelst Gurgeln oder Inhaliren wird unterstützt durch die Anwendung einer Eiscravatte oder kalter Umschläge um den Hals, dicht unter dem Kiefer, die jedenfalls auf die entzündliche Schwellung der submaxillaren Drüsen günstig wirken und in etwa die Fiebertemperatur herabsetzen.

Eispillen, die man im Rachen an der erkrankten Stelle zergehen lässt, was natürlich nur ältere Kinder vermögen, beschränkten vielleicht die Entwickelung der Bacterien und sind das beste Mittel gegen die örtlichen Schmerzen und zugleich durststillend.

Die symptomatische Behandlung lässt sich die Bekämpfung hoher Fiebertemperaturen durch hydropathische Umschläge, kalte Waschungen, laue Bäder angelegen sein; Kopfschmerz lindere, Somnolenz behebe man durch Eisblase, kalte Begiessung im warmen Bade; die Behandlung der Herzschwäche, des Collapses ist die bekannte. Gegen starke Lymphdrüsenschwellung sind Eiscravatte, Eiscompressen schon empfohlen. Bei Otitis media ist eventuell die Paracentese vorzunehmen.

Die Nasendiphtherie sucht man ebenfalls örtlich in Angriff zu nehmen vermittelst Einträufelungen von Sublimatlösung ($1/2\ ^0/_{00}$), Ausspritzen mit solcher, Einblasen von Jodoform-Dermatol, Eingiessung von verdünnter Sol. Liqu. Ferr. sesquichl. ($20\ ^0/_0$).

In ein neues, wichtiges Stadium tritt die Behandlung, sobald die Diphtherie den Larynx, die Trachea befallen hat. Zwar sieht man in seltenen Fällen auch einmal in Folge einfachen Catarrhs, öfters bei Behandlung mit Liqu. Ferr. sesquichlor. durch Einfliessen desselben in den Kehlkopf Heiserkeit leichten Grades erscheinen. In der Regel aber deutet dieselbe auf das Vorhandensein diphtherischer Membranen im Kehlkopf, worüber das Auftreten von Croupsymptomen dann gewöhnlich nicht mehr lange im Zweifel lässt.

Sobald diphtherischer Larynxcroup diagnosticirt wird, lässt man mit der örtlichen Behandlung der Rachenaffection wenigstens etwas nach und nimmt den Kehlkopf gleichzeitig mit dem Pharynx durch Inhalationen (Liqu. Ferr. sesquichlor. 10 %, Lysol $1/2$ %) in Angriff, applizirt eine zweite Eiscravatte um den unteren Theil des Halses und bereitet die Angehörigen auf die kommende Nothwendigkeit der Tracheotomie vor. Die Operation mache man ja frühzeitig genug, nach Eintritt des ersten suffocatorischen Anfalls oder beim Erscheinen stärkerer Einziehungen in Jugulum und Epigastrium; keinenfalls warte man, bis das Kind durch die Anstrengungen, Luft zu bekommen, am Ende seiner Kräfte angelangt, oder durch Kohlensäureintoxication benommen ist. Nach stattgehabter Tracheotomie lasse man durch auf die Kanülenöffnung gelegte, mit Lysollösung benetzte Schwämmchen nicht blos angefeuchtete, sondern auch antiseptisch wirkende Luft einathmen, von Zeit zu Zeit direct solche Mittel inhaliren; ferner sucht man durch ganz vorsichtiges Einträufeln von antiseptischen Lösungen oder von Papayotin zerstörend und lösend auf die Trachealmembranen zu wirken, gelöste mit der Pinzette zu entfernen.

Im Uebrigen vergl. Croup, auch bezüglich der Intubation.

Die Nachbehandlung, das Decanulement etc. erfolgt nach chirurgischen Regeln. Wandert der Process tiefer hinab, kommt es zu Bronchialcroup, so kann man immerhin noch versuchen, selbst aus den Bronchien I. und II. Ordnung die Membranen zu entfernen, eine Erstickung zu verhüten; in der Regel bleibt dieses Beginnen erfolglos; ebenso erreicht gewöhnlich die Behandlung einer entstandenen Pneumonie nichts mehr.

Die Diphtherie-Nephritis giebt meist keinen Anlass zu besonderer Berücksichtigung; Gelenkaffectionen sind chirurgisch zu behandeln. Gegen die häufigste Nachkrankheit, die diphtherischen Paralysen, wendet man neben roborirender Diät, Ferrum am besten die Electricität (Faradisation der gelähmten Muskeln) und besonders Strychnininjectionen (steigende Dosis) an.

Die Prophylaxe besteht in Isolirung, Verhütung der Verschleppung des Diphtheriebacillus, bez. strenger Desinfection nach Beendigung der Krankheit. Von präventiven Immunisirungsimpfungen dürfen wir für die Zukunft wohl noch den besten Schutz erhoffen.

Die **Parotitis** ist ebenfalls eine echte Kinderkrankheit, da sie bei Erwachsenen nur sehr selten beobachtet wird. Sie ist als richtige Infectionskrankheit (wenn auch noch unbekannten Ursprungs) sehr ansteckend und tritt weniger sporadisch, als in kleinen Familien-, Haus- und Schulepidemieen auf; befallen werden — und zwar nur einmal im Leben — meist schon etwas ältere Kinder (3—8 Jahre), Säuglinge nur ganz ausnahmsweise. Prodrome fehlen meist. Das erste Symptom pflegt locale Schmerzhaftigkeit der Parotisgegend zu sein, die sich beim Oeffnen des Mundes, durch Kaubeschwerden und Druckempfindlichkeit kundgiebt; bald stellt sich entzündliche Schwellung der Parotis und des ganzen sie umgebenden Gewebes ein; auch die weitere Nachbarschaft des Organes kann sich durch ödematöse Infiltration der Gewebe betheiligen; geschwollene Submaxillar-, auch Nackendrüsen werden manchmal fühlbar. Dass es sich anatomisch mehr um Entzündung des periparotitischen Gewebes (Kapsel und interstitielles Gerüst) handelt, weniger um Entzündung der Drüse selbst, beweist die Erhaltung ihrer normalen Secretion. Die Entzündung befällt nur ausschliesslich eine Seite, oder es folgt ihr nach ein bis mehreren Tagen die andere; selten sind beide Gesichts- und Halshälften gleichzeitig betroffen. Stets resultirt eine ziemlich beträchtliche Entstellung des Gesichts, die das Volk mit verschiedenen drastischen Namen zu kennzeichnen sucht (Bauernwetzel, Ziegenpeter, Mumps). Fieber, wenn auch unregelmässig, leichten Grades und von kurzer Dauer, wird nie ganz vermisst. Die Störung des Allgemeinbefindens ist nicht bedeutend; es leidet in etwa die Laune, die Esslust (besonders wegen Kaubehinderung). Die bei Erwachsenen vorkommenden Affectionen am Genitalapparat (Hoden und Ovarium) werden beim Kinde nie beobachtet. Der Ausgang in Heilung binnen einer, spätestens zwei Wochen ist die Regel, Ausgang in Sklerose oder Abscess sehr selten. Die Krankheit wäre ganz harmlos, wenn nicht hie und da auch nach ihr Nephritis, ausnahmsweise selbst ernste Ohraffectionen einträten.

Eine Verwechselung mit Lymphdrüsenschwellung in Folge von Angina, Stomatitis und dergl., mit Periostitis alveolaris und Lymphadenitis, mit Bindegewebsabscessen, nephritischem Oedem kann nicht leicht vorkommen.

Die Behandlung besteht in Bett-, jedenfalls Zimmeraufenthalt, leichter Kost; die örtliche in Einreibung von warmem Oel und Wattebedeckung.

Eine ganz analoge Erkrankung der Glandula submaxillaris kommt, wie combinirt mit Parotitis, so auch allein für sich vor und ist mit jener gleichwerthig.

Pertussis. Der Keuchhusten ist eine Kinderkrankheit κατ' ἐξοχήν, da er Erwachsene nur ausnahmsweise befällt.

Dass die Tussis convulsiva den acuten Infectionskrankheiten zuzurechnen ist, darüber besteht kein Zweifel. Wenn auch der specifische Krankheitserreger mit der Sicherheit, wie wir ihn für die Mehrzahl der anderen Infectionskrankheiten kennen, noch nicht gefunden ist, so geht es doch nicht mehr an, den Keuchhusten als eine von der Respirationsschleimhaut ausgelöste Reflexneurose zu bezeichnen, wie dies früher geschehen ist und noch heute vertreten wird. Für die übrigens mehr als 100 Jahre alte (Pohl) Auffassung des Keuchhustens als einer Infectionskrankheit sprechen: das epi- oder endemische Auftreten (die Contagiosität), ein wenn auch nicht constantes Incubationsstadium, häufig ein fieberhaftes Vorstadium, die Uebertragung von der schwangeren Mutter auf den Fötus, endlich die Immunität nach einmaliger Erkrankung.

Man definirt den Keuchhusten wohl am Zutreffendsten als einen infectiösen Katarrh der Respirationsschleimhaut, bei dem es durch die Reizung der in der Nasen- und Nasenrachenschleimhaut verlaufenden Trigeminusendungen (?), sowie des eigentlichen Hustennerven, des Nerv. laryng. super. innerhalb des Larynx und der Trachea zur Auslösung heftiger Hustenanfälle kommt. Die Infection ist wenigstens in der Hauptsache eine localisirte, zum kleinsten Theil ergreift sie den Allgemeinorganismus.

Die intra vitam gemachten laryngoscopischen Beobachtungen erweisen eine Entzündung der Schleimhaut im Kehlkopf, speziell der Fossa intraarytaenoidea, Trachea, besonders der Bifurcationsstelle und Nase. Bestätigt wird dieser Befund bei der Section. Der Sitz der entzündlichen Reizung an den Stellen, von denen aus physiologisch der intensivste Husten ausgelöst wird, erklärt zur Genüge den eigenthümlichen, heftigen Character der Hustenparoxysmen.

Die Disposition zum Keuchhusten findet sich vom allerfrühesten bis zum spätesten Kindesalter; am häufigsten befallen werden Kinder von dem 2.—6. Lebensjahre. Die Incubationszeit schwankt von 10—20 Tagen. Die Infection erfolgt wahrscheinlich durch Aspiration des Contagiums.

Die Krankheit beginnt meist mit den milden Erscheinungen eines Katarrhs der oberen Luftwege, wobei die Stimmbänder sich stets unbetheiligt zeigen; höchstens fällt schon im Beginne eine gewisse Heftigkeit des Hustens auf (Stadium catarrhale).

Doch schon bald, nach einigen Tagen, nach einer, spätestens zwei Wochen, tritt der Character der Erkrankung unverkennbar zu Tage. Zunächst fällt der Widerspruch zwischen dem geringfügigen, wenn man von dem schwierigen laryngoscopischen absieht, fast negativem Untersuchungsbefunde und der Stärke des Hustens auf; sehr bald zeigt es sich, dass der Husten ganz verschieden von einem gewöhnlichen katarrhalischen immer typischer anfallsweise auftritt, Zwischenpausen vollkommener Ruhe lässt. Bekommt man einen solchen Hustenanfall zu sehen und hören, so drängen sich ferner als zweifellose Keuchhustenmerkmale auf: einmal, dass dem Paroxysmus häufig eine Aura vorangeht, auf die wir aus dem Verhalten der Kinder schliessen müssen: dieselben werden plötzlich still, verlassen ihr Spiel, oder richten sich im Bette auf, klammern sich Hülfe suchend an die Knie der Mutter oder suchen, besonders ältere, gewissermaassen eine Stütze an einem festen Gegenstande; sie eilen wohl auch zu dem ihnen gewohnterweise vorgehaltenen Spucknapf. Zum Zweiten characterisirt sich der Keuchhustenanfall durch die Art des Hustens; es wechseln sich nicht wie sonst exspiratorische Stösse mit Inspirationen ab, sondern es folgen sich in einer langen, ununterbrochenen Reihe rasch aufeinander nur rein exspiratorische Hustenstösse, die bald mehr, bald weniger eine Stauung der Circulation herbeiführen; das Gesicht, der Kopf röthet sich, verfärbt sich immer dunkler, in schlimmen Anfällen bis zur Cyanose (daher blauer Husten, Stickhusten), die Zunge wird immer weiter aus dem geöffneten Munde gestreckt, immer cyanotischer, die Gesichts- und Halsvenen treten prall gefüllt hervor, ja, es kann in Folge der Stauung zu Extravasation in Conjunctiva, Nasenschleimhaut, in dem subcutanen Bindegewebe des Gesichtes, zum Austritt von Hernien an Nabel und Leisten kommen; die respiratorischen Muskeln, spez. Bauchmuskeln, Scaleni, Sternocleidomastoideï treten gespannt hervor; die Körperhaltung ist vornübergeneigt. Dazwischen machen sich dann durch ein lautes, giemendes oder pfeifendes Geräusch ganz kurz abgerissene, ganz aus der Tiefe geholte Inspirationen bemerkbar, von denen je eine auf 3—10 Hustenstösse zu kommen pflegt. Dieser Wechsel von einer Anzahl von Exspirationsstössen und einzelner giemender Inspirationen wiederholt sich mehrfach und führt schliesslich nach 1—3 Minuten zu der Entleerung eines Secretes; dasselbe, im Anfang des Keuchhustens spärlich, schaumig, wird bald reichlicher, glasig, zäh, dann lockerer, schleimig-eitrig, wohl auch blutig tingirt und stürzt den Kindern theils mit Heftigkeit aus Mund und Nase, theils wird es mühsam herausgewürgt. Die Production dieses Secretes ist bei den hekanntlich sonst nur noch hei Lungengangrän expectorirenden jüngeren Kindern ein ferneres characteristisches Moment. Bei den heftigen Erschütterungen des Abdomens, der Compression des Magens, dem Herauswürgen des Secretes kommt es häufig auch zum Erbrechen von Mageninhalt. Mit der Expectoration hat der Keuchhustenanfall, wenn auch häufig nur scheinbar, sein Ende erreicht; die Cyanose weicht rasch, da die Inspiration jetzt ungehindert von Statten geht; doch der Ausdruck einer ängstlichen Spannung, einer neuen Aura verlässt das Gesicht des Kindes nicht; ein zweiter, wenn auch meist schwächerer Anfall, die sog. Reprise, seltener noch ein dritter, folgt der kurzen Ruhepause und greift die Patienten durch die wiederholte Muskelanspannung, die Cyanose, Erstickungsangst oft bis zur völligen Erschöpfung an.

Durch diese typischen Anfälle ist das zweite Stadium, das Stadium convulsivum gekennzeichnet.

Die Anfälle sind an Zahl und Heftigkeit, je nach dem Character der Epidemie, nach der Virulenz des Infectionserregers, nach der Disposition und dem Alter des Kindes, endlich nach der Jahreszeit, dem Klima, in etwa auch der Behandlung sehr verschieden. Man zählt in leichten Erkrankungen 5—10, in schweren 20—40, ja bis 60 Anfälle in 24 Stunden, die Reprisen, welche zu dem Anfall gehören, nicht mitgerechnet. Die Anfälle treten zwar ganz spontan, ohne gelegentliche Veranlassung, z. B. in tiefstem Schlaf auf, zeigen aber andererseits eine deutliche Abhängigkeit von gemüthlichen und körperlichen Erregungen und Anstrengungen; rasches Laufen, Schreien und Weinen pflegen sofort einen Anfall auszulösen; ebenso gelingt dies mechanisch durch einen starken Druck auf Larynx und Trachea. Die Anfälle treten in der grösseren Zahl der Fälle des Nachts stärker und häufiger als bei Tage auf.

Das Stadium convulsivum dauert weitaus am längsten; in ihrer grössten Heftigkeit und Häufigkeit herrschen die Anfälle durchschnittlich 4 Wochen, selten länger; dann lassen sie allmählig gleichmässig an Zahl und Stärke nach, verlieren binnen weiteren 1—3 Wochen ihre spezifischen Symptome, die Cyanose, das Giemen, mit einem Worte den krampfartigen Character, um in dem letzten Stadium, dem zweiten katarrhalischen, einem gewöhnlichen Husten immer ähnlicher zu werden; lange noch erhält sich das anfallsweise Auftreten und eine Röthung des Gesichts; das Secret wird müheloser expectorirt, eitrig-schleimig, schliesslich schleimig. In uncomplicirten Fällen endigt damit nach 6—10 Wochen der Keuchhusten; in schlimmen nimmt die Krankheit nach einer scheinbaren Besserung plötzlich einen neuen Anlauf und kann dann Monate lang anhalten.

Beobachtet und untersucht man keuchhustenkranke Kinder in dem anfallsfreien Intervall, so finden sich häufig noch folgende Symptome:

Das Gesicht zeigt sich dauernd, besonders in der leicht schwellenden nächsten Umgebung der Augen gedunsen, ödematös, die Hautvenen ectatisch; die Conjunctiva Palpebrarum und auch Bulbi weist mehr weniger grosse Ecchymosen auf, die dem Auge ein abschreckendes Ansehen geben können. Diese Schwellungen rühren ebenso wie die Blutungen von der hochgradigen Stauung während der schweren Anfälle her und contrastiren oft deutlich mit dem bei langer Krankheit abgemagerten übrigen Körper.

Die Respirationsorgane zeigen sich bis auf den Eingangs erwähnten spezifischen Katarrh meist gänzlich frei; nur vereinzelte Rhonchi sind im uncomplicirten Falle zu hören; die Athmung ist ruhig, es besteht in der Pause zwischen zwei Paroxysmen kein Husten.

Im Munde findet sich oft eine merkwürdige Affection: Hebt man die Spitze der Zunge vom Mundboden ab, so zeigt sich in vielen Fällen besonders bei jüngeren Kindern an dem Frenulum linguae ein mehr weniger ausgedehntes, querstehendes, gelbgrau belegtes Ulcus. Dasselbe ist rein traumatischen Ursprungs und wird durch die Reibung und Einrisse des Bändchens erzeugt, die dasselbe bei dem stossweisen Vorschnellen der Zunge erleidet. Es ist nicht spezifisch für Pertussis, da es sich sowohl bei einfachen Katarrhen finden, als auch bei Keuchhusten fehlen kann. Es tritt um so leichter ein, je schwerer die Anfälle, je schärfer die Dentes incis. inf. sind, je straffer und kürzer das Frenulum.

Das Allgemeinbefinden richtet sich nach dem Character, der Schwere der Krankheit, wie nach dem Alter und der Constitution der befallenen Kinder. Während ältere, kräftigere Kinder oft nur wenig leiden, kommen zarte, schwächliche, jugendliche oft enorm durch dieselbe herunter. Auch ohne dass Complicationen eintreten, können die schweren und häufigen Anfälle die körperliche Kraft vollkommen consumiren, das häufige Erbrechen von Nahrung, wie die Behinderung des Saugens und Kauens durch ein grösseres und tiefer gehendes Ulcus frenul. ling., die Wochen lang gestörte Nachtruhe den Ernährungszustand aufs Aeusserste herabbringen.

Viel ernster gestaltet sich die Krankheit noch, wenn Complicationen und Nachkrankheiten zu ihr hinzutreten. Die häufigsten betreffen den Respirationsapparat. Die acute Lungenblähung, die wir so häufig bei keuchhustenkranken Kindern constatiren, bildet sich meist, ohne schwere Erscheinungen gemacht zu haben, vollkommen zurück; doch kann sie auch in chronisches Emphysem übergehen und damit dauernd und schwer die Gesundheit schädigen, mindestens die Heilung sehr verzögern. Viel bedenklicher, zumal sehr häufig vorkommend, sind Bronchitiden, die sich auf der Basis der Pert. entwickeln; besonders disponirt scheinen Kinder mit rachitischem Thorax, scrophulöse, verweichlichte und tuberculöse Individuen; geradezu verhängnissvoll erscheint es in dieser Beziehung, wenn ein von Hause aus zu Katarrhen neigendes oder bereits an Bronchitis leidendes Kind von Pertussis befallen wird, wenn es sich um einen Reconvalescenten von Masern oder Diphtherie handelt. Nicht allein verschlimmern solche Katarrhe, acut auftretend, durch ihr Fieber, die begleitende Anorexie, Dyspnoe, vermehrten Husten die Pertussis an sich, sondern sie pflegen dann auch gewöhnlich sehr hartnäckig zu sein, chronisch zu werden und die Entstehung von Emphysem, secundärer Infection zu begünstigen; ihre grösste Gefahr besteht jedoch darin, dass sie zur Bildung atelectatischer und bronchopneumonischer Heerde führen, ausgedehnte Infiltrationen in den Lungen zur Folge haben, welche wenig Tendenz zur Rückbildung zeigen, vielmehr sehr oft lange bestehen, in chronische Pneumonie, ja in Verkäsung übergehen. Damit berühren wir einen Punkt, der dem Keuchhusten ebenso wie den Masern eigen ist, nämlich dass derselbe — und zwar nicht allein bei schwächlichen, bei scrophulösen Kindern — einen Boden schafft für die Ansiedelung des Tuberkelbacillus. Weniger gefährlich ist die ebenfalls nicht seltene Mittelohreiterung, die Entwicklung von Hernien, subcutanem und Mediastinum-Emphysem; ganz ungewöhnlich ist Pneumothorax als Folge einer Lungenzerreissung. Auch kleine Hirnhämorrhagien laufen gewöhnlich günstig ab; Durchfälle sind selten.

Die Diagnose wird kaum jemals lange schwanken.

Die Prognose ist nur bei etwas älteren, hereditär nicht belasteten, sonst gesunden, wohl gepflegten und unter guten hygienischen Verhältnissen lebenden Kindern günstig; rachitische, schwächliche, sehr jugendliche Kinder, solche mit Spasmus glottidis, Schwäche der Athemmuskulatur verfallen, besonders in den unteren Volksklassen der grösseren Städte, denen es an guter Luft in der Wohnung, an Mitteln und Zeit zur Pflege gebricht, zu einem hohen Procentsatz der Krankheit, besonders ihren Complicationen und Nachkrankheiten in Gestalt der Bronchitis und Bronchopneumonie. Scrophulöse Kinder, Kinder, die einer tuberculösen Infection ausgesetzt sind, fallen sehr gewöhnlich einer Verkäsung der Bronchialdrüsen, käsiger Pneumonie, einer Basilarmeningitis zum Opfer; bei tuberculösen macht das Grundleiden während des Keuchhustens stets rapide Fortschritte.

Die Behandlung legt gewöhnlich wenig Ehre ein. Vor Allem belasse man die Kinder, wenn es irgend angeht, in ihrer Wohnung; der Krankenhausaufenthalt mit seiner schlechteren Luft, den mannigfachen Infectionsgefahren verschlechtert in der Regel die Vorhersage sehr. Selbstverständlich ist eine genügende Isolirung. Das beste Mittel ist der möglichst ausgiebige, ja andauernde Genuss frischer Luft im Freien. Derselbe ist in unseren Klimaten freilich nur im Sommer zu erreichen; dazu empfiehlt sich dann besonders die milde Ostsee, weniger, namentlich für junge Kinder, die Nordsee; dort finden sie, wenn nöthig, Schutz vor Winden im Wald, an dem Strande Sonne, Staubfreiheit, Sauerstoffreichthum und einen günstigen Feuchtigkeits- und Salzgehalt der Luft; sehr werthvoll schienen mir stundenlange Ruder- und Segelfahrten. Auch ein milder, sonniger und windgeschützter Wald- und Gebirgsaufenthalt ist von entschiedenem Nutzen. Winters kann man, wo es die Verhältnisse erlauben, einen südlichen Curort aufsuchen lassen. Mancherlei Unannehmlichkeiten sind die Angehörigen keuchhustenkranker Kinder in allen Sommerfrischen und Curorten freilich immer ausgesetzt; zum mindesten pflegt man sie wie Aussätzige zu meiden. Gegen jeden Wechsel des Aufenthaltsortes ist freilich mit Recht einzuwenden, dass durch denselben schon auf der Reise der Verbreitung der Krankheit Vorschub geleistet wird, dass man zum mindesten in Rücksicht auf seine Mitmenschen seine Wohnung nicht in einem Hotel, einer Pension, einem besuchten Badeorte nehmen darf. Was den guten Erfolg bei der Luftcur ausmacht, ist nicht sowohl der Klimawechsel, die Luftveränderung, als vielmehr der Luftgenuss als solcher. Der Aufenthalt im Hause sei jedenfalls ein recht grosses, gut und regelmässig ventilirtes Zimmer mit reiner, gleichmässig warmer und feuchter Luft; auch empfiehlt es sich, mit den Wohn- und Schlafräumen der erkrankten Kinder regelmässig zu wechseln, die letztbenutzten zu desinficiren, mindestens 24 Stunden zu lüften; die Wohnungsverhältnisse erlauben dieses freilich den wenigsten Eltern. So nützlich der Aufenthalt im Freien bei guter Witterung ist, so verderblich kann bei scharfen Winden, Kälte und Feuchtigkeit jede Erkältung wirken, vor der die Kinder peinlich gehütet werden müssen, damit nicht complicirende Katarrhe und Pneumonieen entstehen; andererseits vermeide man auch wieder Verweichlichung, welche die Entwickelung solcher Affectionen begünstigt. Die Ernährung sei kräftig, aber leicht verdaulich. Erbrechen die Kinder ihre Mahlzeit, so ist ihnen bald wieder Ersatz zu bieten. Den Keuchhusten als solchen zu bekämpfen, hat man mit vielen inneren Mitteln versucht; von ihrer Unzahl hat sich uns als eine Art von Specificum allein das Chinin bewährt; man giebt es in der bekannten Dosirung (so viel Centigramme, wie das Kind Monate, so viel Decigramme, wie es Jahre zählt) dreimal täglich gelöst in der dreifachen Menge Alcohol mit reichlichem Zusatz von Syrup. Liquirit., der allein den bitteren Geschmack etwas verdeckt. Da die Kinder beim Einnehmen meist Schwierigkeiten machen, sich aufregen und dann einen Hustenanfall bekommen, in dem sie das Mittel erbrechen, lasse ich es stets nach einem Pertussisparoxismus geben. Das Chinin wirkt besonders bei jugendlichen Kindern sehr häufig recht befriedigend, indem es Zahl und Heftigkeit der Anfälle herabsetzt, den Verlauf milder, die Dauer kürzer macht. Dabei schädigt es den Appetit nicht, scheint ihn im Gegentheil eher anzuregen, bekämpft gleichzeitig etwa vorhandenes Fieber. Bei älteren Kindern kann es leider nicht angewendet werden, da sein Geschmack in Anbetracht der Höhe der Dosen nicht mehr zu verdecken ist, seine Einnahme desshalb nicht nur verweigert wird, sondern auch leicht Erbrechen, Verdauungsstörungen verursacht. Bei ihnen ist man, wie übrigens, wenn das Chinin versagt, auch sonst oft genug, auf eine symptomatische Therapie beschränkt. Man sucht mit mehr weniger Erfolg die Zahl der Anfälle besonders in der Nacht zu verringern, die so nöthige Ruhe, den Schlaf zu erzwingen. Das sicherste Mittel ist zu diesem Zwecke das Morphium, vor dem man sich nicht allzu ängstlich zu scheuen braucht (Syrup. Morph.); Codeïn leistet lange nicht so viel und wäre etwa bei Tage zu versuchen. Bromoform, Antipyrin, ebenso die Localbehandlung vermittelst Insufflationen hat sich mir bei sehr ausgedehnten Versuchen gar nicht bewährt. Auch von dem Nutzen der Carbolwasserinhalationen (durch aufgehängte Tücher) konnte ich mich nicht überzeugen.

Complicationen und Nachkrankheiten sind entsprechend zu behandeln.

Chronische infectiöse Allgemeinkrankheiten.

Die **Tuberculose** tritt im Kindesalter eher noch häufiger auf wie bei Erwachsenen. Dass sie den echten Infectionskrankheiten zuzuzählen ist, steht seit der Entdeckung und genauen Kenntniss des Tuberkelbacillus fest.

Eine directe Vererbung der Tuberculose zählt zu den äussersten Seltenheiten; die Regel ist das Eindringen des Krankheitserregers nach der Geburt; Ausnahme ist eine traumatische Infection (z. B. durch die Beschneidungswunde). Für gewöhnlich werden die Bacillen aus dem eingetrockneten und verstäubten Sputum Tuberculöser inhalirt oder mit der Nahrung in den Magen und Darm aufgenommen; so giebt gerade im Kinderalter nicht selten die Milch perlsüchtiger Kühe, auch ohne dass immer das Euter selbst erkrankt zu sein brauchte, Anlass zur intestinaler oder allgemeiner Tuberculose; ausnahmsweise kann auch einmal, wie ich es erlebte, der Auswurf eines schwindsüchtigen Angehörigen von einem schlecht überwachten Kinde verschluckt und ihm verderblich werden. Auf der Infectiosität der Tuberculose und der gewöhnlich reichen Ansteckungsgelegenheit beruht die Thatsache, dass wir die Tuberculose so häufig als eine endemische Familienkrankheit auftreten sehen, dass durch die Schwindsucht einer Pflegerin, einer Amme, eines Dienstboten das Kind in Mitleidenschaft gezogen wird. Was wir von hereditären Momenten allein gelten lassen müssen, das ist die Vererbung einer gewissen körperlichen Disposition seitens der Eltern, seltener Grosseltern. So wissen wir, dass eine mangelhafte allgemeine Körperentwickelung wie ein fehlerhafter, schlechter Thoraxbau das Eindringen und Haften des Tuberkelbacillus entschieden begünstigen; so ist es eine alte Erfahrung, dass die Scrophulose, wofern sie nicht als eine directe Ausdrucksform der Tuberculose anzusehen ist, einen eminent günstigen Boden für die Entwickelung der Bacillen abgiebt, sei es, dass sie sich auf den durch Ausschläge excoriirten und wunden Hautflächen niederschlagen, sei es, dass ihnen Verdauungs- und Respirationskatarrhe die an sich leicht verletzlichen Gewebe und speziell die Lymphbahnen eröffnen. Ferner ist es bekannt, dass neben schlechten hygienischen Verhältnissen, besonders Mangel an frischer Luft, an Bewegung im Freien, neben einem Aufenthalt in direct verdorbener, inficirter Luft, welche Umstände auch bei Erwachsenen eine bedeutsame ätiologische Rolle spielen, bei Kindern einzelne Krankheiten eine verhängnissvolle Disposition für die Tuberculose schaffen, so die Masern, der

Keuchhusten, alle langwierigen Bronchitiden und Bronchopneumonieen, alle Darmkatarrhe. Jedenfalls erscheint das kindliche Alter, die Säuglingsperiode eingeschlossen, in ganz hervorragendem Maasse für die Tuberculose in allen ihren Formen geneigt; diese Disposition scheint erst jenseits der Pubertät wieder abzunehmen.

Ferner ist dem Kinde eigenthümlich, dass die tuberculöse Erkrankung sich gewöhnlich nicht bloss auf ein Organ erstreckt, sondern sich beinahe allgemein, mehr weniger in dem ganzen Organismus verbreitet. Zwar überwiegen klinisch gewöhnlich die Symptome seitens eines Organs, seitens eines Organsystems; doch finden sich im Laufe der Krankheit, spätestens bei der Section die spezifischen Veränderungen auch in fast allen anderen Organen. So vermisst man bei der Lungentuberculose, der Meningitis tuberculosa, der Abdominaltuberculose selten Tuberkelablagerungen in den Bronchial-, Intestinaldrüsen, den Hals-, Achsel-, auch Inguinaldrüsen, in den Nieren, der Thymus, der Leber, der Milz, auf den serösen Häuten; sub mortem kommt es nicht zu selten zu ausgesprochener allgemeiner Miliartuberculose, die sich aus dem Kreisen von Bacillen innerhalb des Blut- und Lymphsystems leicht erklärt.

Seltener ist die tuberculöse Erkrankung nur localisirt: so in Knochen, Gelenken (Ostitis, Periostitis und Osteomyelitis fungosa) bei der Caries, dem Tumor albus, der Spina ventosa, der Pott'schen Kyphose; auch isolirte Hauttuberculose kommt vor in Gestalt entweder des Lupus oder des tuberculösen Geschwüres mit unregelmässigen, unterminirten Rändern, furunculöse Haut- und grösserer Zellgewebsabscesse.

Was endlich speziell der Tuberculose des frühesten Kindes-, des Säuglingsalters eigen ist, ist der Umstand, dass sie nicht so selten Mangels klinisch und physikalisch nachweisbarer, sicherer Heerderscheinungen schwer zu diagnosticiren ist und dass sie sich lange Zeit unter dem Bilde der allgemeinen Ernährungsstörung, der Atrophie gewissermaassen verbergen kann. Es geht dies so weit, dass man oft lediglich an dem ausbleibenden Erfolg einer gegen die Atrophie gerichteten Diätetik und Behandlung erkennt, dass es sich nicht um die Athrepsie durch Fehler in der Ernährung, Mangel an Pflege und Nahrung gehandelt hat.

Die Prognose der kindlichen Tuberculose ist nur bei ganz örtlich beschränkter Erkrankung und auch dann nur in den Fällen günstig, wo es dem Messer des Chirurgen gelingt, den Krankheitsheerd radical zu entfernen oder mit medicamentösen Mitteln zu erreichen (Jodoforminjectionen); seltener heilen Knochen-, Gelenk-, Hautprocesse unter einem allgemeinen antituberculösen Regime aus. Die Tuberculose der Lungen giebt in der Regel, die der Meningen, des Cerebrums, der Intestina wohl ausnahmslos eine schlechte Vorhersage; ebenso natürlich die allgemeine und die Miliartuberculose.

Die Hauptsache wird immer, namentlich bei disponirten Individuen, die Prophylaxe sein.

Die Behandlung ist, wo nöthig und möglich, die der Localaffection. Im Uebrigen kommt sie im Ganzen immer wieder darauf hinaus, das erkrankte Kind unter möglichst günstige Lebensbedingungen zu versetzen; dazu gehört vor Allem ein Klima, welches den ausgiebigsten Genuss frischer Luft, der täglichen, vielstündigen Bewegung im Freien gestattet; im Sommer und Herbst lässt man einen Land-, Seeaufenthalt nehmen, einen Wald- und Gebirgscurort in mitttlerer Höhe, im Winter und ersten Frühjahr womöglich Italien, Südtyrol, den Genfersee aufsuchen; die weitaus besten Heilerfolge erzielt man jedoch bei dem dauernden, wenn nöthig jahrelangen Leben im Hochgebirge (Davos, Arosa), das jedenfalls für Menschen, die später wieder in unserem Klima ihre Wohnung nehmen sollen, die zuträglichste klimatische Cur bietet. Wofern nicht ein schonendes, mildes Verfahren ausdrücklich geboten ist, wird man überhaupt mit einem übenden, anregenden viel weiter kommen. Systematische Körperbewegung, Bergsteigen, Turnen, Schwimmen, Rudern, Gartenbau erhöhen die Widerstandskraft, befördern neben Kaltwasserproceduren die nöthige Abhärtung, Kräftigung, und damit eine Besserung, wenn möglich Heilung.

Die Ernährung muss recht reichlich und gut sein, neben Eiweisskörpern reichliche Fettbildner und direct leichtverdauliche Fette enthalten. Auch der Alcohol spielt eine wesentliche, eiweisssparende, stimulirende Rolle.

Unter den Heilmitteln nehmen Arzneien den letzten Rang ein; neben Eisen, Arsenik versucht man Jod (Syrup. Ferr. jadot.).

Lues congenita. Die acquirirte Lues hat in dem Maasse die gleiche pathologisch-anatomische und ätiologische Werthigkeit, denselben klinischen Verlauf wie beim Erwachsenen, dass eine gesonderte Besprechung derselben hier unnöthig erscheint, obwohl speziell in Grossstädten ihr Vorkommen bei Kindern leider nicht als zu grosse Seltenheit bezeichnet werden kann. Abgesehen davon, dass in besser situirten Kreisen hie und da einmal eine Amme den Säugling syphilitisch inficirt, früher auch Impflues vorkam, wird die primäre Lues besonders in den untersten Volksschichten bei dem engen Zusammenleben und den oft traurigen moralischen Zuständen von den erkrankten Eltern, von Schlafburschen, einwohnenden Prostituirten direct durch Stuprum, Zusammenschlafen, indirect durch Schwämme, Tücher, Essgeräthe relativ häufig auf Kinder übertragen.

Die gewöhnliche Form, in der die Lues sich dem Kinderarzte darbietet, ist jedoch die ererbte.

Wenn in Folge der Lues der Eltern nicht Abort resp. Frühgeburt eines todtfaulen Foetus eintritt (besonders bei Lues florida beider Eltern oder der Mutter), so können zwar vollkommen gesunde Kinder geboren werden, selbst bei recenter Syphilis der Eltern, meist aber erhalten die Kinder Lues congen. als Erbtheil mit und zwar in dem Maasse ausgeprägter und stärker, je kürzere Zeit nach der luetischen Infection eines oder der beiden Eltern vergangen ist. Ist die Lues der Eltern abgelaufen, sei es spontan mit der Dauer der Zeit, sei es durch energische spezifische Kuren, so tritt die Lues hered. entsprechend milder und später auf, ja sie kann bei den jüngeren Kindern ganz ausbleiben.

Die ersten Symptome der Lues congenita können sich schon gleich nach der Geburt manifestiren, und zwar in Gestalt des Pemphigus syphilitic., der zum Unterschied von dem gewöhnlichen mit Vorliebe Hand- und Fussteller befällt, dessen Blasen weniger an Zahl, meist viel kleiner, schlaffer und mit einem trüberen, auch wohl sanguinolenten Fluidum gefüllt sind; auch werden Kinder geboren, bei denen die Blasen bereits geplatzt, und an deren Stelle flache Ulcerationen getreten sind. Viel gewöhnlicher aber bieten die Kinder in den ersten Lebenswochen gar keine oder Anfangs nur ganz unscheinbare und leicht übersehene Erscheinungen dar. Als erstes und beständigstes Symptom bemerkt der Kundige bald nach der Geburt, deutlich meist erst mit der 3.—4. Woche, selten später Schnupfen: die Kinder schnüffeln, sie bekommen schlecht Luft durch die Nase, man hört öfters schon von Ferne ein schlürfendes, röchelndes Inspirationsgeräusch; die Naseneingänge zeigen sich mit gelblich-bräunlichen Borken mehr weniger erfüllt; im weiteren Verlauf sondert die Nasenschleimhaut ein serös-schleimiges, später blutig-eitriges Secret ab; in der Folge entwickeln sich auf der äusseren Haut am Naseneingang, in den Naso-Labialfalten deutlich Schleimpapeln, endlich Ulcera; die ganze Nase wird gedunsen. Bald nach Beginn dieser spezifischen Coryza treten Hautsyphiliden der verschiedensten Art auf; am gewöhnlichsten sind roseolöse Flecke (maculöses S.) der Haut, die sich durch rothbraune Farbe als spezifisch verrathen und über den ganzen Körper unregelmässig vertheilen;

bei längerem Bestand bedecken sie sich mit kleinen Epidermisschuppen und schilfern ab (squamöses S.), so dass sie Psoriasisflecken ähnlich werden; die characteristischsten Flecken dieser Art stellen sich als eine rothbraune Psoriasis palmar. und plant. dar, wobei eine deutlich glänzende Beschaffenheit dieser Flächen bei schräger Beleuchtung auffällt. Eigenthümlich sind auch solche schuppende und borkige Flecke von gelbgrauer und röthlicher Farbe, die sich in den Augenbrauen sammeln und allmählig die Haare daselbst zum Ausfallen bringen. An anderen Stellen entstehen über das Hautniveau erhobene Papeln, die theils trocken bleiben und schuppen, theils excoriirt nässen. An den Mundwinkeln bilden sich sehr regelmässig schmutzig grau-gelb belegte Rhagaden. Endlich kommen typische breite Condylome zur Entwickelung, und zwar entstehen sie zum Theil aus solchen Rhagaden heraus, aus intertriginösen Ausschlägen von wenig characteristischer Beschaffenheit, wie sie sich häufig ad nates finden, oder sie entstehen spontan genau in derselben Weise wie bei der secundären Luesform als Condyl. lata ad anum, als echte Schleimhautpapeln im Munde, auf der Wangen-, Lippenschleimhaut, auf der Zunge, den Tonsillen. Diese Papeln sind kein ständiges, stets ein späteres Symptom der Lues hered. Dies wären etwa die gewöhnlicheren Erscheinungen im Anfangsstadium. Etwas seltener sind schon Larynxaffectionen und zwar chronischer Catarrh, später Ulcerationen, die sich durch heisere Stimme, oft vollkommene Aphonie documentiren, sowie Veränderungen an den Nägeln in Gestalt der Onychia spezifica, einer Entzündung des Nagelbettes, in deren Verlauf die Nägel Querriefen, dadurch ein unebenes, höckeriges Aussehen erhalten, selbst durch Vereiterung des Nagelbetts ganz abgestossen werden können. Auch Ulcerationen der Haut sind nicht gerade gewöhnlich; sie werden speziell bei sehr cachectischen Kindern beobachtet; es finden sich die verschiedensten Formen von ausgebreiteten, eiternden Eczemen, besonders am Kopf, Impetigo- und Ecthymapusteln, auch wohl Knoten in der Haut, die einen honigartigen, schleimigen Eiter entleeren, und multiple Furunkel.

Die ernstesten Erscheinungen treten auf, wenn Knochen und innere Organe ausgesprochen miterkranken. Die anatomischen typischen Veränderungen der Knochen, die in keinem Falle ganz fehlen und sich ziemlich selten als Periostitis und Gummata an den Schädelknochen, gewöhnlich an den langen Röhrenknochen, als syphilitische Granulationsbildung an der Grenze von Diaphyse und Epiphysen und als Periostitis der Diaphyse darstellen, kennzeichnen sich klinisch durch Verdickung im Ganzen und besonders Auftreibung an den Epiphysengrenzen, sowie durch Druckempfindlichkeit daselbst Bei vorgeschrittener Erkrankung kommt es dahin, dass die Kinder wegen der Schmerzhaftigkeit der entzündeten Knochen die Extremitäten gar nicht mehr bewegen, wie gelähmt liegen lassen; von einer echten Lähmung unterscheidet sich diese Pseudoparalysis syphilit. durch die Auftreibung und Empfindlichkeit. Befallen sind häufiger die oberen wie die unteren Extremitäten, und auch an den Fingerphalangen bemerkt man hie und da solche Auftreibungen. Ausnahmsweise kann es auch zu einer förmlichen Ablösung der Epiphyse, Eiterung und Durchbruch des Abscesses kommen. Tophi an den Schädelknochen, den Schienbeinen sind ebenfalls beobachtet.

Die Hoden zeigen sich relativ oft betheiligt; interstitielle Bindegewebswucherung, sehr selten Gumma führt zu Knoten-, Höckerbildung, Schrumpfung im Hoden, seltener Nebenhoden.

Genau derselbe für die Lues characteristische anatomische Process, Wucherung, Entzündung des interstitiellen Gewebes findet sich oft genug in der Leber; diese Hepatitis tritt klinisch meist kaum in die Erscheinung, da Icterus inconstant, wenn, dann nur schwach vorhanden ist, Ascites fehlt; sie kommt aber physikalisch hie und da zum Ausdruck als oft beträchtlicher Lebertumor mit mässig scharfem Rande, von anfänglich glatter Oberfläche, ziemlich weicher Consistenz; erst bei eintretender Schrumpfung kann man vermehrte Härte und grössere unregelmässige Unebenheiten der Oberfläche constatiren. Gummabildung in der Leber ist nicht selten, aber schwer zu diagnosticiren. Eine Perihepatitis Portae mit Schwielenbildung und Stenosirung verursacht starken Icterus.

Die Milz betheiligt sich oft mit Hyperplasie und giebt dann weichen Milztumor.

Iritis und Keratitis ist nicht häufig, dagegen Otitis media. Nierenaffection (Gumma, hämorrhagische Heerde) bleibt meist unerkannt; Nephritis specifischer Art kann vorkommen.

Regelmässig sind multiple Lymphdrüsen chronisch entzündet und geschwollen.

Am Nervensystem sind die verschiedenartigsten Affectionen beobachtet: neben Gumma kommen Hydrocephalus, encephalitische und sklerotische Heerde vor; selten ist hämorrhagische Pachymeningitis.

Ob die Lues hered. als sog. „tarda" in der That erst nach vielen Monaten und Jahren zum Vorschein kommen kann, steht dahin; meist sind in solchen Fällen wohl einfach die ersten Manifestationen übersehen worden, resp. sie werden abgeleugnet.

Der Ernährungszustand, das Allgemeinbefinden der hereditär syphilitischen Kinder ist ganz verschieden: zum Theil sehen wir elende, atrophische, meist gleichzeitig dyspeptische Kinder, dies speziell wenn es sich um zu früh geborene Kinder und solche handelt, die eine künstliche Ernährung nicht vertragen, in anderen Fällen wohlgenährte, selbst blühende, jedenfalls gutgedeihende Kinder, denen man, von den luetischen Erscheinungen abgesehen, nichts von Kranksein anmerkt; dies sind dann meist Brustkinder.

Die Diagnose ist, von den ersten Anfängen abgesehen, wohl immer leicht.

Die Prognose richtet sich vor allem nach dem Ernährungs- und Kräftezustand des Kindes, sodann danach, ob das Leiden früh erkannt und energisch behandelt wird; dass die Lues hered. zu nachfolgender Rachitis disponirt, ist zweifellos. Atrophische, dyspeptische, künstlich ernährte Kinder gehen fast immer zu Grunde.

Die Behandlung soll ein Hauptgewicht auf die Diätetik speziell die Ernährung legen, ein Brustkind unbedingt an der Mutterbrust lassen, einem atrophischen, dyspeptischen, künstlich ernährten bessere Nahrung, sobald die Ansteckungsgefahr vorüber scheint, die Ammenbrust geben. Sodann soll sofort eine spezifische Cur mit Quecksilber, die stets vertragen und meist von rascher Wirkung ist, eingeleitet und consequent durchgeführt werden. Altbewährt ist die Verordnung von Calomel 0,01—0,02 2—3 mal täglich ein Pulver; bei ausgedehnten Hautsyphiliden und Ulcerationen hat man mit Sublimatbädern oft schönen Erfolg; auch Injectionen von Sublimat und selbst unlöslichen Quecksilberpräparaten z. B. Hydrarg. salicyl. haben sich uns sehr bewährt. Bei schweren Erscheinungen, bei hartnäckiger und oft recidivirender Lues greife man unbedingt zu einer Inunctionscur mit 0,5—1,0—2,0 gr. grauer Salbe. Stomatitis ist recht selten, wenn auch im Auge zu behalten.

Recidive sind wie bei der acquirirten Syphilis die Regel und stets von Neuem in Angriff zu nehmen.

Hartnäckige Condylome sind mit Salzwasserpinselung und nachfolgender Calomelpuderung oder dem Lap. infern. zu beseitigen.

Constitutionskrankheiten.

Die **Rachitis** ist eine echte Kinderkrankheit, denn sie kommt nur im Kindesalter vor; ihre Residuen können freilich während des ganzen Lebens in Gestalt von Skelettverbildungen angetroffen werden.

Die Ursachen der Rachitis sind sehr mannigfach; Alles in Allem muss man ihre Entstehung auf eine fehlende allgemeine Hygiene und besonders auf fehlerhafte Ernährung zurückführen. So kommt es, dass sie mit Vorliebe bei den Kindern der ärmsten Volksschichten in den Städten gefunden wird, denen die Mutter häufig schon nicht genügende Lebensenergie bei der Geburt mitgiebt, und die dann in schlechten, feuchten, nicht ventilirten Wohnungen, bei künstlicher, mangelhaft zubereiteter, meist geradezu ungeeigneter, oft genug unzureichender Nahrung gross werden sollen; bei den unseligen socialen Missständen vermag die Mutter, da sie selber der Arbeit nachgehen muss, sehr häufig selbst beim besten Willen ihren Kindern nicht die nöthige Zeit und Pflege zu widmen, eine entsprechende Nahrung zu bieten, geschweige denn sie täglich und genügend lange ins Freie zu bringen; solche Kinder verbringen oft ihr ganzes junges Dasein in engen Hinterräumen, deren Luft zudem noch durch das Feuer, den Qualm des Kochheerdes, durch die Ausdünstungen vieler Menschen, industrieller Hausgewerbe verunreinigt ist, in kleinen, feuchtkalten Höfen, die oft nie ein Sonnenstrahl erreicht; nicht einmal auf die Strasse pflegen die jüngsten der Kinder getragen zu werden. Da die Beschaffung einer guten Kuhmilch auch heute noch in den Grossstädten an allerlei Schwierigkeiten leidet, dieselbe bei Unbemittelten gewöhnlich an dem hohen Preise einer tadellosen Säuglingsmilch scheitert, so erhalten die Kinder in der Regel eine minderwerthige Nahrung, deren Quantität man durch Mehlsuppen, Brot, Kartoffeln, Kaffee zu erhöhen gezwungen ist. Dass die Indolenz, der Mangel an Verständniss für die Kinderpflege, hie und da direct böser Wille eine wesentlich unterstützende Rolle spielen, kann man in Kinderpolikliniken und Hospitälern nur zu oft erfahren; besonders bejammernswerth erscheinen die Neugeborenen und Säuglinge unehelicher Abkunft, die Kinder von Dienstmädchen, Arbeiterinnen, deren Mutter wieder den Erwerb zuwenden, eine Stelle als Amme annehmen muss. Wenn auch die Fürsorge der Polizei dem verbrecherischen Treiben der sog. „Engelmacher" ein Ende gemacht hat, so haben doch die meisten Päppelkinder bei den Pflegefrauen ein elendes Loos.

Doch auch in besseren, selbst höheren Ständen, wo man es an der Nahrung und Pflege nicht fehlen lässt, begegnet man der Rachitis. Der häufigste Fehler, der hier gemacht wird und das Knochenwachsthum beeinträchtigt, ist der, dass man die Säuglinge zu lange und ausschliesslich mit Milch ernährt; es kommt ja vor, dass ein Kind an der Mutterbrust oder bei guter Kuhmilch über ein Jahr und noch länger tadellos gedeiht, zumal, wenn es sehr viel Milch aufnimmt; in der Regel aber findet es in der Milch allein nicht mehr das zum Aufbau des Körpers, zur Ausbildung des Knochensystems nöthige Material. Der andere Fehler ist der, dass die übermässig besorgten Eltern das Kind aus Angst vor Erkältung nicht oder nicht genügend an die Luft bringen; so erlebt man es nicht selten, dass besonders im Spätherbst geborene Kinder den ganzen Winter, viele Monate lang nicht ins Freie gekommen sind. Das Aussehen der Kinder selbst der ärmsten Leute auf dem Lande ist ein sprechender Beleg dafür, dass die Wohnungshygiene recht mangelhaft sein, die Ernährung durch zu frühes Verabreichen von Amylaceen (Mehl, Kartoffeln) gegen die Regeln der Diätetik sündigen kann, und doch der Knochenbau, die Körperentwickelung vorzüglich vorwärts gehen, weil eine vorzügliche Milch und der reichliche Genuss frischer, reiner Luft Alles wieder gut macht, jene Fehler aufwiegt; ähnlich ist wohl auch die Seltenheit der Rachitis in südlichen Ländern, den Tropen zu deuten.

Dass schwächende Krankheiten, welche das Kind herunterbringen und einen langen Bett- und Stubenaufenthalt mit sich führen, eine Prädisposition für Rachitis abgeben, ist leicht verständlich; da wären besonders länger dauernde Dyspepsieen und Diarrhoeen, langwierige Bronchialkatarrhe, von Infectionskrankheiten der Keuchhusten, die Tuberculose zu nennen. Ebenso beschuldigt man eine angeborene Dyscrasie in Folge von Phthise, Lues der Eltern.

Dass ein mangelnder Gehalt der Nahrung an Knochensalzen zu der rachitischen Erweichung der Knochen führe, ist wohl abzulehnen; die nach experimenteller Entziehung des Kalkes beobachtete Knochenerkrankung ist nicht die für Rachitis characteristische; jedenfalls enthält jede normale Kindernahrung eine genügende Menge von knochenbildenden Salzen. Wie weit die Bildung und Resorption von Milchsäure auf die Entstehung von Rachitis Einfluss hat, bleibt ebenfalls dahingestellt. Eine mangelhafte Kalkresorption kann als Ursache für Rachitis in den zahlreichen Fällen angenommen werden, in welchen längere Zeit Verdauungsstörungen vorausgingen.

Die letzten Ursachen der Rachitis sind jedenfalls nicht klar.

Es liegt nahe, im Hinblick auf die ähnlichen Knochenveränderungen der Lues congenita als Aetiologie eine allgemeine Ernährungsstörung anzunehmen.

Anatomisch handelt es sich bekanntlich nicht um eine Einschmelzung bereits gebildeter Knochensubstanz, sondern um mangelhafte Anbildung. Die abnorm vermehrten Knorpelzellen wuchern lebhaft und greifen tief und unregelmässig in die Ossificationszone hinein; auf der andern Seite findet man wieder innerhalb der Knorpelzellen mit Markzellen gefüllte Markräume; so entsteht an Stelle einer scharfen eine verwischte Ossificationslinie, auf deren Bezirk man neugebildetes Osteoïdgewebe gleichzeitig neben und zwischen verkalkten Theilen und Knorpel constatirt, eine Verbreiterung des Knorpelwucherungsgebietes, Verbreiterung und Unregelmässigkeit der gelblichen Verkalkungszone, zackiges Vorspringen des Markraumes, Auftreibung der Epiphysen durch Knorpelwucherung. Endlich scheint für den rachitischen Process characteristisch, dass der normaler Weise weit an Häufigkeit und Bedeutung zurücktretende directe Uebergang von Knorpel- in Knochenzellen (metaplastische Ossification) die physiologische Knochenbildung durch Osteoblasten bei Weitem überragt. Kommt dieser als parenchymatöse Entzündung aufzufassende Process zum Stillstand, so findet eine übermässige Ablagerung von Kalksalzen, ja selbst Osteosklerose an den erkrankten Stellen statt.

Befallen werden von der Rachitis vorwiegend die ersten Lebensperioden, am häufigsten das zweite Jahr, etwas seltener das erste; viel seltener tritt die Krankheit erst im dritten Jahre und später, sowie schon im frühen Säuglingsalter auf; angeborene Rachitis kommt nur ausnahmsweise vor.

Symptome. Die augenfälligsten Veränderungen spielen sich bei der sog. englischen Krankheit an dem Knochensystem ab, und zwar kann man im Allgemeinen verfolgen, dass von dem rachitischen Process immer derjenige Theil des Skelettes am meisten betroffen ist, der in der Lebensperiode, in welcher das Kind erkrankte, in der lebhaftesten Entwickelung begriffen war. So erscheint in der Säuglingsperiode, speziell um den Beginn der Dentitionszeit, besonders der Schädel verändert, daneben und zwar in der Regel mit am frühzeitigsten der Thorax; bei etwas älteren Kindern treten dann die Verbildungen der Extremitätenknochen noch mehr zu Tage.

Der Schädel erscheint bei einigermassen entwickelter Rachitis unverhältnismässig gross; von oben betrachtet, rechtfertigt sein Ansehen die Bezeichnung als tête carrée; die Stirn- und ebenso die Seitenwandbeinhöcker stehen buckelig und vergrössert hervor; man findet, dass die Volumszunahme des Kopfes nicht sowohl durch eine Verdickung der Schädelknochen, als vielmehr durch ein Auseinanderweichen derselben, eine beträchtliche Verbreiterung der Fontanellen, eine geringere auch der Knochennähte hervorgerufen ist; besonders die grosse Fontanelle kann man fast unter den Augen des Beobachters sich vergrössern sehen, mindestens verknöchert sie nicht in dem physiologischen Maasse, so dass sie weit über das Ende des zweiten Jahres hinaus noch erhalten bleibt; weniger betheiligt ist für gewöhnlich die kleine Fontanelle; bei starker Schädelrachitis confluiren mehr weniger beide Fontanellen. Die Kranznaht ist oft bis zu den Ohren hinab als breite Lücke zu verfolgen. Auch die Hinterhauptschuppe lässt sich mit ihren Rändern von den Seitenwandbeinen abgrenzen, und bei Betastung ihrer oberen Peripherie fällt nicht nur, wie übrigens auch an andern Schädelknochenrändern, eine grosse Weichheit, Eindrückbarkeit auf, sondern der ganze Knochen zeigt manchmal bis zur Tuberositas hinab eine ganz abnorme Dünne, giebt auf Druck eine Art von Pergamentknittern; in den Lambdanähten fühlt man ausnahmsweise wohl auch einmal eingesprengte, kleine Schaltknochen.

Sehr wichtige Störungen weisen die Zähne auf; bei früh, vor der Dentitionszeit beginnender Rachitis (7. Monat) pflegt die Zahnung im ersten Jahr überhaupt auszubleiben, mindestens tritt sie sehr verzögert und unregelmässig ein; statt in Gruppen erscheinen die Zähne einzeln; die Zwischenpausen zwischen dem Durchbruche der verschiedenen Zähne sind über die Norm verlängert. Hatte die Dentition bereits begonnen, so bleibt sie mit Ausbruch der Rachitis stehen; ja statt Fortschritte zu machen, zeigt sie regressive Vorgänge; die bereits gebildeten Zähne verfallen einer frühzeitigen und ganz abnormen Caries, die dadurch gekennzeichnet ist, dass sich die Zähne theils an ihrer Schneide abschleifen, theils faul werden und abbröckeln, indem sich senkrecht auf ihrer Längsachse cariöse Querfurchen, tiefe Rillen bilden, die mit der Zeit den Zahn in seiner Dicke durchdringen, so dass nur mehr Wurzelstümpfe verbleiben.

Sehr typische Veränderungen zeigt der Thorax; nicht allein erfahren die Schlüsselbeine eine verstärkte, S-förmige Krümmung, erleiden öfters Infractionen und Fracturen mit folgender Calluswucherung, sondern auch sämmtliche Rippen betheiligen sich an der Bildung einer characteristischen, rundlichen Auftreibung, die, genau an der Grenze von Knochen und Knorpel an den sternalen Rippenenden erfolgend, das Bild des sogenannten rachitischen Rosenkranzes hervorruft; am deutlichsten ist derselbe an der 3.—8. Rippe; eine ähnliche, vertical und gerade verlaufende, von kleinen Buckeln oder kantigen Verdickungen gebildeten Linie zieht rechts und links parallel der Wirbelsäule und entspricht einem stärkeren Heraustreten des hinteren Rippenwinkels. Bei längerem Bestande, hochgradigerer Rachitis bilden sich noch eingreifendere Brustkorbdeformationen aus. So nimmt das Brustbein öfter die Gestalt der Hühnerbrust (Pectus carinatum) an; ferner erleiden die Seitentheile des Thorax an genau dem Ansatz des Zwerchfells entsprechenden Stellen eine Einsenkung, die dadurch entsteht, dass die weichen Rippen dem Muskelzuge des Zwerchfells nachgeben; die weitere Folge ist, dass entsprechend die unteren Parthieen des Brustkorbs, speziell die fluctuirenden Rippen nach aussen vorgewölbt werden, die Enden der Rippen gewissermassen hinausstehen und dadurch die untere Thoraxappertur zu Ungunsten der oberen erweitert erscheint.

Die Wirbelsäule wird öfters nach hinten ausgebogen und zwar in Gestalt einer stumpfwinkeligen, bogenförmigen Kyphose der unteren Brust-, oberen Lendenwirbel; seltener sind skoliotische Verkrümmungen.

Von den Extremitäten sind besonders die Arme ergriffen; die unteren Epiphysen von Radius und Ulna sind speziell bei älteren Kindern, im 2. Lebensjahre fast ausnahmslos verdickt, manchmal dermassen, am deutlichsten bei fetten Kindern, dass es aussieht, als ob man ihnen unter den Knöcheln einen Faden umgeschnürt hätte (Enfants noués); weniger ausgesprochen ist in der Regel die Epiphysenauftreibung an Knie- und Fuss-, sowie Ellbogengelenk. Dagegen zeigen die Röhrenknochen auch in ihrer Diaphyse bei schwerer Rachitis ganz gewöhnlich bogenförmige Verbiegungen nach aussen, auch Einknickungen; sehr leicht kann es bei unaufmerksamer Behandlung durch Sturz, Gehversuche und dergl. zu Fracturen kommen.

Am Becken entstehen ebenfalls Missbildungen (plattes Becken etc.), die für Mädchen im späteren Leben, bei der Geburt verhängnissvoll zu werden vermögen.

Auch die Gelenke sind afficirt, indem ihre Bänder schlaff, die Knochenverbindungen gelockert sind.

Mit den Skelettveränderungen ist die Symptomatologie der Rachitis nicht entfernt erschöpft. Als echte allgemeine Constitutionsanomalie verräth sie sich durch die Betheiligung so ziemlich aller Organsysteme.

Die Verdauung ist recht häufig gestört, der Appetit mangelhaft (Heisshunger sehr selten), der Stuhl gewöhnlich obstipirt, zwischendrein diarrhoïsch; die Darm- und Bauchmuskulatur zeigt fast ausnahmslos verminderten Tonus; hie und da besteht Magenectasie, regelmässig ziemlich beträchtliche Tympanie, Auftreibung der einzelnen Darmschlingen, wie des ganzen Leibes; derselbe erscheint dadurch in einem auffälligen Gegensatz zu dem rachitisch verengten Brustkorb. Milz (und Leber) sind häufig vergrössert; auch multiple Lymphdrüsenschwellungen sind ein gewöhnlicher Befund. Dagegen bietet der Urin nichts Characteristisches.

Weniger betroffen sind in der Regel die Respirationsorgane; das ungewöhnlich scharfe Puerilathmen, welches man öfters vernimmt, rührt zu einem Theil von der Einengung des Thorax, zum anderen von complicirenden Katarrhen her; dass die Kinder mit ihrem rachitisch verbildeten Brustkorb zu solchen Katarrhen mehr neigen, wie andere, ist einleuchtend, und es ist eine bekannte Erfahrung, dass sie diesen secundären Katarrhen um so leichter erliegen, als Atelectasenbildung, die Entstehung bronchopneumonischer Heerde sehr begünstigt wird, und alle diese Affectionen bei der allgemeinen Körperschwäche und der geringen Leistungsfähigkeit der Thorax- und Abdominalmuskulatur leichter Secretstauung, Cyanose und Herzschwäche zur Folge haben. Die oft sehr ausgesprochene Dyspnoe, welche man so regelmässig bei rachitischen Kindern findet, ist in der Hauptsache auf die Einengung des Thoraxraumes zurückzuführen. Bei jeder Inspiration sieht man den Thorax dem Zuge des Zwerchfells folgend, in den Seiten einfallen, anstatt sich vorzuwölben (respiratorisches Flankenschlagen); ebenso kommt es zu Einziehungen im Epigastrium und Jugulum. Hustenreiz kann man bei fehlendem Katarrh auch mit Schwellung von Bronchialdrüsen erklären.

Ganz regelmässig laboriren die rachitischen Kinder an Hautschweissen, welche ein wichtiges, manchmal das erste Symptom darstellen. Der Schweissausbruch hat zwar am ganzen Körper, mit Vorliebe aber am Kopfe Statt; im Schlafe sind die Kinder meist schweissbedeckt, sie transspiriren bei jeder Anstrengung, beim Trinken; und ein feuchtes Kopfkissen ist ein sprechendes Hülfsmittel für die Diagnose. Folgezustände sind am Kopf ein trockenes, brüchiges, glanzloses Haar; am Hinterhaupt ist es besonders schlecht und mangelhaft; da der Kopfschweiss Miliaria und Eczem erzeugt, welche die Kinder zum Scheuern, Reiben des Hinterkopfes reizen, so sieht man denselben häufig von Haaren fast ganz entblösst. An Rumpf und Extremitäten bemerkt man als Residuen der Schweisse sehr oft Sudamina, Eczem und eine geringe Desquamation.

Von grösster Bedeutung ist die Thatsache, dass sich auf dem Boden der Rachitis ungemein gern und häufig nervöse

Störungen entwickeln und zwar sehen wir sämmtliche functionelle Krampfformen, von der leichtesten (Spasmus nutans) bis zu den schweren (Tetanie, Spasmus glottidis) und schwersten (Eclampsie), aber auch anatomische Veränderungen (Hydrocephalus) sich einstellen.

Die Ernährung und Blutbildung ist meist ausnahmslos stark beeinträchtigt. Wenn man neben sehr mageren, elenden Kindern mit nahezu fehlendem Fettpolster, sehr schwach entwickelter Musculatur, auch sehr gut genährte, ja ungewöhnlich fette Kinder mit Rachitis sieht, so kann man doch auch bei letzteren stets eine grosse Schwäche, Schlaffheit und Apathie feststellen. Die Kinder sind oft so kraftlos, dass sie unbeweglich still liegen, nie wie ein gesundes Kind lebhaft ihre Glieder regen. Haut, Schleimhäute erscheinen bleich, manchmal geradezu wachsfarben, die Gefässe blutleer. Die Blutuntersuchung constatirt sehr oft Leukocythose. Eine derbe Berührung der erkrankten Skelettheile beim Hochnehmen, Umbetten scheint Schmerzen zu verursachen; auch spontan schreien und winseln die Kinder manchmal viel; sie lachen selten, machen einen gedrückten, missmuthigen Eindruck; ihr Schlaf ist unruhig.

Der Verlauf der Krankheit ist in der Regel ein ausgesprochen chronischer; zwar sieht man hie und da gesunde Kinder ziemlich rasch, fast subacut rachitisch erkranken, doch pflegt die weitere Entwickelung eine langsame zu werden; bis zur Heilung erfordert die Rachitis auch bei rechtzeitiger und energischer Behandlung gewöhnlich viele Wochen, ja Monate.

Die Prognose ist dadurch schon eine nur eingeschränkt günstige; stets hat man mit einer langen Dauer, langwierigen Behandlung zu rechnen, und das eröffnet den vielfach möglichen Complicationen eine reichliche Gelegenheit, den Ablauf des Processes zu stören. Im Grunde richtet sich die Vorhersage danach, ob die Rachitis ein bis dahin gesundes, von Geburt an kräftiges, ein schon etwas älteres Kind befällt, oder ein frühgeborenes, zartes, jugendliches Individuum, mit wenig Muskel-, Widerstandskraft oder gar ein bereits anderweitig erkranktes Kind; diese zweite Kategorie ist ungleich mehr gefährdet. In zweiter Linie und beinahe in der Hauptsache richtet sich die Prognose nach der materiellen Lage der Eltern, der Pflege, die dem Kinde zu Theil werden kann. Während die gepäppelten Säuglinge der armen, schlecht wohnenden und schlecht ernährten unteren Volksschichten, die den therapeutischen Rathschlägen des Arztes oft ebensowenig Verständniss und guten Willen entgegenbringen, als es ihnen möglich ist, ihrem Kinde alles Erforderliche zu verschaffen, gewöhnlich an jeder ernsteren Complication zu Grunde gehen, haben Kinder, denen frühzeitig eine bessere Hygiene, die Ammenbrust, rationelle Diät zu Theil wird, viel günstigere Aussichten. Auch die Jahreszeit spielt eine bedeutsame Rolle, insofern das nahende Frühjahr, der Sommer die reiche Gelegenheit zu dem nöthigen Genuss reiner Luft bietet, welche die zu Erkältungen besonders neigenden rachitischen Kinder im Herbst und Winter oft lang entbehren müssen.

Für atrophische, scrophulöse, luetische Säuglinge, für Kinder, welche durch lange Verdauungsstörungen heruntergekommen sind, welche an Bronchial- und Lungenaffectionen leiden, bedeutet die Rachitis eine ernste Krankheit.

Rachitisch Erkrankten wird umgekehrt jede Digestions-, Respirationskrankheit, werden von den Infectionskrankheiten besonders Masern, Keuchhusten und Diphtherie eine verdoppelte Lebensbedrohung.

Die Behandlung hat zunächst möglichst den ätiologischen Momenten auf den Grund zu gehen; ein zu lange gestilltes Kind wird man absetzen, einem über die Zeit ausschliesslich mit Milch ernährten Kinde muss man gemischte Kost verabreichen; bei einem künstlich ernährten Säugling wird man eine andere Milch, eine bessere Ernährungsmethode versuchen, im Nothfalle eine Amme anrathen; dem in Stubenluft herangewachsenen Kind muss man eine Freiluftcur, mindestens regelmässigen Luftgenuss verordnen.

Im Uebrigen sind wir über ein symptomatisches Verfahren noch nicht hinausgekommen, da wir ein allgemein gültiges ätiologisches Regime nicht kennen, specifische Heilmittel (Phosphor) nicht anerkennen.

Den wichtigsten Punkt wird immer die Diätetik bilden. Die Nahrung sei vorwiegend animalisch: beste, frische Milch (nicht Milchpräparate), sobald erlaubt, und zwar auch bei Säuglingen bei Bedarf schon frühzeitig (4.—5. Monat) Fleischbrühe; später Ei, Kalbshirn, Kalbsmilcher, Schabefleisch, geschabter roher Schinken. Amylaceen mit Ausnahme von etwas Gries oder Reis in der Suppe, später etwas gebackenem Weissbrot verbiete man. Dafür gebe man, wenigstens bei schlechtem Ernährungszustand, Fett in jeder leicht verdaulichen Form und so reichlich, wie vertragen. Als zweiter Heilfactor ist die frische Luft zu nennen; rachitische Kinder sollen, sobald und solange es die Witterung irgend erlaubt, ins Freie, in den Sonnenschein gebracht werden; complicirende Katarrhe sind dabei natürlich sorgsam zu berücksichtigen, eventuell vorher auszuheilen; verweichlichte Kinder müssen vorsichtig abgehärtet werden. Bei ungünstiger Jahreszeit ist in der Praxis elegans eine Uebersiedelung nach dem Süden, nach Meran, nach einem englischen Seebad (Wight) ins Auge zu fassen. Im Sommer bewährt sich bei uns zu Lande ein Kuraufenthalt an der Ostsee, auf Wyk (Föhr), in einem Soolbad aufs Beste.

Das dritte Mittel sind Soolbäder; man lässt sie nur dreimal in der Woche, bei schwachen Kindern selbst nur zweimal wöchentlich machen, nimmt sie aber dafür von vorneherein etwas kräftiger (2—3 Pfund Salz auf eine Kinderbadewanne); später kann man sie noch etwas durch Mutterlauge verstärken; die Dauer des Bades steigt von 5 Minuten in der ersten auf 10 Minuten in der zweiten, 15 in der dritten Woche; nach dem Bade eine Abwaschung mit kühlerem reinem Wasser, eine Mahlzeit und eine 2—3 stündige Bettruhe; die Gesammtzahl der Bäder betrage je nach Bedarf 12—30.

Es versteht sich, dass man mit rachitischen Kindern nicht Steh- und Gehversuche vornehmen lässt, bevor nicht die Röhrenknochen wieder ganz consolidirt sind; ebenso darf man solche Kinder, um Rückgratsverbiegungen vorzubeugen, nicht anhaltend sitzen, auf dem Arme umhertragen lassen.

Unterstützend wirken gegen die fast stets vorhandene Anämie Eisen, auch Arsenik, gegen Macies Leberthran, Lipanin, bei Milztumor Chinin. ferrocitric.

Symptomatisch bekämpft man Stimmritzen-, allgemeine Krämpfe mit Bromkali und Chloralhydrat, Lungen-, Darmerscheinungen in der bekannten Weise. Gegen die rachitischen Schweisse nehme man spirituöse Waschungen und Puderungen vor; man vermeide alle Federbetten, bevorzuge Rosshaarmatratze und -Kopfkissen. Bei Craniotabes kann man ein Ringkissen, ein Luftkissen verwenden. Bei Kyphose lagere man die Kinder auf eine ganz fest gepolsterte, glatte Matratze und verhindere sie durch einen breiten Brustgurt am Hochrichten. Verkrümmungen der Extremitäten (Genu valg. etc.) wären orthopädisch oder chirurgisch zu beseitigen.

Die uncomplicirte **Scrophulose** stellt einen nicht gerade häufig zu beobachtenden Symtomencomplex dar, dessen Aetiologie keineswegs ganz klargestellt ist.

Das Bild der klinischen Erscheinungen setzt sich zusammen aus dem multiplen oder successiven Auftreten chronisch entzündlicher Processe an Haut und Schleimhäuten und an den Lymphdrüsen, welche letztere die Neigung zur Hyperplasie, später Erweichung, Abscedirung und Verkäsung zeigen. Auf den äusseren Hautdecken entwickeln sich chronische Ausschläge, vorwiegend Eczeme; so besonders am Kopf, hinter und an den

Ohren, im äusseren Gehörgang, am Naseneingang, im Gesicht, doch auch am ganzen übrigen Körper; das Eczem kann mit Pustelbildung (Ecz. impetiginodes), mit starker Secretion einhergehen oder ganz trocken, schuppend sein; auch Ulcerationen beschränkter Ausdehnung beobachtet man. Die Entzündung der Schleimhaut offenbart sich am häufigsten in Form der chronischen Rhinitis und Blepharo-Conjunctivitis; Rhagaden und Geschwüre im Naseneingang sind gewöhnliche Begleiterscheinungen; in Folge von Secretreizung wird die Haut der Oberlippe geröthet, infiltrirt. An der Conjunctiva bulbi gelten Phlyctänen als typisch scrophulöse Affection; eine callöse Verdickung der Lidränder, sowie Entzündungen, Abscedirungen der Meibom'schen Drüsen können die weitere Folge sein; auch Keratitis, Ulcera corneae mit secundärer Entwickelung von Staphylom und Leukom schliessen sich oft genug an. Die Schleimhaut von Rachen und Nasenrachenraum zeigt sich häufig chronisch katarrhalisch erkrankt; es bilden sich Hypertrophieen der Mandeln, Wucherung der Rachentonsille, Pharyngitis granulosa heraus. Theils im Anschluss an diese Processe, theils idiopathisch entstehen Otitis med. catarrh. und purulenta, meist doppelseitig; Otitis externa wurde schon erwähnt; auch cariöse Zerstörungen im Mittelohr, im Felsenbein sind nicht selten. Chronische Katarrhe der oberen Luftwege sind häufige Befunde, so besonders chronische Tracheïtis und Bronchitis; acute Entzündungen recidiviren leicht. Auch Verdauungsstörungen kommen vielfach zur Beobachtung, namentlich Magendyspepsie und Darmkatarrh.

Stets spielen Lymphdrüsenentzündungen eine bedeutsame Rolle; zu einem Theile schliessen sie sich dem Entzündungsprocess an der Haut, auf den Schleimhäuten an; und so finden wir bei Otitis die Drüsen unter dem Ohr, dem Kieferwinkel, bei Gesichtseczem, Coryza die submaxillaren, bei Kopfeczem die Nackendrüsen erkrankt; sehr gewöhnlich sind auch die Bronchial-, die Mesenterialdrüsen betheiligt. Die Lymphdrüsen sind entweder nur chronisch infiltrirt, vergrössert, leicht druckempfindlich, aber noch frei beweglich, oder aber mit der Umgebung verwachsen, erweicht, einfach vereitert oder deutlich verkäst. Auch ohne einen directen Zusammenhang mit Entzündungen der Organe, aus denen die Drüsen ihre Lymphe empfangen, sehen wir sie erkranken; so ganz primär und isolirt z. B. in den Leistenbeugen und Achselhöhlen und besonders am Halse.

Daneben erweist sich der Gesammtkörper, die Constitution ergriffen. Das Aussehen der Kinder ist nicht bloss durch die Drüsengeschwülste, die Schwellung der Nase, die gedunsene

Beschaffenheit ihrer Umgebung und der Oberlippe, die Eczeme entstellt, sondern es verräth sich gleichzeitig eine mehr weniger entwickelte Anämie; die Hautblässe und Gedunsenheit zusammen mit einer oft zu constatirenden reichen Entwickelung des Unterhautfettgewebes bezeichnet man als pastöses Aussehen. Die Muskulatur ist gewöhnlich schwach und schlaff.

Eine Reihe von anderweitigen Veränderungen, die man früher der Scrophulose zurechnete, sind als echt tuberculöse erkannt und ihr daher abgesprochen worden; so vor Allem die vielfachen cariösen Knochen- und Gelenkaffectionen, die Spina ventosa, Ostitis und Periostitis, Synovitis, Tendovaginitis tuberc., die Kyphose der Wirbelsäule, tuberculöse Hautabscesse, der Lupus, die sich so häufig mit scrophulösen Symptomen verbinden.

Mit ihnen ist die Grenze erreicht, an der wir uns fragen müssen, wo hört die Scrophulose auf, wo beginnt die Tuberculose, sind etwa, da man auch in den scrophulösen Drüsen, im Eczem-Eiter Tuberkelbacillen nachgewiesen hat, alle scrophulösen Vorgänge nur eine besondere Erscheinungsform der Tuberculose, bedeutet nicht, wie Manche gewollt, Scrophulose einfach Drüsentuberculose? Die pathologische Anatomie kann da die allein ausschlaggebende Antwort ertheilen; sie stellt fest, dass das anatomische Substrat der scrophulösen Processe nur das der chronischen Entzündung ist, dass es sich aus Rundzellen, Granulationsgewebe zusammensetzt, dass dasselbe aber die characteristische Tendenz besitzt, necrobiotisch zu zerfallen, eitrig einzuschmelzen und zu verkäsen, dass in dem verkästen, abgestorbenen Gewebe öfters Tuberkelbacillen gefunden werden, dass endlich auf der Grundlage scrophulöser Erkrankung leicht echte tuberkulöse Affectionen sich entwickeln. Dieser Umstand berechtigt aber noch keineswegs dazu, nun Scrophulose und Tuberculose zu identificiren; dazu ist der Ablauf der Scrophulose von dem der Tuberculose zu verschieden; wir sehen den scrophulösen Process sehr häufig völlig ausheilen, wir sehen denselben nie, wie wir das von der Tuberculose wissen, sich überall im Körper, in fast sämmtlichen inneren Organen verbreiten und das Leben rettungslos vernichten. Zum mindesten müsste es neben der Tuberculose, wie wir sie als typisch für das Kindesalter kennen, mit ihrer Neigung zur Generalisirung und zum tödtlichen Ausgang, eine von dieser ganz verschiedene, gutartige Form geben, was ja schliesslich nicht unmöglich wäre. Der Pädiater und Praktiker wird gut thun, so lange dieser Zusammenhang noch nicht völlig geklärt ist, beide Processe von einander zu trennen; schon um das

Krankheitsbild treffend und kurz zu characterisiren, kann er den Begriff der Scrophulose vorderhand nicht entbehren. Wir definiren desshalb dieselbe als eine Constitutionsanomalie, eine Dyscrasie, die sich kundgiebt durch eine Leichtverletzlichkeit der Gewebe, speziell der Haut und der Schleimhäute, durch eine Neigung dieser Organe zu chronisch entzündlichen Veränderungen unter consecutiver oder auch primärer Schwellung, Entzündung, Nekrobiose und Eiterung der Lymphdrüsen; die Scrophulose giebt für den Tuberkelbacillus einen sehr geeigneten Nährboden ab, von dem er vielleicht durch Einwanderung in die eczematös etc. vorbereitete Hautdecke, in die katarrhalisch afficirten Schleimhäute Besitz ergreift.

Die Aetiologie der Scrophulose ist nicht sicher festzustellen. Thatsache ist, dass Tuberculose, Lues, hohes Alter, Decrepidität der Eltern die Entstehung der Scrophulose bei den Kindern begünstigt, dass sie sich unter schlechten hygienischen Lebensverhältnissen, bei unzweckmässiger Ernährung, besonders in dichtbewohnten, grossen Städten, in den unteren Volksklassen mit Vorliebe entwickelt; directe Vererbung ist zweifelhaft. Liegt eine Disposition vor, so sehen wir scrophulöse Erscheinungen manchmal ziemlich acut nach Masern, Keuchhusten, Lungenaffectionen, langwierigen Darmkatarrhen sich entwickeln. Aus der Aehnlichkeit der ätiologischen Factoren ergibt es sich auch, warum wir Scrophulose und Rachitis öfters vergesellschaftet finden.

Befallen werden mit Vorliebe etwas ältere, oft schon herangewachsene Kinder.

Die Krankheit verläuft exquisit chronisch.

Die Diagnose gründet sich auf das gleichzeitige oder sich folgende Erscheinen der scrophulösen Symptome, deren Hartnäckigkeit und stete Wiederkehr, deren Complication und Genese zu der Erkenntniss drängen, dass ihnen eine gemeinsame Aetiologie zu Grunde liegen muss. Nie ist man berechtigt, aus dem Auftreten einer vereinzelten Symptomengruppe die Diagnose Scrophulose zu stellen, da das einzelne scrophulöse Symptom an sich nichts Characteristisches hat.

Die Prognose ist nicht ungünstig; bei geeigneter, energischer und consequenter Behandlung kann die Scrophulose völlig ausheilen, wenn auch oft erst nach vieljähriger Dauer; jedoch bedenke man die stete Gefahr einer tuberculösen Secundärinfection.

Die Therapie zielt auf eine Anregung, Verbesserung des Stoffwechsels, des Blutes; das erreicht sie, indem sie den Kranken unter die besten hygienischen Verhältnisse versetzt. Dazu gehört in erster Linie der möglichst ausgiebige Genuss frischer, belebender, reizender Luft und reichliche Bewegung in einer solchen. Am besten entspricht dieser Forderung ein See-, besonders Nordseeaufenthalt, Sommers und auch Winters; Norderney, Sylt etc. haben gerade bei Scrophulose schöne Heilerfolge aufzuweisen. Auch Soolbäder, combinirt mit Fichtennadelbädern, Wald- und Bergluft leisten Gutes; eine häusliche Badecur erreicht dieses Resultat natürlich lange nicht. Daneben genügen kalte Waschungen, Begiessungen, Abreibungen der Pflege und Anregung der Haut. Die Einwirkung des directen Sonnenlichtes scheint von Bedeutung zu sein. Die Ernährung muss sehr reichlich und gut sein; bei fetten, torpiden Constitutionen bevorzuge man Eiweissbildner (Fleisch, Ei, Milch), bei mageren, elenden Kindern das Fett; in dieser Richtung erfreuen sich der Leberthran, das Lipanin eines wohlbegründeten Rufes. Gegen Anämie erweisen sich Jodeisen (Syrup. Ferr. jod., Ferr. jod. sacch.), Arsenik nützlich.

Drüsenschwellungen bekämpft man mit Einreibungen von Sap. virid., Ungt. Kali jodat. āā, Ungt. Jodoform. Sobald es zur Abscedirung, Verkäsung gekommen, sind energische und ausgiebige chirurgische Eingriffe am Platz. Eczeme, Otitis, Rhinitis behandelt man in bekannter Weise.

Nie erlahme die Behandlung, bevor nicht alle Symptome gewichen, alle Recidive aufgehört haben.

Die **Anämie** ist in ihren Erscheinungen ebenso typisch und eindeutig, wie ihre Ursachen verschiedenartig und schwer zu präcisiren sind.

Von ätiologischen Factoren sind folgende theoretisch möglich, doch von verschiedener practischer Werthigkeit. Blutverluste dürften im Kindesalter nur selten in Frage kommen; sie haben eine primäre Anämie oder besser Oligämie zur Folge. Während ein mässiger Blutverlust bei normaler Blutbildung rasch wieder ersetzt wird, führen sehr starke oder sich wiederholende Blutungen zu einer dauernden Blutverarmung; von chronischen Blutverlusten beobachtet man bei Kindern noch am ehesten solche durch habituelles Nasenbluten, Morb. macul. Werlhof., Anchylostom. duoden., ausnahmsweise in Folge von Magen- und Darmgeschwüren. Diese primären Anämieen sind gekennzeichnet durch Oligocytämie (da die Blutflüssigkeit rascher regenerirt wird, als die Blutzellen) und Oligochromämie: die Zahl der rothen Blutkörperchen wie der Gehalt an Hämoglobin sinken oft bis zur Hälfte der Norm.

Viel häufiger ist die secundäre Anämie. Ihre Ursachen hat man einmal in einer mangelhaften Blutbildung, sodann in primären Ernährungsstörungen zu suchen. Eine ungenügende Function der blutbildenden Organe nehmen wir dann an, wenn wir keine anderen ätiologischen Momente entdecken können. Eine idiopathische Erkrankung des Blutes als solchen ist bei der einfachen Anämie kaum jemals zu supponiren. Weitaus am häufigsten ist die Anämie Folgezustand von anderweitigen Organerkrankungen, constitutionellen Leiden, Säfteverlusten.

Es leuchtet ein, warum Verdauungskrankheiten, bei denen die Digestion und Assimilation der Nahrung gestört, mangelhaft ist, warum consumirende febrile und auch fieberlose Affectionen, die mit einer geringeren Nährstoffaufnahme, erhöhtem Eiweisszerfall einhergehen, zu secundärer Anämie führen müssen; dazu rechnen alle acuten und chronischen (Tuberculose) Infectionskrankheiten, Nierenentzündungen mit Albuminurie, Eiterungen, Amyloïd; sodann Intoxicationen (Blei, Quecksilber), bösartige Tumoren; ferner fehlerhafte oder ungenügende Ernährung, fehlende allgemeine Hygiene, körperliche und geistige Ueberanstrengung (Schule), auch die vorzeitige geschlechtliche Reizung (Masturbation); von constitutionellen Erkrankungen sind Lues, Rachitis, Diabetes regelmässig, Scrophulose gewöhnlich mit Anämie verbunden. — Mikroscopisch weisen die secundären Anämieen gewöhnlich folgenden Blutbefund auf: Verminderung der rothen, meist Vermehrung der weissen Blutzellen (Leukocytose, speziell grosse polynucleäre Formen), beträchtliche Herabsetzung des Hämoglobingehaltes (entsprechend der kleineren Zahl rother Blutkörperchen), Poikilocytose.

Die klinischen Erscheinungen der Anämie sind zunächst gegeben durch Blässe, in vorgeschrittenen Fällen ordentliche Blutleere, Wachsfarbe der äusseren Haut und der Schleimhäute (letzteres besonders deutlich am harten Gaumen); daneben besteht mehr weniger ausgesprochene körperliche Schwäche, Unlust zu körperlicher und geistiger Thätigkeit, rasches Ermüden, Mangel an Energie und Ausdauer bei der Arbeit, beim Spiel, Missmuth, deprimirte und zugleich reizbare Stimmung; der Schlaf ist bald unruhig, schlecht, durch nächtliches Aufschrecken gestört, bald besteht Schlafsucht, todtenähnlicher, traumloser Schlaf. Von anderen nervösen Störungen, die auf chronische Hirnanämie zurückzuführen wären, ist Kopfschmerz, allgemeiner oder hemicranieartiger, eine gewöhnliche Klage, ebenso Schwindel, Flimmern vor den Augen. Die Kephalaea tritt besonders bei Inanspruchnahme des Gehirns, in der Schule auf (Schulkopfschmerz). Des Pavor nocturnus wurde bereits Erwähnung gethan; auch Krampfformen, besonders Chorea, ausnahmsweise auch allgemeine Convulsionen sind auf anämischer Basis nicht selten. Der Appetit lässt in der Regel auch zu wünschen übrig, ist mindestens launisch, der Stuhl entsprechend verstopft; Dyspepsie (Verminderung der Magensaftsecretion, speziell der Salzsäure) kommt intercurrent öfters vor. Es äussert sich häufig eine grosse Empfindlichkeit der Magen- und Darmschleimhaut in Gestalt von Gastralgie, Enteralgie nach geringfügigen Insulten, Nahrungsschädlichkeiten, die sie treffen. Denken muss man freilich besonders bei älteren Mädchen an die Möglichkeit eines Ulc. rotund. Auffallend oft klagen die Kinder über Seitenstiche, Rücken-, Brustschmerzen, ohne dass physikalische Veränderungen nachweisbar wären. — Objectiv lässt sich in der Mehrzahl der Fälle neben der Blässe, dem Blutbefund nicht viel eruiren; Nonensausen beweist bekanntlich nicht viel; die Herztöne sind zwar oft etwas dumpf, der Herzstoss schwach, dagegen unreine Töne oder gar anämische Geräusche extrem selten; der Puls ist meist schlecht gefüllt, leicht unterdrückbar, frequent; nervöses Herzklopfen ist eine oft gehörte Beschwerde Seltenere Folgezustände der Anämie sind Hautödeme an den abhängigsten Theilen.

Mit der an sich einfachen Diagnose der Anämie ist in praxi wenig gethan; prognostisch und therapeutisch viel wichtiger ist die Feststellung der Ursachen, aus denen sie entsprungen. — Leukämie, perniciöse Anämie wären durch die Blutuntersuchung und den Verlauf auszuschliessen. — Aus dem Blutbefund verschiedene Grade der Anämie zu construiren und danach die Prognose zu stellen, hat trotz der grossen Sorgfalt und Mühe, die auf solche Studien verwandt wurde, practische Verwerthbarkeit zur Zeit noch nicht erwiesen.

Die Prognose richtet sich ganz nach dem Grundleiden: am günstigsten ist sie bei der secundär auf der Grundlage einer Rachitis, Lues congenita, im Anschluss an Verdauungsstörungen, Ernährungsfehler sich entwickelnden Anämie, sofern sich ihre Ursache beseitigen lässt.

Ebenso muss die Behandlung in erster Linie eine ätiologische sein; erst in zweiter kommen symptomatische Maassnahmen, welche das Blut als solches verbessern wollen. In Verfolgung dieses letzteren Zieles sind wir über die Verordnung des Eisens noch nicht hinausgekommen; man giebt als die leichtest verdaulichen Präparate: Ferr. reduct., Ferr. lactic., oder Eisenalbuminate (Drees, Lyncke, Liqu. ferro-mang. sacch. Helfenberg und unzählige andere), Hämoglobinpräparate (Hämatogen), das Schmiedeberg'sche Ferratin, oder endlich die natürlichen Eisenwässer (Franzensbad, Schwalbach etc.) und Eisenarsenwässer, besonders die Guberquelle (cf. Scrophulose, Rachitis, Pseudoleukämie). Dass alle solche Eisenquellen mit viel mehr Erfolg an Ort und

Stelle getrunken werden, ist bekannt, wie denn überhaupt ein Klima- oder Aufenthaltswechsel speziell bei Stadtkindern von bestem Erfolg zu sein pflegt, sei es ein einfacher Land-, Waldaufenthalt oder ein klimatischer Curort: die anregende See (besonders Ostsee), die mittleren Alpenhöhen oder das Hochgebirge (Tarasp, St. Moritz, zugleich Stahlquellen), oder endlich südliche Curorte. Ueberhaupt ist ein grosses Gewicht auf ausgiebigsten Luftgenuss, Anregung von Haut- und Muskelthätigkeit, methodische Körperbewegung neben bester und reichlicher Ernährung zu legen. Eine symptomatische Behandlung wird man nicht immer vermeiden können, gegen Kopfschmerz Antipyrin und dergl. verordnen; bei gleichzeitiger Obstipation hat sich mir die Combination von Eisen mit Schwefel gut bewährt; gegen anämische Dyspepsie thut Salzsäure in der Regel bessere Dienste als das zudem gewöhnlich nicht vertragene Eisen.

Stets wird man die Kinder geistig entlasten (aus der Schule nehmen), dafür mehr körperlich thätig sein lassen, natürlich mit Maass und steigender Uebung; mit einem rein schonenden, verweichlichenden Verfahren wird man im Allgemeinen nicht viel erreichen; dasselbe ist nur bei den höchsten Graden der Anämie, der körperlichen Schwäche geboten; besonders bekämpfe man die übermässige Schlafsucht solcher Individuen, die sich oft förmlich müde und energielos schlafen, Essen und Trinken, Bewegung und Luftgenuss am liebsten ganz versäumen; mehr wie 12 Stunden ununterbrochener Schlaf bei ganz jungen, 10 Stunden bei älteren Kindern ist vom Uebel.

Bedeutenden unterstützenden Werth kann eine Anregung des Stoffwechsels durch kohlensäurehaltige Sool- und Stahlbäder, durch Massage haben; direct wärmeerzeugend, blutbildend wirkt eine systematische Gymnastik, eine sog. Terraincur. Mit Kaltwasserproceduren muss man zum Mindesten vorsichtig sein, jedenfalls nicht zu früh vorgehen.

Die **Chlorose** unterscheidet sich von der einfachen und der perniciösen Anämie dadurch, dass sie eine anatomische Grundlage hat in einer angeborenen Hypoplasie des Gefässapparates (Kleinheit des Herzens, Enge der Gefässe) neben einer Schwäche der ganzen Constitution. Sie ist vorwiegend eine das weibliche Geschlecht betreffende Entwickelungskrankheit, indem sie zwar schon im frühen Kindesalter, meist aber erst in der Zeit der Pubertät und später (12.—25. Jahr) in die Erscheinung tritt. Neben den rasch sich hochsteigernden Entwickelungsvorgängen spielen als unterstützende Momente in der Genese der Chlorose schlechte oder mangelhafte Ernährung, Ueberanstrengung, Mangel an Schlaf, frischer Luft, auch die sich wiederholenden Blutverluste einer nicht seltenen Menstruatio nimia eine Rolle; Erblichkeit scheint kein unwesentlicher Factor zu sein.

Die Symptome sind in der Hauptsache die der Anämie, mit dem Unterschied, dass die Erscheinungen von Seiten des Herzens und der Gefässe meist besonders hervortreten; als solche sind zu bezeichnen: Herzklopfen und Athemnoth bei Körperanstrengung, Nonensausen, kleiner, schlecht gespannter Puls. Daneben finden sich Blässe, leichtes Ermüden, Schlaffheit, gesteigertes Schlafbedürfniss, Kopfschmerz, Neuralgieen. Die Verdauungsorgane betheiligen sich mit Anorexie, Cardialgie oder Gastralgie, die allerdings auch immer an Ulc. peptic. denken lassen muss, Obstipation; die Kinder sind meist reizbar, schlechter Stimmung, zu geistiger Thätigkeit unaufgelegt und unfähig. Der allgemeine Ernährungszustand ist oft wenig beeinträchtigt; im Gegentheil findet sich öfters eine gewisse Neigung zur Fettsucht bei älteren Mädchen; manchen Chlorotischen eigen ist die sog. Pica chlorotica (Kaffeebohnen, Kreide); sehr gewöhnlich sind Amenorrhoe und Dysmenorrhoe, Menorrhagie, auch Fluor albus.

Gestützt wird die Diagnose durch die Blutuntersuchung, die ziemlich normalen oder nur um 1—2 Millionen pro ccm verringerten Gehalt an rothen Blutzellen, dagegen ausnahmslos stark verminderten Hämoglobingehalt ergiebt. Die Gestalt der rothen Blutkörperchen ist nur ausnahmsweise verändert (Poikilo-, Mikrocyten, oder gar kernhaltige Zellen).

Die Prognose ist nicht besonders günstig, da die Hypoplasie des Gefässapparates und die Constitutionsschwäche nicht zu beheben sind und die Krankheit eine Disposition zu Hysterie, Phthise, Magengeschwür, Venenthrombosen abgiebt; vorübergehend erzielt man durch Ferrum, Arsen oft ausgezeichnete Resultate, indem die Hämoglobinbildung verbessert wird; doch recidivirt die Chlorose häufig und gern. Gymnastik, systematisches Bergsteigen, Kaltwasserproceduren suchen das Herz zu kräftigen, den Gefässapparat zu entwickeln. — Salzsäure, Pepsin, Abführmittel werden nach specieller Indication gegeben.

Die **perniciöse Anämie** ist im Kindesalter ebenso selten, wie die gewöhnliche Anämie häufig ist.

Ihre Characteristica sind wie beim Erwachsenen progressiv maligner Verlauf unter allen Zeichen der schweren Blutverarmung, also Mattigkeit, Unruhe, rascher Ermüdung bei Anstrengung, Kopfschmerz, nervöse spez. neuralgische Beschwerden, Anfällen von Ohnmacht, oberflächliche dyspnoetische Athmung, anämische Geräusche an Herz und Gefässen, Blutungen in der

Haut, sodann Veränderungen des Blutes; als letztere sind zu nennen: zunehmende Abnahme der rothen Blutzellen, deren Hämoglobin zwar absolut verringert, im Verhältniss zur Zahl der rothen Blutkörperchen jedoch manchmal eher vermehrt ist: Poikilocytose, Vorkommen von Mikro- und Megalocyten, kernhaltigen rothen Blutzellen. Als characteristische Erscheinungen sieht man reichliche Megalocyten und vor allem Megaloblasten an.

Die Krankheit beginnt ohne nachweisbare Ursachen meist allmählich unter dem Bilde einer einfachen Anämie resp. Chlorose, selten acut (nach schwerem Blutverluste). Schnell gewinnen alle Symptome an Intensität und werden immer bedrohlicher; neben den bekannten anämischen Symptomen sind Ohnmachten, anämische Dyspnoe, Oedeme häufig; zuweilen sind Sternum und Extremitätenknochen deutlich druckempfindlich; es kann sich ein wochenlanges continuirliches Fieber einfinden; Retinalblutungen führen zu Sehstörung; nach meist nur mehrmonatlicher Dauer endigt unter zunehmender Schwäche, Apathie, Delirien endlich Coma die Krankheit mit dem Tode.

Um zur richtigen Diagnose zu gelangen, hat man die Anämie zunächst als eine primäre, idiopathische Krankheit nachzuweisen; eine genaue Unterscheidung derselben von einer einfachen Anämie ist im Anfang meist unmöglich; die rasch zunehmende Wachsfarbe, Netzhautblutungen, Hydrops und anhaltendes Fieber weisen schon deutlicher auf den malignen Character hin; besonders unterstützt wird die Diagnose durch den Nachweis eines stärkeren Eiweisszerfalls (höhere Harnstoff- und Harnsäureausscheidung); entscheidend ist der Blutbefund. Bei Chlorose ist die Zahl der rothen Blutzellen nie entfernt so vermindert, dagegen der Hämoglobingehalt deutlich geringer; bei den secundären Anämieen constatirt man Leukocytose, während bei der perniciösen Anämie die Menge der weissen Blutkörperchen ebenfalls vermindert ist; bei secundärer Anämie fehlen in der Regel die grossen kernhaltigen rothen Blutkörperchen.

Mit der Diagnose ist die Prognose gegeben. Die Therapie findet selten einen sicheren Angriffspunkt, da die letzten Ursachen der perniciösen Anämie kaum zu eruiren sind; zu untersuchen hat man stets auf Botriocephalus lat., massenhafte Ascariden im Darm, auf Lues, Typhus, Ulc. ventriculi.

Einen Versuch mit Eisen, combinirt mit Arsenik, eventuell auch mit Strychnin, wird man immer machen müssen; subcutane Injection von defibrinirtem Blut (50 ccm) soll bisweilen nützlich gewesen sein.

Die **Leukämie** ist selten; sie wird gekennzeichnet durch

eine starke Vermehrung der Leukocyten; nach den Ursprungsstätten dieser unterscheidet man eine lienale, lymphatische und myelogene Form; häufig ist die Leukämie eine aus diesen dreien gemischte Störung der Blutbildung; entsprechend findet man Hyperplasie der Milz resp. des adenoiden Gewebes bez. lymphoïdes oder pyoïdes Knochenmark. Klinisch constatirt man: allgemeine, zunehmende Anämie, die in ihrem Auftreten, ihrem Verlauf am meisten der perniciösen gleicht; ein besonders schweres Symptom geben Blutungen ab, die ganz denen einer hochgradigen hämorrhagischen Diathese entsprechen können (s. d.). Daneben treten dann allmählich leukämische Zeichen auf: Milztumor, multiple Lymphdrüsenschwellungen; die Knochen sind öfters druck-, seltener spontan empfindlich. Gesichert wird die Diagnose sodann durch den Blutbefund, die progressive und rasche Zunahme der weissen Blutzellen und zwar speziell der kleinen Lymphocyten, der grossen mononucleären und eosinophilen Leukocyten, nicht der grossen polynucleären Formen (wie bei secundären Anämieen), durch die Abnahme der rothen Blutkörperchen und des Hämoglobins, sowie Poikilocytose, massenhafte Bildung freier Körnchen im Blut; diagnostisch sehr wichtig ist ferner eine Retinitis leukaemica.

Der Krankheitsverlauf ist gewöhnlich der, dass ohne nachweisbare Ursache (Infection? Syphilis, Heredität) langsam, schleichend, selten rasch oder sogar unter Fieber schwere anämische, dann die genannten leukämischen Symptome erscheinen. Unter vollkommener Anorexie, zunehmender Entkräftung, Blutungen siechen die Kinder dahin; die Dauer beträgt gewöhnlich über ein Jahr; ausnahmsweise kann schon sehr bald der Tod erfolgen; Heilungen sind nicht bekannt, daher die Prognose absolut schlecht. Die Therapie hat sich mit Eisen, Chinin, Arsenik (subcutan), Sauerstoffinhalationen, Bluttransfusion vergeblich versucht.

Pseudoleukämie (malignes Lymphom) bietet im Kindesalter, in dem sie relativ häufig vorkommt, keine Besonderheiten; zum Unterschied von der Leukämie lässt sie Blutveränderungen vermissen (geringe Verminderung der rothen Blutkörperchen und des Hämoglobins, keine Vermehrung der Leukocyten); im Uebrigen ist sie dieser in ihren Erscheinungen sehr ähnlich, kann auch in sie übergehen.

Als eine besondere Form hat v. Jaksch die **Anaemia infantum pseudoleukaemica** aufgestellt, bei der die Leber nicht wie bei der echten Leukämie ganz gleichmässig mit der Milz im Verhältniss ihres ursprünglichen Volumens, sondern relativ weniger wie diese zunimmt, sowie ihren unteren scharfen Rand nicht einbüsst; die hochgradige, dauernde Leukocytose hält er beim Kind nicht für diagnostisch so entscheidend wie beim Erwachsenen; die Section ergiebt nicht den characteristischen Befund der Leukämie; die Symptome sind im Uebrigen die der Leukämie; die Prognose ist dagegen sehr viel günstiger.

Die **haemorrhagische Diathese** kommt im Kindesalter in verschiedener Weise zum Ausdruck. Die leichteste Form ist die Purpura simplex, bei der es zu kleineren punktförmigen und grösseren fleckigen, disseminirten Hauthämorrhagieen vorwiegend an den unteren Extremitäten, zuweilen auch an den oberen und am Rumpfe kommt. (Quaddelbildung: Purpura urticans, ist dabei sehr selten). Die Krankheit geht gewöhnlich binnen einiger Wochen in Genesung über. Eine schwerere Form stellt der Morbus maculosus Werlhofii dar; er zeichnet sich vor der einfachen Purpura dadurch aus, dass die Blutergüsse in und unter die Haut nicht nur acuter, rascher und zahlreicher auftreten, sich über den ganzen Körper erstrecken, sondern dass es sich auch meist um stärkere Hämorrhagieen, ordentliche Extravasate handelt, die grössere Flächen- und Tiefenausdehnung haben; sie sehen oft wie in Folge von Contusionen entstanden aus, und in der That genügt schon eine ganz gelinde Gewalteinwirkung, um sie entstehen zu lassen; die meisten entwickeln sich aber, ohne dass man ein Trauma annehmen kann, spontan. Was ferner diese Krankheitsform von der Purpura unterscheidet, ist das Auftreten von Blutungen in den Schleimhäuten und aus den serösen Ueberzügen; so finden sich in Conjunctiven und in der Mund- und Rachenschleimhaut die Blutflecke fast regelmässig; ja es kann zu einer scorbutartigen Erkrankung des Zahnfleisches kommen, das blutig imbibirt, bei leisester Berührung blutend, in übelriechenden Detritus zerfällt; so ist Nasenbluten ein fast regelmässiges Symptom der Werlhof'schen Krankheit. Wenn schon durch die Epistaxis, die Hautblutungen bedenkliche Blutverluste entstehen können, so gestaltet sich dies Krankheitsbild häufig noch ernster, indem Blutungen aus der Magen- und Darmschleimhaut (Blutbrechen und blutige Stühle), selbst aus den Nieren, der Blase (Hämaturie) sich hinzugesellen; seltener sind blutige Gelenkergüsse, blutige Synovitis, Endocarditis, schwere Ulcerationen im Verdauungskanal. Der Verlauf des Leidens ist ein längerdauernder, selbst monatelanger; Nachschübe sind die Regel, Recidive häufig. Es versteht sich, dass dem entsprechend die Prognose nicht die gleich gute wie bei Purpura simpl. sein kann, da die Kinder zum Mindestens sehr von Kräften kommen, schwer anämisch werden, hie und da Fiebererscheinungen, soporöse

Zustände und Delirien zeigen, jedenfalls lange Zeit zur Erholung und vollen Genesung brauchen; ja es kann selbst, acut oder langsam, der Tod durch Verblutung eintreten. — Am schwersten tritt die hämorrhagische Diathese in der Purpura fulminans (Henoch) in die Erscheinung, die unter rapider Entwickelung grösserer Extravasationen und Blutblasen nur auf der Haut binnen weniger Tage zum Tode führt. — Eine Abart der Purpura ist die P. rheumatica oder Peliosis rheum., die durch leichtes Fieber, Mattigkeit, rheumatische Schmerzen eingeleitet, neben den Hautblutungen multiple Gelenkaffectionen (entzündliche?), meist Anschwellungen der Gelenke der Unterextremitäten aufweist. Ihre Prognose ist kaum ungünstiger, wie die der einfachen Purpura.

Der echte, durch die schwere Zahnfleischaffection (cyanotische Schwellung, Erweichung, necrotischer Zerfall, Ulceration) und gleichzeitige Hautblutungen, Ergüsse aus den Schleimhäuten, den serösen Häuten gekennzeichnete Scorbut bietet für den Pädiater kein besonderes Interesse, zumal er sehr selten ist.

Alle die genannten, vielleicht mit alleiniger Ausnahme des Scorbut (Infection?) verschiedene Stadien oder Intensitätsgrade desselben Grundleidens, der hämorrhagischen Diathese, darstellenden Affectionen erheischen die gleiche Behandlung. Dieselbe besteht einmal und vor allem in andauernder Bettruhe, die auch noch mindestens eine Woche nach dem Verschwinden aller Extravasate, dem Aufhören jeder Blutung innegehalten und beim Eintritt eines Recidivs sofort wieder streng durchgeführt werden muss; fast ausnahmslos hat ein zu frühes Aufstehen einen Rückfall zur Folge, und ohne die Bettruhe pflegen alle therapeutischen Maassregeln erfolglos zu bleiben. Daneben ist die Hauptsache beste Pflege und leichtverdauliche, vorsichtige, aber vorzügliche Ernährung; man bevorzugt frische Milch, Eier, Fleisch, junge, zarte Gemüse, auch Obst, vermeidet Alcohol in grösserer Menge. Das zweckmässigste Medicament dürfte stets Eisen sein (auch in Verbindung mit Arsenik). Unterstützend wirken Sool-, Stahlbäder, resorptionsbefördernd eine äusserst zarte Massage. Sorge für Hautpflege, Reinlichkeit, reichliche gute Luft ist selbstverständlich. Symptomatisch sucht man — und zwar gewöhnlich mit Erfolg — eine etwaige Zahnfleischaffection durch Kal. chlor. innerlich (in Chinadecoct) und Mundwasser (s. Stomatit ulcer.) zu heilen; jede übermässige Epistaxis erfordert die Tamponade.

Die Ursachen der hämorrhagischen Diathese sind nicht genau gekannt, sicher nicht einheitlich. Wenn für den Scorbut Infection unbekannter Art angenommen wird, so constatiren wir bei den anderen Formen ziemlich häufig die bekannten Infectionskrankheiten besonders Masern und Scharlach in der Anamnese, schwächende Krankheiten überhaupt, Dyscrasieen (Syphilis, Anämie), schlechte Ernährung, allgemeine ungünstige Lebens- und klimatische Verhältnisse.

Eine sehr seltene, aber hochinteressante Erscheinungsform der hämorrhagischen Diathese, die jedenfalls gekannt sein will, giebt die Barlow'sche Krankheit. Sie befällt vorwiegend ältere Säuglinge und Kinder bis zu zwei Jahren und fast ausschliesslich solche, welche Zeichen von Rachitis bieten; wegen einer gewissen Aehnlichkeit ihrer Symptome mit rachitischen Veränderungen hat man sie bei uns unter dem Namen „acute Rachitis" beschrieben, der Rachitis zugerechnet. Obwohl dies nun nicht richtig ist, die Affection vielmehr eher zum Scorbut, jedenfalls den Bluterkrankungen zu zählen ist, besteht scheint's doch gewisse Beziehungen zur Rachitis.

Die Barlow'sche Krankheit tritt ungefähr unter folgendem Bilde in die Erscheinung: die bis dahin leidlich gesunden, gewöhnlich aber leicht rachitischen Kinder werden auffallend rasch und stark anämisch; sie transspiriren viel, besonders am Kopf, sind unruhig und wohl auch etwas dyspeptisch. Wenn wir schon bei hochgradiger Rachitis hie und da die Bemerkung machen, dass die Patienten auf Druck am Thorax, auf Bewegungen der Extremitäten mit schmerzlichem Geschrei reagiren, so drängt sich uns diese Beobachtung bei unseren Kranken in besonders hohem Maasse auf. Während spontane Schmerzen weniger geäussert werden, besteht eine ausserordentliche Empfindlichkeit gegen jede Berührung und noch mehr gegen jede Bewegung; die Kinder schreien schon aus Angst vor und noch mehr bei jedem Versuch, sie aufzunehmen, sie umzukleiden, zu baden; sie vermeiden es, ihre Glieder activ in Bewegung zu bringen, liegen wie gelähmt da, halten bestimmte Stellungen stundenlang inne, ohne sich zu rühren; am meisten erinnert der Zustand an die syphilitischen Pseudoparalysen, vielleicht auch an die Bewegungslosigkeit und die Schmerzen bei einem acuten Gelenkrheumatismus. Bei der Untersuchung stellt es sich aber heraus, abgesehen davon, dass Fieber, Gelenkröthung und -Schwellung fehlt, dass die Schmerzen nur ausnahmsweise von den Gelenken ausgehen, vielmehr ihren Sitz in den Knochen haben. Auch die nähere Ursache der Schmerzen, die Natur der Knochenaffection lässt sich nach einiger Zeit, gewöhnlich freilich erst nach einigen Wochen herausfinden. Am ausgesprochensten die Diaphysen der Röhrenknochen der Unterextremitäten, weniger die Vorder- und Oberarmknochen, die Rippen an ihren Sternalenden, die Scapulae, Schädelknochen und von ihnen speziell die Alveolarfortsätze zeigen eine deutliche, ziemlich gleichmässige und sehr druckempfindliche Auftreibung im Ganzen oder an einem Theil des Knochens. Wechselnd stellt sich bald mehr der eine, bald mehr der andere Theil des Skeletts als ergriffen heraus, während die früher entstandenen Knochen- oder vielmehr Periostschwellungen zurückgehen. Gleichzeitig treten am Zahnfleisch Veränderungen auf, Schwellung, Hyperämie, Auflockerung und Zerfall, Fötor, Blutung, die denen des Scorbuts genau gleich sind; sie werden nur da bemerkt, wo Zähne vorhanden, mindestens nahe ihrem Durchbruch sind. Blutungen in die Haut hinein (Purpuraflecke) sind selten, solche in die Augenlider häufiger; ausnahmsweise kommt es zu Hämaturie und blutigen Stühlen.

Bei zunehmender Anämie und Cachexie können Oedeme auftreten.

Dyspeptische Symptome und besonders Anorexie, daneben Apathie, Schwäche, unruhiger Schlaf fehlen nie; Anämie, selbst Hydrämie sind die regelmässige Folge; in schweren Fällen, bei langer Dauer kommt es zu richtiger Cachexie und Tod in Erschöpfung.

Pathologisch-anatomisch handelt es sich um subperiostale Blutungen, in geringerem Grade um hämorrhagische Diathese überhaupt.

Die Entstehung des Leidens führt man auf fehlerhafte Ernährung zurück, bei der es speziell an der Mutterbrust, an frischer Milch, Fleisch, frischen Vegetabilien fehlte; Mangel an frischer Luft, Bewegung im Freien trägt sicher das Ihre dazu bei.

In einem Falle eigener Beobachtung, betreffend das Kind eines Collegen, das Reconvalescent von multiplen Bronchopneumonieen und rachitisch war, musste man ausschliessliche Ernährung mit einer Milchconserve (condensirte Milch) und den Mangel frischer Luft beschuldigen.

Die Prognose ist zweifelhaft; doch neigt sie mehr ad bonum.

Eine energische, vorwiegend diätetische Behandlung, welche eine Verbesserung der Blutbeschaffenheit, Hebung des gesammten Ernährungszustandes erstrebt, hat meist rasche und gute Erfolge: man verbietet alle Conserven (Kindermehle, conservirte Milch), giebt wie beim Scorbut möglichst nur frische und überwiegend animalische Nahrung: frischgemolkene und nicht sterilisirte Milch, Fleischsaft, Brühsuppen; daneben frisches Obst und leichte Gemüse. Im Uebrigen sehe man sehr auf reichlichen Genuss frischer Luft, Hautpflege und Anregung des Stoffwechsels durch Bäder, auch Sool-, Stahlbäder.

Symptomatisch hat man die befallenen Glieder möglichst ruhig zu stellen und zu schonen.

Rheumatismus befällt das Kind meist erst häufiger, wenn es herangewachsen; seine Pathologie, sein Verlauf bieten nichts Eigenartiges, ausgenommen die relativ oft zu beobachtende Thatsache, dass im Gefolge weniger muskel-, als gelenkrheumatischer Affectionen das Endocard miterkrankt, wodurch die Prognose getrübt wird. Der Verlauf der Krankheit an sich ist gewöhnlich nicht etwa ungünstiger, im Gegentheil milder. Recidive sind wie beim Erwachsenen die Regel. Von Interesse und practischer Bedeutung sind ferner die Beziehungen des Rheumatismus zur Chorea (s. d.).

Diabetes mellitus zählt zu den Seltenheiten im Kindesalter. Neben der Erblichkeit scheinen Verdauungs- und Infectionskrankheiten von ätiologischer Bedeutung. Die Zuckerkrankheit macht im Allgemeinen dieselben Erscheinungen und Veränderungen, wie beim Erwachsenen, zeichnet sich dagegen durch rapideren Verlauf und nahezu ausnahmslos tödtlichen Ausgang aus; nur selten dauert die Krankheit Jahre lang; völlige Heilungen sind zweifelhaft.

Diabetes insipidus ist wie beim Erwachsenen ein vorzugsweise ererbtes Leiden, das sich auf Grund einer directen Familiendisposition oder allgemein neuropathischer Basis, seltener im Anschluss an Traumen, Gehirnaffectionen, Magen-Darmstörungen entwickelt. Das Krankheitsbild ist das bekannte, die Prognose nicht absolut schlecht, da die Kinder zwar atrophisch, anämisch werden, jedoch lange Zeit am Leben erhalten werden können. Man wird die Flüssigkeitszufuhr mässig beschränken, das Durstgefühl mit Codeïn zu lindern, der Abmagerung durch Roborantien, Fette entgegenzuwirken versuchen.

www.ingramcontent.com/pod-product-compliance
Lightning Source LLC
Chambersburg PA
CBHW021206230426
43667CB00006B/579